Da Costa Leal
in die
Zuid-Afrikaanse
Republiek

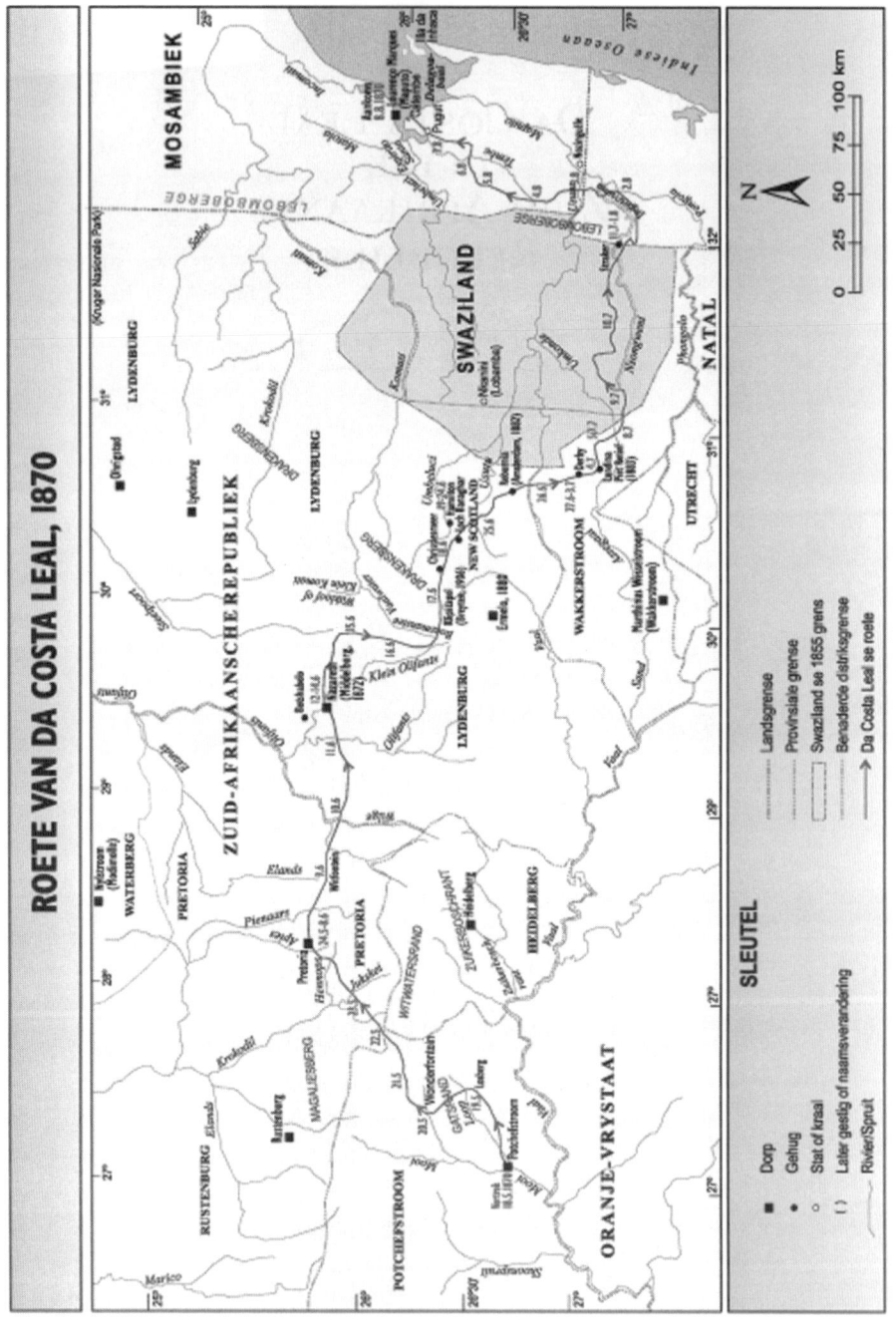

Da Costa Leal in die Zuid-Afrikaanse Republiek

*Die sekretaris van 'n Portugese Diplomatieke Kommissie
se besoek aan Potchefstroom en terugreis
na Lourenço Marques,
1869-1870*

O.J.O. Ferreira

met die medewerking van
C.E.F. von Reiche, F.V.K. von Reiche en D.P.M. Botes

Protea Boekhuis
Pretoria
2008

Die publikasie van hierdie boek is moontlik gemaak deur
'n ruim subsidie van die L.W. Hiemstra Trust –
opgerig deur Riekie Hiemstra ter herinnering aan
Ludwig Wybren (Louis) Hiemstra.

© 2008 deur O.J.O. Ferreira

Eerste uitgawe, eerste druk in 2008 deur Protea Boekhuis

Posbus 35110, Menlopark, 0102

Burnettstraat 1067, Hatfield, Pretoria

Minnistraat 8, Clydesdale, Pretoria

protea@intekom.co.za

www.proteaboekhuis.co.za

REDAKTEUR: Jeanette Ferreira en Carina Diedericks-Hugo

PROEFLESER: Jeanette Ferreira

BANDONTWERP: Etienne van Duyker

BANDFOTO: Carl Gottlieb Mauch (1837-1875), die beroemde Duitse ontdekkingsreisiger, en Fernando da Costa Leal (1846-1910) afgeneem op 17 Mei 1870, die dag voordat hulle op hulle reis na Lourenço Marques vertrek het. Uit: U. de V. Pienaar (red.). *Neem uit die verlede*. Pretoria: Nasionale Parkeraad, 1990.

TIPOGRAFIE: Etienne van Duyker

Geset in 11 op 14 pt ITC New Baskerville

Gedruk en gebind deur Mills Litho, Kaapstad

ISBN 978-1-86919-209-9

Geen gedeelte van hierdie boek mag sonder skriftelike verlof
van die uitgewer gereproduseer of in enige vorm of deur enige
elektroniese of meganiese middel weergegee word nie, hetsy deur
fotokopiëring, skyf- of bandopname, of deur enige ander
stelsel vir inligtingsbewaring of -ontsluiting.

INHOUD

Lys van illustrasies   vii
Afkortings   xi
'n Woord van dank   xiii

ONTWIKKELING VAN EN AANSPRAKE OP DELAGOABAAI   15
    Natuurlike omgewing   15
    Vroeë besoekers aan Delagoabaai   17
    Europese wedywering om die besit en vestiging van 'n
        nedersetting in Delagoabaai   21
    Groei van Lourenço Marques ná 1850   33
    Inheemse bevolking rondom Delagoabaai en hulle
        verhouding met die Portugese   38
        1. Die Ronga   39
        2. Die Ngoni of Vatuas   40
    Vroeë handel en slawehandel deur Delagoabaai   42

DIE OOR-VAALSE BOERE EN DELAGOABAAI   45
    Strewe na 'n weg na die see, 1838-1858   45
    Traktate en verdrae tussen die ZAR en Portugal, 1858-1875   61
        1. Vriendskapsverdrag, 1858   61
        2. Britse teenkanting teen Boere se verbinding met Delagoabaai   63
        3. Interne stryd in die ZAR verhoed onderhandelinge en
          grensvasstelling, 1860-1866   65

    4. McCorkindale se skemas en Pretorius se proklamasie, 1868   67
    5. Traktaak van Vrede, Vriendschap, Handel en Grenzen, 1869   72
    6. Portugese Diplomatieke Kommissie, 1869-1871   77
    7. Arbitrasie oor Delagoabaai, 1875   100
    8. Afloop van die Delagoabaai-kwessie   101

FERNANDO AUGUSTO DA COSTA LEAL (1846-1910)   105
    Lewensloop   105
        1. Afkoms, familieverband en opleiding   105
        2. Loopbaan in Mosambiek   109
        3. Loopbaan en oorlyde in Goa   111
        4. Pennevrugte   113
        5. Karakterskets   115
    Reisjoernaal   116
        1. Ontstaan en voorkoms   116
        2. Teksversorging   122
        3. Betekenis van die reis en die reisjoernaal   124

VERSLAG VAN DIE REIS VAN DIE BINNELAND VAN DIE TRANSVAALSE REPUBLIEK NA DIE HAWE VAN LOURENÇO MARQUES, WAT ONDERNEEM IS DEUR FERNANDO DA COSTA LEAL, TWEEDE LUITENANT EN SEKRETARIS VAN DIE DIPLOMATIEKE KOMMISSIE WAT IN 1870 NA TRANSVAAL GESTUUR IS   133

Bronnelys   269
Register   297
Deur dieselfde skrywer   319

ILLUSTRASIES

1. Kaart van Delagoabaai, 1870   i
2. Sofala   ii
3. Ilha de Moçambique   ii
4. Kaart van Delagoabaai, c. 1824   iii
5. Fortaleza de Nossa Senhora da Conceição   iii
6. Plan van Lourenço Marques, 1876   iv
7. Lourenço Marques, c. 1876   iv
8. Lourenço Marques, 1887   iv
9. Lourenço Marques, 1889   v
10. Maputo, 2003   v
11. Rongas   v
12. Tsjaka   vi
13. Louis Tregardt   vi
14. Louis Tregardt-gedenktuin   vi
15. Carel Tregardt   vii
16. João Albasini   vii
17. Alexander McCorkindale   vii
18. David Forbes   vii
19. Spotprent, 1867   viii
20. Grenslyn tussen ZAR en Mosambiek   ix
21. O.W.A. Forssman   viii
22. Carlos Pedro Barahona e Costa   viii
23. Durban, 1870   x
24. Zambésia, Mosambiek   x

25. J.W. (Jan) Viljoen   xi
26. Carl G. Mauch   xi
27. Alberto Carlos de Paiva Rapozo   xi
28. Handtekeninge, Traktaat van 1870   xii
29. Handtekeninge, Diplomatieke Kommissie   xii
30. Praça MacMahon, Lourenço Marques   xiii
31. T.F. Burgers   xiii
32. Leal-familiewapen   xiii
33. Fernando da Costa Leal (1825-1869)   xiv
34. Palacio de São Paulo, Ilha de Moçambique   xiv
35. Carl G. Mauch en Fernando da Costa Leal   xiv
36. Kaart van Goa, c. 1878   xv
37. M.W. Pretorius-huis, Potchefstroom   xvi
38. Monomotapa   xvi
39. Moord op Gonçalo da Silveira   xvi
40. Portugese ontdekkers onderweg   xvii
41. Alexandre A. da R. de Serpa Pinto   xvii
42. Koning Luís I   xvii
43. Tsetsevlieg   xviii
44. Carl G. Mauch   xviii
45. Mzilikazi   xviii
46. Tati-goudvelde, 1870   xviii
47. Kaart van Potchefstroom, 1863   xix
48. Straattoneel, Potchefstroom   xix
49. Huis op Potchefstroom   xx
50. Ned. Herv. Kerk, Potchefstroom   xx
51. Markplein, Potchefstroom, c. 1870   xxi
52. Markplein, Potchefstroom, c. 1881   xxi
53. P.L. Bezuidenhout met volstruisveer in hoed   xxi
54. Skets van wa deur Da Costa Leal   xxii
55. Onderdele van kakebeenwa   xxii
56. Trekgereedskap   xxiii
57. Wa en span osse   xxiii
58. Juk met skeie en stroppe   xxiii
59. Afmetings van juk, skei en strop   xxiv

60. Volop wild in Suidelike Afrika   xxiv
61. Tipiese jagter, c. 1870   xxv
62. Bontsebra   xxv
63. Luiperd   xxv
64. Skets van Transvaalse plaasopstal deur Da Costa Leal   xxvi
65. Interieur van Transvaalse woning   xxvi
66. Rustenburg, 1877   xxvi
67. Wonderfontein-grotte   xxvii
68. Pretoria, 1872   xxvii
69. Gruiswassery, Klipdrift   xxvii
70. Koningin Victoria   xxviii
71. Piet Retief   xxviii
72. M.W. Pretorius   xxviii
73. Papiergeld van die ZAR   xxix
74. Karikatuur van M.W. Pretorius   xxix
75. Huis van Bras da Piedade Pereira, Pretoria   xxx
76. Eerste Goewermentsgebou, Pretoria   xxx
77. Wintertrek van Hoëveldse Boere   xxxi
78. Berlynse sendingstasie Botšhabelo   xxxi
79. Alexander Merensky   xxxii
80. Lydenburg, c. 1868   xxxii
81. Pad uit Lourenço Marques na Lydenburg   xxxiii
82. Sekhukhune   xxxiii
83. Chrissiesmeer   xxxiii
84. Chrissie Pretorius, dogter van M.W. Pretorius   xxxiv
85. Robert Bell   xxxiv
86. Usuturivier   xxxiv
87. Alexander McCorkindale   xxxv
88. Assegaairivier   xxxv
89. Swazi-hutte   xxxv
90. Zoeloe-hutte   xxxvi
91. Lebomboberge   xxxvi
92. Fortaleza de São Caetano, Sofala   xxxvii
93. Theophilus Shepstone   xxxvii
94. Cetshwayo   xxxvii

95. Malariamuskiet   xxxviii
96. Inboorlinghutte naby Lourenço Marques   xxxviii
97. Wildebeeste   xxxviii
98. Tarentale   xxxviii
99. Klipstapel   xxxix
100. George P. Moodie   xxxix
101. Sketskaart van voorgestelde verbindingsroete van Lourenço Marques na die ZAR, 1870   xl

AFKORTINGS

A	Aanwinste, TAB, Pretoria
AA	Argief van die Argief, Pretoria
AHM	Arquivo Histórico Militar, Lissabon
AHU	Arquivo Histórico Ultramarino, Lissabon
BN	Biblioteca Nacional, Lissabon
SD	Staatsdrukker, Pretoria
SS	Argief van die Staatsekretaris, TAB, Pretoria
TAB	Transvaalse Argiefbewaarplek, Pretoria

'N WOORD VAN DANK

Prof. Okkie de Jager van die Noordwes-Universiteit en Lappe Laubscher van Pretoria wat Da Costa Leal se reisjoernaal "herontdek" het. Nicol Stassen van Protea Boekhuis deur wie se toedoen die joernaal onder my aandag gekom het en genoeg vertroue in my gehad het om te vra ek moet die redigering daarvan behartig en bowenal die waagmoed het om dit uit te gee. Dr. Jeanette Ferreira en Carina Diedericks-Hugo van Protea Boekhuis wat as redakteurs van die boek opgetree het.

Dr. Maria Luisa Abrantes, direkteur van die Arquivo Histórico Ultramarino; lt.-kol. Anicento Henriques Afonso, direkteur van die Arquivo Histórico Militar; die betrokke personeellede van hierdie argiewe in Lissabon, asook die personeel van die Biblioteca Nacional in Lissabon wat uit hulle pad gegaan het om my behulpsaam te wees met die naspeur van inligting en illustrasiemateriaal.

Mev. Letitia Calitz, hoof van die Nasionale Argiefbewaarplek, Pretoria; Louis Eksteen, kurator van die Fort Amile-museum, Newcastle; mev. Zabeth Botha, 'n navorser van Pretoria; mev. Mione du Toit, voormalige kuratrise van die Potchefstroomse Museum; mev. Hester Spoelstra van die Ferdinand Postma-biblioteek, Noordwes-Universiteit; wyle François Erasmus, destyds bestuurder: Mpumalanga, Suid-Afrikaanse Erfenis Hulpbron Agentskap (SAEHA) op Barberton; en prof. Johan Bergh, hoof van die Departement Historiese en Erfenisstudies, Universiteit van Pretoria, wat elkeen op sy terrein op 'n onbaatsugtige wyse met my navorsing behulpsaam was.

Robert S. Newman, 'n antropoloog van Marblehead, Massachusetts, VSA, wat oor Da Costa Leal se loopbaan in Goa – meer spesifiek oor 'n verslag wat Da Costa Leal in 1897 aldaar opgestel het – navorsing gedoen en 'n referaat daaroor by die Brown University, Rhode Island, gelewer het, en danksy ons kennismaking deur middel van die internet waardevolle inligting en prikkelende gedagtes oor Da Costa Leal met my uitgeruil het.

Adv. C.E.F. (Pippa) von Reiche, kenner van Portugees, wat, bygestaan deur haar eggenoot Franz V.K. von Reiche, die Engelse vertaling van Da Costa Leal se reisjoernaal grondig met die oorspronklike Portugese teks vergelyk en talle verbeteringe aangebring en hiate gevul het, asook mev. J.G.P. (Julie) Picard, bygestaan deur haar eggenoot dr. Jan Picard, wat artikels oor die familie Da Costa Leal uit Portugees vertaal het.

D.P.M. Botes, digter en taalpraktisyn, wat nie slegs die Afrikaanse vertaling van Da Costa Leal se joernaal nagegaan het nie, maar ook die inleiding en annotasie taalkundig gekontroleer het.

Prof. Louis Changuion, wat in 2002 te voet op die spore van pater Joaquim de Santa Rita Montanha van Inhambane na Zoutpansberg geloop het en in 2003 saam met my – hierdie keer (om my onthalwe) per motor – die spore van Da Costa Leal tot aan die Lebombobergreeks gevolg en toepaslike landskapfoto's geneem het.

O.J.O. Ferreira
Jeffreysbaai
13 Julie 2007

ONTWIKKELING VAN EN AANSPRAKE OP DELAGOABAAI

Delagoabaai of Baía de Lourenço Marques was sedert die vroegste tye 'n gesogte en omstrede hawegebied, maar hierdie stand van sake het veral in die tweede helfte van die 19de eeu 'n hoogtepunt bereik toe die Boere van die Zuid-Afrikaansche Republiek 'n "weg na die see" gesoek het wat hulle onafhanklikheid van die Brits beheerde hawens van die Kaapkolonie en Natal sou verseker. Die besoek van die Portugese Diplomatieke Kommissie aan die ZAR in 1869-1870 vorm 'n deel van die geskiedenis van hierdie tydvak en die sekretaris van die Kommissie, Fernando da Costa Leal, se verslag oor sy betrokkenheid by hierdie Kommissie en sy terugreis na Lourenço Marques is 'n waardevolle, tydgenootlike bron van inligting oor die destydse stand van sake in sowel die ZAR as in Delagoabaai.

* *

Natuurlike omgewing

Delagoabaai of Baía de Lourenço Marques [Fig. 1] is in die verre suide van Mosambiek aan die Indiese Oseaan geleë, lê op 25°58' suiderbreedte en 32°50' oosterlengte en is nagenoeg 40 km lank en 29 km wyd. Die geologiese struktuur van die omgewing rondom Delagoabaai bestaan hoofsaaklik uit afsettingsgesteentes. Topografies lê Lourenço Marques en sy onmiddellike omstreke in 'n laagliggende kusvlakte wat deur die Lebombobergreeks van die hinterland se hoëveld geskei word. Moerasgebiede kom algemeen langs die kus voor. In die baai is die klein eilande Ilha Xefina Grande en Ilha Xefina Pequena en die koraalomsoomde Ilha da Inhaca (Inhaca-eiland) en Ilha dos Elefantes.[1]

Vyf riviere mond in die baai uit: die Rio Maputo (Engels: Maputo River), wat tydens die reënseisoen vir meer as 160 km bevaarbaar is, in die suide; die Rio Tembe of Rio Catembe (Engels: Temby River), Rio Umbeluzi of Rio de Lourenço Marques (Engels: Dundas River) en Rio Matola of Matolla (Engels: Matoll River) in die weste; en in die noorde die Rio Manhiça of Incomati (Engels: King Georges River), die rivier waarlangs vroeë handelsroetes gegaan het. Die samevloeiing van die Tembe, Umbeluzi en Matola vorm die Rio do Espírito Santo (Engels: English River), waarvan die monding so diep is dat selfs groot skepe veilig daarin kan vasmeer.[2]

Elke jaar ondervind die streek 'n nat en 'n droë seisoen. Die reënval (ongeveer 610 tot 815 mm) duur normaalweg van Oktober tot Maart en veroorsaak dikwels oorstromings. Die droë seisoen is van April tot September. Klimaatswisseling veroorsaak dikwels droogtes wat 'n gebrek aan voedsel tot gevolg het. Die plantegroei bestaan uit tropiese woude, bossieveld en grasvlaktes wat van die kus tot aan die Lebomboberge 'n mosaïekvorm aanneem.[3]

Die omgewing rondom Delagoabaai is die digs bevolkte deel van Mosambiek. Danksy die gematigde klimaat, het veral die Europeane aan dié gebied voorkeur vir vestiging gegee. Vanweë Delagoabaai se geografiese ligging vergelyk dit baie gunstig met Mosambiek se ander hawens. As gevolg van sy goeie ligging rakende die natuurlike rykdomme van Suidelike Afrika en die veilige ankerplek vir groot

---

1. A.K. Smith, "The struggle for control of Southern Moçambique, 1720-1835", pp. 2 & 5; D. Alexander, *Holiday in Mozambique*, p. 44; A.B. Herrick (red.), *Area handbook for Mozambique*, p. 8; J.M. Morais, *The early farming communities of Southern Mozambique*, pp. 11, 17 & 21; E. de Noronha, *O districto de Lourenço Marques e a Africa do Sul*, pp. 35-36.
2. L.M. Jordão, *Memoria sobre Lourenço Marques (Delagoa Bay)*, pp. 2-4; A.K. Smith, "The struggle for control of Southern Moçambique, 1720-1835", pp. 2 & 4; E. de Noronha, *O districto de Lourenço Marques e a Africa do Sul*, pp. 35-36.
3. A.B. Herrick (red.), *Area handbook for Mozambique*, pp. 8 & 10-12; J.M. Morais, *The early farming communities of Southern Mozambique*, pp. 11, 17 & 21.

skepe, het Delagoabaai spoedig ook 'n politieke speelbal geword van daardie Europese moondhede wat beheer oor die gebied probeer verkry het.[4]

VROEË BESOEKERS AAN DELAGOABAAI

Die Egiptenare en die Feniciërs, die Chinese, Perse, Arabiere en veral die Indiërs en Indonesiërs was die eerste aan die Ooskus van Afrika bedrywig. So het die koningin van Shiras (Shiraz) byvoorbeeld in 1470 v.C. ekspedisies langs die Ooskus afgestuur om die gebied te verken. Die Arabiere het hulle van 740 n.C. aan die Ooskus gevestig om goud en yster van die inboorlinge vir materiaal en krale te verhandel. Hulle het van Mogadisjoe in die noorde tot by Sofala in die suide 'n reeks handelstasies gestig.[5] Voor die Portugese se koms was die Arabiere dus die dominante faktor aan die Ooskus van Afrika. Arabiese (Moslem) stuurmanne het vroeg reeds (waarskynlik teen 800 n.C.) tot so ver suid gevaar as die destydse Dugutha, wat later as Delagoabaai bekend sou staan.[6] Teen 1520 was die Portugese se verowering van die belangrikste Arabiese nedersettings langs die Ooskus 'n voldonge feit. Sofala, Ilha de Moçambique, Kilwa, Mombasa, Malinde en Brava was óf totaal vernietig óf hulle heersers was tot onderdaanskap en bondgenootskap met Portugal gedwing.[7] In teenstelling met hulle vyandige houding teenoor die Arabiere, het die Portugese 'n welwillende houding teenoor Indiese handelaars gehandhaaf, wat veral op die kultuur van die inboorlinge suid van die Zambesi 'n betekenisvolle invloed uitgeoefen het.[8] Dit is onseker hoe ver suid die

---

4. A.B. Herrick (red.), *Area handbook for Mozambique*, p. 7; C. Testa, *A politica intercolonial e internacional e o Tratado de Lourenço Marques*, pp. 10-11; A.K. Smith, "The struggle for control of Southern Moçambique, 1720-1835", pp. 2-4.
5. J.B. de Vaal, "Handel langs die vroegste roetes", *Contree*, 17, Januarie 1985, pp. 10-11; U. de V. Pienaar (red.), *Neem uit die verlede*, p. 61.
6. R.H. Chilcote, *Portuguese Africa*, p. 108; E. Axelson, *Portuguese in South-East Africa, 1488-1600*, p. 27.
7. C.G. Coetzee, "Die stryd om Delagoabaai en die Suidooskus, 1600-1800", p. 6.
8. V.H. Velez-Grilo, "Old Portuguese records in the history of scientific ethnology and cultural change in South Africa", *South African Journal of Science*, 55 (3), March 1959, p. 63.

Swahili se invloedsfeer gestrek het, maar dit is twyfelagtig of hulle in die omgewing van Delagoabaai of verder suid bedrywig was.[9]

Party outeurs huldig die opvatting dat Vasco da Gama (c. 1460-1524) Delagoabaai persoonlik in 1498 ontdek het, maar Da Gama se reisjoernaal loënstraf dié siening.[10] Luís Fernandes was waarskynlik die eerste Portugees wat 'n beskrywing van Delagoabaai gegee het. Fernandes se skip was in 1497 deel van Vasco da Gama se vloot, maar is nog voordat hulle die Kaap die Goeie Hoop bereik het deur 'n storm van die res van die vloot weggedryf en sou eers baie later, naby Indië, met Da Gama se vloot verenig word. Intussen het Fernandes en sy bemanning 'n maand lank in 'n baai met 'n groot riviermonding en 'n groot inboorlingstat aan die oewer vertoef. Volgens dr. Alexandre Lobato was dit waarskynlik die latere Delagoabaai.[11]

Fontoura da Costa was van mening dat João da Nova (c. 1460-1509) tydens sy heen- of terugvaart na Indië in 1501 of 1502 die eerste Portugees was wat Delagoabaai besoek het. Da Costa grond sy aanname daarop dat die Italiaanse kartograaf Alberto Cantino teen die einde van 1502 'n nuutgetekende kaart van Afrika, waarop die Rio da Lagoa duidelik voorkom, in Lissabon gekoop het wat hy as geskenk vir die Hertog van Ferrara in Genua aangebied het. Hoewel die Portugese die baai daarna af en toe besoek het, was hulle aandag meer op die ooskushawens van Sofala [Fig. 2], Ilha de Moçambique en Mombasa toegespits.[12]

Tydens Vasco da Gama se tweede reis, in 1502, van Portugal na die Ooste het een van die skepe, onder bevel van António do Campo, naby die Cabo das Correntes van die ander skepe suidweswaarts weggedryf en uiteindelik in 'n groot baai beland wat hy volgens oor-

---

9. P.E.H. Hair, "Portuguese contacts with the Bantu languages of the Transkei, Natal and Southern Mozambique 1497-1650", *African Studies*, 39 (1), 1980, p. 12.
10. E. Axelson, *Vasco da Gama: the diary of his travels through African waters, 1497-1499*, pp. 31-33.
11. E. Axelson, *Portuguese in South-East Africa, 1488-1600*, p. 34.
12. C.G. Coetzee, "Die stryd om Delagoabaai en die Suidooskus, 1600-1800", p. 12; C. Montez, *Descobrimento e fundação de Lourenço Marques, 1500-1800*, pp. 13-14; W.J. de Kock, *Portugese ontdekkers om die Kaap*, p. 222; M. Newitt, *A history of Mozambique*, p. 152; P. Edwards, "Die Zuid-Afrikaansche Republiek en Groot-Brittanje se stryd om Delagoabaai, 1889-1899", p. 1.

lewering Baía Formosa genoem het en wat moontlik die latere Delagoabaai kon gewees het.[13]

Drie jaar later, in 1505, het een van die skepe van Pedro de Anaya se vloot onder bevel van João de Queirós in 'n storm van die ander skepe weggedryf nadat hulle om die Kaap gevaar het en later in Delagoabaai naby Ilha da Inhaca vasgemeer. De Queirós en twintig man het aan land gegaan om vars voorrade te bekom. Die inboorlinge het eers op die vlug geslaan, maar later teruggekeer en die Portugese aangeval sodat slegs vier of vyf, hoewel erg gewond, ontkom het. Ook De Queiroz het gesneuwel.[14]

Tot ongeveer 1527 het verskeie kapteins van Portugese skepe Delagoabaai aangedoen, hoofsaaklik met die doel om vars water te bekom. Hulle het onder meer na die baai verwys as Baía da Boa Paz (Baai van die Goeie Vrede), na aanleiding van die gasvryheid van die plaaslike inboorlinge, en Baía da Boa Morte (Baai van die Goeie Sterfte). Die Portugese is vriendelik deur die inboorlinge ontvang en het van hulle die gerug gehoor dat daar 'n groot meer in die binneland is. Daarop het die Portugese die baai Baía da Lagoa of Baía Alagoa (Baai van die Strandmeer) genoem, omdat hulle geglo het die riviere wat in die baai uitmond, hulle oorsprong in 'n groot binnelandse meer het. Maar daarna het byna twee dekades verloop voordat 'n Europeër weer die moerassige strand van Delagoabaai betree het.[15] Teen September, Oktober 1544 het Jorge Teles de Meneses (goewerneur van Ilha de Moçambique) twee mans genaamd Lourenço Marques[16] en António

---

13. C. Montez, *Descobrimento e fundação de Lourenço Marques, 1500-1800*, p. 15; A. de P. Norte, *Lourenço Marques: arena de gigantes*, pp. 17-18.

14. C. Montez, *Descobrimento e fundação de Lourenço Marques, 1500-1800*, pp. 15-16; E. Axelson, *South-East Africa, 1488-1530*, p. 80; G.M. Theal, *The Portuguese in South Africa*, p. 103.

15. L.M. Jordão, *Memoria sobre Lourenço Marques (Delagoa Bay)*, p. 1; C.G. Coetzee, "Die Kompanjie se besetting van Delagoabaai", *Argief-jaarboek*, 11 (2), 1948, p. 176; G.M. Theal, *The Portuguese in South Africa*, pp. 95-96; A. de P. Norte, *Lourenço Marques*, p. 18; P.E. Raper in M.F. Valkhoff (red.), *Miscelânea Luso-Africana*, pp. 277-278; E. de Noronha, *O districto de Lourenço Marques e a Africa do Sul*, p. 31.

16. Lourenço Marques bly steeds 'n ontwykende figuur en min is oor hom bekend, behalwe dat hy in Kotsjin [Cochim] 'n griffier was en teen 1514 as 'n piloot en skeepskaptein opgetree het. Later was hy 'n ivoorhandelaar aan die Ooskus van Afrika en is in 1557 deur die koning van Portugal tot ridder geslaan. C Montez, *Descobrimento e fundação de Lourenço Marques, 1500-1800*, pp. 21-22.

Caldeira in 'n *pangaio* – 'n vaartuig waarvan die houtwerk op die Arabiese wyse aan mekaar bevestig is – op 'n verkenningstog suidwaarts gestuur. Die doel van hulle tog was om die moontlikhede van ivoorhandel en die oprigting van 'n handelspos te ondersoek. Hulle het Delagoabaai binnegevaar en ook die Rio da Lagoa verken, waarvan die monding deur die samevloeiing van die Tembe, Umbeluzi en Matola gevorm word. By die Rio da Lagoa – wat deur Lourenço Marques tot Rio do Espírito Santo (Rivier van die Heilige Gees) herdoop is en onder die inboorlinge as die Umbeluzi bekend staan – en die Rio Maputo het hulle groot troppe olifante opgemerk en van die vriendelike inboorlinge het hulle ivoor vir krale geruil. Daarna is Baía da Lagoa (Delagoabaai) feitlik jaarliks met die oog op ruilhandel – en veral die verkryging van ivoor en slawe – deur Portugese skepe besoek, maar die Portugese het eers heelwat later 'n permanente nedersetting aldaar gestig. Hoewel die Baía da Lagoa en die Rio do Espírito Santo later in opdrag van koning João III (1455-1495) van Portugal ter ere van Lourenço Marques tot Baía de Lourenço Marques (Baai van Lourenço Marques) en Rio de Lourenço Marques herdoop is, het die eersgenoemde name steeds in gebruik gebly.[17]

Baía de Lourenço Marques en Ilha da Inhaca was ook die mikpunt van talle skipbreukelinge van Portugese skepe.[18] Enkele oorlewendes van die *São João*, wat in 1552 by die Mtamvunarivier gestrand het, het Delagoabaai in 1553 bereik, waar die kaptein, Manuel de Sousa e Sepúlveda (c. 1503-1553), en sy gesin tragies gesterf het.[19] Die *São Bento* het in 1554 by die monding van die Msikabarivier gestrand[20] en die *São Thomé* in 1589 aan die Zoeloelandse kus.[21] Die *Santo Alberto*

---

17. R. Ptak, *Portugals Wirken in Übersee*, p. 125; E. Axelson, *Portuguese in South-East Africa, 1488-1600*, p. 136; J. Duffy, *Portuguese Africa*, p. 36; G.M. Theal, *The Portuguese in South Africa*, pp. 130-131; E. de Noronha, *O districto de Lourenço Marques e a Africa do Sul*, p. 31; W.J. de Kock, *Portugese ontdekkers om die Kaap*, pp. 222-223; D.W. Krüger, "Die weg na die see", *Argief-jaarboek*, 1 (1), 1938, p. 39.
18. E. de Noronha, *O districto de Lourenço Marques e a Africa do Sul*, p. 31; G.M. Theal, *The Portuguese in South Africa*, pp. 171-175.
19. O.J.O. Ferreira, *Stranding van die São João*, pp. 18-26 & 41-46.
20. T. Maggs, "The great galleon São João", *Annals of the Natal Museum*, 26 (1), Dec. 1984, pp. 173-174.
21. G. Bell-Cross in E. Axelson (ed.), *Dias and his successors*, p. 52; G.M. Theal, *Records of South-Eastern Africa*, II, pp. 153, 163-164, 188 & 199-200.

het in 1593 by die Umtatarivier gestrand en die skipbreukelinge het onder Nuno Velho Pereira se bekwame leiding slegs drie maande geneem om Delagoabaai te bereik.[22]

Manuel da Mesquita Perestrêlo (c. 1510 – c. 1580) het in 1576 in opdrag van die Portugese koning Sebastião die Begeerlike (1554-1578) die kus van Suidelike Afrika verken en beskryf. Hy het ook die Rio do Espírito Santo in Delagoabaai besoek en aan die suidelike kant van die baai vasgemeer omdat die plaaslike opperhoof Inhaca en sy mense die Portugese goedgesind was.[23] Daarna het die Portugese hoofsaaklik met Inhaca se onderdane handel gedryf totdat 'n hewige geskil in 1621 tussen hulle ontstaan het en die Portugese hulle daarna tot die inboorlinge van Tembe as hulle belangrikste handelsvennoot gewend het.[24]

Uit die eerste helfte van die 17de eeu is drie Portugese skipbreuke geboekstaaf waarvan die skipbreukelinge hulle skrede na Delagoabaai gewend het, naamlik die *São João Baptista* wat in 1622 iewers tussen die Vis- en Keirivier gestrand het, terwyl die *Santissimo Sacramento* en die *Nossa Senhora da Atalaia do Pinheiro* albei in 1647 onderskeidelik by die huidige Skoenmakerskop naby Port Elizabeth en by die monding van die Cintsarivier noord van Oos-Londen op die rotse geloop het.[25] Baie van hierdie skipbreukelinge het gemeld dat handel tussen die Portugese in Delagoabaai en die inboorlinge verder suid moes plaasgevind het, aangesien hulle krale by dié mense waargeneem het wat duidelik by Portugese handelaars geruil is.[26]

Europese wedywering om die besit en vestiging van 'n nedersetting in Delagoabaai

Die geskiedenis van Delagoabaai, die mees suidelike voorpos in Suid-oos-Afrika, is veelbewoë.

---

22. E. Axelson, *Portuguese pioneers in Southern Africa*, p. 11; J. Burman, *Who really discovered South Africa?*, pp. 4 & 15.
23. E. Axelson, *Portuguese in South-East Africa, 1488-1600*, p. 217.
24. M. Newitt, *A history of Mozambique*, p. 154.
25. C.G. Coetzee, "Die Kompanjie se besetting van Delagoabaai", *Argief-jaarboek*, 11 (2), 1948, p. 178.
26. A.K. Smith, "The struggle for control of Southern Moçambique, 1720-1835", p. 315.

Die *capitão mor* of bevelvoerder van Ilha de Moçambique [Fig. 3] het jaarliks 'n *naveta* ('n kusvaartuig) na Ilha da Inhaca in Delagoabaai gestuur om met materiaal en krale produkte soos ivoor, slawe, amber, heuning, botter, renosterhorings en -pote en seekoeitande en -pote van die inboorlinge te ruil.[27] Uit vrees vir die inboorlinge het die Portugese aanvanklik uit hulle vaartuie handel gedryf, maar hulle later op land begeef en ruwe strooi- en houthutte opgeslaan waarin die ruilhandel plaasgevind het.[28] Sedert die 16de eeu het die gebied rondom die handelspos van Lourenço Marques dus die suidelike grens van Portugal se Oos-Afrikaanse gebiede gevorm.[29]

Op 23 Februarie 1642 het die State-Generaal 'n verdrag tussen Portugal en Nederland bekragtig waarvolgens al die eilande aan die Ooskus van Afrika tot so ver suid as die eilande in die omgewing van Cabo das Correntes (Kaap van Seestrome) – wat dus waarskynlik ook Ilha da Inhaca in Delagoabaai ingesluit het – as Portugese gebied erken is.[30] Maar gerugte dat die Portugese en Engelse 'n winsgewende ruilhandel in Delagoabaai bedryf het, het die Nederlanders se belangstelling in dié baai gewek.[31] In 1688 stuur Simon van der Stel 'n skip, *De Noord*, na Delagoabaai om bystand te verleen, sou daar oorlewendes wees van die *Stavenisse* wat in 1686 naby die huidige Port Shepstone gestrand het, maar ook om die baai te verken. Die kaptein van 'n Portugese skip, die *Nossa Senhora da Valle*, wat toevallig in Tafelbaai was, het hulle van waardevolle inligting vir hulle reis voorsien. In Delagoabaai aangekom, het hulle by een van die eilande 'n Engelse skip aangetref waarvan die bemanning met die inboorlinge handel gedryf het. Die kaptein van die Engelse skip het geweier om hulle enige inligting te gee – wat hulle laat vermoed het dat hy 'n seerower of knoeier was. 'n Portugese *pangaio* het van Ilha de Moçambique in Delagoabaai aangekom, maar hoegenaamd nie teen die aanwesigheid van die Nederlan-

---

27. E. Axelson, *Portuguese in South-East Africa, 1488-1600*, p. 136; E. Axelson, *Portuguese in South-East Africa, 1600-1700*, p. 8.
28. C.G. Coetzee, "Die stryd om Delagoabaai en die Suidooskus, 1600-1800", p. 15.
29. J. Duffy, *Portuguese Africa*, p. 205.
30. S.R. Welch, *Portuguese and Dutch in South Africa, 1641-1806*, p. 13; P.E. Raper in M.F. Valkhoff (red.), *Miscelânea Luso-Africana*, pp. 273-274.
31. P. Edwards, "Die Zuid-Afrikaansche Republiek en Groot-Brittanje se stryd om Delagoabaai, 1889-1899", p. 2.

ders en Engelse beswaar gemaak nie en doodluiters hulle handel met die inboorlinge voortgesit.[32] Van der Stel het in 1689 'n tweede verkenningstog na Delagoabaai gelas, maar daarna het die Nederlanders se belangstelling in Delagoabaai tydelik getaan, waarskynlik as gevolg van die oorlog tussen Frankryk en Nederland wat in 1689 uitgebreek het, asook die geringe handelsopbrengs van Delagoabaai.[33]

In die 18de eeu het die Nederlanders, Portugese en die Oostenrykers om die beurt handelsvaartuie en garnisoene na Delagoabaai gestuur.[34]

In Januarie 1721 het die Nederlandse skepe, *De Caap* en die *Gouda*, onder aanvoering van Willem van Taak, Tafelbaai in opdrag van die Kaapse goewerneur Maurits Pasques de Chavonnes (1654-1724) verlaat, onderweg na Delagoabaai. Hulle hoofopdrag was om 'n permanente roete na die goudvelde van Monomotapa te vind en handel langs die Ooskus te bevorder. Op 3 April 1721 het die ekspedisie in Delagoabaai aangekom en nie 'n enkele Portugees aldaar aangetref nie. Later is die *Zeelandia* en die *Uno* ook daarheen gestuur om die garnisoen te versterk. Die stuurman het die flater begaan om hulle te laat vasmeer aan die noordoewer in die monding van 'n brak rivier, die Rio do Espírito Santo. Hulle is onmiddellik deur inboorlinge in kano's omring, aan wie hulle geskenkies uitgedeel het. Toe hulle die volgende dag aan land gaan, het die opperhoof hulle met 4 000 krygers ingewag, maar nadat die Nederlanders die opperhoof verseker het hulle kom as vriende en om handel te dryf, is hulle toegelaat om hutte met 'n sterk palissade, Fort Rio de Lagoa (later verdoop tot Fort Lijdzaamheijd vanweë die vele sterfgevalle), daaromheen op te rig – die eerste struktuur van dié aard in Delagoabaai. In 1722 is die Nederlanders deur Engelse seerowers onder aanvoering van George Taylor en Edward England aan boord van die *Victory* en die *Cassandra* aangeval, maar die aanval is afgeweer. Ná Van Taak se dood het Jean Michel in 1723 die waarnemende leier van die groep geword. 'n Lid van die Nederlandse garnisoen, Jan Chris-

---

32. S.R. Welch, *Portuguese and Dutch in South Africa, 1641-1806*, p. 333, G.M. Theal, *The Portuguese in South Africa*, p. 272.
33. P. Edwards, "Die Zuid-Afrikaansche Republiek en Groot-Brittanje se stryd om Delagoabaai, 1889-1899", pp. 2-3.
34. A.H. de O. Marques, *History of Portugal*, II, p. 109.

toffel Steffler, het in 1723 'n ekspedisie gelei wat die Lebomboberge oorgesteek het. Steffler is egter deur Swazi's om die lewe gebring – waarskynlik in Swaziland of in wat later as die Oos-Transvaal (tans Mpumalanga) bekend sou staan – waarna die res van die geselskap na Delagoabaai teruggekeer het. In 1725 het die patriotiese Jan van de Capelle die waarnemende bevelvoerder in Delagoabaai geword. Ingevolge sy opdrag het die volgende ekspedisie in 1725 onder leiding van Francois de Cuiper (Frans de Kuiper) van Delagoabaai af in 'n noordelike rigting vertrek en tot by Gomondwane in die teenswoordige Kruger Nasionale Park (48 km van Skukuza af) gevorder, waar ook hulle deur onderdane van Dawano aangeval is en dus verplig was om om te draai. De Cuiper se ekspedisie word beskou as die eerste Europeane wat die latere Transvaalse grondgebied betree het. Hoewel die Portugese koning reeds in 1723 opdrag gegee het dat die Nederlanders uit Delagoabaai verdryf moes word, het die Portugese hulle met rus gelaat. Maar in Desember 1730 het die Nederlanders uit eie beweging, vanweë die hoë sterftesyfer aan malaria en swartwaterkoors en 'n gebrek aan winsgewende handel, die plek ontruim.[35]

In 1755 is 'n klein geselskap Portugese van Ilha de Moçambique, die setel en vlootbasis van die Portugese gesag langs die Ooskus van Afrika, deur die Goewerneur of *Capitão General* van Mosambiek, Francisco de Mello e Castro, na Delagoabaai gestuur om 'n handelspos en vestingwerk op te rig. Hulle het hulle op die suidoewer van die Rio do Espírito Santo gevestig en daarvandaan met die inboorlinge ivoorhandel bedryf. Hulle verblyf aldaar kon egter nie lank geduur het nie,[36] want in Junie 1757 het die Nederlandse skip *Naarstigheid* met 'n gebreekte mas en 'n lekplek Delagoabaai binnegevaar. Die

---

35. S.R. Welch, *Portuguese and Dutch in South Africa, 1641-1806*, pp. 404-405; G.M. Theal, *The Portuguese in South Africa*, pp. 272-273; J. Burman, *Who really discovered South Africa?*, pp. 124 & 126-136; L. Changuion in J.S. Bergh (red.), *Geskiedenisatlas van Suid-Afrika*, p. 116; J.B. de Vaal, "Handel langs die vroegste roetes", *Contree*, 17, Januarie 1985, pp. 11-12; U. de V. Pienaar (red.), *Neem uit die verlede*, pp. 62, 69 & 71-75; J.J. Oberholster, *Die historiese monumente van Suid-Afrika*, p. 337; Anoniem, "Eerste kontak tussen die Portugese van Mosambiek en die Voortrekkers", *Lantern*, 37 (1), Januarie 1988, p. 47; G.M. Theal, *Records of South-Eastern Africa*, V, pp. 129-130, & VI, pp. 424-428.

36. L.M. Jordão, *Memoria sobre Lourenço Marques (Delagoa Bay)*, pp. 8-9; A. de Castilho, *O districto de Lourenço Marques*, p. 8; G.M. Theal, *The Portuguese in South Africa*, p. 273; U. de V. Pienaar (red.), *Neem uit die verlede*, p. 68.

skip se bemanning het twee jaar daar deurgebring sonder om 'n enkele Portugees te ontmoet en het die tyd benut om die omgewing deeglik te verken.[37]

In 1776 het 'n Oostenrykse ekspedisie, wat onder beskerming van Maria Theresa (1717-1780), aartshertogin van Oostenryk, deur die Asiatiese Maatskappy van Trieste gestuur is, aan boord van die *Joseph & Thereza* in Delagoabaai aangekom met die doel om handelsposte op te rig. Die ekspedisieleier was 'n Engelse avonturier, luitenant William Bolts, in diens van die Oostenrykse regering. Hy het besluit om handelsposte op Ilha da Inhaca en naby die monding van die Rio Maputo aan te lê en het in 'n brief daarvan melding gemaak dat daar baie kauri- of muntskulpe, 'n gewilde ruilmiddel onder die inboorlinge, op die eiland voorgekom het. By dié riviermonding het hy ook 'n klein fort laat bou. Aanvanklik was daar geen Portugese nie, maar toe die Portugese onderkoning in Goa van die Oostenrykers se aktiwiteit verneem het, het hy daarteen protes aangeteken omdat die kusstrook van Delagoabaai volgens hom Portugese grondgebied was. In opdrag van die Portugese regering in Lissabon, is die fregat *Santa Anna* met 'n sterk mag onder bevel van kaptein Nicolau Delgado Figueira da Cunha d'Eça in 1781 uit Goa gestuur om die Oostenrykers te verdryf. Intussen is die Oostenrykers deur koors aangetas, deur die inboorlinge aangeval en hulle handelsposte op Ilha da Inhaca is verwoes. Ná die *Santa Anna* se aankoms in Delagoabaai, op 30 Maart 1781, het die bemanning beslag gelê op twee ongewapende vaartuie wat onder die Oostenrykse vlag gevaar het. Die Portugese bevelvoerder in Delagoabaai, Joaquim Vicente Godinho de Mira, het die Oostenrykers gevange geneem en hulle fort vernietig. Die Oostenrykse regering het nie veel waarde aan die insident geheg nie en ná korrespondensie met die Portugese regering is die Portugese aanspraak op die gebied erken.[38]

---

37. M.V.J. Haight, *European powers and South-East Africa*, p. 189; G.M. Theal, *The Portuguese in South Africa*, p. 273. Vgl. ook G.M. Theal, *Records of South-Eastern Africa*, VI, pp. 477-502.
38. A. de Castilho, *O districto de Lourenço Marques*, p. 9; L.M. Jordão, *Memoria sobre Lourenço Marques (Delagoa Bay)*, pp. 9-11; M.V.J. Haight, *European powers and South-East Africa*, p. 189; E. de Noronha, *O districto de Lourenço Marques e a Africa do Sul*, p. 32; G.M. Theal, *The Portuguese in South Africa*, pp. 274-275; J.B. de Vaal, "Handel langs die vroegste roetes", *Contree*, 17, Januarie 1985, p. 14.

In dieselfde jaar is ook twee Engelse handelsvaartuie, die *Spy* en die *Snow*, deur die Portugese uit Delagoabaai verdryf. Die skeepseienaars het daarteen beswaar aangeteken omdat hulle toe reeds sewe jaar daar handel gedryf het met die toestemming van die inboorling-"prinse" aan wie hulle jaarliks geskenke gegee het. Hulle het die Portugese gesag oor Delagoabaai erken, maar wou bloot handel dryf soos wat die Verdrag van 1661 tussen Portugal en Brittanje bepaal het.[39]

Vir 'n lang tydperk is Lourenço Marques bloot as 'n handelspos gebruik en dit was eers nadat verskeie moondhede pogings aangewend het om die baai te beset, dat die Portugese owerheid dit in 1780-1781 nodig gevind het om 'n permanente Portugese nedersetting aan te lê op die plek waar die stad Lourenço Marques later sou verrys. Ingevolge 'n dekreet wat koning José I die Hervormer (1714-1777) van Portugal voor sy dood uitgevaardig het, rig die Goewerneur van Mosambiek, Vicente Caetano da Maia e Vasconcellos, in 1780 'n militêre handelspos op die riviermonding se regteroewer op. Dit was 'n teken dat die Portugese gekom het om te bly. Op 1 Januarie 1782 het die eerste Goewerneur van Lourenço Marques, majoor Joaquim de Araújo (1726-1782), sy amp aanvaar. Belchior Baltazar Pires was die garnisoen se bevelvoerder en Frei Francisco de Santa Teresa die eerste militêre kapelaan. Hulle het dadelik met die oprigting van 'n klein vesting begin. Op 19 April 1782 kon die tydelike fortjie, eintlik maar 'n palissade, amptelik ingewy word, maar op 12 Mei het 'n vuur al die strukture vernietig. De Araújo, wat as die stigter van Lourenço Marques beskou word, het enkele maande later op 6 Julie 1782 in die tuig gesterf en is deur João Henriques de Almeida opgevolg. De Almeida het geskille met die omwonende opperhoofde gehad. In 1783 besluit hy om die Portugese nedersetting te ontruim en met sy onderhoriges na Ilha de Moçambique terug te keer. Dus was die Baai van Lourenço Marques weer tydelik aan sy lot oorgelaat. Die volgende jaar is die nedersetting weer deur Portugese beset, onder leiding van 'n nuwe goewer-

---

39. M.V.J. Haight, *European powers and South-East Africa*, p. 189.

neur, Diogo António de Barros Souto Maior, maar ook hierdie poging het gefaal.[40]

In 1787 is 'n groep Portugese in opdrag van die Goewerneur van Ilha de Moçambique, António Manuel de Mello e Castro, gestuur om 'n permanente klipfort, die Fortaleza de Nossa Senhora da Conceição, op die noordoewer van die Rio do Espírito Santo op te rig. Dit was 'n verdere teken dat die Portugese besetting van Delagoabaai permanent sou wees. Hoewel dit nog steeds die vorm van 'n militêre buitepos gehad het, is die garnisoen onder leiding van goewerneur J.J. da Costa Portugal tot 200 man vermeerder.[41] Die Portugese het tot op daardie tydstip geen poging aangewend om hulle gesag na die omliggende inboorlingstamme uit te brei nie.[42] Aangesien dit reeds bewys is dat Delagoabaai groot hoeveelhede ivoor kon lewer, het die nedersetting groot belofte ingehou. In teenstelling met die Oostenrykers en Nederlanders, was die Portugese nou ook daarin geïnteresseerd om die inboorlinge rondom Delagoabaai onder hulle beheer te kry. Vanweë hulle gebrek aan middele, was dit moeilik om bloot hulle vastrapplek in die baai te behou, maar hulle uithouvermoë het daarvoor vergoed en hulle verblyf daar verseker. In hierdie tydperk het Delagoabaai as handelsoord erg teleurgestel omdat die besoekende skepe selde enige winste getoon het. Die voorrade was wel daar, maar die inheemse handelaars se pryse daarvoor was so hoog dat die Portugese handelaars dit nie kon bekostig nie.[43]

In 1794 het 'n burgeroorlog onder die omwonende inboorlinge uitgebreek. José Correia Monteiro de Mattos, die klein Portugese fort

---

40. A.P. de Lima, *Lourenço Marques*, pp. 11 & 54-55; A. Lobato, *História da fundação de Lourenço Marques*, pp. 97-98, 104, 106, 108 & 116; A. de Castilho, *O districto de Lourenço Marques*, pp. 9-10; A.P. de Lima, *Edifícios históricos de Lourenço Marques*, pp. 145-147; R. Ptak, *Portugals Wirken in Übersee*, p. 127; J. Duffy, *Portuguese Africa*, pp. 95 & 202; M. Newitt, *A history of Mozambique*, p. 159; C.A.V. da Silva, *The city of Lourenço Marques guide*, pp. 28-29.
41. G.M. Theal, *Geschiedenis van Zuid-Afrika*, p. 436; A.K. Smith, "The struggle for control of Southern Moçambique, 1720-1835", p. 227; C.A.V. da Silva, *The city of Lourenço Marques guide*, p. 29.
42. L.M. Jordão, *Memoria sobre Lourenço Marques (Delagoa Bay)*, p. 37; P. Edwards, "Die Zuid-Afrikaansche Republiek en Groot-Brittanje se stryd om Delagoabaai, 1889-1899", p. 4.
43. A.K. Smith, "The struggle for control of Southern Moçambique, 1720-1835", pp. 200 & 236.

se bevelhebber, het een van die groepe gesteun en ná hulle oorwinning daarin geslaag om die hele gebied as behorende aan die koning van Portugal te verkry, hoewel geen stappe gedoen is om enige vorm van gesag af te dwing nie.[44]

Franse seerowers was 'n baie groter bedreiging as die inboorlinge vir die Portugese in Mosambiek. Op 26 Oktober 1796 het dié seerowers inderdaad die Portugese fort en faktory in Delagoabaai vernietig. Goewerneur João de Sousa Soares se klein Portugese garnisoen, deur koors verswak, was verplig om die wyk na die binneland te neem. Die Franse het egter geen poging aangewend om hulle permanent daar te vestig nie, sodat die Portugese vier jaar later, in 1800, weer 'n paalwerkverskansing, pakhuise en administratiewe geboue op die terrein opgerig het waar die latere stad Lourenço Marques sou verrys.[45] Sedert 1797 was Britse en Amerikaanse walvisjagters ook in Delagoabaai bedrywig, sonder om enigsins die moeite te doen om verlof daarvoor te vra by die Portugese regering, wat op die soewereniteit van die baai aanspraak gemaak het.[46]

Op 7 Junie 1799 het kaptein Luis José met 'n afdeling soldate van Ilha da Moçambique in Delagoabaai aangekom. Weens onderlinge stryd tussen die inboorlinge noord van die Rio do Espírito Santo, het die Portugese ongeveer 'n jaar lank by Catembe, suid van dié rivier, gebly en hulle eers daarna op die plek gevestig waar die Nederlanders vroeër hulle handelspos gehad het en die fort herbou.[47] Hierdie nedersetting is na die reeds vermelde Lourenço Marques vernoem.[48]

Teen die einde van die 18de eeu was die Portugese invloed suid van die Zambesi baie beperk. Die enigste Portugese nedersettings was

---

44. G.M. Theal, *The Portuguese in South Africa*, p. 275.
45. M.V.J. Haight, European powers and South-East Africa, p. 113; J. Duffy, *Portuguese Africa*, pp. 95 & 202-203; A. de P. Norte, *Lourenço Marques*, p. 20; A. de Castilho, *O districto de Lourenço Marques*, p. 11; C.A.V. da Silva, *The city of Lourenço Marques guide*, p. 29.
46. G.M. Theal, *Geschiedenis van Zuid-Afrika*, p. 436; D. Alexander, *Holiday in Mozambique*, p. 21.
47. A. de Castilho, *O districto de Lourenço Marques*, p. 11; G.M. Theal, *The Portuguese in South Africa*, p. 276; D. Alexander, *Holiday in Mozambique*, p. 45.
48. P. Edwards, "Die Zuid-Afrikaansche Republiek en Groot-Brittanje se stryd om Delagoabaai, 1889-1899", p. 4.

by Lourenço Marques, Inhambane, Sofala, Sena en Tete.[49] Aan die Ooskus van Afrika was die Engelse, Franse en Duitsers steeds die grootste bedreiging vir die Portugese, maar teen 1800 is algemeen aanvaar dat Portugal se jurisdiksie gestrek het oor sowel die groter Delagoabaai as die hawe waar die vesting van Lourenço Marques geleë was.[50] 'n Netwerk forte het Portugal in staat gestel om die Ooskushandel en die Indiese Oseaan te beheer, maar afgesien van sporadiese verkenningstogte na die binneland, het die Portugese min belangstelling in die hinterland van hulle nedersettings aan die kus getoon omdat die rykdomme van Indië voorrang geniet het. Handel was die hoofmotief en Portugal moes soveel moontlik wins uit sy ondernemings trek. Op 5 April 1805 het 'n inboorlingopperhoof 'n groot stuk grond noord van die Rio do Espírito Santo wat hy van die vorige eienaar afgeneem het aan José António Caldas, die bevelhebber van die Portugese fort in Delagoabaai, oorgedra. Die garnisoen waaroor Caldas beskik het, was nietemin te klein om die grond effektief in besit te neem en bowendien was die ivoorhandel so gering dat dit skaars die koste verbonde aan die onderhoud van die garnisoen kon dek.[51] Gesagsvestiging in die binneland sou outomaties ongewenste uitgawes meebring. Tot in die 19de eeu het die Portugese geen regstreekse poging tot die kolonisasie van Suider-Afrika aangewend nie, maar nadat Nederland, Engeland en Frankryk hulle belangstelling in Suider-Afrika getoon en handel in slawe en ivoor in dié streek toegeneem het, het die Portugese met ander oë na Suidelike Afrika begin kyk.[52]

Vir 'n lang tyd het Engeland hard probeer om die Portugese uit Delagoabaai te verdryf, omdat die Engelse daarvan bewus was hoe belangrik die hawe van Lourenço Marques vir die ekonomiese ontwikkeling van die binneland van Afrika was.[53] So vroeg as 1721 was

---

49. G.M. Theal, *Geschiedenis van Zuid-Afrika*, p. 433.
50. J. Duffy, *Portuguese Africa*, p. 205.
51. G.M. Theal, *The Portuguese in South Africa*, p. 276.
52. C.J. Maritz, "Die Portugese koloniale beleid met besondere verwysing na Angola en Mosambiek", *Koers*, 28, Mei-Junie 1961, p. 502; A.P.J. van Rensburg in J.S. Bergh (red.), *Herdenkingsjaar 1988*, pp. 53-54.
53. A.H. de O. Marques, *History of Portugal*, II, p. 109.

daar sprake dat die Engelse Oos-Indiese Kompanjie besluit het om 'n nedersetting in Delagoabaai te vestig. Hierteen het die Portugese owerheid heftig beswaar gemaak, sodat van dié planne aanvanklik niks tereg gekom het nie.[54] Volgens die Anglo-Portugese verdrag van 28 Julie 1817 is die gebiede aan die Ooskus van Afrika wat aan die Portugese Kroon behoort met die oog op die wettiging van slawehandel suid van die ewenaar, beskryf as strekkende van Cabo Delgado tot die Baía de Lourenço Marques. Die Engelse het, tot die Portugese se ergernis, Baía de Lourenço Marques se naam, na aanleiding van die vroeëre Baía da Lagoa, teen 1822 tot Delagoa Bay vervorm; 'n naam wat algemene inslag gevind het.[55] Die nedersetting in Delagoabaai is deur die Portugese Lourenço Marques genoem, maar die Engelse het ook daarna as Delagoa Bay verwys. Hierdie wisselende benamings, Baía de Lourenço Marques en Delagoabaai, het tot heelwat verwarring gelei omdat die Engelse eersgenoemde as die klein baaitjie rondom die nedersetting beskou het, terwyl die Portugese daarmee die baai in sy geheel bedoel het. Namate meer Europeane hulle in Lourenço Marques gevestig het, het die inboorlinge die plek op hulle beurt Xilunguine (Plek van die Wit Man) begin noem.[56]

Internasionale debatte oor eienaarskap van Delagoabaai het in 1820 in alle erns begin. Die Portugese het 'n nuwe vesting daar gebou en was nie bereid om voor die Britte, wat die plek van die Nederlanders en Oostenrykers ingeneem het, te wyk nie. Die Portugese het "diplomatieke" onderhandelinge met die swart opperhoofde gevoer om hulle steun te werf. Om sake te vererger, was die inboorlinge heftig teen enige permanente Europese inbesitneming van Delagoabaai gekant. Hulle het die Portugese setlaars herhaaldelik aangeval, aangerand en party vermoor, hulle eiendom verwoes. Dus was die Portugese verplig om die wyk te neem. Dergelike voorvalle het die Por-

---

54. G.M. Theal, *Records of South-Eastern Africa*, V, pp. 112-119.
55. P.E. Raper in M.F. Valkhoff (red.), *Miscelânea Luso-Africana*, pp. 277-278; E. de Noronha, *O districto de Lourenço Marques e a Africa do Sul*, p. 31; D. Alexander, *Holiday in Mozambique*, p. 44.
56. J.M. Penvenne, *African workers and colonial racism*, p. 28; R.J. Hammond, *Portugal and Africa, 1815-1910*, p. 81; M.V.J. Haight, *European powers and South-East Africa*, p. 203; P. Edwards, "Die Zuid-Afrikaansche Republiek en Groot-Brittanje se stryd om Delagoabaai, 1889-1899", pp. 4-5; TAB: SS 104, R 1365/68, A. Duprat - M.W. Pretorius, 01.11.1868.

tugese besetting van Delagoabaai wisselvallig laat voorkom en die Britse aanspraak op die gebied versterk.[57]

Aan die einde van 1822 het kaptein William FitzWilliam Owen (1774-1857), 'n hidrograaf en landmeter, in opdrag van die Britse Admiraliteit en met die toestemming van die Portugese regering in Lissabon 'n hidrografiese opname in Delagoabaai gedoen. [Fig. 4] Owen het onmiddellik besef dat Delagoabaai uit 'n politieke en handelsoogpunt 'n besonder belangrike plek vir Brittanje was. Die baai was veilig, toeganklik en het goeie vasmeerplekke gehad, terwyl die hinterland groot handelsmoontlikhede gebied het en die hawe strategies geleë was ten opsigte van die Kaapkolonie en Natal. Die enigste nadeel van Delagoabaai was dat dit in 'n uiters ongesonde gebied geleë was. Jacques Casimir, bevelvoerder van die Portugese fort, het Owen meegedeel dat die omwonende inboorlinge nie onderdane van die Portugese is nie, dus het die Engelse daarna opgetree asof die Portugese gesag nie verder as die trefafstand van die kanonne in die fort gestrek het nie. Toe opperhoof Mazeta (Mayeta) Tembe Dlamini (ook bekend as Capella of Kapele), onbewus van die implikasies daarvan, in Maart 1823 aanbied om sy grondgebied aan die nabygeleë Rio Tembe aan Groot-Brittanje af te staan, het Owen dit summier aanvaar. In Augustus 1823 het Makasane (Makhasane) Tembe Mangobe, opperhoof van die gebied tussen die Rio Maputo en die see, hom en sy gebied onder Britse beskerming gestel, waardeur Owen beheer oor Ilha da Inhaca en Ilha dos Elefantes (Eiland van die Olifante) of Catembe-eiland verkry het. Owen het onmiddellik riviername verengels, byvoorbeeld: Die Rio da Lagoa het die Dundas River en die Rio do Espírito Santo het die English River geword. Owen het die Britse vlag op die suidelike deel van Delagoabaai gehys en die Portugese owerheid in Lourenço Marques meegedeel dat die Portugese jurisdiksie tot die grense van hulle fort beperk was. Hoewel Brittanje die baai nie formeel geannekseer het nie, is dit in daardie stadium as 'n Britse invloedsfeer beskou. Terwyl Owen Ilha de Moçambique besoek het, het die nuwe goewerneur van Lourenço Marques, Miguel Lopes de Cardenas, opdrag gegee dat daar op twee Britse handel-

---

57. A.H. de O. Marques, *History of Portugal*, II, p. 109.

skepe, die *Singapore* en die *Orange Grove*, in Delagoabaai beslag gelê word en die hele baai is tot Portugese besitting verklaar. Tydens hierdie tydelike afwesigheid van Owen het die twee opperhoofde hulle konsessies aan Brittanje ontken en verdrae met die Portugese gesluit waarvolgens hulle verklaar het dat hulle Portugese onderdane is. Die Britse vlag is gestryk en die Portugese vlag is deur kaptein De Cardenas gehys, waarop Mazeta se krygers die Portugese aangeval en De Cardenas en ses en twintig van sy makkers gedood het. Toe Owen in 1824 na Delagoabaai terugkeer, word die Britse vlag weer gehys en dring hy daarop aan dat die Britse skepe teruggee word. Hy sluit ook met Mazeta en Makasane, opperhoofde in die omgewing van die Rio Tembe en Rio Maputo, verdrae waardeur hulle onder Britse beskerming geplaas is. Toe die Portugese in 1825 op 'n Britse handelskip, die *Eleanor*, met 'n onwettige vrag ivoor aan boord beslag gelê het, het Owen dit bewerkstellig dat die skip vrygelaat word en die aangeleentheid na Londen verwys. Hierdie insident het sonder verdere reperkussies verbygegaan totdat dit in 1860 weer geopper is. Ná Owen se vertrek het die opperhoof van Maputo 'n dokument onderteken waarin hy verklaar het dat hy die gesag van die Portugese aanvaar en dat hy nie die reg gehad het om sy gebied aan die Britse kroon oor te dra nie, omdat dit aan die Portugese kroon behoort het.[58]

Die dorpie Lourenço Marques is herhaaldelik deur inboorlinge aangeval en hierdie aanvalle is meestal deur die Portugese afgeslaan. Op 22 Oktober 1833 het Soshangane (c. 1790-1858) met 'n sterk krygsmag opgedaag by die Portugese fort by die Rio do Espírito Santo, maar omdat hulle slegs met steekassegaaie bewapen was, kon hulle nie die fort verower nie. In die nag van 27 op 28 Oktober het Dionísio António Ribeiro, bevelhebber van die fort, besluit om die

---

58. H.V. Livermore, *A new history of Portugal*, p. 302; R.J. Hammond, *Portugal and Africa, 1815-1910*, pp. 80-81; D.M. Abshire & M.A. Samuels, *Portuguese Africa*, p. 52; J. Duffy, *Portuguese Africa*, pp. 205-206; G.M. Theal, *The Portuguese in South Africa*, pp. 227-279; F. Costa, *Portugal e a Guerra Anglo-Boer*, p. 46; J.S.M. Matsebula, *A history of Swaziland*, pp. 131-132; H.J. van Aswegen & G. Verhoef, *Die geskiedenis van Mosambiek*, p. 12; M.V.J. Haight, *European powers and South-East Africa*, pp. 192-195, 200 & 212; A.P. de Lima, *Lourenço Marques*, pp. 11-12; G.M. Theal, *Records of South-Eastern Africa*, II, p. 477, & IX, pp. 39 & 46.

fort te ontruim en na Ilha Xefina te vlug. Die volgende dag het Soshangane se krygsmag die fort verwoes, al die Portugese op die eiland gevange geneem en na die verwoeste Fortaleza de Nossa Senhora da Conceição teruggebring, waar hulle vermoor is. Die enigste oorlewende was João Albasini (1813-1888), wat deur die inboorlinge saamgeneem is maar ná ses maande daarin geslaag het om te ontsnap en na Lourenço Marques terug te keer. 'n Portugese mag is van Ilha de Moçambique gestuur om die nedersetting te herower en die fort te herbou.[59] Vanweë hulle geringe getalle en gebrek aan wapens en ammunisie het die Portugese geen poging aangewend om Soshangane te verhinder om sy gesag oor die hele binneland so ver noord as die Zambesi uit te brei nie.[60]

In 1838 het die sendeling Francis Owen (1802-1854) 'n tyd lank in Lourenço Marques deurgebring. Uit sy dagboek blyk dit dat die dorp 'n totale inwonertal van ongeveer honderd gehad het, waarvan die meeste in regeringsdiens of soldate was. As geestelike was dit vir hom opvallend dat daar geen priester was nie en dat daar geen vorm van godsdiensoefening was nie.[61]

Groei van Lourenço Marques ná 1850

Volgens Das Neves was die voorkoms van Lourenço Marques teen 1850 niks anders as dié van 'n inboorlingstat nie. Die enigste Westerse huis het aan die ivoorhandelaar Vicente Tomás dos Santos (c. 1796-1859) behoort. Die fort, waarin die Goewerneur en 'n garnisoen bestaande uit twaalf inboorlingsoldate, gewoon het, het bouvallig voorgekom. Dit was die enigste twee strukture wat 'n reisiger kon laat vermoed dat

---

59. A. de Castilho, *O districto de Lourenço Marques*, p. 12; J. Duffy, *Portuguese Africa*, p. 95; G.M. Theal, *The Portuguese in South Africa*, pp. 279-280; J.B. de Vaal, "Die rol van João Albasini in die geskiedenis van die Transvaal", *Argief-jaarboek*, 16 (1), 1953, p. 5; J.B. de Vaal, *João Albasini (1813-1888)*, p. 5; A. de P. Norte, *Lourenço Marques*, pp. 20-21; E. de Noronha, *O districto de Lourenço Marques e Africa do Sul*, p. 61; A.J. Telo, *Lourenço Marques na política externa portuguesa, 1875-1900*, p. 23; A.P. de Lima, *Edifícios históricos de Lourenço Marques*, p. 149.
60. J.B. Hartman, "Die politieke en judisiële organisasie van die suidelike Changana (Bosbokrand) in die lig van hulle herkoms", p. 43.
61. B.S.C. van Tonder, "Die verhouding tussen die Boere in die Zuid-Afrikaansche Republiek en die Portugese van Mosambiek tussen die jare 1836-1869" p. 12.

daar Europeërs woon, want al die ander handelaars het in *palhotas* of strooihuise gewoon. Bloedvermenging tussen die Portugese en die inboorlinge het algemeen voorgekom en die inwoners van Lourenço Marques het vanweë uitputting as gevolg van die subtropiese klimaat en koorssiekte weinig ondernemingsgees getoon.[62]

In 1857 was Lourenço Marques se inwonertal altesaam 880, waarvan 73 Portugese soldate en bannelinge en 384 slawe was.[63] Ongeveer dieselfde tyd het die Britse konsul in Mosambiek, John Lyons McLeod, oor Lourenço Marques geskryf: "The town consists of a miserable square of squalid-looking houses ... The town is filthy in every sense, even the Governor's quarters being so surrounded by filth and dirt of all sorts that none but the Portuguese and natives ... can approach it without being attacked by fits of vomiting ... It is impossible for anyone to see the town without being struck with the idea how it is possible for human beings to live there."[64] Das Neves het in dié tyd geskryf Lourenço Marques toon slegs geringe vooruitgang. Volgens hom was die ligging van die dorp bokant 'n sanderige moeras, wat met hoogwater 'n soort skiereiland gevorm het wat slegs aan die suidoostekant met die vasteland verbind was. Met laagwater het die skroeiende son alles wat op die moeras agtergebly het, laat verrot, met die gevolg dat 'n verpestende damp opgestyg en die bewoners van die dorp vergiftig het. Lourenço Marques het geen openbare geboue soos 'n doeanekantoor, barakke of 'n hospitaal gehad nie. Die weinige ontwikkeling wat daar wel was, was te danke aan die private inisiatief van handelaars.[65]

In 1864 het die Portugese met die oprigting van 'n stewiger en beter fort, die Fortaleza de Nossa Senhora da Conceição [Fig. 5], by die Rio do Espírito Santo begin. Die bouwerk aan hierdie fort, soos ons dit vandag ken, is in 1867 voltooi. Rondom die fort, die kern van die nedersetting, was skaars sestig huise. Die inwoners het 'n eentonige bestaan in Lourenço Marques gevoer, wat slegs sporadies deur die aankoms van skepe of ivoorhandel met die inboor-

---

62. D.F. das Neves, *A hunting expedition to the Transvaal*, pp. 172-173.
63. C. Testa, *A politica intercolonial e internacional e o Tratado de Lourenço Marques*, p. 10.
64. J.M. Penvenne, *African workers and colonial racism*, p. 32; J. Duffy, *Portuguese Africa*, p. 95.
65. D.W. Krüger, "Die weg na die see", *Argief-jaarboek*, 1 (1), 1938, pp. 135-136.

linge verbreek is. In 1867 het die bou van 'n nuwe verdedigingslinie by Lourenço Marques 'n aanvang geneem en dit is in 1869 afgehandel.[66]

Carl Gottlieb Mauch (1837-1875), reisgenoot van Fernando da Costa Leal, het in 1870 sy indrukke van Lourenço Marques op skrif gestel. Volgens hom was dit 'n dorpie met 'n klein fort, waarvan die een muur erg deur die seegolwe weggekalwe was. Die bewoners was hoofsaaklik swartes en hulle het in hutte gewoon wat tussen papaja- en lemoenbome opgerig is. Ongeveer 20 bote van verskillende tonnemaat het voor anker gelê. Die wit huise het agter sandduine gelê en mooi aangeplante kasjoeneutbome, kokospalms en piesangbome het voorgekom. Dit het 'n tropiese atmosfeer geskep. Die Europeërs (16 in getal) en die "banyans" of "banians" (Indiese handelaars wat die handel oorheers het en baie meer as die Portugese was) se wit huise met plat dakke was in dieselfde styl langs die onreëlmatige strate en die markplein gebou. Die fort was die opvallendste struktuur, met daar digby 'n slordige versameling inboorlinghutte. Dit het Mauch opgeval dat daar geen enkele blanke vrou was nie, wat, volgens hom, tot lae morele standaarde aanleiding gegee het.[67]

St. Vincent Whitshed Erskine (1846 – c. 1904), regeringslandmeter van Natal, het hom in 1871 soos volg oor Lourenço Marques uitgelaat: "This mass of grass huts, reed fences, decayed forts, rusty cannon, small proportion of Europeans, and large half-castes, Banyans, Musselmans, Brahmins, Tongas, slaves and freed men, sand dunes, narrow streets, flat-roofed houses, and coco-nut trees and stench is enclosed by a wall about 6 feet high." Die ringmuur waarna Erskine verwys, was die onlangs voltooide verdedigingsmuur rondom die nedersetting wat deur bastions beskerm is. Die afskaffing van slawerny en die afname in olifante in die omgewing het die ekonomie van die plek geruïneer. Erskine het vervolg: "The future of Delagoa Bay under Portuguese rule can be but decay

---

66. E. Axelson, *Portugal and the scramble for Africa, 1875-1891*, p. 12; G.M. Theal, *The Portuguese in South Africa*, p. 282; D. Alexander, *Holiday in Mozambique*, pp. 58-59; L Weinthal (red.), *The Delagoa Bay - Pretoria Railway*, p. 3.
67. E.E. Burke (red.), *The journals of Carl Mauch*, pp. 68-69 & 71.

and death; but under a Teutonic race, a more glorious future may await it."[68]

In 1871 was die inwonertal van Lourenço Marques 458 persone, waarvan 295 mans en 163 vrouens was. Van hierdie inwoners was 93 Europese Portugese (waarvan slegs 9 vroue was), 83 Asiatiese Portugese, 66 Afrika-Portugese en 28 ander Europeërs. Al die Europese Portugese was soldate, offisiere of amptenare, terwyl feitlik al die ander Portugese *degredados* (bannelinge) was. Dié wat nie amptenare was nie, was hoofsaaklik handelaars. Geen Portugese het buite die ommuurde nedersetting gewoon nie en sowat drie kilometer verder het die Portugese invloedsfeer eintlik opgehou.[69]

Die transformasie van Lourenço Marques van 'n *aldêa de cafres* ('n inboorlingstat) tot 'n florerende handelsentrum kan grootliks toegeskryf word aan die handelsverdrag wat in 1869 met die ZAR gesluit is.[70] Op 9 Desember 1876 het koning Luís I die Gewilde (1838-1889) van Portugal 'n dekreet uitgevaardig ingevolge waarvan dorpstatus aan Lourenço Marques verleen is.[71] [Fig. 6] Terwyl daar in 1854 slegs twee huise in die Europese boustyl in Lourenço Marques was, het 'n honderdtal reeds in 1877 daarin voorgekom.[72] [Fig. 7] In 1887 het koning Luís I weer 'n dekreet uitgevaardig ingevolge waarvan Lourenço Marques stadstatus ontvang het. [Fig. 8] Sodoende is die belangrikheid van die plek en sy hawe erken.[73] In 1887 het die voorkoms van die stad H.P.N. Muller hoegenaamd nie beïndruk nie. Hy het geskryf: "De kust is vlak en slechts hier en daar begroeid met boomen; anders overal zand en gras. Schilderachtig is de aanblik der stad geenszins.

---

68. J.M. Penvenne, *African workers and colonial racism*, p. 32; E. Axelson, *Portugal and the scramble for Africa, 1875-1891*, p. 12.
69. A.J. Telo, *Lourenço Marques na política externa portuguesa, 1875-1900*, p. 28; E. Axelson, *Portugal and the scramble for Africa, 1875-1891*, pp. 12 & 14.
70. I.B. Carmona, "Relações entre os Portuguese de Moçambique e os 'Boers' ou Holandeses de África", *Moçambique Documentário Trimestral*, 87, Julho-Agosto-Setembro 1956, pp. 29 & 32; C. Testa, *A política intercolonial e internacional e o Tratado de Lourenço Marques*, p. 14.
71. A.P. de Lima, *Lourenço Marques*, pp. 12 & 54; A.P. de Lima, *Edifícios históricos de Lourenço Marques*, p. 150; J.M. Penvenne, *African workers and colonial racism*, p. 32.
72. J. Duffy, *Portuguese Africa*, p. 95.
73. A.P. de Lima, *Lourenço Marques*, pp. 12 & 54; J.M. Penvenne, *African workers and colonial racism*, p. 32.

Geene hooge palmbosschen omsluiten de huizen als met eene groene lijst, zooals te Inhambane." Maar op 'n positiewe noot vervolg Muller: "Inderdaad verdient zij hare reputatie van de beste haven te zijn van geheel Oost-Afrika."[74] [Fig. 9]

Selfs in 1890 het 'n Engelse reisiger Lourenço Marques beskou as "the vilest, filthiest, and the most deadly place to white men I know of in all the hospitabel world". Vir meer as vyftig jaar het Lourenço Marques as 'n hool vir peste bekend gestaan, en min besoekers het vleiende woorde geuiter oor dié plek wat later tot een van die mooiste stede in Suidelike Afrika sou ontwikkel.[75]

Ingevolge 'n koninklike dekreet van 5 Desember 1889 het Ilha de Moçambique, wat in 1558 die hoofplaas en regeringsetel van die Portugese besittings aan die Ooskus van Afrika geword het, die status van regeringsetel en hoofstad van Mosambiek op 17 Desember 1898 aan Lourenço Marques afgestaan. Die stukke op die veld van die heraldiese stadwapen van 1962 bestaan uit 'n driemas-galjoen in volle vaart, 'n ontwortelde palmboom, 'n aardbol met die Afrika-kontinent sentraal geplaas en 'n opkomende son. Die helmteken is 'n kroon gevorm deur 'n muur met vyf torings. Die leuse is *Descoberta e Soberania Portuguesa* (Portugese Ontdekking en Soewereiniteit).[76] Teen die einde van die 19de eeu was Lourenço Marques, die boomryke en mooi hawe aan die monding van die Rio do Espírito Santo, een van die grootste en belangrikste hawens aan die Ooskus van Afrika.[77]

Ná die onafhanklikheidswording van Mosambiek op 25 Junie 1975 het Samora Moisés Machel (1933-1989), die eerste president van die Republiek van Mosambiek, op 24 Julie 1975 aangekondig dat die naam van die hoofstad Lourenço Marques na Maputo [Fig. 10] verander word. Dit is interessant dat die naam Maputo vir die eerste keer as riviernaam op kaarte uit die middel van die 17de eeu voorkom en

---

74. H.P.N. Muller, *Een bezoek aan de Delagoa-Baai en de Lijdenburgsche goudvelden*, pp. 4 & 6.
75. J. Duffy, *Portuguese Africa*, p. 95.
76. A.P. de Lima, *Lourenço Marques*, p. 54; R. Ptak, *Portugals Wirken in Übersee*, p. 123; D.W. Krüger, "Die weg na die see", *Argief-jaarboek*, 1 (1), 1938, p. 38; C.A.V. da Silva, *The city of Lourenço Marques guide*, p. 33.
77. A.P. de Lima, *Lourenço Marques*, pp. 13 & 55; J. Duffy, *Portuguese Africa*, p. 95; G.M. Theal, *Geschiedenis van Zuid-Afrika*, pp. 438-439.

dat 'n opperhoof wie se gebied suid van Delagoabaai was teen die einde van die 18de eeu ook dié naam gedra het. In die taal van die Ronga van Suid-Mosambiek kom 'n term *ma-potukezi* voor wat "Portugese" beteken. *Ma-puto* is, ironies genoeg, na alle waarskynlikheid 'n verkorte vorm van *ma-potukezi*.[78]

Lourenço Marques (Maputo) het onder die mooiste stede van Afrika getel en het lank 'n kosmopolitiese en kontinentale atmosfeer geadem. Soos een skrywer dit uitgedruk het: "It is a rare mixture of Africa and Europe, with a spice of the Orient."[79] Die stad het in 'n baie groot mate sy bloei te danke gehad aan die feit dat dit die in- en uitvoerpoort was van die ryk hinterland waarvan die bewoners 'n weg na die see gesoek het.

INHEEMSE BEVOLKING RONDOM DELAGOABAAI EN HULLE VERHOUDING MET DIE PORTUGESE

Volgens Henri A. Junod, Augusto Cabral en Alan K. Smith kan die inboorlinge van suidelike Mosambiek in drie duidelik onderskeibare groepe ingedeel word, naamlik die Tsonga, na wie die Portugese as *Landins* verwys, die Tonga en die Chopi. Die Tsonga het in die 19de eeu hoofsaaklik in die omgewing van Delagoabaai, maar ook so ver noord as Sofala gewoon, terwyl die Tonga hulle hoofsaaklik in die omgewing van Inhambane en die Chopi hulle in die Limpopovallei gevestig het. In die 19de eeu was Tsonga en Tonga, twee duidelik onderskeibare tale, die enigste inheemse tale wat in suidelike Mosambiek gepraat is, terwyl die taal van die Chopi 'n dialek van Tonga is.[80]

Gedurende die 19de eeu was veral twee Tsonga-groepe, naamlik die Ronga en die Ngoni, vir die Portugese van Delagoabaai van be-

---

78. *Directório Comercial de Moçambique*, 4, 2003, p. 7; C. Serra (red.), *História de Moçambique*, I, p. 21; I. Rocha, "Histórias à roda de uma palavra", *Jornal de Notícias* (Porto)", 03.05.1992, p. 63; P.E.H. Hair, "Portuguese contacts with the Bantu languages of the Transkei, Natal and Southern Mozambique 1497-1650", *African Studies*, 39 (1), 1980, p. 13, n. 22.
79. D. Alexander, *Holiday in Mozambique*, p. 42.
80. A.K. Smith, "The peoples of Southern Mozambique: an historical survey", *Journal of African History*, 14 (4), 1973, pp. 565-580.

sondere belang omdat hulle in die onmiddellike omgewing van Lourenço Marques gewoon het en voortdurende onderlinge kontak dus plaasgevind het.

1. Die Ronga

Dit wil voorkom asof die Tsonga-groepe reeds vir 'n baie lang tydperk in die suide van Mosambiek, suid van die Rio Save, woon. Juis die gebrek aan oorleweringe oor hulle herkoms bevestig dit. Verder bevestig die aanwesigheid van Arabiese leenwoorde in hulle taal en die feit dat hulle reeds in die 16de eeu die gebruik van besnydenis van die Moslems oorgeneem het, dat hulle lank kusbewoners was wat met Moslem-handelaars kontak gehad het.[81]

Die Mosambiekse Tsongas rondom Delagoabaai en suid daarvan tot aan die Natalse en Swazilandse grens noem hulleself die Ronga [Fig. 11], afgelei van die Zoeloewoord "buronga" wat "ooste", "dagbreek" of "sonop" beteken.[82] Die Ronga kan in verskillende stamgroepe verdeel word. Wes van Delagoabaai woon die Mpfumo, terwyl die Tembe suid daarvan gevestig is. Die Tembe kan weer in twee onafhanklike substamgroepe, die Matutwen en die Maputo, verdeel word. Noord van Delagoabaai woon die Mabota- en Mazwaya-stamgroepe.[83]

Die Ronga is 'n Tsongasprekende groep wat in klein patrilineêre groepies georganiseer is. Hulle het die krygskuns by die Zoeloes geleer. Aangesien die streek waarin hulle woon binne die ongesonde kusstrook val waar malaria algemeen voorkom en die Lebomboberge 'n natuurlike skeidslyn tussen hulle en die inboorlinge van die binneland vorm, het die Ronga 'n betreklik onafhanklike groep gebly. Die feit dat hulle bowendien 'n relatief goeie verhouding met die

---

81. A.K. Smith, "The struggle for control of Southern Moçambique, 1720-1835", pp. 12-13; P.J. Coertze & R.D. Coertze, *Verklarende vakwoordeboek vir Antropologie en Argeologie*, p. 318; A.H. de O. Marques, *History of Portugal*, II, p. 84; A. da. S. Rego (red.), *Atlas missionário Português*, pp. 93 & 95.
82. H.A. Junod, *The life of a South African tribe*, I, p. 15; P.J. Coertze & R.D. Coertze, *Verklarende vakwoordeboek vir Antropologie en Argeologie*, p. 262.
83. H.A. Junod, *The life of a South African tribe*, I, p. 16.

Portugese gehandhaaf en later onder Portugese gesag gestaan het, het hulle ook teen ander groepe beskerm.[84]

Die meeste Ronga-hoofmanne het die stigting van 'n nuwe Europese nedersetting verwelkom. Veral die hoofman van Matola het die Portugese met hulle vestiging in 1782 gehelp, waarskynlik omrede hy probleme met die Oostenrykers gehad het. Die Portugese is toegelaat om 'n fort op 'n stuk grond in Mpfumo op te rig, terwyl 'n mark dagliks in Matola gehou is waar die Portugese die nodige voorrade kon aankoop.[85]

Tussen 1817 en 1822 was die onderlinge verhouding tussen die stamgroepe van die Tembe erg gespanne en het die Zoeloes ook aanvalle op die stamme suid van Delagoabaai geloods.[86] Ten spyte van hierdie interne struwelinge, het die Portugese in relatiewe vrede met die Rongas gelewe, hoewel die Mpfumo wel in 1868 in opdrag van hulle opperhoof Hasana († 1878) Lourenço Marques aangeval het.[87]

2. Die Ngoni of Vatuas

Zwangendaba (c. 1780 – c. 1845) en Soshangane (alias Manukuza of Manukosi) (c. 1790-1858) met hulle Zoeloe-volgelinge het onderskeidelik teen 1818 en 1820-1821 al langs die oostelike hange van die Lebombobergreeks gevlug en hulle aan die oewers van die Rio Tembe gevestig waar hulle buite die bereik van die Zoeloe-opperhoof Tsjaka (Shaka) (c. 1787-1828) [Fig. 12] was. Tydens sy verblyf hier, het Soshangane feitlik al die Ronga-sibbes in die omgewing van Delagoabaai sonder enige weerstand oorwin, al hulle beeste geneem, die jong vroue gevange geneem en die jong mans in sy krygsmag opgeneem. Dit was moontlik omdat die Ronga-sibbes as losse politieke eenhede geensins militaristies georden was nie en gevolglik nie weerstand kon bied nie. Teen 1825 het Soshangane die Rio Tembe oorgesteek en met sy volgelinge in 'n noordwestelike rigting

---

84. T.H. Henriksen, *Mozambique: a history*, pp. 48 & 250; H.A. Junod, *The life of a South African tribe*, I, pp. 28-29 & 34-35.
85. A.K. Smith, "The struggle for control of Southern Moçambique, 1720-1835", p. 201.
86. A. Rita-Ferreira, *Fixação portuguesa e história pré-colonial de Moçambique*, pp. 225-226.
87. H.A. Junod, *The life of a South African tribe*, I, p. 25.

getrek.⁸⁸ Die Ngoni, soms deur die Portugese ook die *Vatuas* genoem, het hulle onder Soshangane in Gaza en later ook in die omgewing van Delagoabaai en Inhambane gevestig, waar dit Soshangane se beleid was om die Europeërs in die see te jaag. Daarom het hy op 27 Oktober 1833 die Portugese fort in Delagoabaai aangeval, dit afgebrand en die bevelvoerder, Dionísio António Ribeiro, asook sy manskappe, met die uitsondering van João Albasini, gevang en om die lewe gebring. In November 1834 het dieselfde lot Inhambane getref en is feitlik al die blankes aldaar vermoor.⁸⁹

Soshangane se oorlyde in 1858 het tot 'n opvolgingstryd gelei. Op 1 Desember 1861 het Umzila (Muzila of Mzila), sy lieflingseun, by die Portugese fort in Delagoabaai opgedaag en by die bevelvoerder van die fort, Onofre Lourenço de Andrade, steun gevra teen sy broer en mede-aanspraakmaker op die opperhoofskap, Mawewe (Maweva). Op 2 Desember het hy 'n verdrag met die Portugese gesluit, wat bepaal het dat hy 'n skatpligtige opperhoof sou wees, dat hy en al sy onderdane aan die Portugese onderdanig sou wees, en dat die Portugese vlag in sy stat moes wapper. Handel en jag sou vir alle Portugese vry wees in sy gebied en die Portugese sou daar fortifikasies kon oprig. In ruil vir militêre hulp was hy bereid om Portugese gesag oor die gebied tot aan die Rio Incomati (Rio Manisa) te erken. De Andrade se garnisoen was te klein om werklik 'n oorlog te wen, maar hy was bereid om Umzila in ruil vir beheer oor die betrokke grondgebied van gewere, ammunisie en buskruit te voorsien. Ná 'n oorwinning oor Mawewe op 16 Desember 1861 en 'n neerlaag in Maart 1862 by Bilene, het Umzila, bygestaan deur gewapende Rongas, uiteindelik die krygers van Mawewe op 20 Augustus 1862 verpletterend verslaan, waarna hy tot met sy dood in 1885 as onbetwiste heerser oor Gazaland regeer het. Teenoor die Portugese was hy dankbaar vir hulle hulp, maar hy het geensins aan die verwagtinge van die Portu-

---

88. J.B. Hartman, "Die politieke en judisiële organisasie van die suidelike Changana (Bosbokrand) in die lig van hulle herkoms", pp. 33-36; N.J. van Warmelo, *A preliminary survey of the Bantu tribes of South Africa*, pp. 89-90.
89. R.H. Chilcote, *Portuguese Africa*, p. 109; W.J. de Kock & D.W. Krüger (reds.), *Suid-Afrikaanse biografiese woordeboek*, II, pp. 711-712.

gese voldoen nie, omdat hy hom nie as 'n Portugese onderdaan beskou het nie en ook Portugese olifantjagters uit sy gebied verdryf het.[90]

Vroeë handel en slawehandel deur Delagoabaai

Aanduidings bestaan dat handelsverbindings vroeg reeds tussen Delagoabaai en die binneland voorgekom het. So het 'n groep van nagenoeg 1 000 draers met meer as 400 beeste en 'n groot hoeveelheid ivoor in 1824 in Delagoabaai aangekom. Volgens oorlewering het die Koni van Transvaal met die Portugese in Delagoabaai handel gedryf. 'n Verslag van 'n Europese reisiger, Joseph Thomson, uit die vroeë jare 1820 dui daarop dat daar toe reeds 'n handelsroete van Delagoabaai tot naby die Kalahari bestaan het. Die joernaal van J.T. Arbousset (1810-1877) wat in 1842 in Parys gepubliseer is, verwys ook daarna dat die Pedi met die Portugese handelaars van Delagoabaai kontak gehad het. In al hierdie gevalle was die Ronga skynbaar bereid om bloot as tussenhandelaars by Delagoabaai op te tree, maar gedurende die 19de eeu het hulle self handelstogte na die binneland begin onderneem om handelsware, soos goud, tin, koper, yster, beeste en veral ivoor in die hande te kry, wat weer vir krale (veral bloues), materiaal en koperarmbande aan die Portugese verruil is. Koperarmbande was veral onder die Ronga baie gewild omdat dit 'n simbool van rykdom en status was.[91]

In 1824 is 'n nuwe maatskappy gestig, Companhia do Comércio de Lourenço Marques e Inhambane, wat in ruil vir die verskaffing van vervoer aan die regering en die inisiëring van kolonisasieprojekte 'n monopolie op handel in hierdie twee hawens ontvang het. Omdat dié maatskappy die onwettige handel van die onderskeie goewerneurs aan die kaak gestel het, het spanning tussen die maatskappy en dié amptenare ontstaan. Die maatskappy is daarvan beskuldig dat hy

---

90. J.B. Hartman, "Die politieke en judisiële organisasie van die suidelike Changana (Bosbokrand) in die lig van hulle herkoms", pp. 46-52 & 54-56; L.M. Jordão, *Memoria sobre Lourenço Marques (Delagoa Bay)*, pp. 14-15; M.M. Feio, *Indigenas de Moçambique*, pp. 23-25; E. de Noronha, *O districto de Lourenço Marques e a Africa do Sul*, pp. 62-63; G.M. Theal, *The Portuguese in South Africa*, pp. 280-282; M. Newitt, *A history of Mozambique*, pp. 295-296; U. de V. Pienaar (red.), *Neem uit die verlede*, pp. 40-41.
91. A.K. Smith, "The struggle for control of Southern Moçambique, 1720-1835", pp. 324-327, 332, 335-336 & 340-341.

geen belasting betaal het nie en ook nie sy bedrywighede tot die hawens beperk het nie.[92]

Slawehandelaars wat in die omgewing van Delagoabaai bedrywig was, het hulle slawe hoofsaaklik uit die kusstrook gekry. In vergelyking met ander hawens aan die Ooskus, was die slawehandel in Delagoabaai betreklik beperk en het tydens die tydperk wat die Nederlanders daar in beheer was, naamlik van 1721 tot 1730, 'n hoogtepunt bereik. Die geringe slawehandel kan daaraan toegeskryf word dat die Ronga nie 'n tradisie gehad het om hulle opponente gevange te neem nie. Die enigste uitsondering was die Tshopi (Chopi) wat deur die Ronga as minderwaardig en van nature as slawe beskou is. Maar omdat die Ronga nie oor uitsonderlike militêre vermoëns of vuurwapens beskik het nie, was dit vir hulle uiters moeilik om strooptogte op hulle bure uit te voer en hulle as slawe gevange te neem. Bowendien was die Europese handelaars wat Delagoabaai besoek het, in teenstelling met dié van Inhambane, meer in ivoor as in slawe geïnteresseerd.[93]

Die slawehandel het tussen 1810 en 1820 'n oplewing in Delagoabaai beleef toe Franse en Brasiliaanse slawehandelaars daar bedrywig geraak het. Die Brasiliane het hulle aandag op Delagoabaai toegespits omdat hulle verder noord deur die Franse verdryf is. Op hulle beurt het die Franse in Delagoabaai begin belang stel omdat hulle in hierdie tydperk uit Madagaskar verjaag is. Hoewel die Ronga aanvanklik huiwerig was om by die slawehandel betrokke te raak, het hulle wel later daartoe toegetree, want as gevolg van strawelinge onder die inboorlinge, byvoorbeeld tussen die Tembe en Maputo, was daar geen tekort aan gevangenes wat as slawe aan die Portugese verkoop kon word nie. Slawehandelaars het ook self op slawevangekspedisies in die omgewing van Delagoabaai gegaan, maar betreklik min slawe is deur Delagoabaai uitgevoer.[94] Die belangrikste Portugese slawe- en ivoorhandelaar in Delagoabaai was ongetwyfeld Vicente

---

92. A.K. Smith, "The struggle for control of Southern Moçambique, 1720-1835", pp. 281-282.
93. A.K. Smith, "The struggle for control of Southern Moçambique, 1720-1835", pp. 344-346.
94. A.K. Smith, "The struggle for control of Southern Moçambique, 1720-1835", pp. 349-352; G.M. Theal, *Records of South-Eastern Africa*, IX, pp. 23, 32 & 37.

Tomás dos Santos, eienaar van die Companhia do Comércio de Lourenço Marques e Inhambane. Die firma Santos & Baptista het ook aan hom behoort, in vennootskap met Carlos João Baptista.[95]

Volgens eerwaarde Francis Owen was slawerny in 1838 aan die orde van die dag in Lourenço Marques,[96] maar volgens Das Neves het geen slawehandel sedert 1845 deur Lourenço Marques plaasgevind nie, vanweë die teenstand wat die Portugese van ander Europese moondhede, maar ook van Soshangane ondervind het.[97] Eers op 25 Februarie 1869 is slawerny in elke uithoek van die Portugese Ryk deur wetgewing afgeskaf.[98]

---

95. A. Lobato, *Lourenço Marques, 1830*, pp. 26-27.
96. B.S.C. van Tonder, "Die verhouding tussen die Boere in die Zuid-Afrikaansche Republiek en die Portugese van Mosambiek tussen die jare 1836-1869", p. 13.
97. D.F. das Neves, *A hunting expedition to the Transvaal*, pp. 3-4.
98. A.H. de O. Marques, *History of Portugal*, II, p. 88.

DIE OOR-VAALSE BOERE EN DELAGOABAAI

Strewe na 'n weg na die see, 1838-1858

Die strewe na 'n weg na die see met 'n hawe buite die Britse invloedsfeer, loop soos 'n goue draad deur die geskiedenis van die Boere noord van die Vaalrivier. Hulle het besef dat dit vir hulle geestelike en ekonomiese voortbestaan nodig was om kontak met die buitewêreld te handhaaf en daarom moes hulle oor 'n verbinding met die see beskik. Die voorste Voortrekkers onder leiding van Louis Tregardt (1783-1838), J.J.J. (Lang Hans) van Rensburg (1779-1836) en Andries Hendrik Potgieter (1792-1852) het nie hulle oë op die seehawe van Natal gevestig nie; waarskynlik omdat hulle meer van 'n Portugese hawe soos Delagoabaai geweet het, aangesien Port Natal nog nie lank in gebruik was nie. Of moontlik het berigte van die handel wat die Portugese vanuit hulle hawens met die binneland gedrywe het, vir die Boere aanlokliker as die handelsvooruitsigte van die Natalse hawe gelyk.[99]

Louis Tregardt [Fig. 13] en sy geselskap wou nie soos baie ander Voortrekkers na Natal gaan nie, maar het hulle oë op Delagoabaai gehad en daarom het hulle koppe noordwaarts gestaan. Reeds teen Mei 1836 het Tregardt se trek tot aan die Zoutpansberg deurgedring, want in Junie 1836 het A.H. Potgieter se ekspedisie uit die Vrystaatse

---

99. F.A.F. Wichmann, "Die wordingsgeskiedenis van die Zuid-Afrikaansche Republiek, 1838-1860", *Argief-jaarboek*, 4 (2), 1941, p. 7.

treklaers 'n besoek aan Zoutpansberg gebring en Tregardt en sy geselskap daar aangetref. Van September 1836 tot Mei 1837 het Tregardt en sy geselskap suid van die Zoutpansberg gestaan. Hiervandaan is korrespondensie met die Portugese owerheid in Lourenço Marques gevoer, want Tregardt se ideaal was om hom so naby moontlik aan die Portugese gebied te vestig en die kus te bereik. Bowendien het malaria, veesiektes en 'n gebrek aan voorrade die Tregardt-trek hoofbrekens besorg. Hy en sy geselskap het Zoutpansberg gevolglik op 23 Augustus 1837 op 'n lang en moeisame tog verlaat en Delagoabaai op 13 April 1838 bereik. Die 52 persone wat die epiese trek oorleef het, is deur die waarnemende goewerneur van Lourenço Marques, José António da Silveira, ontvang, terwyl sy opvolger, António Candido Pedrozo Gamitto, kort daarna verskillende sake met hulle gereël het. Hier is die geselskap as gevolg van malaria deur die dood afgemaai – ook Tregardt se vrou, Martha, op 1 Mei 1838. Hyself het ná 'n veelbewoë lewe op 25 Oktober 1838 in die ouderdom van 55 jaar in Lourenço Marques gesterf. [Fig. 14] Die oorblywende 25 lede van sy geselskap is in Julie 1839 met die seilskip *Mazeppa* na Port Natal teruggeneem.[100] Deur hierdie traumatiese onderneming om Delagoabaai oorland te bereik, het die Voortrekkers vir die eerste keer direk met die Portugese in aanraking gekom. Hoewel dit skynbaar 'n mislukking was, het die Tregardt-trek die weg gebaan vir diegene wat daarna sou kom. Tregardt se taktvolle en korrekte optrede was 'n hoeksteen van die latere goeie betrekkinge tussen Portugal en die ZAR.[101] Die Portugese se optrede

---

100. W.J. de Kock, (red.), *Suid-Afrikaanse biografiese woordeboek*, I, pp. 837-840; D.W. Krüger, "Die vestiging van die blanke beskawing in Noordoos-Transvaal", *Die Burger*, 09.01.1937; J.B. de Vaal, "Schoemansdal – standplaas van die Voortrekkers", *Die Transvaler*, 21.12.1946; T.H. le Roux (red.), *Die dagboek van Louis Trigardt*, pp. xvi-xx & 84-178; W.H.J. Punt, *Louis Trichardt se laaste skof*, p. 21; A. Galvão, "Portugueses e Boeres", *Boletim Geral das Colónias*, 13 (145), Julho 1937, pp. 3-18; R. Pélissier, *História de Moçambique*, I, p. 115; B.S.C. van Tonder, "Die verhouding tussen die Boere in die Zuid-Afrikaansche Republiek en die Portugese van Mosambiek tussen die jare 1836-1869", pp. 22-29. Die pionierstog en lotgevalle van die Tregardt-trek word in ere gehou in die Louis Tregardtgedenktuin in Lourenço Marques (nou Maputo) op die plek waar Tregardt en negentien van sy mense begrawe is. A.P. de Lima, *A História de Louis Trichardt*, pp. 103-110; M.J. Swart (red.), *Afrikanerbakens*, pp. 254-255.
101. Anoniem, "Eerste kontak tussen die Portugese van Mosambiek en die Voortrekkers", *Lantern*, 37 (1), Januarie 1988, p. 48.

teenoor Tregardt en sy geselskap toe hulle in Lourenço Marques aangekom het, moet waarskynlik eerder as medemenslikheid teenoor persone in nood as vreugde oor kontak met Boere beskou word.

Terwyl die Tregardt-trek in Lourenço Marques was, het Louis Tregardt sy seun Carolus (Carel) Johannes Tregardt (ook Trigardt en Trichardt gespel) (1811-1901) [Fig. 15] opdrag gegee om die Ooskus van Afrika te gaan verken met die doel om 'n gesonder woonplek as Delagoabaai vir hulle te vind. Carel het aan boord van die Portugese seilskip *Estrella de Damão* noordwaarts vertrek en teen die einde van Junie 1838 die hawe van Inhambane binnegevaar. Daarvandaan het hy 'n handelsreis na die binneland onderneem en volgens W.H.J. Punt se berekening was sy keerpunt waarskynlik die suidoostelike grens van die huidige Zimbabwe. Ná 'n geslaagde handelstog van drie maande het hy na Inhambane teruggekeer. Hy het die hinterland van Inhambane as ongeskik vir 'n Boerenedersetting beskou en sy verkenningstog verder noordwaarts tot in Abessinië (tans Ethiopië) voortgesit, maar ook negatief oor die vestigingsmoontlikhede in die noorde van Mosambiek gerapporteer.[102]

Sedert die tyd toe die oorlewendes van die Tregardt-trek Lourenço Marques binnegestrompel het, het die Boere Delagoabaai as die natuurlike hawe van die Oor-Vaalse gebied beskou.[103] Ná 1838 het die suidelike gedeelte van die Ooskus, waarop die Portugese aanspraak gemaak het, skielik 'n waarde gekry wat dit voorheen nie gehad het nie omdat die hawe aan die mond van die Rio do Espírito Santo in Delagoabaai die naaste hawe aan die gebied was waar die Voortrekkers hulle uiteindelik sou vestig.[104]

Die Groot Trek was 'n belangrike gebeurtenis in die geskiedenis van Mosambiek. Die Portugese het beide die Engelse van Natal en die Voortrekkers as potensiële mededingers beskou en het daarom met alle mag probeer om hulle van die kus en die direkte omgewing van die vae grenslyn van hulle kolonie weg te hou. Met dié doel voor oë, is Lourenço Marques beter gefortifiseer en plaaslike inboorlingop-

---

102. W.H.J. Punt, *Louis Trichardt se laaste skof*, pp. 147-148; O.J.O. Ferreira (red.), *Geschiedenis, werken en streven van S.P.E. Trichard*, p. 10.
103. E. Axelson, *Portugal and the scramble for Africa, 1875-1891*, p. 11.
104. G.M. Theal, *Geschiedenis van Zuid-Afrika*, pp. 435-436.

perhoofde aan Portugese gesag onderwerp. Die plaaslike Mosambiekse owerheid het goeie buurskap met die Boere gehandhaaf. Rodrigo Luciano de Abreu de Lima, wat in 1843 goewerneur-generaal van Mosambiek geword het, was byvoorbeeld entoesiasties oor die vestiging van die Boere in die aangrensende grondgebied, maar die Portugese regering was van mening dat die Boere die inboorlinge noordwaarts gedryf en die Portugese daardeur in oorloë gedompel het. In Portugese regeringskringe was daar selfs 'n mate van vrees dat die Boere die oog op 'n eie hawe gehad het.[105]

Sedert die vroegste kontak tussen die Voortrekkers en die Portugese owerheid in Delagoabaai in 1843, het daar dus 'n behoefte ontstaan om die gebied af te baken waaroor elk van die belanghebbende partye gesag sou voer.

Johan Arnoldus Smellekamp (1812-1866) was 'n Nederlandse handelsagent en idealis wat dit opreg bedoel het met die welsyn van die Nederlandse stamgenote in Suid-Afrika. Hy het in 1843 aan boord van die *Brazilië*, 'n skip wat aan die Nederlandse koopman G.C. Ohrig (1806-1852) behoort het, in Delagoabaai aangekom, waar hy twee jaar onder die Portugese gewoon het met die doel om handelskontakte met die Voortrekkers op te bou.[106] Goewerneur-generaal De Lima was entoesiasties oor die skema en het hom toestemming gegee om met die Voortrekkers kontak te maak, want dit sou Lourenço Marques help ontwikkel en die Boere sou die Portugese teen die vyandiggesinde swartes kon steun. Smellekamp het deur middel van korrespondensie met die Trekkers in verbinding gebly en twee afvaardigings het hom in Delagoabaai besoek. Die eerste Trekker-kommissie het in Desember 1843 'n reis na Delagoabaai onderneem om 'n geskikte hawe en 'n verblyfplek nader daaraan te vind. Hulle was Carel Tregardt en 80 Winburgers, Potchefstromers en Magaliesbergers onder bevel van kommandante J.G. Mocke (1806-1890) en A.H. Potgieter, asook landdros J.L. Vermeulen. As gevolg van malaria,

---

105. J. Duffy, *Portuguese Africa*, p. 206; M.V.J. Haight, *European powers and South-East Africa*, pp. 2, 284 & 286; E. de Noronha, *O districto de Lourenço Marques e a Africa do Sul*, p. 212.
106. P.J. van Winter, *Onder Krugers Hollanders*, pp. 4-5; TAB: A 94 Prof. dr. D.W. Krüger-aanwins: "Geskiedenis van de Delagoa-Baai Spoorweg", pp. 6-7.

die tsetsevlieg en vol riviere was hulle verplig om onverrigtersake terug te draai.[107]

In Julie 1844 het 'n tweede afvaardiging in Delagoabaai aangekom, bestaande uit ongeveer 24 berede Boere, weer onder bevel van Potgieter, Mocke en Vermeulen, maar hierdie keer sonder Tregardt, en gevolg deur 300 slawe wat ivoor gedra het. Goeie besigheid is gedoen en die Portugese was duidelik daarmee tevrede dat die Boere hulle in die hinterland sou vestig. Vir Potgieter het dit egter om meer as blote handel gegaan; hy wou die beste roete na Delagoabaai vasstel en só die Boere se onafhanklikheid van die Engelse in Natal en die Kaapkolonie verseker. Met behulp van Smellekamp as tolk is 'n mondelinge ooreenkoms op 22 Julie 1844 met die Goewerneur van Lourenço Marques, António Joaquim Teixeira, gesluit. Ingevolge hiervan kon die Boere die binneland "agter" die Portugese hawens, tussen 26° en 10° suiderbreedte, intrek om só die bedreiging vry te spring van Britse jurisdiksie wat volgens die berugte "Cape of Good Hope Punishment Act" tot die 26ste graad suiderbreedte sou strek. Die goeie verhouding wat tussen die Boere en die Portugese ontstaan het, blyk uit die feit dat Andries-Ohrigstad, vernoem na Andries Hendrik Potgieter en die Amsterdamse koopman G.G. Ohrig, in Augustus 1844 uitgelê is op grond wat tot in daardie stadium deur die Portugese as deel van hulle grondgebied beskou is. A.H. Potgieter is as lewenslange hoofkommandant en die hoogste gesag saam met die Volksraad gekies. Die gemeenskap het uit Transvalers, Vrystaters en ook ontevrede Natallers, waaronder J.J. (Kootjie) Burger (1795-1849), bestaan.[108] Die dorp moes die eindpunt van 'n strategiese verbindingsroete met die Portugese kus vorm. Die ongesonde klimaat, ontoereikende mediese hulpmiddele en

---

107. M.V.J. Haight, *European powers and South-East Africa*, pp. 284-285; A.J. Telo, *Lourenço Marques na política externa portuguesa, 1875-1900*, p. 25; U. de V. Pienaar (red.), *Neem uit die verlede*, p. 248; F.A. van Jaarsveld, *Vaalrivier omstrede grenslyn*, pp. 18-21. Van Jaarsveld beweer verkeerdelik dat hierdie sending suksesvol was.

108. F.L. Cachet, *De worstelstrijd der Transvalers aan het volk van Nederland verhaald*, p. 292; M.V.J. Haight, *European powers and South-East Africa*, p. 287; F.A. van Jaarsveld, *Vaalrivier omstrede grenslyn*, pp. 21-27; D.W. Krüger, "Die weg na die see", *Argief-jaarboek*, 1 (1), 1938, pp. 91-95; T.S. van Rooyen, "Die verhouding tussen die Boere, Engelse en Naturelle in die geskiedenis van die Oos-Transvaal tot 1882", *Argief-jaarboek*, 14 (1), 1951, pp. 83-84; U. de V. Pienaar (red.), *Neem uit die verlede*, pp. 121-122 & 248.

'n gebrek aan doeltreffende vervoermiddels het dié onderneming egter later laat skipbreuk ly.[109] Andries-Ohrigstad het nie die middelpunt van die Boere se handel met Lourenço Marques geword nie, maar Potgieter se siening dat Delagoabaai uiters belangrik vir die Oor-Vaalse gebied is, was korrek en het later 'n integrale deel van die ZAR se beleid geword omdat hulle om politieke en ekonomiese redes die gebruik van die hawens in Natal en die Kaapkolonie wou vermy.[110]

Op 14 Oktober 1845 het 'n volgende ekspedisie, bestaande uit 26 (volgens Tregardt se herinneringskrif net 18) man onder leiding van C.J. (Carel) Tregardt, wat Portugees magtig was, in opdrag van die "Raad der Representanten" na Delagoabaai vertrek. Hulle belangrikste doelstelling was om 'n handelsweg te vind waarlangs die Boere met hulle waens hulle produkte na die kus kon vervoer. Die ekspedisie het wel Delagoabaai bereik, maar al hulle trekvee en perde het as gevolg van die tsetsevlieg en perdesiekte gevrek. In hulle oormoed het die Boere tydens hierdie besoek 'n baken op Portugese grondgebied opgerig. Met groot moeite het die geselskap op 4 Desember 1845 na Ohrigstad teruggekeer. Oor die oprigting van die baken was die Goewerneur van Lourenço Marques, José António da Silveira, hewig ontsteld omdat hy gevrees het die Boere wil Portugese grondgebied annekseer. A.H. Potgieter was verplig om die saak later in die reine te bring. Daarteenoor het die Transvaalse Boere hulle nooit bedreig gevoel deur enige imperialistiese aspirasies van die kant van die Portugese nie en het dit byvoorbeeld verwelkom dat Portugese handelaars die nedersetting op Ohrigstad teen die einde van 1846 sou besoek om handelsmoontlikhede met die Boere te ondersoek.[111]

Potgieter was reeds sedert 1846 in korrespondensie met mense in

---

109. J.W.N. Tempelhoff, "Die okkupasiestelsel in die distrik Soutpansberg, 1886-1899", p. 13.
110. S.E. Katzenellebogen, *South Africa and Southern Mozambique*, p. 10.
111. D.W. Krüger, "Die weg na die see", *Argief-jaarboek*, 1 (1), 1938, p. 95; F.A.F. Wichmann, "Die woringsgeskiedenis van die Zuid-Afrikaansche Republiek, 1838-1860", *Argief-jaarboek*, 4 (2), 1941, pp. 51-52; U. de V. Pienaar (red.), *Neem uit die verlede*, pp. 122 & 249; T.S. van Rooyen, "Die verhouding tussen die Boere, Engelse en Naturelle in die geskiedenis van die Oos-Transvaal tot 1882", *Argief-jaarboek*, 12 (1), 1951, p. 84; B.S.C. van Tonder, "Die verhouding tussen die Boere in die Zuid-Afrikaansche Republiek en die Portugese van Mosambiek tussen die jare 1836-1869", pp. 43-45.

Inhambane, wat hom daarop gewys het dat meer skepe Inhambane aandoen as wat die geval in Lourenço Marques was en dat die handel ook vryer as in Delagoabaai was.[112] In Junie 1847 het Potgieter 'n kommissie in die rigting van Inhambane geneem "om eene betere en veilige weg, verblijf en handelplaats voor ons uittevinden (sic)". Sy geselskap het uit 238 man bestaan en alles het baie goed verloop tot op "eenige dagen afstandes" van Inhambane toe hy met Mzilikazi (c. 1800-1868) se magtige leërs gebots het en genoodsaak was om terug te val. Van der Merwe bevraagteken egter Potgieter se stelling dat hy naby Inhambane met Mzilikazi gebots het en lei uit die getuienis af dat die botsing in Matabeleland plaasgevind het.[113] Moontlik het Potgieter se geselskap hierdie enorme ompad gevolg om die ongesonde Limpopovallei te vermy. Teen die einde van Augustus 1847 het Potgieter op sy terugtog deur Zoutpansberg gegaan en besef dat dit met die oog op handel met Inhambane voordelig sou wees indien 'n nedersetting aldaar gevestig kon word.[114]

Nadat Portugese handelaars in Desember 1846 daarin geslaag het om met wavragte negosiegoedere uit Lourenço Marques tot op Ohrigstad deur te dring, het João Albasini in Januarie 1847 voor die Volksraad van Ohrigstad verskyn en die Volksraadslede meegedeel dat hy 'n weg gevind het na Delagoabaai wat relatief vry van die gevreesde tsetsevlieg was en waarlangs volop water was. Voldoende water was belangrik omdat die "Oude Wagenweg" na Delagoabaai veral gedurende die tsetsevliegvrye wintermaande nie genoeg standhoudende suipings vir trekdiere gehad het nie. Op 10 Februarie 1847 het J.J. Burger die goewerneur van Lourenço Marques, José António da Silveira, skriftelik in kennis gestel dat die Volksraad in die winter 'n sterk ekspedisie na Delagoabaai sou stuur. S.J.J. van Rensburg is as kommandant aangestel van die kommissie wat op 12 Julie 1847 ver-

---

112. J.B. de Vaal, "Die rol van João Albasini in die geskiedenis van die Transvaal", *Argiefjaarboek*, 16 (1), 1953, p. 12; D.W. Krüger, "Die weg na die see", *Argief-jaarboek*, 1 (1), 1938, p. 110..
113. Van der Merwe, "Die Matebeles en die Voortrekkers", *Argiefjaarboek*, 49 (2), 1986, pp. 354-357.
114. C. Potgieter & N.H. Theunissen, *Kommandant-generaal Hendrik Potgieter*, pp. 177-180; F.J. Potgieter, "Die vestiging van die blanke in Transvaal (1837-1886)", *Argief-jaarboek*, 21 (2), 1958, p. 44.

trek het, maar wat weens die verlies van hulle trekvee as gevolg van tsetsevlieë, verplig was om onverrigtersake terug te keer. Intussen het Potgieter ook 'n ekspedisie daarheen beplan en toe die Volksraad hom versoek het om sy ekspedisie op te skort, het hy hom eenvoudig nie daaraan gesteur nie, maar vergesel van kommandant G.J. (Gert) Kruger (1799-1872) na Delagoabaai deurgedruk, waar hy die Goewerneur meegedeel het dat daar nog geen roete vry van die tsetsevlieg ontdek is nie. Potgieter sou sy visier voortaan op 'n verbinding tussen Zoutpansberg en Inhambane stel. Da Silveira het Burger se brief eers op 24 Januarie 1848 beantwoord. Hy het die Volksraad laat weet hy is ontevrede omdat die Boere deur Delagoabaai Britse handelsware invoer en omgekeerd ivoor na Britse kolonies uitvoer, omdat dit strydig was met die ooreenkoms van 22 Julie 1844 tussen A.H. Potgieter en goewerneur António Joaquim Teixeira, ingevolge waarvan Potgieter beloof het dat hulle uitsluitlik met die Portugese sou handel dryf. Die Volksraad het geantwoord dat hy in die toekoms niks met sowel die Britse regering as die Britse handelaars te doen wil hê nie.[115]

Aan die begin van 1848 is Da Silveira deur Eduardo Eusebio Pinheiro as goewerneur van Lourenço Marques opgevolg. Pinheiro het die Volksraad dadelik laat weet dat hy graag betrekkinge met die Boere wil aanknoop. Intussen het J.A. Smellekamp in Maart 1848 aan boord van die *Animo* in Delagoabaai aangekom om met die Boere handel te dryf. Daar het hy João Albasini en F.J. Combrink ontmoet en hulle versoek om die Boere daarvan te verwittig dat hy die nuwe goewerneur is en hulle te vra om produkte vir verhandeling na Delagoabaai te bring. Maar die *Animo* sou helaas in Augustus 1848 sonder Transvaalse produkte na Nederland terugkeer.[116]

Onder leiding van A.H. Potgieter het die Boere steeds daarna gestreef om 'n tweede roete na die Indiese Oseaan te vind. Met dié doel voor oë het Potgieter in Julie 1848 'n sending onder leiding van kom-

---

115. U. de V. Pienaar (red.), *Neem uit die verlede*, pp. 249-250; D.W. Krüger, "Die weg na die see", *Argief-jaarboek*, 1 (1), 1938, pp. 102-106; B.S.C. van Tonder, "Die verhouding tussen die Boere in die Zuid-Afrikaansche Republiek en die Portugese van Mosambiek tussen die jare 1836-1869", pp. 76-79.
116. B.S.C. van Tonder, "Die verhouding tussen die Boere in die Zuid-Afrikaansche Republiek en die Portugese van Mosambiek tussen die jare 1836-1869", pp. 80 & 82-84.

mandant S.J.J. van Rensburg na Inhambane gestuur. Die Boere se strewe om selfstandig te bly, word treffend weerspieël deur die feit dat die kommissie wat na Inhambane gegaan het haas onbeperkte volmag gehad het om enigiets te doen of te besluit "tot best wil voor land en volk", maar ten strengste verbied is om hulle as Portugese onderdane te onderwerp.[117] Die kommissie het onverrigtersake teruggekeer.

Die Volksraadparty van Ohrigstad en omgewing het hulle pogings voortgesit om 'n geskikte pad na Delagoabaai te vind. Omdat die roete tussen Lydenburg en Lourenço Marques vir die Boere en die Portugese steeds belangriker geword het, was dit noodsaaklik dat dit noukeuriger afgebaken word. Op 20 April 1848 is besluit dat 'n kommissie op 20 Junie 1848 sou gaan "om de weg na delagoa te open ... met behulp van Joas volk", dit wil sê João Albasini se swartes. Carel Tregardt was in Julie 1848 weer die leier van hierdie kommissie op pad na Delagoabaai om 'n beter roete te verken en het op 21 Julie 1848 daar aangekom. Tydens die besoek in 1848 het Trichardt 'n gesprek met Domingos Francisco de Abreu, goewerneur van Lourenço Marques, gevoer oor die vasstelling van die grenslyne tussen die Portugese gebied en die gebied wat die Voortrekkers van koning Sobhuza I van Swaziland geruil het. Die Portugese Goewerneur was ten gunste daarvan dat die Drakensberg die grens tussen die jong Boererepubliek en die Portugese besittings moet wees. Tregardt het egter daarop gestaan dat die grens vier dagskofte weg van die Drakensberg moet wees, dit wil sê die Lebombobergreeks.[118]

In Maart 1849 het die Volksraad aan W.H. Neethling opdrag gegee om 'n pad aan die bo-ent van die Treurrivier teen die Drakensberg af te maak "om daardoor een nadre weg te vinden zo wel na Delagoa als Inhambana dat grotendeels tot betere bestaanbaarheid voor het algemeen kan verstrek[k]en om de handel te verbeeteren dat eene der noodzakelykste vereistens voor ons zyn".[119] Veldkornet Jan de Beer het

---

117. H.S. Pretorius & D.W. Krüger (reds.), *Voortrekker-argiefstukke 1829-1849*, pp. 315-316 & 328-329; A.N. Pelzer, *Geskiedenis van die Suid-Afrikaanse Republiek*, I, p. 210; D.W. Krüger, "Die weg na die see", *Argief-jaarboek*, 1 (1), 1938, pp. 106 & 109.
118. U. de V. Pienaar (red.), *Neem uit die verlede*, pp. 125 & 306; D.W. Krüger, "Die weg na die see", *Argief-jaarboek*, 1 (1), 1938, p. 108.
119. H.S. Pretorius & D.W. Krüger (reds.), *Voortrekker-argiefstukke, 1829-1849*, p. 370.

dieselfde maand opdrag gekry om die pad na Delagoabaai rybaar te maak. De Beer het sy opdrag reeds in Junie 1849 uitgevoer gehad deur met behulp van Swazi's 'n rybare pad te maak tot by Eb-en-Vloed, 'n reis van anderhalfdag van Delagoabaai af. Die Goewerneur van Lourenço Marques, Domingos Francisco de Abreu, het onderneem om die pad daarvandaan deur Portugese gebied kus toe te laat voltooi.[120]

Die Portugese regering was huiwerig om met die Boere onderhandelinge aan te knoop, omdat hulle Britse vergeldingsmaatreëls gevrees het. Hierdie vrees was nie heeltemal ongegrond nie, want ten spyte van die ooreenkoms van 1847 waarin Brittanje onderneem het om geen Portugese aanspraak op grond aan die Ooskus van Afrika teen te staan nie, was dit algemene kennis dat die Engelse die toenadering tussen die Boere en die Portugese afgekeur het.[121]

Joaquim Carlos de Andrade, die Goewerneur van Lourenço Marques, het in Februarie 1850 met die Volksraad op Lydenburg oor 'n vaste verstandhouding oor handelsbetrekkinge en ook die grenskwessie in korrespondensie getree. Die Volksraad het 'n kommissie bestaande uit A.T. Spies, C. Potgieter (1816-1869), P.J. Coetzer, H.T. Bührmann (1822-1900) en met Carel Tregardt as tolk en gids afgevaardig om Delagoabaai te besoek om met dié onderhandelinge voort te gaan. Volgens oorlewering het Tregardt tydens dié besoek daarin geslaag om goewerneur De Andrade te oortuig dat die grens om praktiese redes wel langs die Lebombobergreeks moet loop. Die Boere moes naamlik 'n aansienlike gedeelte van die trekroete beheer omdat die Portugese owerheid se invloedsfeer weinig verder gestrek het as die onmiddellike omgewing van die ooskushawens, terwyl die owerheid van die Boere wel daartoe in staat was om aan transportryers die nodige beskerming te gee. Op 30 Julie 1850 is 'n skriftelike ooreenkoms met goewerneur De Andrade aangegaan waarin bepaal is dat: die Boere hulle noord van die 26ste breedtegraad op "Portugese gronden" kon vestig, met die reg van vryhandel deur Delagoabaai, die grenslyn deur 'n Portugese offisier en 25 soldate gefinaliseer

---

120. J.B. de Vaal, "Ou handelsvoetpaaie en wapaaie in Oos- en Noord-Transvaal", *Contree*, 16, Julie 1984.
121. S.E. Katzenellenbogen, *South Africa and Southern Mozambique*, p. 10.

sou word, die Boere in vriendskap met die Portugese sou lewe en paaie na Delagoabaai sou aanlê, en hulp wedersyds verleen sal word ingeval die inboorlinge gewelddadig sou raak.[122]

Op versoek van die kommissie het goewerneur De Andrade, vergesel van twee offisiere van die garnisoen in Lourenço Marques, F.J. de Mattos en G.G. de Castellão, op 24 Augustus 1850 'n Kommissieraadsitting op Ohrigstad bygewoon. Die ooreenkoms wat in Delagoabaai gesluit is, is daar bekragtig en verder uitgebrei. Die partye het ooreengekom dat inboorlinge geen vuurwapens mag besit nie, die Boere en Portugese oor en weer op mekaar se grondgebiede mag olifante jag, 'n fort op Transvaalse grondgebied opgerig sou word, die Portugese die Boere van kanonne sou voorsien en 'n posdiens tussen Ohrigstad en Delagoabaai ingestel sou word. Ook is ooreengekom dat kommissies van albei kante afgevaardig sou word om die grenslyn af te baken en dat 'n paspoortstelsel ingestel sou word. Hoewel die Volksraad die ooreenkoms in sy geheel in Oktober 1850 goedgekeur het, is aan verskeie van die bepalings nie uitvoering gegee nie.[123]

Die ooreenkoms wat die Boere op 24 Augustus 1850 met De Andrade gesluit het, is in 1854 deur die Goewerneur-generaal van Mosambiek, Vasco Guedes de Carvalho e Menezes, nietig verklaar omdat De Andrade volgens hom nie 'n mandaat van sy regering gehad het om so 'n ooreenkoms met die Boere aan te gaan nie. Ten spyte hiervan het die onderhandelinge en ooreenkomste van 1850 tog as grondslag vir latere onderhandelinge en grensbepalings tussen die Lydenburgse Republiek (asook die latere Zuid-Afrikaansche Republiek) en die Portugese owerheid gedien.[124]

---

122. O.J.O. Ferreira (red.), *Geschiedenis, werken en streven van S.P.E. Trichard*, p. 14; D.W. Krüger, "Die weg na die see", *Argief-jaarboek*, 1 (1), 1938, pp. 117-118; U. de V. Pienaar (red.), *Neem uit die verlede*, p. 306; B.S.C. van Tonder, "Die verhouding tussen die Boere in die Zuid-Afrikaansche Republiek en die Portugese van Mosambiek tussen die jare 1836-1869", pp. 89-90.
123. D.W. Krüger, "Die weg na die see", *Argief-jaarboek*, 1 (1), 1938, pp. 118-119; U. de V. Pienaar (red.), *Neem uit die verlede*, p. 306; B.S.C. van Tonder, "Die verhouding tussen die Boere in die Zuid-Afrikaansche Republiek en die Portugese van Mosambiek tussen die jare 1836-1869", pp. 93-95.
124. U. de V. Pienaar (red.), *Neem uit die verlede*, p. 306.

In Maart 1851 is 'n afvaardiging van Lydenburg na Inhambane gestuur om aldaar met Pedro Valente da Costa e Pinho, goewerneur van Inhambane, handelsbetrekkinge aan te knoop. Hoewel Da Costa e Pinho sy volle bereidwilligheid daartoe te kenne gegee het, het faktore soos die afstand tussen Lydenburg en Inhambane, die tsetsevlieg en vyandiggesinde inboorlinge daartoe bygedra dat hierdie poging misluk het,[125] wat natuurlik in die guns van Lourenço Marques getel het.

Voordat J.A. Smellekamp in Desember 1850 aan boord van die *Vasco da Gama* uit Texel vertrek het, het hy die Boere skriftelik verwittig dat hy teen Julie 1851 in Delagoabaai sou aankom. 'n Kommissie bestaande uit 29 Boere het dus op 15 Mei 1851 met 11 waens na Delagoabaai vertrek om die skip in te wag. Dit was 'n droewige mislukking, want sowat honderd van hulle trekosse het gevrek en Smellekamp se skip het nie opgedaag nie. Skaars het hulle op 25 Julie vertrek, of die *Vasco da Gama* het Delagoabaai binnegevaar. 'n Tweede Boeredeputasie, bestaande uit 40 mans met 20 waens vol handelsware, is in September na Delagoabaai gestuur om Smellekamp te ontmoet. Daar aangekom, het Smellekamp reeds na Ilha de Moçambique, die regeringsetel van Mosambiek, vertrek om met die Portugese amptenare te onderhandel. In November het die Boere 'n derde keer probeer om met Smellekamp in verbinding te kom, maar naby die Lebomboberge moes ook hierdie ekspedisie terugkeer omdat hulle so baie trekosse in die droogte verloor het.[126]

Volgens A.N. Pelzer het die Transvalers se pogings om 'n direkte handelsverbinding met die buitewêreld tot stand te bring misluk hoofsaaklik omdat die Portugese bure geen belangstelling of die nodige ondernemingsgees gehad het om sy deel by te dra tot die sukses van so 'n onderneming nie. Smellekamp het die Portugese koloniale regering, sowel in Lissabon as in Mosambiek, daarvoor verantwoordelik gehou en die owerhede daarvan beskuldig dat hulle bloot in self-

---

125. D.W. Krüger, "Die weg na die see", *Argief-jaarboek*, 1 (1), 1938, pp. 129-130.
126. D.W. Krüger, "Die weg na die see", *Argief-jaarboek*, 1 (1), 1938, pp. 119-122; TAB: A 1140 Dr. C. Beelaerts van Blokland-versameling: "Handelsexpedities naar Port Natal in 1848 en Delagoa baai in 1852"; B.S.C. van Tonder, "Die verhouding tussen die Boere in die Zuid-Afrikaansche Republiek en die Portugese van Mosambiek tussen die jare 1836-1869", pp. 84-85.

verryking belang gestel het. Hy het hulle selfs die minder vleiende benaming "Schelmen" toegevoeg. Afgesien van die Portugese se "tradisionele onverskilligheid en belangeloosheid" om van Mosambiek iets anders as 'n "versamelplaas van leegleers" te maak, was die natuurlike en aardrykskundige gesteldheid van die gebied tussen Transvaal en Delagoabaai – byvoorbeeld die tsetsevlieg, onbegaanbare weë en erge droogtes – ander faktore wat 'n verbinding met die see bemoeilik het. Daarbenewens het die Transvalers kennelik nie oor leiers met kennis of ervaring van dergelike aangeleenthede beskik nie.[127]

Nadat die verbinding met Nederland misluk het, het die Lydenburgers verskeie pogings aangewend om met hulle Portugese bure vriendskaplike betrekkings aan te knoop en in samewerking met José Gonçalves Martinho, goewerneur van Lourenço Marques, 'n bruikbare handelsweg na Delagoabaai te open. In 1851 is 'n deputasie na Lourenço Marques gestuur, maar die Boere is besonder onhoflik deur waarnemende goewerneur Baptista ontvang. Hy het hulle meegedeel dat die ooreenkoms van die vorige jaar nie meer geldig was nie. Die Boere het erg aanstoot geneem en het vir 'n tyd lank alle verbindinge met die Portugese verbreek.[128]

Met die sluiting van die Sandrivier-konvensie in Januarie 1852, waardeur Engeland die staatkundige onafhanklikheid van die Oor-Vaalse gebied erken het, het nog geen lewensvatbare verbinding tussen die Boere en Delagoabaai bestaan nie.[129] In April 1852 het die nuwe goewerneur van Lourenço Marques, Marcus Aurelio Rodriques de Cardinas, 'n beroep op die Volksraad gedoen om hom bystand te verleen teen die Zoeloe-opperhoof Mpande (1810-1872), wat voornemens was om die Portugese gebied binne te val. Die Volksraad was in daardie stadium nie in staat om militêre hulp te verleen nie, maar was bereid om Mpande langs ander weë teen te gaan. Van die verwagte aanval het niks gekom nie, maar hierdie voorval het bewys dat die

---

127. A.N. Pelzer, *Geskiedenis van die Suid-Afrikaanse Republiek*, I, pp. 175-176.
128. D.W. Krüger, "Die weg na die see", *Argief-jaarboek*, 1 (1), 1938, pp. 129-130; B.S.C. van Tonder, "Die verhouding tussen die Boere in die Zuid-Afrikaansche Republiek en die Portugese van Mosambiek tussen die jare 1836-1869", pp. 100-101.
129. P. Edwards, "Die Zuid-Afrikaansche Republiek en Groot-Brittanje se stryd om Delagoabaai, 1889-1899", p. 8.

Portugese owerheid in Lourenço Marques die Boere in daardie stadium as onontbeerlike bondgenote in tyd van nood beskou het.[130]

A.H. Potgieter was heeltemal tevrede om van die een of ander van die Portugese hawens gebruik te maak. Sy tydgenoot Andries Wilhelmus Jacobus Pretorius (1798-1853) het egter nie met hom saamgestem oor die nut en voordeel van Delagoabaai as 'n geskikte hawe vir die Oor-Vaalse gebied nie, omdat hy die gebied as ongesond beskou het en groot waarde aan handelsverbindinge met Natal geheg het. Pretorius het dus aan Port Natal as hawe voorkeur gegee. Die moontlikheid om hierdie botsende standpunte te oorkom, het hom voorgedoen toe E. Morewood (†1876), 'n vroeëre hawemeester van die Republiek Natal en vriend van Pretorius, in 1853 voorgestel het die Boere moet 'n eie hawe besit en dat daar met Mpande onderhandel moes word oor die verkryging van die gebied van die Drakensberg na Bloedrivier en vandaar na die see. Mpande was inskiklik, maar Pretorius se dood het die saak skipbreuk laat ly.[131]

Marthinus Wessel Pretorius (1819-1901), wat sy vader, A.W.J. Pretorius, in 1853 as kommandant-generaal opgevolg het, het ook in 'n eie, onafhanklike hawe vir die Oor-Vaalse gebied belang gestel. Hy het eers met die Britse owerhede tot 'n vergelyk probeer kom met betrekking tot die onbillike wyse waarop in- en uitvoerregte in die koloniale hawens gehef is op goedere wat vir die Oor-Vaalse gebied bestem was. Die Britte wou die Boere ekonomies van Brittanje afhanklik hou en daarom het Pretorius geen sukses behaal nie. Dit het die gedagte aan 'n eie hawe iewers tussen Port Natal en Delagoabaai versterk, en St. Luciabaai het al hoe meer na die geskikte plek gelyk.[132]

Aan die begin van die jare 1860 het die Boere besluit om Mpande en sy seun Cetshwayo (c. 1826-1884) teen mekaar af te speel, ten einde 'n weg na die see tot by St. Luciabaai te verkry, maar dié plan

---

130. D.W. Krüger, "Die weg na die see", *Argief-jaarboek*, 1 (1), 1938, p. 130; B.S.C. van Tonder, "Die verhouding tussen die Boere in die Zuid-Afrikaansche Republiek en die Portugese van Mosambiek tussen die jare 1836-1869", p. 101.
131. A.N. Pelzer, "Die Suid-Afrikaanse Republiek se ywer vir 'n eie hawe en A. McCorkindale se rol in verband daarmee", *Historia*, 15 (3), September 1970, pp. 146-147.
132. A.N. Pelzer, "Die Suid-Afrikaanse Republiek se ywer vir 'n eie hawe en A. McCorkindale se rol in verband daarmee", *Historia*, 15 (3), September 1970, p. 147.

was nie suksesvol nie. Die Zoeloes het hulle toevlug tot die Britse regering geneem en toe laasgenoemde sy misnoeë met die plan te kenne gee, is die plan laat vaar omdat die Boere in daardie stadium nie die Britse gramskap kon bekostig nie.[133] Daarbenewens het Pretorius se poging om St. Luciabaai in Zoeloeland onder die gesag van die ZAR te bring, ook misluk.[134]

Op 24 Julie 1854 het Roberto Theodorico da Costa e Silva, goewerneur van Lourenço Marques, wat die Boere goedgesind was, die Volksraad in kennis gestel dat 'n politieke omwenteling in Portugal 'n veranderde handelsbeleid met betrekking tot die kolonies tot gevolg gehad het en dat hawens soos Lourenço Marques en Inhambane vir handel deur alle nasies oopgestel is, mits hulle invoerregte betaal. Hy het dus die Transvaalse regering genooi om 'n gevolmagtigde afvaardiging na Lourenço Marques te stuur sodat hulle 'n handelsverdrag kan sluit. Om verskeie redes is die aangeleentheid eers op 1 Junie 1855 op Rustenburg deur die Volksraad bespreek en het die Raad besluit dat dit allernoodsaaklik is dat 'n vaste verstandhouding tussen die Republiek en die Portugese getref word. Daar is eenparig besluit om 'n kommissie, bestaande uit raadslid C. Potgieter, landdros J. de Clerq (1791-1881) en H.T. Bührmann, na Delagoabaai af te vaardig om daar te onderhandel, maar om een of ander rede het die lede van die kommissie nie dadelik vertrek nie. Tydens 'n kommissieraadsvergadering op Lydenburg op 4 Julie 1855 is dus besluit dat 'n driemankommissie bestaande uit C. Potgieter, J. de Clerq en veldkornet F.J. Combrink, met Jacob Middel (1825-1912) as tolk en sekretaris, na Delagoabaai sou gaan. Die deputasie het op 24 Julie met 'n wa en tien osse vertrek. Met hulle aankoms in Lourenço Marques moes hulle tot hulle teleurstelling verneem dat die welwillende goewerneur Roberto Theodorico da Costa e Silva onverwags oorlede is. Hulle sou met sy opvolger, Francisco de Salles Machado, en kap-

---

133. A.N. Pelzer, "Die Suid-Afrikaanse Republiek se ywer vir 'n eie hawe en A. McCorkindale se rol in verband daarmee", *Historia*, 15 (3), September 1970, p. 148.
134. G.D. Scholtz, *Die Afrikaner en die see*, p. 64; A.J.H. van der Walt e.a. (reds.), *Geskiedenis van Suid-Afrika*, I, pp. 367-368; R.C. de Jong, G.M. van der Waal & D.H. Heydenrych, *NZASM 100*, p. 25.

tein António da Cruz e Almeida en tweede luitenant Neutel Correia de Mesquita Pimentel onderhandel, maar Machado sou eers in Oktober 1855 in Delagoabaai aankom. Al wat die Deputasie kon doen, was om die voorwaardes waarop hulle bereid was om te onderhandel op skrif te stel en dit aan die Goewerneur-generaal van Mosambiek, Vasco Guedes de Carvalho e Menezes, te stuur. Dit het behels die erkenning van die onafhanklikheid van die Republiek deur Portugal, die vasstelling van grense, 'n verbod op slawehandel en wapenhandel met die inboorlinge, 'n verlaging van die invoertarief en die verbetering van die verkeersweë. Van Ilha de Moçambique af het goewerneur-generaal Vasco Guedes de Carvalho e Menezes geantwoord dat hy 'n Portugese kommissie na Lydenburg sou stuur alwaar so 'n verdrag gesluit kon word en dat hy Francisco de Salles Machado opdrag gegee het om met die Boere te onderhandel. Intussen het hy aan die Boere die reg gegee om orals in die Portugese kolonie handel te dryf op die grondslag van die mees begunstigde nasie. Om een of ander rede kon Machado nie na Lydenburg gaan nie en het hy daarop aangedring dat die onderhandelinge in Delagoabaai sou plaasvind. Intussen het Lydenburg van die Republiek weggebreek, het Machado in Augustus 1856 na Ilha de Moçambique vertrek en het António da Cruz e Almeida as goewerneur waargeneem. Boonop was die Portugese met Soshangane in 'n oorlog gewikkel omdat Thomás Henriques de Mello Pinto nuwe faktorye in sy gebied gestig het. Alles het daartoe meegewerk dat daar van die voorgenome verdrag niks gekom het nie.[135]

In Desember 1856 het Lydenburg hom geheel en al van die res van die ZAR afgeskei en die onafhanklike Republiek Lydenburg geword. Die verbinding tussen die Boere en Delagoabaai het feitlik ophou bestaan.[136] In 1858 is 'n grondwet vir Transvaal opgestel en het die Zuid-Afrikaansche Republiek formeel tot stand gekom. Op

---

135. D.W. Krüger, "Die weg na die see", *Argief-jaarboek*, 1 (1), 1938, pp. 131-134; U. de V. Pienaar (red.), *Neem uit die verlede*, p. 250; E. de Noronha, *O districto de Lourenço Marques e a Africa do Sul*, pp. 34, 61 & 212; E. de Noronha, *Lourenço Marques na África Austral*, p. 12; B.S.C. van Tonder, "Die verhouding tussen die Boere in die Zuid-Afrikaansche Republiek en die Portugese van Mosambiek tussen die jare 1836-1869", pp. 106-109.
136. D.W. Krüger, "Die weg na die see", *Argief-jaarboek*, 1 (1), 1938, p. 135.

4 April 1860 het Lydenburg hom weer by die ZAR aangesluit en voortaan sou onderhandelinge met die Portugese hoofsaaklik deur die sentrale regering van die ZAR geskied.[137]

Die verhouding tussen die Portugese en die Boere is hoofsaaklik deur twee faktore bepaal: enersyds die aanvanklike traagheid van die Portugese regering om met die ZAR saam te werk en daarteenoor die Boere se strewe om 'n sterk en blywende vriendskapsverhouding met hulle bure in Mosambiek te smee. Die Portugese in Mosambiek – en by name in Lourenço Marques en Inhambane – het gedurende die 19de eeu geleidelik besef watter handelsvoordele kontak met die Boere vir hulle kon inhou en daarom het die Portugese owerheid in Mosambiek, ten spyte van die Portugese owerheid in Lissabon se afwysende houding, mettertyd met die Boere begin onderhandel.[138] Teen die middel van die 19de eeu het die Boere in Transvaal ook al hoe meer die belangrikheid van Lourenço Marques as hawe begin insien en het die handel deur dié hawe geleidelik toegeneem.[139]

TRAKTATE EN VERDRAE TUSSEN DIE ZAR EN PORTUGAL, 1858-1875

1. Vriendskapsverdrag, 1858

Die amptelike betrekkinge tussen die ZAR en die Portugese in Mosambiek kan teruggevoer word na 1858 toe die Portugese regering die Goewerneur van Lourenço Marques, Francisco de Salles Machado, gemagtig het om oor die sluiting van 'n vriendskapsverdrag met die Boere te onderhandel. Op 14 Augustus 1858 het De Salles Machado en 'n kommissie wat deur die Volksraad van die ZAR gestuur is, 'n ooreenkoms onderteken waardeur Portugal die onafhanklikheid van die ZAR erken het en die grens tussen Mosambiek en die Republiek vasgestel is. Verder is slawehandel en wapenhandel met

---

137. B.S.C. van Tonder, "Die verhouding tussen die Boere in die Zuid-Afrikaansche Republiek en die Portugese van Mosambiek tussen die jare 1836-1869", p. 112.
138. I.B. Carmona, "Relações entre os Portuguese de Moçambique e os 'Boers' ou Holandeses de África", *Moçambique Documentário Trimestral*, 87, Julho-Agosto-Setembro 1956, pp. 29-31.
139. J. Duffy, *Portuguese Africa*, p. 95.

die swartes verbied, sou 'n pad tussen die twee gebiede gebou word en indien een party aangeval word, sou die ander hom steun. Hoewel hierdie ooreenkoms nooit geratifiseer is nie, het 'n wedersydse belangstelling in die bepalings daarvan voortgeduur en het dit van albei kante duidelik op 'n anti-Britse sentiment en ekonomiese interafhanklikheid gedui.[140]

Op 14 Oktober 1858 het die Goewerneur-generaal van Mosambiek, João Tavares de Almeida, president M.W. Pretorius namens koning Pedro V die Hoopvolle (1837-1861) van Portugal versoek om die aanstelling van João Albasini as Portugese vise-konsul in die ZAR [Fig. 16] goed te keur. Die versoek is toegestaan en Albasini is op 25 Februarie 1861 behoorlik in sy amp bevestig. Albasini, wat vir hom 'n ryk gebordurde konsulsuniform aangeskaf het, het hom reg van die begin af vir die vasstelling van grense tussen die gebiede van die Boere en die Portugese in Oos-Afrika beywer en die Portugese owerheid voortdurend in sy korrespondensie op die noodsaaklikheid daarvan gewys. Origens het hy die Portugese owerheid in Mosambiek op die hoogte van politieke, ekonomiese en maatskaplike toestande in die Republiek gehou.[141]

Die Boere was begerig om 'n weg na die Indiese Oseaan te verkry en die onderhandelinge wat hulle in 1858 met Portugal aangeknoop het, het vir hulle hoofsaaklik daarom gegaan dat hulle Lourenço Marques as hawe wou gebruik, maar aangesien Portugal steeds gevrees het dat hy Delagoabaai sou verloor, het hierdie onderhandelinge nie verder gevorder nie.[142] Die gesag wat die Portugese oor Delagoabaai uitgeoefen het, was swak en dit sou waarskynlik vir 'n

---

140. S.E. Katzenellenbogen, *South Africa and Southern Mozambique*, p. 10; M.V.J. Haight, *European powers and South-East Africa*, pp. 290-291; P.G. Eidelberg, "The breakdown of the 1922 Lourenço Marques port and railways negotiations", *South African Historical Journal*, 8, November 1976, p. 104; A.J. Telo, *Lourenço Marques na política externa portuguesa, 1875-1900*, p. 26; R. Pélissier, *História de Moçambique*, I, p. 117.
141. J.B. de Vaal, "Die rol van João Albasini in die geskiedenis van die Transvaal", *Argiefjaarboek*, 16 (1), 1953, p. 40; F. Martins, *João Albasini e a Colónia de S. Luís*, p. 48; E. de Noronha, *O districto de Lourenço Marques e a Africa do Sul*, p. 212; B. Page, "João Albasini, 1813-88", *Lantern*, 43 (4), October 1994, pp. 11-12; U. de V. Pienaar (red.), *Neem uit die verlede*, pp. 127-128 & 130; TAB: A 248, J. Albasini-versameling: J. Albasini - Sekr.-genl. van Mosambiek, 15.10.1872.
142. J. Duffy, *Portuguese Africa*, p. 206.

Transvaalse kommando maklik gewees het om die Portugese gesag aldaar te vernietig. Maar so 'n gedagte het nooit by die Boere opgekom nie. Moontlik het hulle besef dat die Britte so iets nooit sou toelaat nie en dat Brittanje self die hand op Delagoabaai sou lê en daarmee die lot van die ZAR sou beseël.[143]

2. Britse teenkanting teen Boere se verbinding met Delagoabaai

Sedert M.W. Pretorius in 1853 kommandant-generaal geword het, het hy hom beywer vir die verbetering van die swak ekonomiese posisie waarin die Republiek was. Die staatskas was so goed as leeg en lewensbenodigdhede, wat feitlik alles deur die hawens van Natal en die Kaapkolonie ingevoer is, was peperduur as gevolg van deurvoerregte wat dié kolonies daarop gehef het. Die gedagte het dus by Pretorius posgevat om deur onderhandelinge, veral met die Natalse regering, 'n deel van die invoerregte op goedere wat vir die Republiek bestem was, vir Transvaal te bekom. Daarmee het hy geen sukses behaal nie, sodat hy die gedagte aan 'n eie hawe begin koester het. In 1858-1859 het hy met die Zoeloe-opperhoof Mpande onderhandel om 'n strook grondgebied deur Zoeloeland tot aan die see by St. Luciabaai aan die ZAR af te staan. Hierdie en latere pogings van 1860 tot 1865 deur die Transvaalse regering om in dié rigting ooreenkomste met Mpande of Cetshwayo te sluit, het ook nie geslaag nie, veral nie nadat die Britse regering in September 1861 'n stokkie daarvoor gesteek het nie. Nadat Pretorius in 1865 en 1866 vergeefse pogings aangewend het om direk met die Britse Ministerie van Kolonies te onderhandel om ook in verband met uitvoerregte bepaalde toegewings van die Natalse regering te kry, het hy op die Portugese kus begin konsentreer.[144]

Reeds in 1853 het die Britse regering stappe oorweeg om die Boere se moontlike beweging in die rigting van Delagoabaai te verhoed, aan-

---

143. G.D. Scholtz, *Die ontwikkeling van die politieke denke van die Afrikaner*, III, p. 472.
144. C.F.J. Muller (red.), *Vyfhonderd jaar Suid-Afrikaanse geskiedenis*, pp. 227-228; T. Cameron & S.B. Spies (reds.), *Nuwe geskiedenis van Suid-Afrika in woord en beeld*, p. 154; G.D. Scholtz, *Die ontwikkeling van die politieke denke van die Afrikaner*, III, p. 464.

gesien dit Britse belange kon benadeel, maar die Kaapse Goewerneur, sir George Grey (1812-1898), was van mening dat aansprake op Delagoabaai op grond van Owen se verdrae van 1823 nie sou werk nie. In 1858 het die Britse konsul in Mosambiek, John Lyons McLeod, in 'n verslag oor die kommersiële betekenis van die hinterland, die waarde van Delagoabaai as toegang tot daardie gebiede beklemtoon en – waarskynlik op grond van gerugte – beweer dat die Boere begerig was om die baai van die Portugese te koop, waardeur die Britse kolonies die waardevolle deurvoerhandel na die ZAR sou verloor. Hy het verder aanbeveel dat die Britte Ilha da Inhaca moes beset en 'n nedersetting daar moes vestig wat die Britse belange in die suidelike deel van Delagoabaai kon beskerm. Die Britse Buitelandse Kantoor het baie waarde aan hierdie foutiewe gerug geheg en besluit dat hierdie transaksie tussen die ZAR en Portugal hoegenaamd nie toegelaat kon word nie, omdat die ZAR daardeur beheer oor Delagoabaai sou verkry.[145]

Brittanje het self 'n oog op die besit van Delagoabaai gehad en daarom het viseadmiraal Keppel, bevelvoerder van die *H.M.S. Brisk*, die suidelike gedeelte van Delagoabaai in 1860 beset. Die volgende jaar het 'n ander Britse oorlogskip, die *Narcissus* onder bevel van kaptein Bickford, op 5 November 1861 die Britse vlag op die twee eilande in die baai, Ilha da Inhaca en Ilha dos Elefantes, gehys. Op 28 Februarie 1862 is amptelik aangekondig dat die eilande 'n deel van die kroonkolonie Natal sou vorm. Dit het vir sowel die Portugese as die Boere implikasies ingehou en hulle daarom nader aan mekaar gebring. 'n Klein Portugese garnisoen onder die persoonlike leiding van die Goewerneur van Lourenço Marques, Onofre Lourenço de Andrade, het die Engelse verplig om die wyk te neem. Die Portugese het teen die Britse optrede geprotesteer en oortuigend aangetoon dat die Baía de Lourenço Marques (of dan Delagoabaai) reeds vir eeue aan Portugal behoort en as sodanig deur die Konvensie van 20 Julie 1817 tussen Portugal en Groot-Brittanje erken is, waarop uitgerekte korre-

---

145. P. Edwards, "Die Zuid-Afrikaansche Republiek en Groot-Brittanje se stryd om Delagoabaai, 1889-1899", pp. 10-11; A.N. Pelzer, "Die invloed van McCorkindale se haweskemas op Britse belangstelling in Delagoabaai", *Historia*, 15 (2), Junie 1970, pp. 74-75; C.J. Uys, *In the era of Shepstone*, pp. 86-87; M.V.J. Haight, *European powers and South-East Africa*, pp. 291 & 305; D.W. Krüger, "Die weg na die see", *Argief-jaarboek*, 1 (1), 1938, p. 179.

spondensie tussen die twee partye gevolg het, maar die besitreg van die gebied was voorlopig nie meer 'n aktuele vraagstuk nie.[146]

3. Interne stryd in die ZAR verhoed onderhandelinge en grensvasstelling, 1860-1866

In September 1860 het Ignácio José de Paiva Rapozo, 'n Portugese koopman van Lourenço Marques, 'n brief aan João Albasini gerig om hom daarvan te verwittig dat stoomwaens uitgevind is, wat nie op spoorstawe hoef te loop nie maar bloot op 'n gelyk pad. Rapozo het in hierdie stoomwaens 'n groot moontlikheid gesien waarby alle Transvalers sou baat vind. Albasini het die nuus dadelik aan Stephanus Schoeman (1810-1890), waarnemende president van die ZAR, oorgedra en 'n skema vir die gebruik van dié waens sterk aanbeveel. Schoeman het onmiddellik die waarde van die skema ingesien en sy steun daaraan verleen. Interne politieke probleme, die daaropvolgende burgeroorlog en verbreekte kommunikasie tussen die Boere en die Portugese deur die vyandige mense van Mawewe of Langapuma het die skema voorlopig in die wiele gery.[147]

Mawewe, wat in 1859 as opperhoof in die plek van sy oorlede vader, Soshangane, ingehuldig is, het beperkings op olifantjagters in sy gebied gelê wat veral die ivoorhandel in Lourenço Marques nadelig getref het. Bowendien het hy die verbinding tussen die Boere en die kus afgesny, Portugese handelaars in Lourenço Marques aangeval en verskeie Portugese onderdane vermoor.[148] Die Boere het dus planne beraam om in samewerking met die Portugese owerheid Mawewe tot verantwoording te bring. Die Portugese was gewillig om

---

146. A. da S. Rego, *O ultramar Português no século XIX*, p. 146; R.J. Hammond, *Portugal and Africa, 1815-1910*, p. 81; J. Duffy, *Portuguese Africa*, p. 207; G.M. Theal, *The Portuguese in South Africa*, p. 280; A.N. Pelzer, "Die invloed van McCorkindale se haweskemas op Britse belangstelling in Delagoabaai", *Historia*, 15 (2), Junie 1970, p. 76; A. de P. Norte, *Lourenço Marques*, p. 22; A.J. Telo, *Lourenço Marques na política externa portuguesa, 1875-1900*, p. 26; F. Costa, *Portugal e a Guerra Anglo-Boer*, p. 47; E. Axelson, *Portugal and the scramble for Africa, 1875-1891*, pp. 12-13.
147. J.B. de Vaal, "Die rol van João Albasini in die geskiedenis van die Transvaal", *Argiefjaarboek*, 16 (1), 1953, pp. 55-56.
148. J.B. Hartman, "Die politieke en judisiëleorganisasie van die suidelike Changana (Bosbokrand) in die lig van hulle herkoms", pp. 44-46.

die gemeenskaplike bron van gevaar uit die weg te ruim en het beloof om van hulle kant 'n gewapende mag te stuur. Maar dit was nie meer nodig nie, want intussen het Mawewe se broer Mzila en sy volgelinge in 1861 na Delagoabaai gegaan om die beskerming van die Portugese teen Mawewe te vra. Op 27 November 1861 het die twee strydende partye op die slagveld met mekaar kragte gemeet en het Mzila as oorwinnaar uit die stryd getree, sy reis na Delagoabaai voortgesit en hom daar aan die gesag van die Portugese goewerneur van Lourenço Marques, Onofre Lourenço de Andrade, onderwerp.[149]

Visekonsul Albasini se aanbevelings oor die vasstelling van grense het nie op dowe ore geval nie, want op 25 September 1861 het die goewerneur-generaal van Mosambiek, João Tavares de Almeida, Albasini meegedeel dat die Portugese regering twee afgevaardigdes aangestel het om die grense te bepaal, naamlik Onofre Lourenço de Andrade en Alfredo Duprat (1816-1881), Portugese konsul-generaal in Kaapstad. Duprat het nie sy opwagting gemaak nie omdat hy om gesondheidsredes na Europa moes gaan, sodat die kommissie nie kon funksioneer nie. Bowendien het die burgerstryd in Transvaal uitgebreek, waardeur alle sake rakende grensvasstelling vir eers op die lange baan geskuif is.[150]

In September 1865 het die goewerneur van Lourenço Marques, António de Sousa Teixeira, 'n kommissie, bestaande uit António de Paiva Rapozo en Delfim José de Oliveira, benoem om met die regering van die ZAR oor die vasstelling van die grens tussen hulle onderskeie gebiede te onderhandel. Om die een of ander rede het hierdie kommissie nooit in Transvaal opgedaag nie.[151]

Dit wil voorkom asof M.W. Pretorius, nadat hy vir die tweede keer die presidentskap van die ZAR aanvaar het, ook die moontlikheid oorweeg het om met die Portugese tot 'n verstandhouding te kom. In Oktober 1866 het die Volksraad die President opdrag gegee om so

---

149. D.W. Krüger, "Die weg na die see", *Argief-jaarboek*, 1 (1), 1938, pp. 145-146.
150. TAB: SS 104, R 1365/68, A. Duprat - M.W. Pretorius, 01.11.1868; J.B. de Vaal, "Die rol van João Albasini in die geskiedenis van die Transvaal", *Argief-jaarboek*, 16 (1), 1953, pp. 40 & 49-50; E. de Noronha, *Lourenço Marques na África Austral*, p. 12.
151. C.T. da Mota, *Presença Portuguesas na África do Sul e no Transvaal durante os séculos XVII e XIX*, p. 89; J.B. de Vaal, "Die rol van João Albasini in die geskiedenis van die Transvaal", *Argief-jaarboek*, 16 (1), 1953, pp. 129-130.

gou moontlik 'n vriendskaps- en handelsverdrag met die regering van Portugal te sluit en die grens tussen die twee gebiede te bepaal. Maar Pretorius het getalm, want in hierdie tyd het hy net aan die verkryging van 'n eie seehawe deur bemiddeling van Alexander McCorkindale (1816-1871) [Fig. 17] gedink.[152]

4. McCorkindale se skemas en Pretorius se proklamasie, 1868

Die Transvalers was nou weer gedwing om tussen Port Natal en Delagoabaai as hawe te kies. Britse vyandigheid het hulle aan die neutrale Delagoabaai laat voorkeur gee, terwyl dié hawe ook nog nader aan hulle was. Tog het M.W. Pretorius aan die begin van 1866 vir die soveelste keer tevergeefs in Natal oor die onbillike invoerregte gaan onderhandel. Terwyl hy in Natal was, het hy met David Forbes (1829-1905), [Fig. 18] 'n Skot en aangetroude familielid van Alexander McCorkindale wat sedert die begin van 1850 in Natal gewoon en jagtogte na die binneland onderneem het, afgespreek dat Forbes die Portugese kuslyn sou ondersoek om 'n geskikte hawe vir die Republiek te vind in die gebied tussen Zoeloeland en Mosambiek wat nog nie in besit van 'n Europese moondheid was nie. Forbes het sy taak nougeset uitgevoer en op 15 Februarie 1867 'n gunstige rapport oor sy opgelegde taak uitgebring. Hy het bevind dat die monding van die Rio Maputo, waarna hy verkeerdelik as die Usuturivier verwys het, aan die suidekant van Delagoabaai nog nie in besit van Europeane was nie en dat dit tot een van die beste hawens in Suid-Afrika ontwikkel kon word. Volgens hom sou die Rongas wat suid daarvan gewoon het, dit verwelkom indien die gebied deur blankes beset sou word – solank dié net nie Portugese was nie. Hy het ook daarop gewys dat die rivier vir nagenoeg 113 kilometer tot by die samevloeiing met die Pongola bevaarbaar is.[153]

---

152. D.W. Krüger, "Die weg na die see", *Argief-jaarboek*, 1 (1), 1938, p. 186.
153. A.N. Pelzer, "Die Suid-Afrikaanse Republiek se ywer vir 'n eie hawe en A. McCorkindale se rol in verband daarmee", *Historia*, 15 (3), September 1970, p. 148; A.N. Pelzer, "Alexander McCorkindale en sy skemas, 1864-1866", *Historia*, 15 (1), Maart 1970, p. 8; J.B. de Vaal, "Die rol van João Albasini in die geskiedenis van die Transvaal", *Argief-jaarboek*, 16 (1), 1953, p. 129; G.D. Scholtz, *Die ontwikkeling van die politieke denke van die Afrikaner*, III, p. 474.

Voordat Pretorius behoorlik aan Forbes se verslag aandag kon gee, het hy verneem dat 'n maatskappy van voorneme was om 'n spoorlyn van Durban na Newcastle aan te lê en dat dit na Pretoria verleng kon word. Pretorius het hierdie aangeleentheid baie ernstig opgeneem, maar ondertussen het 'n ander belangrike skema onder sy aandag gekom, naamlik McCorkindale se plan om 'n hawe te bou.[154]

McCorkindale het in Junie 1867 per brief 'n ambisieuse plan aan president M.W. Pretorius voorgelê. Hy het voorgestel dat hy 'n hawe bou, waarvoor nagenoeg £250 000 nodig sou wees, maar wat hy maklik in Europa of Amerika geleen sou kry met as waarborg die invoerregte wat in die hawe gehef sou word. Van die hawe by die monding van die Rio Maputo sou 'n pad via New Scotland na Potchefstroom gebou word waarop stoomwaens ("trekmachines of zoodanige ander locomotiven") as vervoermiddels gebruik sou word. As vergoeding vir sy dienste en die reg van weg deur New Scotland sou McCorkindale 100 plase ontvang. [Fig. 19] Die Volksraad het die saak belangrik genoeg geag om dit na 'n spesiale komitee te verwys, wat dit goedgekeur het. Hoewel die Volksraad die plan met die beslissende stem van die voorsitter aanvaar het, was daar nie eenstemmigheid daaroor nie omdat party lede McCorkindale begin wantrou het. Die uitslag van die stemming was vir McCorkindale so 'n groot skok dat hy sy voorstel teruggetrek het. Ernstige onreëlmatighede met die voorlegging van die skema het aan die lig gekom, wat 'n groot verleentheid vir Pretorius veroorsaak het.[155]

M.W. Pretorius het gedink McCorkindale sou vir die ZAR 'n weg na die see op die Rio Maputo kon baan. Pretorius was verkeerdelik onder die indruk dat die suidelike deel van Delagoabaai nie binne die Portugese se gebied geval het nie. Op 14 Oktober 1867 het Pretorius dus namens die ZAR 'n ooreenkoms met McCorkindale aangegaan ingevolge waarvan McCorkindale hom verbind het om 'n vrye en onbelemmerde in- en uitvoerhawe vir die ZAR te bekom. Pretorius

---

154. A.N. Pelzer, "Die Suid-Afrikaanse Republiek se ywer vir 'n eie hawe en A. McCorkindale se rol in verband daarmee", *Historia*, 15 (3), September 1970, pp. 149-150.

155. A.N. Pelzer, "Die Suid-Afrikaanse Republiek se ywer vir 'n eie hawe en A. McCorkindale se rol in verband daarmee", *Historia*, 15 (3), September 1970, pp. 150-155.

was daarvan oortuig dat 'n weg na die see die ZAR uit sy isolasie sou verlos en die ekonomie sou bevorder. Die volgende stap was om dié deel van Delagoabaai te beset waar die betrokke rivier in die see uitmond. Die Volksraad het op 6 April 1868 sy goedkeuring daaraan verleen. Terselfdertyd is 'n proklamasie van M.W. Pretorius wat die grense van die ZAR aangetoon het deur die Volksraad goedgekeur. Die proklamasie het op 29 April 1868 in die *Staats Courant* (nr. 245) verskyn. Veral die bepaling van "een myl gronds aan wederzyden der rivier" (die Maputo) "tot waar dezelve zich ontlast aan de ooskust van Afrika, in zee" het die Britte ontstel omdat dit 'n poging was om na die see deur te dring. Die Boere wou nie net om kommersiële redes 'n weg na die see hê nie, hulle wou daarmee ook met ander nasies in verbinding bly wat hulle moontlik kon help om hulle onafhanklikheid te behou. Dit was 'n direkte uitdaging aan die Britse oppergesag in Suid-Afrika en het onmiddellik sterk reaksie uit Brittanje ontlok. Sir Philip E. Wodehouse (1811-1887), die goewerneur van die Kaapkolonie, het daarteen beswaar gemaak dat die ZAR grond van voorheen onafhanklike inboorlingstamme by die Republiek ingelyf het. Ook Natal het sy stem by die protesterendes gevoeg. Die Portugese bewindhebbers het op 24 Junie 1868 ten sterkste teen die Transvaalse aanspraak geprotesteer omdat gedeeltes van die grond wat by die ZAR ingelyf is, reeds eeue lank Portugese gebied was. As gevolg van Portugal en Brittanje se heftige besware het Pretorius sy aanspraak stilswyend laat vaar.[156]

Ook uit 'n ander oord was daar ongelukkigheid oor Pretorius se proklamasie. João Albasini het reeds vantevore vermoed dat die grensvasstelling tussen die ZAR en Mosambiek spoedig sou plaasvind en

---

156. S.E. Katzenellenbogen, *South Africa and Southern Mozambique*, p. 11; D.J. Pieterse, "Die geskiedenis van die mynindustrie in Transvaal, 1836-1886", *Argief-jaarboek*, 6, 1943, pp. 120-122; G.D. Scholtz, *Die ontwikkeling van die politieke denke van die Afrikaner*, III, pp. 475-476; A.J. Telo, *Lourenço Marques na política externa portuguesa, 1875-1900*, pp. 27-28; L.M. Jordão, *Memoria sobre Lourenço Marques (Delagoa Bay)*, pp. 61-62; E. Axelson, *Portugal and the scramble for Africa, 1875-1891*, pp. 11-12; T.T. Jeans & C. Struben, *The sea and South Africa*, p. 25; F. Costa, *Portugal e a Guerra Anglo-Boer*, p. 47; C.T. da Mota, *Presenças Portuguesas na África do Sul*, p. 101; C. Testa, *A política intercolonial e internacional e o Tratado de Lourenço Marques*, pp. 11-12; B.S.C. van Tonder, "Die verhouding tussen die Boere in die Zuid-Afrikaansche Republiek en die Portugese van Mosambiek tussen die jare 1836-1869", pp. 113-114.

was bevrees dat sy grondgebied by Makashulaskraal in besit van die ZAR sou kom. Om dit te verhoed, het hy dié eiendom aan die regering van Portugal geskenk en aanbeveel dat dáár, halfpad tussen die Boere en Lourenço Marques, 'n Portugese nedersetting gestig moes word. Volgens Albasini was daar ook Zoutpansbergers en Lydenburgers wat aansluiting by die Portugese verlang het en bereid sou wees om na Makashulaskraal te verhuis. Terwyl Albasini nog op 'n antwoord hieromtrent van die Goewerneur-generaal van Mosambiek, António Augusto de Almeida Correia de Lacerda, gewag het, het Pretorius sy proklamasie uitgevaardig waarin die oostelike grens van die ZAR bepaal is. Die Uitvoerende Raad van die ZAR het besluit om Albasini in kennis te stel dat Makashulaskraal binne die geproklameerde grenslyne van die Republiek geleë was en dat hy dus nie die grond aan die Portugese regering kon geskenk het nie. Makashula, van wie Albasini die grond bekom het, was volgens die Uitvoerende Raad 'n ondergeskikte kaptein wat nie oor grond beskik het nie. Bowendien is die betrokke grondgebied reeds jare gelede deur die Republiek van die wettige en erkende opperhoof van die stam gekoop.[157]

In 1869 het McCorkindale met 'n nuwe konsepskema na M.W. Pretorius gekom. Weer was hy bereid om die hawe, die gebied daaromheen en die verbindingspad daarheen onder bepaalde voorwaardes aan die Volksraad oor te dra. Hierdie 1869-skema het van die 1867-skema daarin verskil dat die Republiek 'n eie hawe sou kry sonder om enige lenings aan te gaan of iets sou kon verloor. Die nuwe voorstel het daarop neergekom dat 'n maatskappy 'n bruikbare hawe sou bou, die Umsuturivier (in werklikheid die Rio Maputo) vir ongeveer 113 kilometer bevaarbaar sou maak, daarvandaan 'n bruikbare pad sou aanlê tot waar die veld vir ossewavervoer sonder die gevaar van die tsetsevlieg geskik is en dat 'n doeanekantoor by die eindpunt opgerig sou word. Pretorius was opgewonde oor dié skema, maar die Volksraadslede het nie so maklik vergeet nie. Tog is die konsepooreen-

---

157. TAB: A 248 J. Albasini-versameling: J. Albasini - Portugese Diplomatieke Kommissie, 15.02.1870; J. Albasini – A. de P. Rapozo, 29.06.1870, J. Albasini – C.P. Barahona e Costa, 16.09.1870 & 20.04.1871; J.B. de Vaal, "Die rol van João Albasini in die geskiedenis van die Transvaal", *Argief-jaarboek*, 16 (1), 1953, pp. 129-130 & 134.

koms wat deur 'n kommissie van die Volksraad opgestel is, eenparig aanvaar. Skielik het Delagoabaai weer belangrik geword. Maar van dié ambisieuse plan sou uiteindelik niks kom nie.[158]

Die Kaapse goewerneur, sir Philip E. Wodehouse, het aanvanklik duidelik laat blyk dat hy die McCorkindale-skema nie goedgesind was nie, maar het later van sienswyse verander en dit geesdriftig by die Britse Koloniale owerhede aanbeveel. Die ZAR se moontlike verbinding met Delagoabaai het altyd soos 'n donker wolk oor die handelaars van Natal gehang omdat dit hulle van hulle handel met die Transvalers sou beroof. Hulle was dus ten gunste van Britse beheer oor Delagoabaai, maar die Britse regering het die regering van Natal in 1869 meegedeel dat territoriale uitbreiding en verantwoordelikheid in daardie rigting nie goedgekeur kan word nie. Die volgende skuif het van Portugal gekom, wat sonder waarskuwing 'n garnisoen op die Ilha da Inhaca geplaas het, terwyl McCorkindale 'n gedeelte van dié eiland reeds, in die grootste geheimhouding, van 'n inboorlinghoofman geruil het. Brittanje het niks gedoen om die Portugese van die eiland te verdryf nie, maar kort daarna het die Portugese vrywillig hulle troepe aan die eiland onttrek en het 'n nuwe gesindheid tussen die twee moondhede ingetree wat uiteindelik tot wedersydse instemming tot arbitrasie oor Delagoabaai sou lei.[159]

Hoewel van Pretorius en McCorkindale se planne niks tereg gekom het nie en dit die Portugese se heftige protes uitgelok het, is iets goeds daaruit gebore, want dit het die eerste werklike amptelike gedagtewisseling tussen die regerings van Portugal en die ZAR tot gevolg gehad. Die twee regerings het mekaar beter leer ken en dit het daartoe gelei dat 'n traktaat daaruit voortgevloei het wat dit vir die ZAR moontlik gemaak het om sonder enige beperkings van die bestaande hawe Lourenço Marques gebruik te maak. Die behoefte aan 'n eie hawe het gevolglik minder aktueel geword en in die lig van die nuwe verstandhouding met die Portugese moes die ZAR van McCorkindale

---

158. A.N. Pelzer, "Die Suid-Afrikaanse Republiek se ywer vir 'n eie hawe en A. McCorkindale se rol in verband daarmee", *Historia*, 15 (3), September 1970, pp. 158-160.
159. A.N. Pelzer, "Die invloed van McCorkindale se haweskemas op Britse belangstelling in Delagoabaai", *Historia*, 15 (2), Junie 1970, pp. 76-80; C.J. Uys, *In the era of Shepstone*, pp. 72-73 & 142.

se skema ontslae raak. Teen die einde van 1870 het die ouditeurgeneraal die transaksies tussen McCorkindale en die regering van die ZAR deeglik ondersoek en 'n groot aantal ernstige leemtes aangetoon. Op grond daarvan kon die ZAR sy ooreenkoms met McCorkindale sonder enige gewetenswroeging beëindig. Voordat dit kon gebeur, is McCorkindale op 1 Mei 1871 op Ilha da Inhaca oorlede.[160]

5. Traktaat van Vrede, Vriendschap, Handel en Grenzen, 1869

Die opskudding wat M.W. Pretorius se 1868-proklamasie veroorsaak het, het daartoe gelei dat Alfredo Duprat, die Portugese konsul-generaal in Kaapstad, op 24 Junie 1868 by Pretorius protes aangeteken het omdat 'n deel van die gebied wat ter sprake was reeds sedert 1546 aan die Portugese kroon behoort het. In sy brief het Duprat daarvan melding gemaak dat sy Regering die ZAR nog altyd goedgesind was en reeds lank die begeerte gehad het om 'n verdrag van vrede, vriendskap en handel met die Republiek te sluit wat tot voordeel van albei partye sou wees.[161] Met hierdie brief het die onderhandelinge tussen Portugal en die ZAR in alle erns begin, maar dit is 'n paar maande vertraag omdat Duprat 'n nuwe volmag daarvoor uit Lissabon moes kry. Hy was bereid om Pretorius vir onderhandelinge te ontmoet op 'n plek waarop hulle onderling ooreengekom het.[162] Ook Albasini, die visekonsul van Portugal in die ZAR, het by die Uitvoerende Raad protes aangeteken en daarop gewys dat die proklamasie die goeie verhouding tussen Portugal en die ZAR versteur het. In korrespondensie met Duprat het Pretorius gemeld dat dit die Republiek se begeerte was om in vrede met sy bure te leef en dat hy daarom 'n ooreenkoms en grensskikking tussen die twee lande sou verwelkom. Pretorius het ook aangedui dat hy graag 'n deputasie na Duprat toe sou wou afvaardig om met hom daaroor te onderhandel.[163]

---

160. A.N. Pelzer, "Die Suid-Afrikaanse Republiek se ywer vir 'n eie hawe en A. McCorkindale se rol in verband daarmee", *Historia*, 15 (3), September 1970, pp. 160-162.
161. TAB: SS 100, R 803/68, A. Duprat – M.W. Pretorius, 24.06.1868.
162. TAB: SS 104, R 1365/68, A. Duprat – M.W. Pretorius, 01.11.1868; D.W. Krüger, "Die weg na die see", *Argief-jaarboek*, 1 (1), 1938, p. 187.
163. J.B. de Vaal, "Die rol van João Albasini in die geskiedenis van die Transvaal", *Argief-jaarboek*, 16 (1), 1953, pp. 130-131.

Vir die Transvalers het dit duidelik geword dat hulle eenvoudig daarin sou moes berus dat hulle nie 'n eie hawe sou kry nie. Wat gedoen kon word, was om 'n verbinding te bewerkstellig met 'n hawe wat die naaste aan Transvaal geleë was. Dit was Delagoabaai. Om die ideaal te verwesenlik, was dit nodig om 'n handelsooreenkoms met die Portugese owerheid te sluit en 'n behoorlike verbinding tussen Transvaal en Delagoabaai aan te lê.[164] Die Volksraad van die ZAR het daarom op 8 en 9 Junie 1869 besluit dat 'n kommissie bestaande uit die Staatspresident, die lede van die Uitvoerende Raad en drie lede van die Volksraad, te wete H.J. Ueckermann, J.J. Fourie en P.J. van Staden, met Duprat moes onderhandel. Omdat Van Staden bejaard was, is J.R. Lys enkele dae later as sy plaasvervanger aangewys.[165]

Duprat het die inisiatief geneem en op 4 Junie 1869 per stoomboot uit Kaapstad na Natal vertrek en op 15 Julie 1869 in Pretoria aangekom om met die kommissie van die ZAR oor 'n verdrag van vrede en handel te onderhandel.[166] Op 29 Julie 1869 is (in Nederlands en Portugees) 'n behoorlike voorlopige Traktaat van Vrede, Vriendschap, Handel en Grenzen, opgestel tussen die ZAR en Portugal. Dit is namens die Koning van Portugal onderteken deur ridder kommandeur Alfredo Duprat, Portugese konsul-generaal in die Kaapkolonie en Suid-Afrika en gevolmagtigde van die koning van Portugal. Namens die Regering van die ZAR is dit onderteken deur staatspresident Marthinus Wessel Pretorius, Uitvoerende Raadslede Marthinus Jacobus Viljoen (1817-1889), kommandant-generaal Stephanus Johannes Paulus Kruger (1825-1904) en staatsekretaris Bernard Cornelis Ernest Proes (1831-1872), asook Volksraadslede Heinrich Julius Ueckermann, Joseph Johannes Fourie (1822-1917) en John Robert Lys (1829-1880).[167]

Artikel I van die traktaat het bepaal dat daar "een onverbrekelijke vrede en volmaakte vriendschap" tussen die ZAR en Portugal sou bestaan. Artikels II tot V het wederkerige vryhandel in alle soorte koop-

---

164. G.D. Scholtz, *Die ontwikkeling van die politieke denke van die Afrikaner*, III, pp. 477.
165. TAB: SS 117, R 1532/69, Uittreksels uit die Notule van die Volksraad, 08.06.1869, 09.06.1869 & 19.06.1869.
166. L.M. Jordão, *Memoria sobre Lourenço Marques (Delagoa Bay)*, p. 40; R. Pattee, *África do Sul vizinha de Portugal*, p. 504.
167. *Traktaten tusschen de Zuid-Afrikaansche Republiek en het Koninkrijk Portugal*, pp. 1 & 10.

ware – met die uitsondering van wapens en krygsvoorrade – toegelaat, en 'n verbod op slawehandel geplaas. Ooreenkomstig artikels VI tot X sou daar op produkte van die ZAR wat deur Portugese gebiede ingevoer word, en omgekeerd, nie hoër invoerregte gehef word as dié wat gehef word op produkte van enige ander vreemde land nie. Indien een van die twee partye die handel van 'n derde staat bevoorreg, sou dieselfde voorreg of begunstiging outomaties op die tweede party van toepassing wees. Wedersyds is onderneem dat op geen ware vir militêre doeleindes beslag gelê sou word nie. Artikels XI tot XIV het gehandel oor die wedersydse behandeling van onderdane, die uitlewering van misdadigers en die erkenning van die wettigheid van testamente, huwelikscertifikate en ander dokumente. Artikel XV het volkome gewetensvryheid verseker en origens ooreengekom oor begrafnisse. Die bepalings van artikels XVI tot XIX het die aanstelling, regte en voorregte van konsulêre en handelsverteenwoordigers uiteengesit. Artikel XX het bepaal dat indien een van die partye in 'n oorlog betrokke raak, die onderdane van die ander party nie die vyand sou help nie. Artikels XXI en XXII het die posisie van burgers en onderdane van die twee partye gereël, indien die partye, "hetgeen niet kan worden verwacht, en hetgeen God verhoede", in 'n oorlog met mekaar gewikkel sou raak. Ingevolge artikel XXIII sou die verdrag vir 'n tydperk van ses jaar van die dag van uitwisseling van die ratifikasies van krag bly. Voorts het dié artikel die grenslyn tussen die ZAR en die Oos-Afrikaanse besittings van Portugal bepaal. Die grens is omskryf as parallel met die 26° 30' suiderbreedtelyn tot by die Lebomboberge. Daarna volg dit die kruin van die Lemboreeks tot by die poort waar die Komatirivier deur die Lebombo's gaan. Daarvandaan loop dit noord-noordoos na Pokioneskop (Pokioenskop), noord van die Olifantsrivier tot waar die rivier deur die berge vloei, dan noordnoordwes na die naaste punt van die Umbovorivier [Umvuburivier], na Chicundoheuwel [Sierra Chicundo] en daarvandaan direk tot by die samevloeiing van die Pafuri- en die Limpoporivier. Artikel XXIV het bepaal dat die traktaat deur die Regering van die ZAR en deur die koning van Portugal goedgekeur en bekragtig moes word. Die uitwisseling van die ratifikasies moes binne 'n jaar in Kaapstad geskied.[168]

---

168. *Traktaten tusschen de Zuid-Afrikaansche Republiek en het Koninkrijk Portugal*, pp. 1-10.

Die vae beskrywing van die grenslyn, veral noord van die Olifantsrivier, het in later jare aanleiding gegee tot groot dispute tussen lede van die amptelike grenskommissies wat aangestel is om die grensbakens langs daardie deel van die grens te bepaal. Verder is besluit dat 'n pad gebou sou word en die eventuele aanlê van 'n spoorlyn is ook bespreek. Die verwesenliking van hierdie planne sou Lourenço Marques ingrypend transformeer.[169] 'n Kaart wat die voorgestelde grenslyn tussen Transvaal en Mosambiek aandui [Fig. 20], is deur Magnus Johan Frederik Forssman (1820-1874), wat in 1866 as die eerste landmeter-generaal van die ZAR aangestel is, opgestel en op 29 Julie 1869 deur president M.W. Pretorius en konsul-generaal Alfredo Duprat onderteken.[170]

Hoewel Albasini eerste die saak aanhangig gemaak het, het Duprat die onderhandelinge aangeknoop sonder om Albasini te raadpleeg en die traktaat uiteindelik in Albasini se afwesigheid gesluit – waaroor die visekonsul vanselfsprekend erg beledig gevoel het. Die oorsaak daarvan was die ongereelde en langsame posvervoer: Duprat se brief aan Albasini in dié verband het by hom aangekom nadat Duprat reeds uit die ZAR vertrek het. Volgens Albasini se mening was die Portugese ook op 'n veel groter gebied geregtig as wat in die ooreenkoms bepaal is. Wat hom die meeste gegrief het, was dat een van sy drome deur die grensbepaling verydel is, naamlik om 'n Portugese kolonie in die binneland te stig op 'n stuk grond, Makashulaskraal, wat hy in April 1868 van kaptein Makashula geruil het en wat hy, met die goedkeuring van die Goewerneur-generaal van Mosambiek, Fernando da Costa Leal, ter ere van die Portugese koning "Colónia de São Luíz" genoem het.[171]

---

169. E. Axelson, *Portugal and the scramble for Africa, 1875-1891*, p. 12; G.M. Theal, *The Portuguese in South Africa*, pp. 282-283; U. de V. Pienaar (red.), *Neem uit die verlede*, p. 307.
170. U. de V. Pienaar (red.), *Neem uit die verlede*, p. 307; J. Tempelhoff, "Grondbesit in die distrik Soutpansberg, 1837-1899", *Historia*, 37 (1), Mei 1992, p. 27.
171. AHU: Pasta 45, Vol. 2, Relatório apresentado pela Commissão Diplomatica, 1969, p. 104; TAB: A 248 J. Albasini-versameling: J. Albasini – C.P. Barahona e Costa, 07.01.1870, J. Albasini – Portugese Diplomatieke Kommissie, 15.02.1870, J. Albasini – F. da C. Leal, 15.08.1870, J. Albasini – E.C.C.P. Furtado Coelho, 18.08.1870; J.B. de Vaal, "Joao Albasini, II", *Die Huisgenoot*, 18.06.1948, p. 75; U. de V. Pienaar (red.), *Neem uit die verlede*, pp. 130-131; J.B. de Vaal, *João Albasini (1813-1888)*, p. 18.

Die Traktaat van Vrede, Vriendschap, Handel en Grenzen wat op 29 Julie 1869 tussen die regering van die ZAR en die diplomatieke sending van Portugal gesluit is, kon nie gelate deur die Britse regering aanvaar word nie, omdat sy beleid om die Boere by sy belange in Suid-Afrika in te sluit deur die traktaat gedwarsboom word. Die Britse regering het dus direk daartoe oorgegaan om Owen se aanspraak op die suidelike en oostelike kusstrook van Delagoabaai weer te opper, maar die Portugese regering het vanselfsprekend geweier om dié aanspraak te erken.[172] Hoewel die traktaat ook die grondgebied van die Swazi's geraak het, is die Swazi's nooit daaroor geraadpleeg of daaromtrent ingelig nie, omdat die regering van die ZAR van mening was dat die grondgebied van die Swazi's onder sy beskerming geval het. Ten spyte hiervan het die Swazi's en die Boere steeds 'n vriendskaplike verhouding gehandhaaf.[173]

Die voorlopige traktaat wat op 29 Julie 1869 tussen Portugal en die ZAR aangegaan is, is vir ratifikasie na Portugal gestuur, waar dit eers twee jaar later deur albei huise van die Portugese Parlement (Côrtes)[174] aanvaar is. Nadat die Traktaat van Vrede, Vriendskap, Handel en Grenzen deur albei regerings bekragtig is, is die ratifikasies op 10 Julie 1871 in Pretoria – nie in Kaapstad soos wat die traktaat bepaal het nie – uitgewissel.[175]

By geleentheid van dié uitwisseling het die Portugese gevolmagtigde, Francisco van Zeller, in opdrag van die Portugese koning Luís I, president M.W. Pretorius met die Kommandeurskruis verhef tot 'n lid van die Ordem da Torre e Espada (Orde van die Toring en die Swaard).[176] Die Portugese regering was so ingenome met die verdrag dat hulle die Portugese konsul in Kaapstad, Alfredo Duprat, vir sy aandeel daarin met die titel *visconde* (burggraaf) vereer het.[177] Op sy

---

172. S.E. Katzenellenbogen, *South Africa and Southern Mozambique*, p. 11; G.M. Theal, *The Portuguese in South Africa*, p. 283.
173. J.S.M. Matsebula, *A history of Swaziland*, p. 132.
174. R.J. Hammond, *Portugal and Africa, 1815-1910*, p. 82.
175. *Traktaten tusschen de Zuid-Afrikaansche Republiek en het Koninkrijk Portugal*, p. 1; D.W. Krüger, "Die weg na die see", *Argief-jaarboek*, 1 (1), 1938, p. 188.
176. C.T. da Mota, *Presenças Portuguesas na África do Sul*, p. 110; D.W. Krüger, "Die weg na die see", *Argief-jaarboek*, 1 (1), 1938, p. 188.
177. *Grande enciclopédia Portuguesa e Brasileira*, IX, p. 356; M. Newitt, *A history of Mozambique*, pp. 327-328.

beurt het Duprat gesorg dat Oscar Wilhelm Alric Forssman (1822-1889) [Fig. 21], 'n Sweedse handelaar van Potchefstroom, in 1870 as Portugese konsul in die ZAR aangestel en deur die Portugese koning tot ridder-kommandeur (*chevalier*) van die Ordem de Cristo (Orde van Christus) geslaan is. In 1876 is Forssman se rang tot Portugese konsul-generaal in die ZAR verhoog.[178]

Hierdie verdrag was vir die ZAR van groot belang. Daarmee is 'n mylpaal bereik in die verhouding tussen die ZAR en Portugal. Die ZAR is amptelik deur Portugal erken, waarop met verloop van tyd ook erkenning deur ander moondhede gevolg het. Regstreeks het dit vir die Republiek, in ruil vir sy erkenning van Delagoabaai as Portugese besit, besonder gunstige handelsvoorwaardes meegebring. Voortaan kon die ZAR sonder enige beperkings van sy nabygeleë natuurlike hawe, Lourenço Marques, gebruik maak. Dit is ook betekenisvol dat die traktaat die resultaat van die Portugese regering in Lissabon se inisiatief was; 'n aanduiding van hulle belangstelling in die ekonomiese moontlikhede van die hinterland van Mosambiek, waarvan die ZAR die belangrikste gedeelte was. Die sluiting van die traktaat was die begin van 'n nuwe tydperk waarin die ZAR meer direk onder die aandag van die buitewêreld sou kom. Die logiese voortsetting van die Traktaat van Vrede, Vriendschap, Handel en Grenzen tussen die ZAR en Portugal in 1869, was die soeke na 'n oplossing vir die vraagstuk van verkeersweë na die Ooskus van Afrika.[179]

6. Portugese Diplomatieke Kommissie, 1869-1871

Die goeie betrekkinge wat in 1869 met die Portugese aangeknoop is, is voortgesit. Op 26 Junie 1869 het kolonel Fernando da Costa Leal (1825-1869) – 'n oom van Fernando da Costa Leal (1846-1910) en

---

178. TAB: SS 122, R 531/70, C.P. Barahona e Costa - M.W. Pretorius, 27.04.1870; C.T. da Mota, *Presenças Portuguesas na África do Sul*, p. 127; F. Jeppe, *Transvaal book almanac and directory for 1877*, p. 62; W.J. de kock (red.), *Suid-Afrikaanse biografiese woordeboek*, I, p. 308.
179. S.E. Katzenellenbogen, *South Africa and Southern Mozambique*, p. 8; D.W. Krüger, "Die weg na die see", *Argief-jaarboek*, 1 (1), 1838, pp. 190-191; C.F.J. Muller (red.), *Vyfhonderd jaar Suid-Afrikaanse geskiedenis*, p. 228.

sedert 8 April 1869 goewerneur-generaal van Mosambiek – kragtens sy bevoegdhede ingevolge artikel 15 van die Koninklike Dekreet van 14 Augustus 1836, 'n tweede Diplomatieke Kommissie benoem om na die ZAR te gaan. Vanweë gebrekkige kommunikasie het die goewerneur-generaal nie daarvan kennis gedra dat Alfredo Duprat reeds die Traktaat van Vriendschap, Vrede, Handel en Grenzen met die Regering van die ZAR gesluit het nie, daarom was die Kommissie se opdrag om 'n traktaat van grense, handel en vriendskap met die ZAR te sluit, ingeval Alfredo Duprat nie daarin geslaag het om sy opdrag uit te voer nie. Origens moes die Kommissie die Boere-koloniste vir die Portugese kolonie Zambésia in die noorde werf.[180]

Dié Portugese Diplomatieke Kommissie wat deur die goewerneur-generaal aangestel is, het bestaan uit: Carlos Pedro Barahona e Costa, die goewerneur van Kilimane, as voorsitter; António de Paiva Rapozo, 'n handelaar van Lourenço Marques; en tweede luitenant Fernando Augusto da Costa Leal, *aide-de-camp* van die goewerneur-generaal en outeur van die reisjoernaal wat hierna volg, as sekretaris.[181]

Carlos Pedro Barahona e Costa (1833-1876) [Fig. 22] stam uit twee ou families. Die Da Costas het reeds in die tyd van Afonso Henriques, die eerste koning van Portugal, in die omstreke van Guimarães gewoon, terwyl die Barahonas 'n adellike Spaanse familie was waarvan 'n tak hulle in die Alentejo-streek in Portugal gevestig het. In 1848, op vyftienjarige leeftyd, het hy by die 2de Infanterie-bataljon van die Portugese leër aangesluit, daarna as adjudant in Indië diens gedoen, waarna hy na Portugal teruggeroep en tot tweede luitenant van die 10de Infanterie-regiment bevorder is. Op 27 Oktober 1853 is hy tot sersant bevorder en het in 1854 in dié hoedanigheid as vrywilliger

---

180. AHU: Pasta 45, Vol. 2, Relatório apresentado pela Commissão Diplomatica, 1969, pp. 1 & 3; TAB: SS 129, R 1673/70, Uittreksel uit die Notule van die Uitvoerende Raad, ZAR, 20.10.1870; L.M. Jordão, *Memoria sobre Lourenço Marques (Delagoa Bay)*, p. 62; F. Martins, *João Albasini e a Colónia de S. Luís*, p. 68; M.E.M. Santos, *Viagens de exploração terrestre dos Portugueses em África*, pp. 140, 230 & 245; E. de Noronha, *O districto de Lourenço Marques e a Africa do Sul*, p. 213.

181. AHU: Pasta 45, Vol. 2, Relatório apresentado pela Commissão Diplomatica, 1969, p. 1; TAB: SS 131, R 60/71, Vertaling: Aanstellingsbrief van Diplomatieke Kommissie deur F. da Costa Leal, 26.06.1869; C.T. da Mota, *Presenças Portuguesas na África do Sul*, pp. 111 & 117; L.M. Jordão, *Memoria sobre Lourenço Marques (Delagoa Bay)*, p. 62.

aan 'n ekspedisie na Oos-Afrika deelgeneem. Tydens die eerste geveg waaraan hy in die Zambésia-gebied deel gehad het, het hy uitstekende diens gelewer. Op 14 Maart 1856 is hy na Mosambiek oorgeplaas en het in 1857 ook in Indië diens gedoen, waar die klimaat nie met hom geakkordeer het nie en hy om gesondheidsredes na Portugal teruggeroep is. Hier het hy tot kolonel in die Portugese leër gevorder en is hy vanweë sy bekwaamheid as goewerneur van Kilimane aangewys. Hy was dapper, buitengewoon intelligent, edel van inbors en 'n ridder van die *Ordem Militar de Nossa Senhora da Conceição* (Militêre Orde van Onse Liewe Vrou van die Onbevlekte Ontvangenis) van Villa Viçosa. Barahona e Costa het twee boeke geskryf, te wete *A governação opposição em Goa no ano de 1867* (Nova Goa, 1867),'n bundel politieke beskouinge, en *Os dois sedutores logrados*, 'n blyspel in twee bedrywe. Barahona e Costa is in 1876 in Zambésia oorlede.[182]

António de Paiva Rapozo was 'n broer van Ignácio en Alberto Carlos de Paiva Rapozo, invloedryke handelaars van Lourenço Marques. Die broers stam uit twee welbekende Portugese families, naamlik De Paiva, wat een van die voorste adellike families in Portugal was, en Rapozo [*Rapozo* (Portugees.): jakkals]; ook adellik en besonder welvarend. António was 'n vriend van João Albasini en 'n swaer van Jacob de Couto, albei handelaars in Zoutpansberg. Hy was die bestuurder van die firma Paiva Rapozo & Santos in Lourenço Marques en het teen 1860 ook 'n winkel op Schoemansdal geopen wat veral in die Zoutpansberg 'n belangrike rol gespeel het.[183] António is in 1864 in 'n kommissie benoem wat met die regering van die ZAR oor die vasstelling van grense moes onderhandel, maar vanweë politieke onrus in die ZAR het hierdie onderhandelinge nooit plaasgevind nie. Op 22 Oktober 1878 is hy saam met De Castilho, die goewerneur van Lourenço Marques, en regter Braga de Oliveira in 'n kommissie be-

---

182. AHM: CX.931 Folha de Serviço: Carlos Pedro Barahona e Costa (1833-1876); *Grande enciclopédia Portuguesa e Brasileira*, IV, p. 157; A.E.M. Zuquete & A.M. de Faria, *Armorial Lusitano*, pp. 77 & 180; T.V. Bulpin, *The Golden Republic*, p. 128.
183. I. Rocha, "A República do Transval, os 'Boers' e os primeiros emigrantes portugueses", *História*, 94, Agosto 1986, p. 13; L.M. Jordão, *Memoria sobre Lourenço Marques (Delagoa Bay)*, p. 23; J.L. Basson, "Die invloed van Portugese ontdekkers en immigrante op Suid-Afrika", *Lantern*, 37 (1), Januarie 1988, p. 45.

noem om die gebruike en gewoontes van die onderskeie bevolkingsgroepe in die distrik Lourenço Marques te ondersoek, maar hierdie taak is, helaas, nooit afgehandel nie.[184]

Twee lede van die Diplomatieke Kommissie, naamlik Barahona e Costa en Da Costa Leal het op 1 Julie 1869 aan boord van die brik, die *Flôr de Gôa*, van Ilha de Moçambique na Lourenço Marques vertrek, maar vanweë windstiltes het hulle stadig gevorder en eers op 20 Julie 1869 in Delagoabaai aangekom, waar hulle hartlik by die goewerneurswoning ontvang is. Op 24 Julie 1869 het hulle die derde lid van die Kommissie, António de Paiva Rapozo, in Lourenço Marques ontmoet. Hulle het probleme ondervind om geskikte vervoer te vind, sodat hulle eers op 8 September 1869 gereed was om met waens in die rigting van Zoutpansberg te vertrek. Om 10:00 op 9 September het die goewerneur van Lourenço Marques, verskeie militêre offisiere en inwoners van die distrik hulle uit die dorp geleide gedoen.[185]

Teen 18:00 op 10 September 1869 het die kommissie by Marraquene, aan die linkeroewer van die Rio Incomati, aangekom en het die kaptein van die stat hutte tot hulle beskikking gestel waarin hulle en hulle bagasie onderdak kon vind. Dit was in hierdie omgewing dat hulle op 12 September op die lyk van 'n blanke man, William Martin (1822-1869), afgekom het; 'n gebeurtenis waaroor Da Costa Leal later volledig in sy joernaal sou berig.[186]

Die kommissie het hulle moeisame reis voortgesit, maar teen 25 September het hulle verneem van die onderlinge stryd tussen die inboorlinge in die omgewing van Bilene en is hulle aangeraai om na Lourenço Marques terug te keer. Van die goewerneur van Lourenço Marques het hulle op 30 September 'n amptelike brief ontvang waarin hy hulle meegedeel het dat hulle via Natal per skip van Lourenço Marques na die ZAR moes gaan. Op 1 Oktober was die kom-

---

184. E. de Noronha, *O districto de Lourenço Marques e a Africa do Sul*, p. 175; A.E.M. Zuquete & A.M. de Faria, *Armorial Lusitano*, pp. 415 & 462-463.
185. AHU: Pasta 45, Vol. 2, Relatório apresentado pela Commissão Diplomatica, 1969, pp. 1-3.
186. AHU: Pasta 45, Vol. 2, Relatório apresentado pela Commissão Diplomatica, 1969, pp. 5-7.

missie dus terug by Marraquene en het daarvandaan per boot na Lourenço Marques gevaar, waar hulle die volgende dag teen 06:00 aangekom het. Vanweë die ontberings gedurende die reis het die voorsitter van die kommissie, Barahona e Costa, siek geword en moes hy mediese behandeling ontvang voordat hulle op 10 Oktober onderweg na Port Natal aan boord van die *Roé* kon gaan. Die see aan die Natalse kus was sedert 18 Oktober baie onstuimig sodat hulle dankbaar was toe hulle teen 17:00 op 20 Oktober in die hawe van Durban [Fig. 23] vasgemeer het.[187]

In Durban het die kommissie in die Royal Hotel (Hotel Real) tuisgegaan en op 21 Oktober het hulle die Portugese konsul in Natal, John Burden Blandy, besoek en korrespondensie van die goewerneur-generaal van Mosambiek aan hom oorhandig. Swaar reën en probleme om vervoer te bekom, het die kommissie verplig om tot 28 Oktober daar te vertoef. Om 07:00 het hulle met 'n *diligence*, 'n soort poskoets, na Pietermaritzburg vertrek, waar hulle eers teen 18:00 aangekom het.[188]

In Pietermaritzburg is die kommissie entoesiasties ontvang en na 'n militêre banket genooi, waartydens heildronke ingestel is op die vorste van Portugal en Groot-Brittanje en daar op die bondgenootskap tussen die twee nasies gewys is. Die volgende dag het Barahona e Costa, 'n kolonel in die Portugese leër, en Da Costa Leal, adjudant van die goewerneur-generaal van Mosambiek, 'n welwillendheidsbesoek aan die betrokke regiment se kwartiere gebring. Daarna het Barahona e Costa die goewerneur van Natal, R.W. Keate (1814-1873), in sy ampswoning besoek.[189]

Probleme om geskikte vervoer na die ZAR te vind en swaar reën het weer eens die reis vertraag sodat hulle eers op 10 November 1869 uit Pietermaritzburg kon vertrek. O.W.A. Forssman, die Portugese

---

187. AHU: Pasta 45, Vol. 2, Relatório apresentado pela Commissão Diplomatica, 1969, pp. 9-11.
188. AHU: Pasta 45, Vol. 2, Relatório apresentado pela Commissão Diplomatica, 1969, pp. 11-12; Skriftelike mededeling: Mev. Shelagh Spencer, Woodgrove, Privaatsak X5, Cascades,3202, 05.02.2004.
189. AHU: Pasta 45, Vol. 2, Relatório apresentado pela Commissão Diplomatica, 1969, pp. 12-13.

konsul in die ZAR, was juis – ná 'n besoek aan die Kaap – via Natal op sy terugreis na Potchefstroom en was bereid om die kommissie met sy sesperdewa na Transvaal te neem. Forssman het sy uniform as konsul van Portugal in die ZAR gedra en selfs 'n Portugese vlag op sy wa laat wapper. Hulle het deur die Oranje-Vrystaat gereis en die Vaalrivier op 6 Desember 1869 oorgesteek. Hierdie tweede Diplomatieke Kommissie het om 16:00 op 7 Desember 1869 op Potchefstroom aangekom, waar hulle met 21 saluutskote hartlik verwelkom is en begelei is na die huis waar hulle sou tuisgaan. Potchefstroom sou hulle hoofkwartier tydens hulle verblyf in die ZAR wees. Teen 18:00 het die kommissielede 'n besoek by die huis van Forssman afgelê, waar president M.W. Pretorius, vergesel van sy privaatsekretaris en die landdros van Potchefstroom hulle tot hulle groot genoegdoening kom ontmoet het. Tydens 'n kort gesprek met Pretorius het die voorsitter van die kommissie, Barahona e Costa, met hom gereël dat hy op 9 Desember die president oor die doel van hulle koms sou inlig.[190]

Op 9 Desember 1869 het die Diplomatieke Kommissie 'n formele ontmoeting met president M.W. Pretorius in sy huis gehad. By hierdie geleentheid was die lede van die Uitvoerende Raad, verteenwoordigers van die Volksraad, die prokureur-generaal en enkele ander amptenare teenwoordig. Die Portugese het hulle geloofsbriewe, uittreksels uit die *Boletim Official da Provincia de Moçambique* en 'n amptelike brief van die goewerneur-generaal van Mosambiek aan Pretorius oorhandig. Twee dae later was 'n formele ontmoeting met die landdros van Potchefstroom, A.M. Goetz, op hulle program. By albei geleenthede het 'n gees van wedersydse welwillendheid geheers.[191] Barahona e Costa se lang en uitsonderlike naam het die Transvalers verstom en sy voortreflike maniere het hulle beval.[192]

Nadat al die formaliteite en voorbereidings afgehandel was, kon

---

190. AHU: Pasta 45, Vol. 2, Relatório apresentado pela Commissão Diplomatica, 1969, pp. 15, 17-18; TAB: SS 116, R 1364/69, M.W. Pretorius - Staatsekretaris, 08.12.1869; D.W. Krüger, "Die weg na die see", *Argief-jaarboek*, 1 (1), 1938, p. 188; J.B. de Vaal, "Die rol van João Albasini in die geskiedenis van die Transvaal", *Argief-jaarboek*, 16 (1), 1953, p. 133.
191. AHU: Pasta 45, Vol. 2, Relatório apresentado pela Commissão Diplomatica, 1969, pp. 18-21.
192. T.V. Bulpin, *The Golden Republic*, p. 128.

die Diplomatieke Kommissie formeel op 21 Desember 1869 met sy werksaamhede begin. Aangesien die traktaak wat Alfredo Duprat met die Regering van die ZAR gesluit het, reeds in vele opsigte hulle eerste opdrag gedek het, was dit vir die kommissie spoedig duidelik dat hulle belangrikste taak was om Boere-koloniste vir die Zambésia-kolonie [Fig. 24] in Mosambiek te werf. In dié verband het hulle verneem dat die invloedryke kommandant J.W. (Jan) Viljoen (1812-1893) [Fig. 25] van Marico en João Albasini, visekonsul van Portugal in Zoutpansberg, 'n belangrike rol kon speel.[193] Albasini het opdrag van die Portugese owerheid gekry om die Diplomatieke Kommissie van die nodige advies te bedien. Persoonlike omstandighede het dit vir Albasini onmoontlik gemaak om die Zoutpansberg-distrik te verlaat en bowendien was hy van mening dat dit nie dringend noodsaaklik was dat hy die kommissie ontmoet nie, omdat Duprat reeds die verlangde traktaat aangegaan het.[194]

In 'n brief aan die Portugese minister van buitelandse sake in Lissabon het O.W.A. Forssman, die Portugese konsul in die ZAR, op 29 Desember 1869 geskryf dat die regering van die ZAR die Diplomatieke Kommissie se aankoms beskou as 'n bewys van die goeie trou en vriendskaplike betrekkinge tussen die ZAR en Portugal en dat hy nie twyfel nie dat hulle arbeid goeie vrugte sou afwerp. Hoewel Forssman van mening was dat die Transvaalse Boere uitnemend geskik was om as koloniste na Zambézia te gaan, was hy nie optimisties dat die kommissie daarin sou slaag om baie van hulle as emigrante te werf nie, omdat die ZAR so yl bevolk was. Hy het ook verwys na die ontdekking van goud in Matebeleland en daarop gesinspeel dat mynbedrywighede ook voorkom op grondgebied wat aan Portugal behoort het. Oor die smokkelhandel in wapens en ammunisie het Forssman die minister ingelig dat dit deur Port Elizabeth via Hopetown na die

---

193. AHU: Pasta 45, Vol. 2, Relatório apresentado pela Commissão Diplomatica, 1969, pp. 21-23; TAB: A 248 J. Albasini-versameling: J. Albasini – Portugese Diplomatieke Kommissie, 15.02.1870.
194. TAB: A 248 J. Albasini-versameling: J. Albasini – C.P. Barahona e Costa, 07.01.1870, J. Albasini – Portugese Diplomatieke Kommissie, 15.02.1870; J.B. de Vaal, "Die rol van João Albasini in die geskiedenis van die Transvaal", *Argief-jaarboek*, 16 (1), 1953, p. 133; J.B. de Vaal, *João Albasini (1813-1888)*, pp. 19-20.

Engelse handelaars by Bamangwato vervoer word en deur hulle vir ivoor en volstruisvere aan inboorlinge naby die Zambesirivier verruil word. Deur 'n klein Portugese krygsmag tussen Bamangwato en die Tati-goudvelde te stasioneer, sou dié smokkelhandel voorkom kon word. Ten slotte het Forssman die belangrikheid daarvan aangetoon om 'n goeie verbindingsroete tussen die ZAR en Delagoabaai aan te lê, omdat dit vir albei state tot groot ekonomiese voordeel sou strek en die Transvalers daarbenewens na 'n posverbinding na Europa gestreef het wat onafhanklik van die Britse kolonies sou wees.[195]

Op 23 Februarie 1870 het die kommissie na Pretoria vertrek en is met sy aankoms naby die dorp deur perderuiters en waens en 21 saluutskote verwelkom. In Pretoria het hy met lede van die Uitvoerende Raad onder voorsitterskap van M.J. Viljoen samesprekings gevoer en met president M.W. Pretorius en die staatsekretaris, B.C.E. Proes, beraadslaag. Op 12 Maart 1870 het die kommissie na Rustenburg vertrek, waar die ontvangs uiterlik nie so hartlik soos in Potchefstroom en Pretoria was nie, maar die landdros, P.J. van Staden, tog 'n verwelkomingsadres aan Da Barahona e Costa oorhandig het. Die volgende dag het laasgenoemde, tydens 'n besoek aan die landdros, die Rustenburgers vir hulle gasvryheid en vriendskap bedank en die behoefte aan koloniste vir Zambésia aangeroer. Op 15 Maart het die kommissie uit Rustenburg vertrek en op 19 Maart op Potchefstroom aangekom.[196]

Behalwe pogings om Boere-koloniste vir Zambésia te werf, het die Diplomatieke Kommissie ook die moontlikheid van 'n spoorweg tussen die ZAR en Mosambiek geopper en gewys op die voordele wat dit vir die handel in albei gebiede ingehou het – veral nadat diamante en goud in die ZAR ontdek is. Nadat die onderhandelinge ver gevorder het, het die sekretaris van die kommissie, Fernando da Costa Leal, op 12 April 1870 die kommissie versoek om hom toe te laat om oor land na Lourenço Marques terug te keer, omdat hy die gebied wou verken met die oog op 'n beter verbindingslyn met die ZAR.

---

195. AHU: Pasta 45, Vol 1, O.W.A. Forssman – Minister van Buitelandse Sake, Portugal, 29.12.1869.
196. AHU: Pasta 45, Vol. 2, Relatório apresentado pela Commissão Diplomatica, 1969, pp. 23-27.

António de Paiva Rapozo het Da Costa Leal se versoek gesteun, maar Barahona e Costa het voorbehoude gehad. Da Costa Leal het sy saak egter so goed gemotiveer dat hy uiteindelik ook die voorsitter van die kommissie se goedkeuring ontvang het.[197]

Aangesien die vermaarde ontdekkingsreisiger Carl Mauch juis daardie tyd in Potchefstroom was, het Da Costa Leal hom gevra om hom op hierdie reis te vergesel.

Toe **Carl Gottlieb Mauch (1837-1875)** [Fig. 26] tien jaar oud was, het hy 'n atlas as geskenk ontvang. Dit het die ontdekker in hom wakker gemaak en teen vyftien was hy vasbeslote om 'n ontdekkingsreisiger in Afrika te word. Van 1854 tot 1856 was hy 'n student aan 'n opleidingskollege vir laerskoolonderwysers in Gmünd. Terwyl hy 'n onderwyser was, het hy deur selfstudie Engels, Frans en Arabies, geologie, natuurstudie en sterrekunde bestudeer en reisbeskrywings gelees. Teen die einde van 1863 het Mauch via Trieste na Londen gegaan, waar hy hom by Kew en die Britse Museum verder voorberei en sy Engels verbeter het. In 1865 het hy as bemanningslid van 'n klein Duitse vaartuig in Durban aangekom. Ná 'n kort verblyf by 'n Duitse familie in Pietermaritzburg het hy saam met Cornelis Pistorius, 'n handelaar, na Rustenburg gegaan en in Julie 1865 op uitnodiging van Friedrich H. Jeppe (1834-1898) na Potchefstroom. Op Potchefstroom het Jeppe, redakteur van die *The Transvaal Argus*, in Mauch se planne belang gestel en hom voorgestel aan O.W.A. Forssman, 'n Sweedse handelaar, deur wie se bemiddeling Mauch finansiële hulp vir sy vroeë ontdekkingstogte gekry het. In Transvaal het Mauch die bekende olifantjagter Henry Hartley (1815-1876) ontmoet, wat Mauch toegelaat het om hom op sy twee jagtogte (1866-1867 en 1867) te vergesel. Dit was tydens die tweede reis dat Mauch die Tati-goudvelde ontdek het. Volgens Pieterse is dit onwaarskynlik dat Mauch die eerste Europeër was wat die delwerye van die inboorlinge op die Tati-goudvelde aanskou het, want spore van die werksaamhede van die Portugese is daar aangetref. Volgens oorlewering was kommandant J.W. (Jan) Viljoen, die grootwildjagter van Marico, reeds in

---

197. AHU: Pasta 45, Vol. 2, Relatório apresentado pela Commissão Diplomatica, 1969, pp. 30-32; E.E. Burke (red.), *The journals of Carl Mauch*, p. 4.

1853 daarvan bewus dat daar goud te vinde is. Ná Mauch se aankoms op Potchefstroom het die bekendmaking van sy ontdekking in *The Transvaal Argus* van 4 Desember 1867 nogtans feitlik oornag wêreldwye belangstelling gaande gemaak. In Mei 1868 was Mauch vergesel van Paul Jebe, 'n jong Duitse ingenieur, weer noordwaarts onderweg met die hoop om die ewenaar te bereik. Hulle het tot in Matebeleland gevorder, waar hulle tydelik gevange geneem is omdat die vermoede bestaan het dat hulle agente van die regering van die ZAR was. In Mei 1869 was Mauch terug op Potchefstroom. Van Oktober 1869 tot April 1870 het Mauch deur die noordelike en westelike dele van Transvaal gereis om 'n voorlopige opname van die streek te maak en die geologie te bestudeer. Ná hierdie reis het hy en Da Costa Leal op 18 Mei 1870 uit Potchefstroom vertrek en eers op 8 Augustus 1870 in Delagoabaai aangekom. Op Mauch se terugreis na die ZAR het hy 'n kwaai aanval van koors gehad, wat hom verplig het om op Lydenburg te herstel, voordat hy na Potchefstroom teruggekeer het. Tydens sy volgende reis het hy die Zimbabwe-ruïne vir die eerste keer op 5 September 1871 gesien en ook die Makaha-goudvelde in 1872 ontdek. Hy het daarna die Portugese gebied binnegegaan, maar dit het gou vir hom duidelik geword dat hy nie in Portugees-Oos-Afrika welkom was nie daarom het hy Kilimane in Oktober 1872 aan boord van 'n Franse skoener verlaat en via Marseille na Europa teruggekeer. Terug in Duitsland het hy 'n pos by 'n universiteit of museum probeer vind, maar sy gebrek aan akademiese kwalifikasies het dit verhoed. Ná 'n kortgeknipte besoek aan die Wes-Indiese Eilande in die geselskap van dr. Otto Kuntze in 1874, was hy betrokke by 'n sementaanleg by Blaubeuren naby Ulm in Württemberg. Sy gesondheid was swak as gevolg van die tropiese siektes wat hy in Afrika opgedoen het. Een nag het hy – waarskynlik as gevolg van 'n aanval van serebrale malaria – uit sy kamervenster op die keisteenstraat geval, skedelbreuk en verskeie ander beserings opgedoen en op 4 April 1875 in die hospitaal van Stuttgart gesterf. Van sy kort lewe, net minder as 38 jaar, het hy byna agt aan ontdekkingstogte in Suider-Afrika bestee. Deur hierdie reise het hy 'n groot bydrae tot kennis oor die streek se geologie en geografie gelewer, die goudvelde by Tati (her)ontdek en die ligging van die Zimbabwe-ruïne vasgestel. Mauch het met sy deursettingsvermoë, onverskrokkenheid en onuitputlike energie veel daartoe bygedra om die sluier oor 'n groot deel van "donker" Afrika te lig. Met 'n ysere gestel, groot en fors gebou en met 'n onversetlike wilskrag was Mauch 'n man wat vir so 'n taak in die wieg gelê was.[198]

Nadat Fernando da Costa Leal sy amp as sekretaris van die Diplomatieke Kommissie op 17 Mei 1870 neergelê het, besluit die oorblywende lede om Alberto Carlos de Paiva Rapozo [Fig. 27] te vra om voortaan as waarnemende sekretaris op te tree.[199] Alberto het uit 'n vooraanstaande Portugese handelaarsfamilie gestam en was 'n broer van Ignácio José de Paiva Rapozo, 'n ivoorhandelaar van Lourenço Marques wat in 1874 'n konsessie gekry het om in Zambésia-provinsie papawers te verbou en opium uit te voer. Met die oog daarop is die Companhia de Cultura e Comércio do Ópio em Moçambique in 1876 gestig. Later was Ignácio ook 'n groot suikerprodusent. Sy ander broer, António de Paiva Rapozo, was reeds 'n lid van die Diplomatieke Kommissie.[200] Alberto Carlos de Paiva Rapozo is, by afloop van sy werksaamhede as waarnemende sekretaris van die Diplomatieke Kommissie, op 24 Julie 1871 as goewermentsekretaris van Lourenço Marques aangestel; 'n pos wat hy skynbaar tot met sy dood in 1876 beklee het. Nadat Fernando da Costa Leal in 1871 na Portugal en uiteindelik na Indië vertrek het, is De Paiva Rapozo ook in sy plek as direkteur aangestel om oor die bou van die pad tussen Lourenço Marques en die ZAR se grens toesig te hou. In 1873 het hy 'n kaart, *Moçambique, 1873: Mappa original da Provincia de Moçambique*, saamgestel uit kaarte en dokumente van Carl Mauch, David Livingstone (1813-1873), Thomas Baines (1820-1875), St. Vincent W. Erskine (1846 – c. 1904), George P. Moodie (1829-1891), Joaquim de Santa

---

198. E.E. Burke (red.), *The journals of Carl Mauch*, pp. 1-6; W.J. de Kock (red.), *Suid-Afrikaanse biografiese woordeboek*, I, pp. 548-550; D.J. Pieterse, "Die geskiedenis van die mynindustrie in Transvaal, 1836-1886", *Argief-jaarboek*, 6, 1943, pp. 77, 106-107, 110-111 & 114-115; L. Zöllner & J.A. Heese, *Die Berlynse sendelinge in Suid-Afrika en hul nageslag*, pp. 294-295.
199. AHU: Pasta 45, Vol. 2, Relatório apresentado pela Commissão Diplomatica, 1969, p. 33; TAB: SS 131, R 60/71, C.P. Barahona e Costa - M.W. Pretorius, 04.01.1871.
200. D.F. das Neves & I. Rocha, *Das terras do império Vátua às praças da República Boer*, p. 76, n. 63, p. 121, n. 102; I. Rocha, *A imprensa de Moçambique*, pp. 53-54, 98-99 & 121; M. Newitt, *A history of Mozambique*, p. 363.

Rita Montanha (c. 1806-1870) en António de Sousa Teixeira (*c. 1833) en baie ander. Hy het die kaart aan die Archivo das Colónias no Ministério da Marinha (Koloniale Argief van die Ministerie van die Vloot) geskenk.[201] Saam met A.H. Nellmapius (1847-1893), wat in 1882 erekonsul-generaal vir Portugal in die ZAR sou word, het Alberto Carlos de Paiva Rapozo die Lourenço Marques and South African Republic Transport Service gestig en as vennoot in hierdie maatskappy was laasgenoemde ook in beheer van hulle laaste handelspos, Campos de Corvo, 27 kilometer vanaf Lourenço Marques op die handelsroete na Delagoabaai. Hier is hy in September 1876 wreedaardig met 'n strydbyl en assegaai vermoor en vermink deurdat sy vingers en tone afgesny is.[202] Lank ná sy dood is 'n handboekie van 75 bladsye wat De Paiva Rapozo oor die Ronga in die omgewing van Lourenço Marques se taal saamgestel het – onder die titel *Noções de grammatica landina a breve guia de conversação em portuguêz, inglêz e landim* (Lissabon, 1895) – in opdrag van die Portugese Minister van Oorlog gepubliseer vir soldate se gebruik tydens ekspedisies in die omstreke van Lourenço Maques. Sy *Diccionario da lingua landina, português, inglês, landim* het ook in 1901 verskyn.[203]

Die wettigheid van die Diplomatieke Kommissie se besluite is deur party bevraagteken omdat Alberto Carlos de Paiva Rapozo as waarnemende sekretaris opgetree het nadat Da Costa Leal op sy reis vertrek het. Barahona e Costa het Pretorius egter daarop gewys dat hy die korrekte prosedure met die aanwysing van De Paiva Rapozo gevolg het en die besluite wettig was, omdat hy sowel as António de Paiva Rapozo in elk geval 'n meerderheidstem in die kommissie verteenwoordig het.[204]

Op 29 Mei 1870 het die kommissie weer na Pretoria vertrek om te

---

201. E. de Noronha, *O districto de Lourenço Marques e a Africa do Sul*, p. 217; AHU: Doc. No. 421: *Moçambique, 1873: Mappa original da Provincia de Moçambique* - A.C. de Paiva Rapozo.
202. TAB: SS 215, R 2443/76, J. Scoble - Staatsekretaris, ZAR, 18.09.1876; U. de V. Pienaar (red.), *Neem uit die verlede*, pp. 223, 254-255 & 259; H. Kaye, *The Tycoon and the President*, pp. 39; D.W. Krüger, "Die weg na die see", *Argief-jaarboek*, 1 (1), 1938, p. 207; J.B. de Vaal, "Ou handelsvoetpaaie en wapaaie in Oos- en Noord-Transvaal", *Contree*, 16, Julie 1984, p. 14.
203. *Grande enciclopédia Portuguesa e Brasileira*, XXIV, p. 399; L.J. Louwrens, "Contributions made by the Portuguese to the development of Bantu linguistics between 1500 and 1917", *Militaria*, 18 (3), 1988, p. 32.
204. TAB: SS 131, R 60/71, C.P. Barahona e Costa - M.W. Pretorius, 04.01.1871.

beraadslaag oor die Traktaat van Vrede, Vriendschap, Handel en Grenzen wat die vorige jaar deur Alfredo Duprat, namens die Portugese regering, met die ZAR se regering gesluit is. Tydens dié bespreking is die grens tussen Mosambiek en die ZAR opnuut aanvaar soos dit in die traktaat bepaal is. Die kommissie het beklemtoon dat 'n handelsverbinding wedersydse voordele vir die twee gebiede sou inhou en het veral beklemtoon dat 'n behoorlike verbindingsroete gebou moes word.[205]

Aangesien die grens tussen Mosambiek en die ZAR reeds in Julie 1869 deur die Traktaat van Vrede, Vriendschap, Handel en Grenzen vasgestel was, het die kommissie hom voortaan hoofsaaklik bemoei met die vasstelling van ZAR se noordelike en westelike grense en op 18 Oktober 1870 spesiaal na Pretoria gereis om met die Uitvoerende Raad van die ZAR daaroor te onderhandel. Ná 'n lang bespreking en uitgerekte korrespondensie oor grenskwessies met die Uitvoerende Raad is tot 'n ooreenkoms oor dié grense gekom en is selfs besluit om "een tractaat in beide talen (de Portugesche en Hollandsche)" op te stel wat opnuut die grense sou vasstel.[206] Die twee partye het saamgestem dat die grens soos volg sou loop: "Van waar Paffoeri [Pafuri] of Lewoebo (Luvuvhu) in Krokodilrivier loopt, langs Limpopo of Krokodilrivier op tot waar Nottowani inloopt, van daar in eene westelyke rigting naar de Zwarte Kop, noordwest van de oude stad van Secheli [Setšhele], aangewezen door den Commandant Generaal S.J.P. Kruger, van daar in de rigting naar de noordepunt van Langeberg west van Kuruman tot aan 26° 55' zuiderbreedte van daar met dezelfde graad oostwaarts tot aan de Transvaalsche Lyn."[207] Op 26 Oktober 1870 is 'n formele

---

205. AHU: Pasta 45, Vol. 2, Relatório apresentado pela Commissão Diplomatica, 1969, p. 35.
206. TAB: SS 129, R 1676/70, Uittreksel uit die Notule van die Uitvoerende Raad, ZAR, 24.10.1870; D.W. Krüger, "Die weg na die see", *Argief-jaarboek*, 1 (1), 1938, p. 190; J.B. de Vaal, "Die rol van João Albasini in die geskiedenis van die Transvaal", *Argief-jaarboek*, 16 (1), 1953, p. 135; R 1674/70 Kopie Notule van die Uitvoerende Raad, 22-10-1870.
207. TAB: SS 129, R 1674/70, Uittreksel uit die Notule van die Uitvoerende Raad, ZAR, 22.10.1870; AHU: Pasta 45, Vol. 2, Relatório apresentado pela Commissão Diplomatica, 1969, p. 76.

Traktaat van Grense tussen die Diplomatieke Kommissie en die Uitvoerende Raad onderteken.[208] [Fig. 28]

Die Kommissie het vervolgens aandag aan die tweede opdrag gewy, naamlik om die emigrasie van Boerekoloniste na die kolonie Zambésia te bewerkstellig. Die plan was om aldaar 'n nedersetting te stig, hoofsaaklik bevolk deur geharde Boerepioniers vir wie se beskawingsarbeid die Portugese 'n groot bewondering gehad het. Die kommissie het hulle uiterste gedoen om Boeregesinne te beweeg om Portugese koloniste te word, en wel met die amptelike medewerking van die owerhede van die ZAR. Hulle het selfs 'n aantal distrikte besoek om koloniste te werf en 'n Nederlandse vertaling van die Portugese Grondwet van 1826, asook besonder gunstige voorwaardes wat aan die Boerenedersetters verleen sou word, onder die Boere versprei. Die Boere kon hulle in die vrugbare Zambesivallei in die omgewing van Tete, Zumbo en Seno vestig. Aan elke gesin sou 'n stuk grond van ongeveer 3 000 morg (ongeveer 2 580 ha) gegee word, wat vir tien jaar lank belastingvry sou wees en wat hulle aan iemand van hulle keuse kon verkoop of oordra. Die nedersetters sou nie aan Portugese krygsdiens onderworpe wees nie, maar wel vir hulle eie verdediging en die handhawing van wet en orde in die gebied verantwoordelik wees. Hulle sou vryheid van godsdiens geniet en kon hulle eie kerk bou. Die Boere kon oorland na Zambésia trek of die Portugese regering sou hulle per skip daarheen vervoer. Wat die werwing van koloniste vir die Zambésiakolonie betref, het dit nie al te voorspoedig gegaan nie en was daar, ten spyte van konsul O.W.A. Forssman se propagering daarvan, eintlik weinig belangstelling van Boerekant omdat diegene wat waarskynlik emigrante sou kon wees eerder hulle geluk op die nuutontdekte diamantvelde gesoek het. Ook diegene in die distrikte Zoutpansberg en Lydenburg, wat volgens João Albasini ontevrede was met die ZAR-regering en vroeër bereid was om as Portugese onderdane in sy Colónia de

---

208. AHU: Pasta 45, Vol 1, Traktaat tussen Diplomatieke Kommissie en lede van die Uitvoerende Raad, ZAR, 26.10.1870 (Oorspronklike Traktaat in Portugees en Nederlands); AHU: Pasta 45, Vol. 2, Relatório apresentado pela Commissão Diplomatica, 1969, pp. 64, 74-75 & 79-80.

São Luíz te gaan woon, was nie bereid om na Zambésia te verhuis nie.[209]

'n Ander aangeleentheid waaraan die Kommissie aandag gegee het, is die vrye godsdiensbeoefening deur Rooms-Katolieke in die ZAR. Die Kommissie het die Boere as fanatiese, gereformeerde Calviniste beskou wat agterdogtig was jeens alle ander kerkgenootskappe sowel as sendelinge. Na aanleiding van 'n petisie van 59 Portugese wat in Transvaal gewoon het, het die Diplomatieke Kommissie president Pretorius oorreed om Artikel 21 van die Grondwet van die ZAR wat die Rooms-Katolieke Kerk in die Republiek verbied het, deur die Volksraad te laat herroep. Die Volksraad het gevolglik op 1 Junie 1870 besluit dat vryheid van gewete en godsdiens in die ZAR sal heers en die beperking – wat in elk geval nooit in die Republiek toegepas is nie – op die Rooms-Katolieke godsdiens is opgehef.[210]

Die kommissie het hulle, met die steun van konsul O.W.A. Forssman, ook vir die instelling van 'n gereelde posdiens tussen Lydenburg en Lourenço Marques beywer. In 1870 het die Volksraad dit goedgekeur en onder die bekwame leiding van die posmeestergeneraal van die ZAR, Friedrich H. Jeppe, is die diens ingestel.[211]

Op 1 Junie 1870 het die Volksraad van die ZAR sy tevredenheid uitgespreek met die sluiting van die verdrag tussen verteenwoordigers van die regering van die ZAR en die Diplomatieke Kommissie en die wens uitgespreek dat die vriendskaplike verhouding tussen die twee Regerings sou voortduur. Volgens die oordeel van die Volksraad het die lede van die Diplomatieke Kommissie hulle taak met toewyding en eerlikheid afgehandel en daarom is 'n mosie van dank vir hulle diens aan die ZAR aanvaar.[212] Tog het daar geleidelik in die ZAR

---

209. AHU: Pasta 45, Vol. 2, Relatório apresentado pela Commissão Diplomatica, 1969, pp. 40-43 & 58; D.W. Krüger, "Die weg na die see", *Argief-jaarboek*, 1 (1), 1938, pp. 188-189; J. de V. Roos, "Vreemde feite uit ou Transvaal", *Die Huisgenoot*, 01.01.1937, p. 35.
210. AHU: Pasta 45, Vol. 2, Relatório apresentado pela Commissão Diplomatica, 1969, pp. 46-47 & 130; D.W. Krüger, "Die weg na die see", *Argief-jaarboek*, 1 (1), 1938, p. 189; T.S. van Rooyen, "Die verhouding tussen die Boere, Engelse en Naturelle in die geskiedenis van die Oos-Transvaal tot 1882", *Argief-jaarboek*, 14 (1), 1951, p. 85.
211. AHU: Pasta 45, Vol. 2, Relatório apresentado pela Commissão Diplomatica, 1969, pp. 49-50.
212. AHU: Pasta 45, Vol. 1, Afskrif van 'n besluit (art. 150) van die Volksraad van die ZAR, 01.06.1870.

bedenkings oor die Diplomatieke Kommissie se status as afgevaardigdes van Portugal begin ontstaan. Selfs Pretorius het aan hulle *bona fides* begin twyfel. Die Volksraad wou gevolglik nie die nuwe verdrag in behandeling neem nie, wat die vriendskaplike verhouding tussen die kommissie en die ZAR-regering merkbaar laat afkoel het. Later het dit geblyk dat die Diplomatieke Kommissie nie in opdrag van die Portugese regering in Lissabon na die ZAR gekom het nie, maar dat die inisiatief van die Portugese owerheid in Mosambiek en by name die goewerneur-generaal van Mosambiek, Fernando da Costa Leal (1825-1869), uitgegaan het.[213] Hy het, ten regte of onregte, gehandel ingevolge die bevoegdhede wat hy gemeen het 'n Portugese koninklike dekreet van 14 Augustus 1836 aan 'n goewerneur-generaal toegeken het.[214]

Op 9 Junie 1870 het die voorsitter, Barahona e Costa, en waarnemende sekretaris, Alberto Carlos de Paiva Rapozo, na Potchefstroom teruggekeer, terwyl António de Paiva Rapozo na Zoutpansberg gegaan het – waarskynlik om na sy sakebelange aldaar om te sien. By sy terugkeer van Zoutpansberg af, het António de Paiva Rapozo die ander lede meegedeel dat party inwoners van die ZAR hulle skuldig maak aan handel in wapens en ammunisie met inboorlinge van die Mosambiekse distrikte Lourenço Marques, Inhambane en Sofala. Omdat dit 'n bedreiging vir die Portugese in Mosambiek ingehou het, het die voorsitter van die Diplomatieke Kommissie op 15 Julie 1870 'n brief daaroor aan president M.W. Pretorius geskryf waarin hy ten sterkste teen die praktyk gewaarsku het.[215]

Op 11 Julie 1870 het die voorsitter van die Diplomatieke Kommissie 'n brief van die Portugese konsul in die ZAR, O.W.A. Forssman, ontvang waarin hy meegedeel is dat die London and Limpopo Mining Company (Ltd.) en die London and South African Goldfields Exploration Company van voorneme is om vir goud te eksploreer in 'n gebied noord van die Limpoporivier wat aan Portugal behoort het. Barahona e Costa het dieselfde dag 'n sterk bewoorde protes gestuur

---

213. D.W. Krüger, "Die weg na die see", *Argief-jaarboek*, 1 (1), 1938, p. 190.
214. AHU: Pasta 45, Vol. 2, Relatório apresentado pela Commissão Diplomatica, 1969, p. 1.
215. AHU: Pasta 45, Vol. 2, Relatório apresentado pela Commissão Diplomatica, 1969, pp. 46, 60-61 & 130; J.B. de Vaal, "Die rol van João Albasini in die geskiedenis van die Transvaal", *Argief-jaarboek*, 16 (1), 1953, p. 135.

aan Arthur Lionel Levert, die verteenwoordiger van die London and Limpopo Mining Company, en hom daarop gewys dat die betrokke gebied Portugese kroongrond en deel van die distrik Sofala is. Toe Levert en Thomas Baines (1820-1875) later in die betrokke gebied bedrywig was, het die kommissie nogmaals daarteen beswaar aangeteken. Op 1 September 1870 het Levert per brief op Barahona e Costa se aanvanklike protesskrif gereageer en daarin ontken dat hulle hoegenaamd met eksplorasie op Portugese grondgebied bedrywig was. Ook Thomas Baines het as verteenwoordiger van die London and South African Goldfields Exploration Company op 19 November 1870 en 7 Januarie 1871 soortgelyke briewe uit onderskeidelik Matebeleland en Potchefstroom aan Barahona e Costa gerig.[216]

Op 24 Januarie 1871 het Thomaz Walson, die waarnemende konsul-generaal van Portugal in Kaapstad, O.W.A. Forssmann skriftelik verwittig dat die goewerneur-generaal van Mosambiek, José Rodrigues Coelho do Amaral, namens die Portugese regering opdrag gegee het dat die Diplomatieke Kommissie onmiddellik via Durban aan boord van die oorlogskip *Maria Anna* na Lourenço Marques moes terugkeer. Dié brief het Forssman eers aan die begin van Maart 1871 bereik. Omdat dit goedkoper sou wees, het Forssman aan Barahona e Costa voorgestel dat die Kommissie oor land via Lydenburg na Lourenço Marques moes terugkeer, hoewel dit moeilik was om dadelik vervoer daarheen te kry, maar dat 'n waentjie teen 16 Maart 1871 na Lydenburg sou vertrek.[217] Alfredo Duprat het in April 1871 aan die regering van die ZAR laat weet dat die Diplomatieke Kommissie geen magtiging van die Portugese regering gehad het om enige ooreenkomste aan te gaan nie. Al wat aan die kommissie opgedra was, was om koloniste vir die kolonie Zambésia te werf. Francisco van Zeller, die nuwe Portugese konsul-generaal, het saam met hom instruksies van Portugal af gebring dat die Diplomatieke Kommissie dadelik na Mosambiek moes terugkeer.

---

216. AHU: Pasta 45, Vol. 2, Relatório apresentado pela Commissão Diplomatica, 1969, pp. 53-57, 65, 67-69 & 95-97.

217. AHU: Pasta 45, Vol. 2, Relatório apresentado pela Commissão Diplomatica, 1969, pp. 105-107; D.W. Krüger, "Die weg na die see", *Argief-jaarboek*, 1 (1), 1938, p. 190; E. de Noronha, *O districto de Lourenço Marques e a Africa do Sul*, p. 213.

Maar dit was nie nodig nie, want teen daardie tyd was die kommissie reeds deur die goewerneur-generaal van Mosambiek teruggeroep en onderweg na Lourenço Marques.[218]

Tydens die laaste fase van hulle verblyf op Potchefstroom het die lede van die Diplomatieke Kommissie talle bewyse van vriendskap van amptenare en die burgery ontvang. So byvoorbeeld het president M.W. Pretorius, die landdros en heemrade, staatsamptenare en talle inwoners van Potchefstroom die Kommissie op 13 Maart 1871 tydens 'n openbare byeenkoms ontmoet om van hulle afskeid te neem. By hierdie geleentheid het Barahona e Costa 'n betekenisvolle afskeidstoespraak tot Pretorius gerig.[219] Hy het by dié geleentheid die president hartlik bedank vir die buitengewone onderskeiding wat hulle van die president, die Uitvoerende Raad, die Volksraad en die inwoners van die land te beurt geval het. Die naam Transvaal sou vir altyd aangenaam in die ore klink. Die voorspoed en geluk van die republiek sou hulle harte met vreugde vervul, terwyl teenspoed en ongeluk, waarteen die Voorsienigheid die land moet bewaar, hulle met innige droefheid sou vervul. Hy het die president van die waarheid van sy woorde verseker want, soos hy dit gestel het: 'n Portugees weet nie wat 'n leuen is nie, veral nie wanneer hy met 'n vriend praat nie. Sy strewe was die bevordering van die verbond wat daar tussen die twee nasies gesluit was. Met hierdie doel voor oë het hy sy regering van inligting voorsien wat tot verwesenliking daarvan kon lei. Hy het die hoop uitgespreek dat die resultaat van sy arbeid spoedig op so 'n wyse aan die lig sou kom, dat dit die vriendskapsbande wat hy aangeknoop het, sou bewaar en verstewig. Met 'n sienersoog het hy gewag gemaak van die rykdomme wat God in die bodem van die land verberg het. Dit het reeds duisende persone van die verste dele van die aardbol na Transvaal gelok. Hierdie vermeerdering van bevolking sou uiters voordelig wees, op voorwaarde dat hulle die landswette gehoorsaam. Drastiese maatreëls teen onge-

---

218. J.B. de Vaal, "Die rol van João Albasini in die geskiedenis van die Transvaal", *Argiefjaarboek*, 16 (1), 1953, p. 135.
219. AHU: Pasta 45, Vol. 2, Relatório apresentado pela Commissão Diplomatica, 1969, pp. 108-110; J.B. de Vaal, *João Albasini (1813-1888)*, p. 20; J.B. de Vaal, "Die rol van João Albasini in die geskiedenis van die Transvaal", *Argiefjaarboek*, 16 (1), 1953, p. 135.

hoorsaamheid sou volgens hom uiteindelik die beste uitwerking hê. Sy opregte gevoel van vriendskap jeens die president en die land het hom genoop om hierdie sake by sy vertrek aan te roer.[220] Barahona e Costa het hierdie woorde gebesig jare voordat die ZAR met die uitlanderkwessie te doene sou kry.

Daarna het A.I. Munnich, die burgemeester van Potchefstroom, 'n woord tot die kommissie gerig waarin hy daarop gewys het dat die kommissie se aanwesigheid op Potchefstroom die vriendskaplike verhouding tussen Portugal en die ZAR verstewig het. Daarop het Barahona e Costa gepas geantwoord deur die Potchefstromers te bedank vir die vriendelikheid jeens hulle tydens die vyftien maande wat hulle daar deurgebring het. Landdros A.M. Goetz het in sy toespraak daarvan melding gemaak dat die kommissie se werk tot die ZAR se vooruitgang en voorspoed bygedra het, waarop Barahona e Costa in sy antwoord die hoop uitgespreek het dat die kommissie se arbeid tot voordeel van sowel Portugal as die ZAR sou strek. Op 16 Maart 1871, die dag voor die kommissie uit Potchefstroom vertrek het, het die Portugese konsul in die ZAR, O.W.A. Forssman, ook 'n afskeidsbrief aan hom oorhandig waarin hy sy waardering vir die kommissie se werk betuig het.[221]

Teen 16:00 op 17 Maart het die Diplomatieke Kommissie onder geleide van lede van die plaaslike owerheid, die landdros, die staatstesourier en ander persone Potchefstroom in Forssman se koets verlaat. Ná sowat 'n uur het hulle by 'n wa gekom wat na Lydenburg onderweg was en waarmee die kommissie verder sou reis. Forssman het nie slegs hierdie vervoer per wa na Lydenburg vir die Diplomatiek Kommissie gereël nie, maar hulle ook van die nodige fondse vir die reis voorsien. Met opregte toegeneentheid is daar van mekaar afskeid geneem.[222]

---

220. TAB: SS 138, R 1582/71, Afskeidstoespraak van C.P. Barahona e Costa, Potchefstroom, 13.03.1871; D.W. Krüger, "Die weg na die see", *Argief-jaarboek*, 1 (1), 1938, p. 190; J.B. de Vaal, "Die rol van João Albasini in die geskiedenis van die Transvaal", *Argief-jaarboek*, 16 (1), 1953, p. 135; R 1582/71 Toespraak van die Goewerneur van Quilimane, Potchefstroom, 13-03-1871.
221. AHU: Pasta 45, Vol. 2, Relatório apresentado pela Commissão Diplomatica, 1969, pp. 110-113.
222. AHU: Pasta 45, Vol. 1, O.W.A. Forssman – C.P. Barahona e Costa, 10.03.1871 (Afskrif); AHU: Pasta 45, Vol. 2, Relatório apresentado pela Commissão Diplomatica, 1969, pp. 113-114.

Op 27 Maart het die kommissie op Heidelberg aangekom, waar die lede entoesiasties deur die plaaslike owerheid en die inwoners ontvang en in die Masonic Hotel gehuisves is. Die volgende dag het hulle na Lydenburg vertrek, waar hulle as gevolg van die slegte pad, steil berge en baie reën eers op 13 April aangekom het. Buite die dorp is die kommissie deur waarnemende landdros P.R. Botha en 20 perderuiters tegemoet gery, onder wie ook Marianno Luíz de Souza, 'n Portugese handelaar wat reeds agtien jaar op Lydenburg gewoon het. In die dorp is die kommissie met artillerievuur begroet en daarna aan huis van hulle gasheer, De Souza, onthaal voor die kommissielede na die huis is waarin hulle sou tuisgaan. Die Lydenburgers het duidelik getoon dat hulle gasvryheid en simpatie jeens die Portugese nie by dié van die ander distrikte afsteek nie. Namens die inwoners van die dorp het waarnemende landdros Botha en ander vooraanstaande ingesetenes die kommissie 'n verwelkomingsadres aangebied, waarin daarvan melding gemaak is dat 'n gereelde verbinding met Lourenço Marques groot voordele vir Lydenburg sou inhou. In sy antwoord het Barahona e Costa die hoop uitgespreek dat 'n verbindingsweg tussen Lydenburg en Lourenço Marques spoedig gebou sou word. Dié pad was vir die Lydenburgers so belangrik dat hulle tydens 'n openbare vergadering 'n kommissie, bestaande uit J.M. de Beer, P.D. de Villiers en C.G. Cortou, benoem het om die saak verder te voer.[223] Van Lydenburg het Barahona e Costa aan M.W. Pretorius geskryf die Portugese regering het reeds opdrag gegee dat 'n pad tussen Delagoabaai en die ZAR gebou moet word en dat die goewerneur-generaal van Mosambiek die sekretaris van die Diplomatieke Kommissie, Fernando da Costa Leal (1846-1910), as toesighouer oor die padbouwerk aangewys het. Vol riviere het die kommissie verplig om lank op Lydenburg te vertoef.[224] Teen 11:00 op 15 Mei 1871 het die kommissie per wa uit Lydenburg gery om 'n afskeidsfunksie by te woon. Hulle is deur die waarnemende landdros, die kommandant, ander vooraanstaande inwoners en 'n perdekommando begelei, terwyl 21 saluutskote afgevuur en die Portu-

---

223. AHU: Pasta 45, Vol. 2, Relatório apresentado pela Commissão Diplomatica, 1969, pp. 114-115 & 119.
224. TAB: SS 138, R 1595/71, C.P. Barahona e Costa – M.W. Pretorius, 26.04.1871.

gese vlag en die Transvaalse Vierkleur gehys is. Dit was duidelik dat die Transvalers, en by name die Lydenburgers, geglo het die vooruitgang van hulle land is grootliks van noue kontak met die Portugese afhanklik. Die afskeidseremonie is afgesluit met 'n gesamentlike middagmaal, tradisionele konsertinamusiek en heildronke op die koning van Portugal, die president van die ZAR en die Diplomatieke Kommissie.[225]

Net ná middag op 19 Mei 1871 het die Diplomatiese Kommissie Lydenburg verlaat. Marianno L. de Souza en P.R. Botha het hulle 'n ent vergesel terwyl die Lydenburgers by hulle deure en vensters staan om die kommissie se vertrek gade te slaan. Laat die middag het die kommissie aangekom op die plaas van Petrus Daniel de Villiers, 'n veldkornet van die distrik Lydenburg en een van die bekendste grootwildjagters in die ZAR. Die volgende oggend het die kommissielede De Villiers, wat hulle op hulle reis vergesel het, se plaas verlaat en tot by P.J. (Jan) Muller se plaas in een van die mooiste dele van die distrik Lydenburg gereis. Op 21 Mei het die kommissielede François Boz [Bosch?] se plaas bereik, waar hulle oornag het. Om 08:00 op 22 Mei het hulle hul reis voortgesit en teen 11:00 Kowynspas bereik. Die pad was so sleg dat Barahona e Costa en Alberto Carlos de Paiva Rapozo besluit het om liewer te perd te ry, terwyl António de Paiva Rapozo en sy agtjarige seun José de Paiva Rapozo op die wa met die bagasie gery het. Kort daarna het die kommissie 'n ongeluk met die wa gehad. António is wel beseer, maar is met Boererate gedokter. Sy seun, José, het ongedeerd daarvan afgekom. Nadat die noodsaaklikste herstelwerk aan die wa gedoen is, kon die kommissie sy reis op 23 Mei hervat. Die ergste bergwêreld was nou agter die rug en hulle het deur 'n vlakte getrek. Op 25 Mei is die Sabierivier oorgesteek en op 26 Mei was hulle reeds op Portugese grondgebied. Op 27 Mei het hulle Leciaskop (Cabeça de Lecice) bereik. Om 14:00 op 14 Junie 1871 het hulle Lourenço Marques uiteindelik bereik, waar hulle deur die goewerneur van Lourenço Marques, José Augusto de Sá e Simas, en kommandant João dos Santos ingewag is.[226]

---

225. AHU: Pasta 45, Vol. 2, Relatório apresentado pela Commissão Diplomatica, 1969, p. 121.
226. AHU: Pasta 45, Vol. 2, Relatório apresentado pela Commissão Diplomatica, 1969, pp. 136-144 & 153.

Op 30 Junie 1871 het die kommissie hulle verslag voltooi en in Lourenço Marques onderteken,[227] [Fig. 29] maar Carlos Pedro Barahona e Costa het dit eers op 20 November 1871 aan die goewerneur-generaal van Mosambiek, José Rodrigues Coelho do Amaral, in sy ampswoning op Ilha de Moçambique oorhandig.[228] Ten spyte van die Portugese regering se negatiewe houding ten opsigte van die Diplomatieke Kommissie, was daar in Mosambiek groot waardering vir die werk wat Barahona e Costa en die ander lede van die kommissie in die ZAR gedoen het.[229]

Volgens J.B. de Vaal het die kommissie niks konstruktiefs uitgevoer nie, behalwe dat die voorsitter die ZAR se president beweeg het om Artikel 21 van die grondwet, waardeur die Rooms-Katolieke Kerk in die ZAR verbied is, op te hef. Dit is moontlik 'n oorvereenvoudiging van die betekenis van die kommissie se besoek, want al het die sending weinig tot stand gebring, was die kontak en vriendskap wat daar met die Portugese van Mosambiek gesluit is, vir die ontluikende ZAR van groot waarde.[230] Hoewel die kommissie se poging om Boere-koloniste vir die kolonie Zambésia te werf op niks uitgeloop het nie, het dit wel 'n positiewe gesindheid by die Portugese oor die Boere as koloniste geopenbaar. Die rede hiervoor was voor die hand liggend. Die Boere se sukses as koloniste, in vergelyking met die Portugese se onmag om destyds iets blywends in hulle oorsese gebiede tot stand te bring, was te opvallend om ongemerk verby te gaan.[231] In teenstelling met Alfredo Duprat wat slegs vyftien dae in die ZAR vertoef het, het die Diplomatieke Kommissie agtien maande daar deurgebring. Dit is dus vanselfsprekend dat hulle 'n veel beter kennis van die Transvalers en die ekonomiese, sosiale en politieke omstandighede in die ZAR sou gehad het en dit aan die Portugese owerheid in Mosambiek en

---

227. AHU: Pasta 45, Vol. 2, Relatório apresentado pela Commissão Diplomatica, 1969, p. 154.
228. *Boletim Official do Governo Geral da Provincia de Moçambique*, No. 47, 25.11.1871.
229. AHU: Pasta 45, Vol. 2, Relatório apresentado pela Commissão Diplomatica, 1969, p. 125.
230. J.B. de Vaal, "Die rol van João Albasini in die geskiedenis van die Transvaal", *Argief-jaarboek*, 16 (10, 1953, pp. 134-135.
231. D.W. Kruger, "Die weg na die see", *Argief-jaarboek*, 1 (1), 1938, p. 189.

Portugal kon oordra.²³² J.L. Hattingh voeg daaraan toe dat die Dorslandtrek (1875-1877) se oorsprong nie in Afrikanergeledere was nie, maar dat die aansporing om na onbekende streke te trek deur die Portugese Diplomatieke Kommissie van 1869-1871 aan hulle gesuggereer is, tydens die kommissie se poging om Boerenedersetters vir Zambésia te werf. 'n Boeretrek na Zambésia sou nie sonder probleme wees nie, want hulle sou deur die grondgebied van Lobengula (c. 1836-1894) se gevreesde Matebeles moes trek. Volgens Hattingh het diegene wat gedurende die volgende paar jaar wou trek, nadat die toestand om te trek gunstiger geword het, eerder weswaarts na Ngamiland en Damaraland koers gekies en was die Portugese Diplomatieke Kommissie dus indirek vir die Dorslandtrek en die vestiging van Boere in Angola, ook 'n Portugese kolonie, verantwoordelik.²³³

Gedurende sy verblyf in die Republiek het daar 'n vriendskapsverhouding tussen Barahona e Costa en president M.W. Pretorius ontstaan, wat daartoe gelei het dat Pretorius hom uit waardering vir die vriendelike en bekwame wyse waarop hy sy taak verrig het op 13 Julie 1870 met ereburgerskap van die ZAR vereer het.²³⁴ Pretorius het ook 'n persoonlike brief aan die koning van Portugal geskryf waarin hy die koning versoek het om Barahona e Costa as sy permanente, gevolmagtigde verteenwoordiger in die ZAR aan te stel, aangesien Barahona e Costa met sy agtenswaardige en voortreflike eienskappe 'n besondere vriend van hom as staatspresident geword het, terwyl die Transvalers openlik hulle waardering vir sy bekwaamheid laat blyk het, en hy daarom die reeds bestaande goeie betrekkinge tussen Portugal en die ZAR verder kon verbeter. Van hierdie versoek van Pretorius het, helaas, niks tereg gekom nie.²³⁵ Barahona e Costa se gesondheid was skynbaar baie

---

232. AHU: Pasta 45, Vol. 2, Relatório apresentado pela Commissão Diplomatica, 1969, p. 140.
233. J.L. Hattingh, "Die trekneiging by die Afrikaner tussen 1875 en 1895", *Suid-Afrikaanse Historiese Joernaal*, 7, November 1975, pp. 49-51 & 60.
234. E. de Noronha, *O districto de Lourenço Marques e a Africa do Sul*, p. 34; F. Martins, *João Albasini e a Colónia de S. Luís*, p. 117; J.B. de Vaal, "Die rol van João Albasini in die geskiedenis van die Transvaal", *Argief-jaarboek*, 16 (1), 1953, p. 134.
235. TAB: SS 127, R 1223/70, M.W. Pretorius - Koning van Portugal, 11.04.1870; AHU: Pasta 45, Vol. 1, M.W. Pretorius - Koning van Portugal, 11.04.1870 (Afskrif); D.W. Krüger, "Die weg na die see", *Argief-jaarboek*, 1 (1), 1938, p. 189. In Mei 1870 is burggraaf

swak en tydens sy verblyf in die ZAR het dit aansienlik verbeter.[236] Hierdie stand van sake het dalk ook 'n rol gespeel in Pretorius se poging om vir hom 'n aanstelling in Transvaal te beding.

7. Arbitrasie oor Delagoabaai, 1875

Die Britse regering het geleidelik besef dat Delagoabaai in die Suider-Afrikaanse politiek 'n uiters belangrike plek inneem en dat die geskil met Portugal oor dié baai besleg moes word. Die Britse en Portugese regerings het dus uiteindelik besluit dat die probleem deur arbitrasie opgelos moes word, en op 25 September 1872 is 'n protokol in Lissabon onderteken. Hiervolgens het die twee partye op voorstel van João de Andrade Corvo (1824-1890), die Portugese minister van oorsese gebiede, ooreengekom dat die saak vir arbitrasie voorgelê sal word aan Louis Adolphe Thiers (1797-1877), historikus en die president van die Franse Republiek.[237]

Die probleem is derhalwe deur internasionale arbitrasie opgelos toe die Franse president, maarskalk Marie Edmé Patrice Maurice MacMahon (1808-1893), die opvolger van L.A. Thiers, op 24 Julie 1875 formeel verklaar het dat Lourenço Marques en sy omstreke tot so ver as 26° 30' suiderbreedte van die see tot aan die Lebomboberge aan Portugal behoort. Dit het die gebiede van Tembe en Maputo ingesluit.[238] Brittanje het aangekondig dat hy hom by die beslissing neerlê. Indien die Britte geweet het hoe belangrik Delagoabaai later sou word, is dit te betwyfel of hulle die arbitrasie sou aanvaar het.[239] Die Portugese was dankbaar oor die uitspraak van MacMahon en 24

Duprat, konsul-generaal vir Portugal in Londen, as Charge d'Affaires in die ZAR aangestel, maar hy het nie aan die opdrag voldoen nie en sy aanstelling het slegs 'n nominale karakter gedra.

236. E.E. Burke (red.), *The journals of Carl Mauch*, p. 72; TAB: SS 129, R 1631/70 C.P. Barahona e Costa - M.W. Pretorius, 04.05.1870.
237. A.J. Telo, *Lourenço Marques na política externa portuguesa, 1875-1900*, pp. 30-31; P.J. van Winter, *Onder Krugers Hollanders*, p. 7; G.M. Theal, *The Portuguese in South Africa*, p. 283.
238. G.M. Theal, *The Portuguese in South Africa*, p. 285. M.S. dos Reis, *Arbitragens de Lourenço Marques* (Lisboa, 1936), pp. 51-117, gee 'n uitvoerige beskrywing van die verloop van die arbitrasieproses.
239. A.H. de O. Marques, *History of Portugal*, II, p. 109; E. Axelson, *Portugal and the scramble for Africa, 1875-1891*, p. 14..

Julie is daarna jaarliks as openbare vakansiedag, Dia Cidade, gevier, terwyl die straatnaam Avenida 24 de Julho ook daarna verwys. MacMahon is vereer deur 'n belangrike plein in Lourenço Marques, die Praça MacMahon (tans die Praça dos Trabalhadores in Maputo) [Fig. 30], en 'n bier, 2M, na hom te vernoem.[240]

Die belangrikheid van MacMahon se arbitrasie-uitspraak was dat dit 'n einde gebring het aan die Britse en Transvaalse regerings se hoop op die bou van 'n hawe in Delagoabaai buite Portugese jurisdiksie. Die Portugese regering het teen die einde van 1875 'n hersiene verdrag met die regering van die ZAR gesluit waarin spesifiek vir die bou van 'n spoorlyn tussen Lourenço Marques en Pretoria voorsiening gemaak is. Die verdrag het ook 'n klousule bevat wat Portugese neutraliteit in tyd van oorlog en – in teenstelling met die verdrag van 1869 – die vrye deurvoer van wapens en ammunisie gewaarborg het. Die Portugese wou om twee redes goeie betrekkinge met die ZAR handhaaf. Uit 'n verdedigingsoogpunt het hulle gevrees dat Brittanje Delagoabaai of 'n gedeelte daarvan sou annekseer. Ook wou hulle die ZAR as bondgenoot in die uitbreiding van hulle ryk in Afrika gebruik. Die ekonomiese ontwikkeling van Mosambiek het rooskleurig gelyk.[241]

8. Afloop van die Delagoabaai-kwessie

In April 1875 het T.F. Burgers (1834-1881) [Fig. 31], president van die ZAR sedert Julie 1872, na Europa vertrek om in opdrag van die Volksraad 'n spoorweglening van £300 000 vir die bou van 'n spoorlyn tussen Lourenço Marques en Pretoria te bekom en om die ZAR daar bekend te stel. In Nederland het hy 'n lening van slegs £90 000 vir die beoogde spoorlyn van Lourenço Marques na die ZAR gekry.[242] Op

---

240. D. Alexander, *Holiday in Mozambique*, pp. 22 & 61.
241. R.J. Hammond, *Portugal and Africa, 1815-1910*, pp. 82-83; D.M. Abshire & M.A. Samuels, *Portuguese Africa*, p. 68; T.S. van Rooyen, "Die verhouding tussen die Boere, Engelse en Naturelle in die geskiedenis van die Oos-Transvaal tot 1882", *Argief-jaarboek*, 14 (1), 1951, p. 87; P.G. Eidelberg, "The breakdown of the 1922 Lourenço Marques port and railways negotiations", *South African Historical Journal*, 8, November 1976, pp. 104-105.
242. E. Axelson, *Portugal and the scramble for Africa, 1875-1891*, p. 15; W.J. de Kock (red.), *Suid-Afrikaanse biografiese woordeboek*, I, pp. 138-140; L. Weinthal (red.), *The Delagoa Bay – Pretoria Railway*, p. 9.

29 November 1875 was president Burgers die eerste verteenwoordiger van die ZAR wat Portugal ooit besoek het en is hy met veel eerbewyse in Lissabon ontvang. Hy was vergesel van G.P. Moodie en Alfredo Duprat. Op 6 Desember het hy saam met die Portugese koningsgesin geëet en die volgende dag het die koning hom met die hoogste toekenning, die grootkruis van die Ordem da Torre e Espada, vereer. Op 11 Desember 1875 het president Burgers en João de Andrade Corvo, die Portugese minister van buitelandse sake, namens die regerings van die ZAR en Portugal, 'n nuwe handelsverdrag, die Traktaat tusschen de Zuid-Afrikaansche Republiek en Portugal, opgestel waarvolgens "eeuwige vriendschap" en vryhandel tussen die ZAR en die Portugese gebiede gehandhaaf sou word. Op dieselfde dag is 'n protokol met betrekking tot die bou van 'n spoorweg tussen die ZAR en Lourenço Marques onderteken.[243] Voordat hierdie verdrag van 1875 tussen Portugal en die ZAR geratifiseer kon word, is die ZAR egter op 12 April 1877 deur Groot-Brittanje geanneksseer en kon die verdrag nie in werking tree nie.[244] Skielik het die idee van 'n spoorlyn tussen Pretoria en Lourenço Marques ook vir die Engelse belangrik geword en het onderhandelinge tussen Portugal en Brittanje daaroor begin. Dit het in Mei 1879 op die ondertekening van die sogenaamde Verdrag van Lourenço Marques uitgeloop, maar voordat dit geratifiseer kon word, het die Boere die Engelse tydens die Eerste Vryheidsoorlog (1880–1881) verslaan en hulle onafhanklikheid herwin.[245] Uitwisseling van die ratifikasies van die traktaat wat op 11 Desember 1875 tussen die ZAR en Portugal gesluit is, het daarna op 7 Oktober 1882 plaasgevind.[246]

In die Londense Konvensie van 27 Februarie 1884 tussen die ZAR en Groot-Brittanje is die grenslyn tussen die Republiek en Mosambiek nogmaals ingevolge die oorspronklike verdrag van 1869 omskryf. Die onduidelike grensbeskrywing tussen die ZAR en Mosambiek is deur

---

243. *Traktaten tusschen de Zuid-Afrikaansche Republiek en het Koninkrijk Portugal*, pp. 11-20; M.S. Appelgryn, *Thomas Francois Burgers, staatspresident 1872-1877*, pp. 88-89.
244. F. Costa, *Portugal e a Guerra Anglo-Boer*, p. 48; J.V. Serrão, *História de Portugal*, IX, p. 180; G.M. Theal, *The Portuguese in South Africa*, p. 285; D.W. Krüger, "Die weg na die see", *Argief-jaarboek*, 1 (1), 1938, pp. 209 & 212; C. Testa, *A politica intercolonial e internacional e o Tratado de Lourenço Marques*, pp. 12 & 23.
245. M. Newitt, *A history of Mozambique*, pp. 330-331; A. de P. Norte, *Lourenço Marques*, p. 23.
246. *Traktaten tusschen de Zuid-Afrikaansche Republiek en het Koninkrijk Portugal*, p. 11.

albei partye aanvaar totdat probleme ontstaan het oor die juiste posisie van die grens toe die spoorlyn tussen Lourenço Marques en Komatipoort gebou moes word. Om die saak op te los, het 'n kommissie die grens van die Matingatingarivier aan die Swazilandse grens met Mosambiek tot by die Komatirivier by Komatipoort afgebaken. Daar is die afbakening gestaak aangesien die spoorwegkwessie toe opgelos was. Só sou die grens bly tot in 1890 toe 'n gesamentlike grenskommissie op aandrang van president S.J.P. Kruger benoem is wat die presiese grens tussen die ZAR en Mosambiek moes bepaal van Komatipoort in die suide tot aan die Limpoporivier in die noorde. G.R. von Wielligh (1859-1932), landmeter van die ZAR, is deur die president as kommissaris van die Republiek se afvaardiging benoem. Die Portugese kommissie het aanvanklik onder leiding van kolonel Joachim José Machado (1847-1925) gestaan, maar aangesien Machado as goewerneur-generaal van Mosambiek aangestel is, is hy deur kaptein Alfredo Augusto de Andrade vervang.[247]

Die ZAR het steeds vriendskaplike betrekkinge met die Portugese in Mosambiek gehandhaaf. Die swak ekonomiese posisie van die ZAR en die diplomatieke teenkanting van Brittanje het egter die bou van die spoorlyn verhinder. Nadat S.J.P. Kruger tot president van die ZAR verkies is, is 'n ooreenkoms oor die beoogde spoorlyn – 'n aanhangsel tot die traktaat wat reeds op 11 Desember 1875 tussen Portugal en die ZAR opgestel is – op 17 Mei 1884 in Lissabon onderteken deur Eduardo Montufar Barreiros, direkteur in die Portugese ministerie van buitelandse sake, en G.J.Th. Beelaerts van Blokland (1843-1897), gesant van die ZAR in Europa. Die ratifikasies van hierdie traktaat is op 4 Februarie 1886 uitgewissel.[248] Die Portugese regering het reeds in 1883 die roete waarlangs die treinspoor sou loop deur die Portugese ingenieur Joaquim José Machado laat opmeet. In 1884 is 'n konsessie vir die bou van 'n spoorlyn van Lourenço Marques tot by Komatipoort aan Eduard McMurdo toegeken, maar hy het die konsessie aan die Delagoa Bay and

---

247. U. de V. Pienaar (red.), *Neem uit die verlede*, pp. 307 & 309.
248. *Traktaten tusschen de Zuid-Afrikaansche Republiek en het Koninkrijk Portugal*, pp. 21-23; J.A.L. Galvão, "Moçambique e a União Sul-Africana", *Boletim da Agência Geral das Colónias*, 1 (4), Outubro 1925, p. 19.

East African Railway Company verkoop. Hulle het die spoorlyn in Desember 1887, volgens hulle, tot aan die grens van die ZAR voltooi. (Intussen is McMurdo oorlede.) Die Portugese regering was nie tevrede met die gehalte van die werk aan die spoorlyn nie en dit was ook nie tot by die ZAR se grens voltooi nie. Die konsessie is teruggetrek en aan 'n Portugese maatskappy, die Caminho de Ferro de Lourenço Marques, toegeken, wat die spoorlyn in Maart 1890 tot aan die grens voltooi het.[249] Die ontdekking van goud in die ZAR het die ekonomiese krag gelewer en op 31 Junie 1887 is die Nederlandsche Zuid-Afrikaansche Spoorwegmaatschappij gestig. Hoewel daar in Mei 1890 met konstruksie van die Delagoabaaispoorlyn begin is, het president S.J.P. Kruger eers op 2 November 1894 by Brugspruit die laaste moer vasgeskroef. Op 1 Januarie 1895 het 'n gereelde treindiens tussen Pretoria en Lourenço Marques in werking getree.[250] Die spoorlyn was vir beide lande tot voordeel, want die nuwe handel wat daardeur gestimuleer is, het 'n opflikkering in Mosambiek se trae ekonomie gebring, terwyl dit vir die ZAR 'n weg na die see – 'n waarborg vir ekonomiese en politieke onafhanklikheid van Brittanje – beteken het, totdat die Britse magte tydens die Anglo-Boereoorlog (1899-1902) beheer oor die Delagoabaaispoorlyn tussen Pretoria en Komatipoort verkry het. As gevolg van die aanleg van hierdie spoorlyn het die hawe van Lourenço Marques van besondere belang geword en het die dorp vinnig ontwikkel tot waarskynlik die belangrikste Portugese hawestad in Suidoos-Afrika.[251]

Die spoorweg wat Pretoria met Delagoabaai verbind, kan beskou word as 'n monument vir M.W. Pretorius, T.F. Burgers en S.J.P. Kruger se volharding en deursettingsvermoë. Dit is ook 'n herinnering aan die strewe van Louis Tregardt en A.H. Potgieter wat, bewus of onbewus, die fondament daarvoor gelê het.[252] In dié verband mag die drome van die Portugese adjudant, Fernando da Costa Leal, ook nie vergeet word nie.

---

249. M. Newitt, *A history of Mozambique*, pp. 485-487.
250. R.C. de Jong, G.-M. Van der Waal & D.H. Heydenrych, *NZASM 100: the buildings, steam engines and structures of the Netherlands South African Railway Company*, pp. 112 & 116; D.J. Potgieter (red.), *Standard encyclopaedia of Southern Africa*, VIII, p. 157.
251. G.M. Theal, *The Portuguese in South Africa*, pp. 286-287; M.J. Swart (red.), *Afrikaanse kultuuralmanak*, p. 164; O.J.O. Ferreira, *Viva os Boers!*, p. 16.
252. D.W. Krüger, "Die weg na die see", *Argief-jaarboek*, 1 (1), 1938, p. 214.

FERNANDO AUGUSTO DA COSTA LEAL
(1846-1910)

LEWENSLOOP

1. Afkoms, familieverband en opleiding

Portugal se eerste koning, Afonso Henriques (c. 1108-1185), het van 1139 tot 1185 regeer. Toe het die Portugese familienaam Da Costa reeds in Guimarães se omstreke bestaan. Volgens 'n dokument uit 1154 was Gonçalo da Costa waarskynlik die eerste persoon om dié familienaam te dra. Die herkoms van die familienaam Leal is daarenteen onseker en was waarskynlik aanvanklik 'n bynaam wat "Lojaal" of "Getrou" beteken. 'n Familiewapen vir die Leals moes reeds teen die einde van die 15de eeu bestaan het, omdat dit in die tydgenootlike *Livro do armeiro-mor* afgebeeld is. Die veld van die Leal-familiewapen [Fig. 32] is silwer, belaai met die volgende stukke: in die middel bo mekaar is twee drawwende swart jaghonde met sewe agtpuntige rooi sterre eweredig bo en aan weerskante daaromheen geplaas. Die helmteken is 'n gaande swart jaghond met 'n agtpuntige silwer ster op sy blad.[253]

---

253. M. de Sousa, *As origens dos apelidos das famílias portuguesas*, pp. 90 & 145; A.E.M. Zuquete & A.M. de Faria, *Armorial Lusitano*, pp. 180 & 297; L. de L. de Tavora, *Dicionário das famílias portuguesas*, p. 218.

Fernando da Costa Leal stam uit 'n familie met 'n sterk militaristiese tradisie wat van pa na seun en kleinseun oorgedra is. Sy oupa, Fernando da Costa Leal, gebore in Caminha in die Minhostreek in die noorde van Portugal, was in 1824 'n kaptein in die 4de Artillerieregiment tydens koning Miguel I die Volkome (1802-1866) se bewind. Hy het na Galicië geëmigreer en was deel van die ekspedisie wat, onder bevel van koning Pedro V (1837-1861), by Mindello aan land gegaan en hom tydens die beleg van Oporto deur sy dapperheid onderskei het, waarvoor die koning hom lof toegeswaai het. Enkele jare later het hy hom ook tydens die beleg van Almeida as bevelvoerder van hierdie militêre pos, asook dié van Elvas en Valença onderskei. Uiteindelik was hy die bevelvoerende generaal van die Artillerie in Lissabon.[254]

Da Costa Leal se oom, Fernando da Costa Leal (1825-1869) [Fig. 33], wat in Oporto gebore, het sy opleiding by die Colégio Militar en die Escola do Exército ontvang en het daarna by die 10de Infanterie aangesluit. Tydens die 1846–1847-revolusie het hy hom as tweede luitenant tydens gevegte by Ourém, Oporto en Torres Vedras dermate onderskei dat 'n ridderskap van die Ordem da Torre e Espada aan hom toegeken en hy op 27 Mei 1847 tot luitenant bevorder is. In 1851 het hy die opstand van maarskalk João Carlos Saldanha (1790-1876) gesteun en is tot kaptein bevorder. Hoewel die amp later afgeskaf is, het hy die rang behou. In Augustus 1853 is hy na Afrika as adjudant van die goewerneur-generaal van Angola. Vanweë sy bekwaamheid en dapperheid is hy spoedig daarna tot goewerneur van Moçâmedes benoem; 'n moeilike pos wat hom vir uitstaande diens aan sy land en die wetenskap voorberei het. Hy het opstande onderdruk en onder meer 'n kerk, 'n fort vir die garnisoen en 'n hospitaal laat bou. Hy het die Huilla-kolonie gestig, waar hy ook 'n fort laat bou, 'n watermeul, faktory en pottebakkery laat oprig en die hinterland van Huilla, Quipungo en die Gambas verken het. Terwyl Da Costa Leal goewerneur van Moçâmedes in Angola was, het hy in 1854 saam met Bernardino Freire

---

254. AHM: CX.1754 Folha de Serviço: Fernando da Costa Leal (1825-1869); M. Lemos (red.), *Encyclopedia Portugueza illustrada diccionario universal*, VI, p. 372; M. de Sousa, *Reis e rainhas de Portugal*, pp. 143 & 147; *Grande enciclopédia Portuguesa e Brasileira*, XIV, p. 777.

de Abreu e Castro en António Romano Franco 'n ontdekkingstog tot by die Kunene in die verre suide van Angola onderneem en die rivierloop tot by die uitmonding in die see gevolg. Die volop olifante het hom so opgeval dat hy die rivier die Rio dos Elefantes genoem het. Kort daarna, in 1855, het die Portugese regering Da Costa Leal opdrag gegee om die bevaarbaarheid van die Kunene te bepaal. 'n Verslag van sy reis is in José de Lacerda se *Exame das viagens de Levingston* (Ondersoek van die reise van Livingstone) opgeneem. Da Costa Leal was 'n verdienstelike man, 'n administrateur, 'n soldaat, 'n ingenieur en het die landbou en nywerhede laat ontwikkel en ontdekkingstogte onderneem. In die Portugese koloniale geskiedenis neem hy 'n besondere plek in. In Mei 1859 keer hy terug na Portugal en word in 1860 tot majoor, asook tot offisier in die Ordem da Torre e Espada bevorder. Die minister van openbare werke het hom versoek om ondersoek na die pad tussen Villa Pauca d'Aguiar en Chaves in te stel, maar hy kon nie die taak afhandel nie omdat hy na Lissabon teruggeroep is om die minister van oorlog se aide-de-camp te word. Later was hy een van die markies De Sá da Bandeira se belangrikste medewerkers met die samestelling van die kaart van Angola. In 1862 is hy tot luitenant-kolonel bevorder en het na Angola vertrek om weer sy voormalige amp as goewerneur van Moçâmedes op te neem. Soos voorheen, het hy sy taak energiek aangepak, nuwe paaie laat bou, korrupsie uitgeroei, opstande onderdruk en amptenare en soldate se salarisse laat verhoog. Hy het die Gambastam onderwerp en hulle opperhoof gevange geneem en na Luanda verban. Dit is byna vanselfsprekend dat so 'n energieke ordehouer baie vyande sou maak, waarop intriges en 'n veldtog van lydelike verset gevolg het. Misnoeg en uitgeput het hy versoek om van sy amp onthef te word en het hy in 1866 na Portugal teruggekeer. Hy het beslis ook 'n kunsaanleg gehad, want Dupuy het gravures gemaak van Da Costa Leal se sketse in Angola, byvoorbeeld "Villa de Mossámedes, em 1865" en "Igreja de Santo Adrião em Mossámedes". Da Costa Leal het ook in die natuurkunde belang gestel en besondere hulp verleen aan Friedrich M.J. Welwitsch (1807–1872), die Oostenryks gebore Portugese plantkundige, tydens sy reise in Angola. Welwitsch het uit dankbaarheid 'n plant, die *Pachypodium lealii*, 'n soort kambro, na hom vernoem. Da Costa Leal se latere suksesvolle optrede in Zambésia in

Mosambiek het daartoe gelei dat hy deur die regering as goewerneur-generaal van Mosambiek benoem is; 'n pos wat hy op 8 April 1869 aanvaar het. In Junie 1869 het hy 'n diplomatieke kommissie benoem om met die regering van die ZAR te gaan onderhandel en in Augustus 1869 het hy 'n tweede ekspedisie na Zambésia georganiseer om die Bonga tot orde te bring. In dieselfde jaar het hy ernstig siek geword en is op 29 Desember 1869 op Ilha de Moçambique oorlede.[255] Fernando Augusto da Costa Leal (1846–1910) se vader, majoor Sebastião Augusto da Costa Leal (c. 1818–1883), was vanaf 1855 vir 28 jaar in Goa, Indië, administrateur van staatseiendomme in Assolnã, Velim en Ambelim totdat hy op 10 Augustus 1883 in Assolnã oorlede is. Fernando het later sy vader se termyn as administrateur as die "goue tydperk" van dié omgewing beskryf. Hy het daarop gewys dat die staatsinkomste gedurende dié tydperk vermeerder en ná sy vader se dood weer gedaal het. Van Fernando se moeder weet ons niks, wat Robert S. Newman laat wonder het of sy nie moontlik van Indiese afkoms was nie.[256]

Fernando Augusto da Costa Leal is op 15 Oktober 1846 in Margão gebore. Margão is die hoofdorp van die provinsie Salsette, geleë op 'n mooi vlakte in die omgewing van die Salrivier, nagenoeg 25 km vanaf die hoofstad, Goa.[257] Volgens Hindoe-oorlewering was Margão die plek waar die Ariërsetlaars van Goa hulle gevestig het. Hulle het die plek Mathagráma of "Die dorp van die Klooster" genoem, wat uiteindelik tot Margão vervorm en verkort is. Tydens die Hindoes en Moslems se heerskappy was Margão 'n belangrike plek en toe die Por-

---

255. AHM: CX.1754 Folha de Serviço: Fernando da Costa Leal (1825-1869); AHU: Pasta No. 43, Capilha No. 1, Conselho do Governo, Jan. - Jun. 1870, Doc. No. 1; M. Lemos (red.), *Encyclopedia Portugueza illustrada diccionario universal*, VI, p. 372; *Grande enciclopédia Portuguesa e Brasileira*, XIV, p. 777; M.E.M. Santos, *Viagens de exploração terrestre dos Portugueses em África*, pp. 140, 230 & 245; E. de Noronha, *O districto de Lourenço Marques e a Africa do Sul*, p. 213; BN: Visual gráfico E. 86 R. & E. 506 A; http://www.huntington.org/BotanicalDiv/Succulent2001/isi/2001-45.html.
256. AHM: CX.1754 Folha de Serviço: Fernando da Costa Leal (1825-1869); Skriftelike mededeling: Robert S. Newman, 79 Clifton Avenue, Marblehead, Mass. 01945, U.S.A., 08.04.2003; Robert S. Newman, "Fitting in: colonial official to anthropologist" (Referaat, Brown University, 16-17.05.2003), pp. 3 & 7; F. [da Costa] Leal, *Relatorio ácêrca da administração geral dos campos nacionaes*, p. 14.
257. AHM: CX.1754 Folha de Serviço: Fernando da Costa Leal (1846-1910); M. Lemos (red.), *Encyclopedia Portugueza illustrada diccionario universal*, VI, p. 372.

tugese beheer oorgeneem het, was daar 'n indrukwekkende Hindoetempel. Jesuïtiese vaders het die Christendom in 1560 na Margão gebring. Hoewel Margão dikwels deur Moslems aangeval is, was dit 'n vooruitstrewende plek waar welvarende Portugese families hulle gevestig het en in 1778 stadstatus ontvang het. Aan die westekant van die stad is die militêre barakke wat in 1811 gebou is. Op 'n heuwel is die kapel van Nossa Senhora de Piedade, wat deur die plaaslike bevolking as hulle beskermheilige beskou word.[258] Margão was die plek in Goa waar die meeste Portugese afstammelinge gewoon het en waarvandaan hulle in 1961, met die oorname van Goa deur Indië, saam met die onttrekkende Portugese troepe van die regime van António de Oliveira Salazar (1889–1970) na Portugal teruggekeer het.[259]

Nadat Da Costa Leal sy toelatingstudie geslaag het, het hy op 27 April 1862 as vrywilliger by die Artillerieregiment van Goa aangesluit en daarna vir 'n artilleriekursus by die Escola Militar (Militêre Skool) van Nova Goa ingeskryf.[260] Hy het ongetwyfeld 'n Europese opvoeding ontvang en 'n Europese denkpatroon gehad. Hy het homself as 'n moderne man beskou en verwysings in sy geskrifte na bekende wêreldfigure en -gebeure getuig daarvan dat hy wydbelese en ruim van gees en siening was.

2. Loopbaan in Mosambiek

Da Costa Leal se eerste kennismaking met Mosambiek was toe hy in 1868 vrywillig aan die ekspedisie teen die Bonga van Zambésia deelgeneem het. Hy is tydens die ekspedisie tot tweede luitenant benoem. Daarna is hy deur die regering in Portugal as tweede luitenant na die garnisoen in Angola oorgeplaas. Kort daarna is sy oom, Fernando da Costa Leal (1825-1869), as goewerneur-generaal van Mosambiek aangewys. Da Costa Leal is op 17 November 1868 as sy oom se aide-de-

---

258. J.N. da Fonseca, *An historical and archaeological sketch of the city of Goa*, pp. 103-106.
259. Skriftelike mededeling: Robert S. Newman, 79 Clifton Avenue, Marblehead, Mass. 01945, U.S.A., 20.05.2003.
260. AHM: CX.1754 Folha de Serviço: Fernando da Costa Leal (1846-1910); M. Lemos (red.), *Encyclopedia Portugueza illustrada diccionario universal*, VI, p. 372; *Grande enciclopédia Portuguesa e Brasileira*, XIV, p. 777.

camp aldaar benoem en het saam met hom na Ilha de Moçambique verhuis.²⁶¹ [Fig. 34]

Op 26 Junie 1869 het Da Costa Leal se oom hom sekretaris van die Diplomatieke Kommissie benoem wat na die ZAR moes gaan om oor die vasstelling van grense, vriendskap en handel te onderhandel. Op sy terugreis van die ZAR na Lourenço Marques, 18 Mei tot 8 Augustus 1870, het hy en Carl Mauch 'n geskikte verbindingsroete van die ZAR na Delagoabaai probeer vind [Fig. 35]. Dit is die reis waaroor Da Costa Leal die verslag geskryf het wat hierna volg.²⁶²

Op 7 Januarie 1871 is Da Costa Leal deur die nuwe goewerneur-generaal van Mosambiek aangewys om toesig te hou oor die bou van die beplande verbindingsroete tussen Mosambiek en die ZAR. Vir hierdie doel het hy op 23 Januarie 1871 vanaf Ilha da Moçambique in Lourenço Marques aangekom. Soos G.P. Moodie voorgestel het, sou die pad van daar af loop na die Lebomboberge. José Augusto de Sá e Simas, die goewerneur van Lourenço Marques, het president M.W. Pretorius in kennis gestel dat die bou van die pad voor die einde van Maart 1871 'n aanvang sou neem, die hoop uitgespreek dat die ZAR ook spoedig met die werk aan hulle gedeelte van die pad sou begin en dat die inboorlingopperhoofde oortuig kon word van die voordele wat die pad ook vir hulle sou inhou.²⁶³ Ook Fernando da Costa Leal het onmiddellik met president Pretorius in verbinding getree en hom meegedeel dat hy, ná inspeksie van die terrein, die pad met behulp van swart werkers gaan maak. Sy raad aan Pretorius was om voorlopig alle groot skemas in verband met die aanlê van spoorweë te laat vaar, aangesien dit onprakties was en die twee regerings net projekte moes aanpak wat binne die perke van hulle swak hulpbronne haalbaar was. Dit sou die Boere en handelaars in staat stel om hulle naaste hawe te bereik met groter gemak en minder koste as wat 'n tog na Natal meebring. Dit was volgens hom te gou om

---

261. AHM: CX.1754 Folha de Serviço: Fernando da Costa Leal (1846-1910); M. Lemos (red.), *Encyclopedia Portugueza illustrada diccionario universal*, VI, p. 372; *Grande enciclopédia Portuguesa e Brasileira*, XIV, p. 777.
262. M. Lemos (red.), *Encyclopedia Portugueza illustrada diccionario universal*, VI, p. 372; *Grande enciclopédia Portuguesa e Brasileira*, XIV, p. 777.
263. TAB: SS 133, R 418/71, J.A. de Sá e Simas - President, ZAR, 01.02.1871.

toe reeds die kapitaal vir die aanleg van 'n spoorweg – wat beslis later sou kom – te vind. Hy was van mening dat die Portugese deel van die pad binne ses of agt maande gereed sou wees. Hy het die hoop uitgespreek dat hy president Pretorius op die pad sou ontmoet en dat Pretorius spoedig 'n besoek aan Lourenço Marques sou bring. Volgens hom was Lourenço Marques in daardie stadium baie armoedig, maar eendag sou dit 'n groot stad en handelsentrum wees wat deur sy vriende in die ZAR ondersteun word. Teen die einde van April 1871 het die Portugese berig dat die opmetings afgehandel en 'n aanvang met die konstruksie van die pad gemaak is. Kort daarna sou Fernando da Costa Leal Mosambiek verlaat.[264]

3. Loopbaan en oorlyde in Goa

Da Costa Leal is in 1871 na Lissabon, waar hy in 1874 na die Koninklike Leër oorgeplaas is. Omdat die Portugese owerheid nie aan die soldate in Goa se buitensporige eise wou gehoor gee nie, het daar 'n rebellie in 1871 onder hulle uitgebreek. Versterking is uit Portugal gestuur om dit te onderdruk, waarna die mag, bestaande uit meer as 4 000 man, ontbind is. 'n Bataljon wat net uit Portugese uit Portugal bestaan het, is in die lewe geroep en het in 1874 bestaan uit 313 man, offisiere ingesluit. Onder hulle was ook Da Costa Leal. Hy was op 17 Mei 1874 gevestig in Goa, die Portugese kolonie aan die Malabarkus van Indië, nagenoeg 400 kilometer suidsuidoos van Bombaai (tans Mombaai). In Goa is Da Costa Leal gereeld bevorder: op 20 April 1881 tot luitenant, op 17 Maart 1886 tot kaptein en op 13 Augustus 1891 tot majoor.[265]

Da Costa Leal was 'n aantal jare 'n inwoner van sy geboorteplek Margão, voordat hy op 20 April 1892 as administrateur van staatseien-

---

264. AHM: CX.1754 Folha de Serviço: Fernando da Costa Leal (1846-1910); TAB: SS 134, R 745/71, F. da Costa Leal - M.W. Pretorius, 20.02.1871; D.W. Krüger, "Die weg na die see", *Argief-jaarboek*, 1 (1), 1938, pp. 195-196.
265. AHM: CX.1754 Folha de Serviço: Fernando da Costa Leal (1846-1910); AHU: Processo No. 45, Pasta No. 7A; Fernando da Costa Leal (1846-1910); M. Lemos (red.), *Encyclopedia Portugueza illustrada diccionario universal*, VI, p. 372; *Enciclopédia Luso-Brasileira de Cultura*, XI, p. 1588; J.N. da Fonseca, *An historical and archaeological sketch of the city of Goa*, pp. 1, 39 & 87.

domme in Assolnã, Velim en Ambelim aangestel is en in Assolnã gaan woon het. [Fig. 36] Hierdie administrateurspos was dieselfde amp wat sy vader, Sebastião Augusto da Costa Leal, van 1855 tot 1883 aldaar beklee het. Hy het die owerheid se aandag op die haglike higiëniese omstandighede van die omgewing gevestig en versoek dat paaie aangelê, die moerasse gedreineer en die begraafplaas verskuif word omdat laasgenoemde juis in die direkte omgewing van die enigste fontein in Assolnã geleë was. As administrateur het hy 'n besonder simpatieke houding jeens die Indiese kultuur openbaar, hoewel hy nie 'n hoë dunk van die Hindoes gehad het nie. Vir die eenvoudige boere van die distrik het hy veel lof gehad en hulle met die Boere van die ZAR vergelyk. In 1895 het die soldate in Goa gemuit en het 'n opstand in die Satari-distrik voorgekom. As majoor is Da Costa Leal na Panjim (Pangim) opgeroep om die muitery te help onderdruk, maar hy het geweier om sy pos te ontruim en sy werk in Assolnã met 'n "krygsmag" van vier soldate voortgesit. 'n Jaar later is Da Costa Leal by 'n naburige dorp, Cuncolim, deur 'n bende gewapende bandiete aangeval en beroof. Hy het daarom by die militêre owerheid om 'n versterking van die krygsmag vir Assolnã gevra, maar dit is geweier. In die voorlaaste paragraaf van sy 1897-verslag, *Relatorio ácêrca da administração geral dos campos nacionaes*, verwyt hy die owerheid dat hulle hom nooit die nodige erkenning vir sy diens in die vorm van 'n medalje gegee het nie, terwyl sy mede-offisiere wel sodanige erkenning gekry het.[266] As administrateur was hy modern in sy denke en 'n voorstander van hervorming.[267]

Da Costa Leal het sy laaste lewensjare in Panjim deurgebring en is op 4 April 1910 oorlede en ook daar begrawe.[268] Panjim lê aan die linker- of suidelike oewer van die Mandovirivier, ongeveer 8 km vanaf die monding, en vorm 'n deel van Nova Goa (Nuwe Goa). Aanvanklik

---

266. Skriftelike mededeling: Robert S. Newman, 79 Clifton Avenue, Marblehead, Mass. 01945, U.S.A., 08.04.2003 & 22.05.2003; Robert S. Newman, "Fitting in: colonial official to anthropologist" (Referaat, Brown University, 16-17.05.2003), pp. 1-5; F. [da Costa] Leal, *Relatorio ácêrca da administração geral dos campos nacionaes*, p. 29.
267. AHM: CX.1754 Folha de Serviço: Fernando da Costa Leal (1846-1910).
268. AHU: Processo No. 45, Pasta No. 7A; Fernando da Costa Leal (1846-1910); Skriftelike mededeling: Robert S. Newman, 79 Clifton Avenue, Marblehead, Mass. 01945, U.S.A., 16.04.2003.

was Panjim die tuiste van vissermanne en armes wat in hutte gewoon het. Nadat Goa 'n tweede keer deur die Portugese verower is, het Panjim 'n belangrike militêre pos geword en het die kasteel van die Moslem Yusuf Adil Sháh 'n deel van die Portugese verdedigingstelsel geword. Die ryk Portugese het vir hulle herehuise in die omgewing begin oprig. Gedurende 1759-1760 is die onderkoning van Indië se ampswoning weens gesondheidsredes na die voormalige Moslemkasteel verskuif. Hierna het Panjim 'n bloeitydperk beleef en is verskeie regeringsgeboue daar opgerig, byvoorbeeld die militêre barakke, die grootste gebou in die stad . Voor dié gebou is 'n lewensgrootte standbeeld opgerig van Afonso de Albuquerque (1453-1515), die beroemde Portugese onderkoning in die Ooste. In 1843 is die pittoreske Panjim deur 'n koninklike dekreet tot hoofstad van Portugees-Indië verklaar.[269]

4. Pennevrugte

Da Costa Leal was 'n bekende digter, skrywer en vertaler.[270] Sy letterkundige werke sluit in: *Elephantes e monstros, episódio da insurreição indiana de 1857, por Méry versão e notas por um Índio* [Olifante en monsters, 'n episode uit die Indiese rebellie van 1857], (Lissabon, 1876); *Lettre á mademoiselle Marie Denis sur l'immortalité parisienne* ['n Brief aan mademoiselle Marie Denis oor Paryse onsterflikheid], (Lissabon, 1877) – in Frans onder die skuilnaam Rouget de la Presqu'ile; *Reflexos e penumbras* [Weerkaatsings en halfskaduwees], (Lissabon, 1879), sy digbundel wat sowel oorspronklike gedigte as uitstekende vertalings van verse van Victor Hugo bevat en wat in 1880 'n nuwe uitgawe beleef het; *Palmadas na pança de John Bull foguete de guerra offerecido a Camillo Castello Branco* (Oporto, 1884), 'n komiese blyspel; *Os soldados da revolução de Michelet* (Lissabon, 1888), vertaal uit Frans; en *Relâmpagos* [Weerligstrale], (Oporto, 1888), 'n digbundel.[271] As "Luso-

---

269. J.N. da Fonseca, *An historical and archaeological sketch of the cirty of Goa*, pp. 97-103.
270. Skriftelike mededeling: Robert S. Newman, 79 Clifton Avenue, Marblehead, Mass. 01945, U.S.A., 08.04.2003.
271. M. Lemos (red.), *Encyclopedia Portugueza illustrada diccionario universal*, VI, p. 372; *Grande enciclopédia Portuguesa e Brasileira*, XIV, p. 777; *Enciclopédia Luso-Brasileira de Cultura*, XI, p. 1588.

Indiese" digter het Fernando da Costa Leal 'n spesiale belangstelling in die Konkanitaal en die herlewing daarvan gehad.[272]

Da Costa Leal het ook werke met 'n historiese en kultuurhistoriese inslag geskryf. Sy verslag oor sy reis van die ZAR na Lourenço Marques in 1870, "Relatório da viagem feita do interior da República do Transvaal para o porto de Lourenço Marques", is as 'n vervolgreeks in die *Boletim Oficial do Govêrno Geral da Provincia de Moçambique* van 1870 en 1871 gepubliseer. In 1943 het die Sociedade de Geografia de Lisboa die reisjoernaal van Da Costa Leal eers in twee aflewerings in sy *Boletim da Sociedade de Geografia de Lisboa* onder die titel "Viagem na África Austral" opgeneem en dit in dieselfde jaar in boekvorm uitgegee onder die titel *Uma viagem na África Austral do interior da República do Transvall* [sic] *para o porto de Lourenço Marques (em 1870)* (Lissabon, 1943).[273] Sy verslag, *Relatório ácerca da administração geral dos campos nacionaes de Assolnã, Velim, Ambelim, Talvordá, Nuém e Ragibaga relativo a 1897* (Nova Goa, 1898), is een van die min bronne wat inligting oor die Portugese administrasie van en lewenswyse in Goa uit daardie era bevat. Robert S. Newman verwys daarna as "extremely thought-provoking".[274] Da Costa Leal het hierdie verslag ook geskryf om sy vader se bydrae oor 'n tydperk van agt en twintig jaar tot die gebied se administrasie te gedenk en te boek te stel. Verder het uit sy pen verskyn *Homenagem ao ex.mo rev.mo snr. Mateus de Oliveira Xavier, bispo de Cochim, no dia da sua sagração em Goa, em 30-I-1898* (Nova Goa, 1898); *Dieu garde le Tzar! A propos de congrés de la paix* (Margão, 1899) en *Livro da Fé, com exertos das críticas aos seus anteriores livros pelos principais escritores portugueses* (1906).[275]

---

272. Robert S. Newman, "Fitting in: colonial official to anthropologist" (Referaat, Brown University, 16-17.05.2003.), p. 6.
273. Fernando da Costa Leal, *Uma viagem na África Austral do interior da República do Transvall [sic] para o porto de Lourenço Marques (em 1870)* (Lisboa: Sociedade de Geografia de Lisboa, 1943).
274. Robert S. Newman, "Fitting in: colonial official to anthropologist" (Referaat, Brown University, 16-17.05.2003, p. 9.
275. Skriftelike mededeling: Robert S. Newman, 79 Clifton Avenue, Marblehead, Mass. 01945, U.S.A., 08.04.2003; F. [da Costa] Leal, *Relatorio ácêrca da administração geral dos campos nacionaes*, pp. 14-17 & 29; *Grande enciclopédia Portuguesa e Brasiliera*, XIV, p. 777.

5. Karakterskets

Uit Da Costa Leal se reisjoernaal leer ons hom ken as 'n fyn waarnemer met 'n oog vir detail, 'n sensitiewe persoon met empatie vir sy medemens, iemand met 'n breë algemene kennis en insig in die politiek van die dag, 'n egte romantikus met 'n strewe na avontuur – hoewel hy die ontberings wat daarmee gepaard gaan minder goed hanteer het. Ook leer ons hom ken as eerlik in sy uitsprake, sonder om bitsig te wees, 'n bedrewe skrywer met 'n belangstelling in tale wat selfs in sy reisjoernaal toon dat hy 'n woordkunstenaar was.

Volgens verslae oor Da Costa Leal se militêre loopbaan het hy hoë morele waardes gehandhaaf, was hy baie intelligent, het hy waardig opgetree en het hy oor buitengewone administratiewe en letterkundige vermoëns beskik.[276] Dit is merkwaardig dat die militêre owerheid spesiaal van laasgenoemde aanleg van Da Costa Leal melding gemaak het.

Carl Mauch was vir byna drie maande dag en nag Fernando da Costa Leal se reisgenoot en moes hom dus baie goed leer ken het. Uit Mauch se reisjoernaal leer ons Da Costa Leal ken as 'n hulpelose en onervare persoon wat nie sonder draers 'n tog kon aanpak nie omdat hy nie in staat of bereidwillig was om self sy beddegoed te dra nie. Mauch het hom voorgeneem dat hy hom nooit weer met 'n reisgenoot soos Da Costa Leal sou opsaal nie, want Da Costa Leal was bedorwe, fisiek swak, senuweeagtig, sonder enige spesiale belangstelling in dinge wat hulle onderweg teëgekom het. Om met elke tree deur Da Costa Leal gesteur te word, om tydig en ontydig ter wille van hom te moes halt roep, om saam met hom aan die ontvangkant te wees van die wrewel wat die inboorlinge teenoor alle Portugese gevoel het en om maande van sy kosbare tyd aan 'n ekspedisie te bestee wat vir hom nie veel beteken het nie, het Mauch erg gegrief. Mauch het verwag dat die reis drie weke sou duur, terwyl dit in werklikheid 83 dae geneem het om in Lourenço Marques te kom. Daarvan het hulle slegs 35 dae werklik gereis, terwyl die ander 48 dae deur vertragings verlore gegaan het. Daarby het Mauch die dae getel wat hy op versoek van Da Costa Leal op Potchefstroom moes wag voordat

---

276. AHU: Processo No. 45, Pasta No. 7A: Fernando da Costa Leal (1846-1910).

hulle op 18 Mei 1870 kon vertrek. Hy het dus 80 dae onherroeplik verloor en die skuld daarvoor op Da Costa Leal se skouers gepak. Dit is gevolglik nie vreemd nie dat hy ná hulle aankoms in Lourenço Marques in sy joernaal geskryf het: "Goddank, ek is verlos van sy geselskap." Tog neem hulle met wedersydse goeie wense op 29 Augustus 1870 oor 'n glasie Malvasiëwyn van mekaar afskeid en vergesel die goewerneur van Lourenço Marques, José Augusto de Sá e Simas, en Da Costa Leal vir Mauch tot by die ingang van die fort. Daarna skryf Mauch in sy joernaal dat, ofskoon Da Costa Leal vir hom 'n groot ergernis tydens hulle afgelope reis was, hulle afskeid nie deur afsydigheid gekenmerk is nie. Da Costa Leal het baie afhanklik van hom geword en sy advies vertrou. Hy het Da Costa Leal ook jammer gekry omdat hy die Diplomatieke Kommissie se kastaiings uit die vuur moes krap, hoewel hy nie meer die sekretaris daarvan was nie en omdat Da Costa Leal, buiten die goewerneur van Lourenço Marques, niemand gehad het met wie hy sosiaal kon verkeer nie.[277]

Mauch se oordeel oor Da Costa Leal is nogal kras, maar dan moet in gedagte gehou word dat die twee mans uiteenlopende persoonlikhede gehad het; Mauch die hipermanlike, robuuste natuurkundige en Da Costa Leal die fynbesnaarde kunstenaarsiel met 'n belangstelling in mense en menslike verhoudings. Voeg daarby die verskil in volksaard tussen die Duitsers en die Portugese en die omstandighede vir konflik was ideaal. Tog skryf Da Costa Leal in sy reisjoernaal met groot bewondering oor Mauch en is daar nie 'n enkele negatiewe verwysing na sy reisgenoot nie – wat weer iets omtrent dié sonderlinge Portugees se karakter blootlê.

Reisjoernaal

1. Ontstaan en voorkoms

Op 26 Junie 1869 het die goewerneur-generaal van Mosambiek, Fernando da Costa Leal, sy aide-de-camp en broerskind Fernando da Costa Leal, as sekretaris benoem van die Diplomatieke Kommissie

---

277. E.E. Burke (red.), *The journals of Carl Mauch*, pp. 57, 69 & 72.

wat onder voorsitterskap van Carlos Pedro Barahona e Costa na die ZAR moes gaan om met die regering van die ZAR oor verskeie sake te onderhandel. As sekretaris van die kommissie is vanselfsprekend van Da Costa Leal verwag om 'n verslag oor die werksaamhede van die kommissie saam te stel.[278] Nadat Fernando da Costa Leal sy amp as sekretaris van die Diplomatieke Kommissie op 17 Mei 1870 neergelê het om saam met Carl Mauch 'n reis van Potchefstroom na Lourenço Marques te onderneem om 'n moontlike verbindingsroete tussen die ZAR en Delagoabaai te vind, het Alberto Carlos de Paiva Rapozo as waarnemende sekretaris van die kommissie opgetree en uiteindelik ook die verslag oor die kommissie se werksaamhede geskryf.[279] Da Costa Leal se verslag wat hier ter sprake is, is dus nie 'n verslag van die kommissie se werksaamhede nie, maar bevat wel sy indrukke tydens sy verblyf in die ZAR tot in die middel van Mei 1870, sy reiservaringe onderweg na Lourenço Marques en sluit af met aanbevelings aan die Portugese owerhede in Mosambiek en Portugal oor 'n verbindingsroete met die ZAR en diverse sake.

Met die uitsondering van Indië en Mação, het die perswese gedurende die 19de eeu baie stadig in die Portugese oorsese gebiede ontwikkel. Enkele plaaslike koerante het wel verskyn, maar die redigering was swak en die koerante het slegs sporadies die lig gesien. Die *Boletim Oficial* [Amptelike Bulletin] was in elke kolonie die belangrikste nuusblad en het dikwels ook algemene nuus en selfs letterkundige bydraes bevat.[280] Da Costa Leal se verslag oor sy reis van die ZAR na Lourenço Marques in 1870, "Relatório da viagem feita do interior da República do Transvaal para o porto de Lourenço Marques", is as 'n vervolgreeks in die *Boletim Oficial do Govêrno Geral da Província de*

---

278. AHU: Pasta 45, Vol. 2, Relatório apresentado pela Commissão Diplomatica, 1969, pp. 1 & 3; TAB: SS 129, R 1673/70, Uittreksel uit die Notule van die Uitvoerende Raad, ZAR, 20.10.1870; L.M. Jordão, *Memoria sobre Lourenço Marques (Delagoa Bay)*, p. 62; F. Martins, *João Albasini e a Colónia de S. Luís*, p. 68; M.E.M. Santos, *Viagens de exploração terrestre dos Portugueses em África*, pp. 140, 230 & 245; E. de Noronha, *O districto de Lourenço Marques e a Africa do Sul*, p. 213.
279. AHU: Pasta 45, Vol. 2, Relatório apresentado pela Commissão Diplomatica, 1969, p. 33; TAB: SS 131, R 60/71, C.P. Barahona e Costa - M.W. Pretorius, 04.01.1871.
280. A.H. de O. Marques, *History of Portugal*, II, p. 106.

Moçambique, nrs. 47-51 van 1870 en nrs. 1-3, 5-15 en 18-19 van 1871 gepubliseer. Daarna het die verslag ook, met 'n inleiding deur Tomás Ribeiro Colaço, in die *Boletim do Governo* in Goa in druk verskyn.[281] Die oorspronklike verslag in Da Costa Leal se handskrif kon nie opgespoor word nie en het waarskynlik ná publikasie in die *Boletim* in Mosambiek verlore geraak.

Die stigting van die Sociedade de Geografia de Lisboa (Geografiese Genootskap van Lissabon) deur João de Andrade Corvo en Luciano Cordeiro in 1875 het 'n besonder groot invloed op die bestudering van geografie, etnografie, geskiedenis, plantkunde, dierkunde, geologie en ander verwante wetenskappe van die trope gehad. Die genootskap het grootliks tot kennis van Portugees-Afrika bygedra deur ekspedisies te help beplan, museums en 'n biblioteek tot stand te bring en boeke, pamflette en artikels oor Afrika en Asië te publiseer. Die Geografiese Genootskap het mettertyd merkwaardige aansien onder die wetenskaplike verenigings van die wêreld verwerf.[282] Die genootskap het ook in die 19de eeu 'n belangrike rol in die bepaling van die Portugese koloniale beleid gespeel. Die lede van die genootskap was hoofsaaklik handelslui, intellektueles en militêre offisiere uit die nasionalistiese burgerstand.[283]

In 1943 het die Sociedade de Geografia de Lisboa die reisjoernaal van Da Costa Leal eers in twee aflewerings in sy *Boletim da Sociedade de Geografia de Lisboa*, serie 61, nrs. 5-8 van Mei-Augustus 1943 en nrs. 9-12 van September–Desember 1943 onder die titel "Viagem na África Austral" opgeneem en dit in dieselfde jaar in boekvorm uitgegee onder die titel *Uma viagem na África Austral do interior da República do Transvall* [sic] *para o porto de Lourenço Marques (em 1870)*. Albei publikasies van die Sociedade de Geografia de Lisboa bevat 'n bondige inleiding deur dr. Caetano Gonçalves waarin hy aan die lewensloop

---

281. Fernando da Costa Leal, *Uma viagem na África Austral do interior da República do Transvall* [sic] *para o porto de Lourenço Marques (em 1870)*, p. 6; M. Lemos (red.), *Encyclopedia Portugueza illustrada diccionario universal*, VI, p. 372; *Grande enciclopédia Portuguesa e Brasileira*, XIV, p. 777.
282. E. Axelson, *South-East Africa, 1488-1530*, p. 229; A.H. de O. Marques, *History of Portugal*, II, pp. 106-107; D.M. Abshire & M.A. Samuels, *Portuguese Africa*, p. 69.
283. J.M. Penvenne, *African workers and colonial racism*, p. 31.

van Fernando da Costa Leal en die betekenis van sy joernaal aandag gee. Die boek beslaan 54 bladsye.[284]

Tydens die restourasie van die President M.W. Pretorius-huis [Fig. 37] op Potchefstroom in 1973-1975 onder leiding van Johan de Ridder, argitek, en Mione du Toit, kuratrise van die Potchefstroomse Museum, het hulle deur bemiddeling van dr. W.H.J. Punt afskrifte uit die Arquivo Histórico Ultramarino in Lissabon bekom van die verslag van die Portugese Diplomatieke Kommissie van 1869, die *Relatório apresentado pela Commissão Diplomatica enviada a Republica Africana Meridional pelo Governo Geral da Provincia de Moçambique, no anno de 1869*. Hulle het professor Luís A. de V. Leal, dosent in Portugees aan die Potchefstroomse Universiteit vir C.H.O. (tans die Potchefstroomkampus van die Noordwes Universiteit), gevra om die verslag te vertaal. Nadat hy die manuskrip gelees het, was hy tereg van mening dat die inhoud net oor die onderhandelinge gegaan het, dat die dorp Potchefstroom weinig aandag gekry het en dat 'n vertaling vir hulle doel dus nie die moeite werd sou wees nie.[285] Dié *Relatório* was die amptelike verslag van die Diplomatieke Kommissie en nie die verslag wat Da Costa Leal in sy persoonlike hoedanigheid oor sy reis van Potchefstroom na Lourenço Marques opgestel het nie.

In Desember 2001 het 'n artikel oor die Pretoria Rifle Corps, 'n vrywilligerkorps wat in 1865 in die ZAR tot stand gekom het, uit die pen van Lappe Laubscher, joernalis, boekhandelaar en filatelis van Pretoria, in die *Post Office Stone* verskyn. Laubscher het hierin 'n brief bespreek wat president M.W. Pretorius op 1 Julie 1869 aan J.R. Lys, die bevelvoerder van die Pretoria Rifle Corps, geskryf het en waarin hy hom opdrag gegee het om die korps in gereedheid te bring om Alfredo Duprat, die Portugese konsul-generaal in Kaapstad en gesant na die ZAR, met 'n saluut van 21 skote buite Pretoria te verwelkom. Na aanleiding van hierdie artikel het professor O.C. (Okkie) de

---

284. Fernando da Costa Leal, *Uma viagem na África Austral do interior da República do Transvall [sic] para o porto de Lourenço Marques (em 1870)* (Lisboa: Sociedade de Geografia de Lisboa, 1943); M. Lemos (red.), *Encyclopedia Portugueza illustrada diccionario universal*, VI, p. 372; *Grande enciclopédia Portuguesa e Brasileira*, XIV, p. 777.
285. Skriftelike mededeling: Mev. Mione du Toit, Meulstraat 17, Potchefstroom, 2520, 21.11.2002.

Jager, 'n fisikus verbonde aan die Potchefstroomse Universiteit vir C.H.O. wat posgeskiedenis en filatelie as stokperdjies beoefen, Laubscher geskakel en hom vertel van die A.R. Fleischack-versameling in die Argief vir Wes-Transvaalse Geskiedenis wat in die Ferdinand Postma-biblioteek van die universiteit bewaar word en waarin daar 'n ongedokumenteerde kopie in Portugees van 'n reisbeskrywing te vinde is van ene Da Costa Leal oor sy besoek aan die ZAR, asook 'n Engelse vertaling daarvan. De Jager het sy herontdekking in 2001 van Da Costa Leal se joernaal in die Fleischack-versameling ook onder die aandag gebring van Tom Larney, direkteur van die Ferdinand Postma-biblioteek, waarna Larney en Hester Spoelstra gepoog het om die oorsprong van die dokument te bepaal.[286]

Aanvanklik is vermoed dat die afskrifte van Da Costa Leal se joernaal waarskynlik in die Fleischack-versameling beland het omdat Da Costa Leal tydens sy verblyf op Potchefstroom met A.M. Goetz, die destydse landdros van die dorp, bevriend geraak het en Goetz die skoonvader van A.R. Fleischack was, sodat laasgenoemde waarskynlik 'n belangstelling in die joernaal sou gehad het. Later het dit geblyk dat Da Costa Leal se joernaal moontlik nie 'n deel van die Fleischack-versameling was nie, wat Annette Kellner, die argivaris van die P.U. vir C.H.O., laat vermoed het dat dit oorspronklik 'n deel was van die Prof. D.W. Krüger-versameling, wat iewers in die verlede per abuis in die Fleischack-versameling beland het. Onlangs het sy bewyse daarvoor gekry, wat haar vermoede bevestig het. Ook mnr. Jan Coetzer, die destydse argivaris, vermoed dat die skenker professor D.W. Krüger was, destyds verbonde aan die Departement Geskiedenis van die P.U. vir C.H.O. In die D.W. Krüger-versameling van dieselfde biblioteek is ook 'n getikte afskrif van die Engelse vertaling van die Da Costa Leal-joernaal.[287]

---

286. Skriftelike mededelings: Mnr. Lappe Laubscher, Posbus 36870, Menlopark, 0102, 20.03.2002, 14.11.2003 & 15.11.2003; Mev. Hester Spoelstra, Ferdinand Postma-biblioteek, P.U. vir C.H.O., Privaatsak X05, Noordbrug, 2522, 05.04.2002; Prof. O.C. de Jager, Departement Fisika, P.U. vir C.H.O., Privaatsak X6001, Potchefstroom, 2520, 25.02.2004, 05.03.2004 .
287. Skriftelike mededelings: Mev. Hester Spoelstra, Ferdinand Postma-biblioteek, P.U. vir C.H.O., Privaatsak X05, Noordbrug, 2522, 03.04.2002, 04.04.2002; Prof. O.C. de Jager, Departement Fisika, P.U. vir C.H.O., Privaatsak X6001, Potchefstroom, 2520, 25.02.2004, 05.03.2004.

Professor de Jager het omstreeks 2001 besluit om 'n uittreksel uit Da Costa Leal se geskrif wat oor Potchefstroom handel vir publikasie aan die *Potchefstroom Herald* te oorhandig. Hierdie uittreksel is dekades vroeër deur professor Luís A. de V. Leal uit die oorspronklike Portugees in Engels vertaal en onlangs deur Hester Spoelstra onder De Jager se aandag gebring. Okkie de Jager en Lappe Laubscher het die historiese en kultuurhistoriese waarde van Da Costa Leal se manuskrip onmiddellik besef en 'n poging aangewend om 'n uitgewer daarvoor te vind. Laubscher het die uitgewer Nicol Stassen van Protea Boekhuis in Pretoria genader, wat die manuskrip aan 'n eksterne beoordelaar voorgelê het. Die beoordelaarsverslag was positief, dus het Stassen besluit om hierdie joernaal in boekvorm uit te gee.[288]

Getikte weergawes van Da Costa Leal se reisjoernaal in Portugees en Engels kan ook gevind word in die Transvaalse Argiefbewaarplek in Pretoria. Volgens die inskrywing in die oorspronklike aanwinsregister het professor D.W. Krüger dit in Maart 1937 aan die argief geskenk, maar op die omslag waarin die aanwins geplaas is, staan onder meer "... en geskenk aan die Argief deur D.W. Kruger, Januarie 1937". Die lêer van die Argief, TA 4/6: Stukke verkry uit Portugese Argiewe (Lourenço Marques), bevat korrespondensie in verband met die Da Costa Leal-verslag.[289] Daarvolgens het dr. Coenraad Beyers, destyds assistent-hoofargivaris, op 6 Mei 1936 'n afskrif van Da Costa Leal se joernaal by António dos Santos Figueiredo, hoof van die Departement Statistiek van die Regering in Lourenço Marques, aangevra omdat een van sy personeellede met 'n proefskrif in Geskiedenis oor die betrekkinge tussen die Portugese en Boere van 1837 tot 1877 besig was.[290] Dos Santos Figueiredo het op 12 Mei 1936 geantwoord dat daar nie kopieë van die joernaal beskikbaar is nie, maar dat hy die verslag laat oortik en dit sal aanstuur sodra dit gereed is, wat dan ook op 22 Mei gebeur het.[291] Op 24 Maart 1937 het dr. Beyers 'n afskrif van die

---

288. Skriftelike mededeling: Prof. O.C. de Jager, Departement Fisika, P.U. vir C.H.O., Privaatsak X6001, Potchefstroom, 2520, 25.02.2004, 05.03.2004.
289. Skriftelike mededeling: Mev. Letitia Calitz, Hoof: Nasionale Argiefbewaarplek, Privaatsak X236, Pretoria, 0001, 26.03.2002.
290. TAB: AA 4/6 C. Beyers - A. dos Santos Figueiredo, 06.05.1936.
291. TAB: AA 4/6 A. dos Santos Figueiredo - C. Beyers, 12.05.1936 & 22.05.1936.

Portugese verslag van Da Costa Leal aan die Staatsvertaler in Pretoria gestuur met die versoek dat die verslag in Afrikaans of Engels vir gebruik in die Argief vertaal moes word.[292] Op 3 Junie 1937 was die vertaling gereed en het die hoofvertaler die Engelse vertaling van Da Costa Leal se joernaal aan die dr. Beyers gestuur.[293]

Die doktorale student namens wie Da Costa Leal se joernaal aangevra en vertaal is, was D.W. Krüger, die later bekende professor in Geskiedenis en historikus van formaat, wat destyds in die Argief gewerk het en by die Universiteitskollege Potchefstroom (die latere Potchefstroomse Universiteit vir C.H.O.) onder promotorskap van professor A.J.H. van der Walt ingeskryf was. Ná voltooiing is Krüger se proefskrif onder die titel "Die weg na die see of die Ooskus in die Boere-beleid voor 1877 met besondere verwysing na die verhouding met die Portugese" opgeneem in die *Argief-jaarboek vir Suid-Afrikaanse geskiedenis*, 1 (1), 1938. In sy studie het Krüger inderdaad met groot vrug van Da Costa Leal se verslag as bron van inligting gebruik gemaak.[294]

2. Teksversorging

Die reisjoernaal van Fernando da Costa Leal word hiermee vir die eerste keer in Afrikaans gepubliseer. Voordat die teks in Afrikaans vertaal is, is die getikte afskrif van die Portugese teks deeglik vergelyk met die gepubliseerde weergawe in boekvorm van die verslag, *Uma viagem na África Austral do interior da República do Transvall* [sic] *para o porto de Lourenço Marques (em 1870)* (Lissabon: Sociedade de Geografia de Lisboa, 1943). Daarna het adv. C.E.F. (Pippa) von Reiche (née Pienaar), amptelike vertaler en kenner van Portugees, bygestaan deur haar eggenoot, F.V.K. (Franz) von Reiche, die Engelse vertaling wat die Staatsvertaler in 1937 van die getikte afskrif van die oorspronklike Portugese teks gedoen het, met dié teks vergelyk. Von Reiche het nie net die Engels van die 1937-Engelse vertaling verbeter nie, maar talle foutiewe vertalings en mistastings en selfs die weglating van enkele

---

292. TAB: AA 4/6 C. Beyers - Staatsvertaler, Pretoria, 24.03.1937.
293. TAB: AA 4/6 Hoofvertaler - Assistent Hoofargivaris, 03.06.1937.
294. D.W. Krüger, "Die weg na die see", *Argief-jaarboek*, 1 (1), 1938, pp. 188-194.

sinne en sinsnedes in die Engelse vertaling opgespoor. Daar is deurgaans daarna gestreef om die Engelse teks so getrou as moontlik aan die Portugese teks te hou. Die Engelse teks wat deur Von Reiche gekorrigeer is, het dus as grondteks vir die Afrikaanse vertaling gedien, hoewel daar dikwels ook na spesifieke woorde in die Portugese teks vir groter duidelikheid teruggekeer is. D.P.M. Botes, taalpraktisyn en digter, was by die vertaling uit die Engels na Afrikaans betrokke.

Soos destyds algemeen voorgekom het, gebruik Da Costa Leal die woord *cafres* (kaffers) as 'n verwysing na swart mense in suidelike Afrika. Vanweë die neerhalende konnotasie wat tans aan dié term geheg word, is die woord in die teks deur "swartes" of "inboorlinge" vervang. In teenstelling met Joaquim de Santa Rita Montanha, wat in sy reisjoernaal van 1855-1856 deurgaans die woord *hollandezes* (Hollanders) gebruik het wanneer hy na die Boere verwys het, gebruik Da Costa Leal konsekwent die woord *Boers*, 'n term wat eers teen 1890 sy verskyning in Portugese publikasies gemaak het en veral tydens die Anglo-Boereoorlog algemeen gebruiklik geword het. Alle eiename wat in die oorspronklike teks verportugees of verkeerd gespel is, is gekorrigeer, maar die oorspronklike spelling van Da Costa Leal is in die verklarende notas aangedui.

Die digter-skrywer Da Costa Leal het kennelik 'n belangstelling in tale gehad en dit is dus nie vreemd nie dat hy ook woorde wat die Boere gebruik het in sy reisjoernaal opgeneem het. In al die gepubliseerde weergawes van sy verslag is hierdie woorde kursief gedruk, wat daarop dui dat dié woorde waarskynlik in sy handgeskrewe manuskrip – moontlik deur onderstreping – as sodanig aangedui is. Sommige daarvan was reg of nagenoeg reg gespel, byvoorbeeld *buik-plank, trek-touw, agter-os, zuiker-bosch-stroop, landdrost, Houge Geregtshof, mandaat, vrouw, biltong* en *wild-beest*, maar daarin verskyn ook woorde wat hy geskryf het soos hy dit gehoor het, byvoorbeeld *kaartel* (katel), *chambok* (sjambok), *Jagalt Veldt* (jagveld), *Grandovet* (grondwet) en *Bhere-wild beest* (blouwildebees). Uit die tale van die Swazi's en die Rongas het Da Costa Leal slegs enkele woorde oorgeneem, byvoorbeeld *abjala, alijala* en *alyala* (sorghumbier) en *marçala* of *masala* (vrug van die groenklapperboom).

Toevoegings tot die oorspronklike teks, hetsy verbeteringe van of bykomende inligting tot die teks, is tussen vierkantige hakies [...] geplaas, terwyl alle ronde hakies (...) in die teks deur Da Costa Leal self ingevoeg is. Verduidelikende en identifiserende aantekeninge in verband met persone, plekke, gebeure, gebruike en voorwerpe wat in die teks voorkom, verskyn in die verklarende notas.

3. Betekenis van die reis en reisjoernaal

Die reisverslag van Da Costa Leal het kort nadat dit voltooi is, 'n praktiese doel gedien. Dr. Levi Maria Jordão, beter bekend as burggraaf De Paiva Manso, het as regsadviseur vir die Portugese Regering opgetree tydens die arbitrasieproses toe president M.E.P.M. MacMahon van Frankryk moes besluit of Lourenço Marques en omstreke aan Portugal of Brittanje behoort het. Om Portugal se aanspraak te versterk, het Jordão sy bekende *Memoria sobre Lourenço Marques (Delagoa Bay)* (Lissabon, 1870) saamgestel, waarin hy telkens ter ondersteuning van sy standpunte na Da Costa Leal se verslag verwys het. Uiteindelik het MacMahon op 24 Julie 1875 ten gunste van Portugal uitspraak gegee.[295] Op 'n beskeie en indirekte wyse het Da Costa Leal se joernaal waarskynlik tot hierdie beslissing ten gunste van sy vaderland bygedra.

Da Costa Leal se uitgesproke doel met die reis was om die gebied tussen die ZAR en Lourenço Marques te verken met die oog op die totstandbrenging van 'n verkeersweg sodat die Portugese daardeur die handel met die Boere, waaroor die Engelse 'n monopolie gehad het, kon verower.[296] Volgens De Oliveira Marques kan die bou van die spoorlyn tussen Lourenço Marques en Transvaal, na sy mening een van die belangrikste spoorlyne in die ganse Afrika, na 1870 teruggevoer word.[297] Aangesien die reis van Da Costa Leal juis in daardie jaar plaasgevind het, is dit duidelik dat sy aanvanklike aandeel in die beplanning daarvan deur sy verslag nie onderskat moet word nie. Sy verslag was onteenseglik 'n klein bousteen vir die aanlê van 'n verbin-

---

295. Fernando da Costa Leal, *Uma viagem na África Austral do interior da República do Transvall [sic] para o porto de Lourenço Marques (em 1870)*, pp. 4-5.
296. D.W. Krüger, "Die weg na die see", *Argief-jaarboek*, 1 (1), 1938, p. 193.
297. A.H. de O. Marques, *History of Portugal*, II, pp. 100-101.

dingsroete – eers 'n pad en later ook 'n spoorlyn – tussen Delagoabaai en die ZAR.

Da Costa Leal se reis van Potchefstroom na Lourenço Marques was in 'n bepaalde sin die voortsetting van die trotse Portugese tradisie om die hinterland van Suidelike Afrika te verken. Sedert die aanvang van die ontdekkingsreise van die Portugese seevaarders in die 15de eeu, het die Portugese hulle aanvanklik tot die vestiging van handelsposte en die oprigting van forte aan die kuste beperk en die name wat hulle aan die omliggende gebiede gegee het – byvoorbeeld Costa dos Escravos (Slawekus), Costa do Marfim (Ivoorkus) en Costa do Ouro (Goudkus) – toon in watter handelsware hulle hoofsaaklik geinteresseerd was. Die ongesonde tropiese binneland, inboorlingstamme se vyandigheid en voortgesette vyandskap met die Arabiese bure het die Portugese invloedsfeer tot die kusstreke beperk. Geleidelik het hulle ook in die hinterland van hierdie kusnedersettings begin belangstel. Handelsmoontlikhede, ook slawehandel, die aanwesigheid van goud en die behoefte om die inboorlinge te kersten, was ongetwyfeld van die belangrikste dryfvere agter die ontdekkingsreise wat die Portugese na die binneland onderneem het. Die ryk van Monomotapa [Fig. 38] was 'n braakland vir sendingwerk en 'n Portugese edelman Gonçalo da Silveira (1526–1561) [Fig. 39], hoof van die Jesuïete in die Ooste, het in 1561 daarheen gegaan. Aanvanklik het Da Silveira sukses gehad en selfs die opperhoof en baie van sy hoofmanne gedoop. Die Arabiese handelaars het Da Silveira by Monomotapa verdag gemaak en hy is gevolglik om die lewe gebring – die eerste Christenmartelaar in Suidelike Afrika. Later het Dominikaanse sendelinge die werk van Da Silveira met groot vrug voortgesit en het Portugese handelaars die ryk van Monomotapa en ander streke gereeld besoek.[298]

In die 19de eeu het Europese vestiging en uitbreiding in Sentraal-Afrika en Suidelike Afrika gou begin. Jagters, handelaars, sendelinge

---

298. M. Caetano, *Tradições, princípios e métodos da colonização portuguesa*, pp. 15 & 17-18; C.G. Coetzee, "Die stryd om Delagoabaai en die Suidooskus, 1600-1800", pp. 7 & 11; A.H. de O. Marques, *History of Portugal*, II, p. 81; H. Chadwick, *Life of the venerable Gonçalo da Silveira*, pp. 2 & 71-110; E. Axelson, *Portuguese pioneers in Southern Africa*, pp. 13-15; P.R. Warhurst, *Anglo-Portuguese relations in South-Central Africa, 1890-1900*, p. 7.

en konsessiesoekers het die gebied van alle kante binnegedring. Hoewel dit nie algemeen bekend is nie, het die Portugese ook hierin 'n belangrike rol gespeel omdat die een ekspedisie na die ander van Angola en Mosambiek se kusstreke af vertrek het om met verskillende oogmerke die binneland te gaan verken. [Fig. 40] Hierdie ontdekkingstogte het groot gebiede tussen die 7de en 27ste graad suiderbreedte aan die Weste bekendgestel en het eventuele blanke vestiging in die binneland van Angola en Mosambiek, maar ook hedendaagse lande soos Zimbabwe, Malawi en Zambië bevorder. Só 'n tog, byvoorbeeld, was dié van majoor José Maria Correia Monteiro en kaptein António Candido Pedrozo Gamitto wat in 1831-1832 uit Tete in Mosambiek vertrek om 'n handelsroete na Angola te bepaal en in die voetspore van die Portugese ontdekker Lacerda de Almeida tot by Cazembe gevolg het. By hulle terugkeer het hulle gerapporteer die inboorlinge se vyandigheid maak só 'n handelsroete onmoontlik.[299]

Sedert 1839 het die Portugese handelaar en ontdekkingsreisiger António Francisco Ferreira da Silva, beter bekend as Silva Porto (1817-1890), wat onder die inboorlinge van Bié gewoon het, belangrike ekspedisies in die huidige Angola en Zambië onderneem. In 1853-1854 het hy die kontinent na Barotseland oorgesteek en David Livingstone (1813-1873) onderweg ontmoet. Lank voordat die wêreld se aandag op Afrika gefokus was, het Portugese ontdekkers soos De Lacerda en Silva Porto dus reeds hulle ambisieuse ekspedisies onderneem. Maar omdat hulle hul reisverslae in Portugees geskryf het, was dit tot die frustrasie van hulle landgenote buite Portugal haas onbekend. Daarteenoor het die Engelse reisverslae van David Livingstone en H.M. Stanley (1841-1904) wêreldwyd groot belangstelling geniet.[300]

Op 25 Mei 1855 het pater Joaquim de Santa Rita Montanha (c. 1806-1870) in opdrag van Jacinto Henriques de Oliveira, goewerneur van Inhambane, as die leier van 'n sending na die Boere in Zoutpansberg vertrek. Hulle het van 6 Julie 1855 tot 23 Junie 1856 op

---

299. A.H. de O. Marques, *History of Portugal*, II, pp. 77-78; M. Abshire & M.A. Samuels, *Portuguese Africa*, p. 62.
300. J.C. Pereira (red.), *Dicionário ilustrado da história de Portugal*, II, p. 234; A.H. de O. Marques, *History of Portugal*, II, p. 78; D.M. Abshire & M.A. Samuels, *Portuguese Africa*, p. 62; M. Kaplan, *The Portuguese*, p. 116; H.V. Livermore, *A new history of Portugal*, p. 302.

Schoemansdal vertoef en was op 1 Augustus 1856 terug in Inhambane. Die doel van Montanha se sending was hoofsaaklik om nuwe lewe te blaas in die handel tussen die Portugese van Inhambane en die Boere van Zoutpansberg, maar Montanha se onderneming het in dié opsig eintlik misluk. Die belangrikste resultaat was dat die Portugese en die Boere mekaar beter leer ken het ten opsigte van regeringsvorm, handel, landbou, voorkeure en sosiale en kulturele gebruike. Montanha se verslag het die Portugese regering ook in staat gestel om die voor- en nadele van handelsbetrekkinge met die Boere te bepaal. Sy besoek aan Schoemansdal in 1855-1856 kan dus as een van die boustene van latere betrekkinge tussen die Zuid-Afrikaansche Republiek en die Portugese van Mosambiek beskou word. Montanha se onderhandelinge kan naamlik as die voorloper beskou word van die ooreenkoms wat op 14 Augustus 1858 tussen Portugal en die ZAR gesluit is (hoewel dit nie dadelik bekragtig is nie),[301] en van die Traktaat van Vrede, Vriendschap, Handel en Grenzen wat op 29 Junie 1869 deur verteenwoordigers van die ZAR en Portugal onderteken en op 10 Julie 1871 geratifiseer is, asook van die besoek van die Portugese Diplomatieke Kommissie, waarvan Fernando da Costa Leal die sekretaris was, aan die ZAR in 1869-1871. Da Costa Leal se reis en reisjoernaal kan trouens as 'n "vervolg" of "voortsetting" van Montanha se reis en reisjoernaal beskou word. Op 11 Desember 1875 het die ZAR en Portugal, "bezield met den lust om de betrekkingen van vriendschap en koophandel, die tusschen hunne wederzijdsche Staten zijn gevestigd, nauwer aan te halen, te verbeteren en te consolideeren", 'n nuwe verdrag gesluit wat tot met die aanvang van die Anglo-Boereoorlog in 1899 van krag gebly het.[302] Dié verdrag eggo elemente

---

301. R. Wagner, in S. Marks & A. Atmore (reds.), *Economy and society in pre-industrial South Africa*, p. 326; F.J. Potgieter, "Die vestiging van die blanke in Transvaal (1837-1886)", *Argief-jaarboek*, 21 (2), 1958, pp. 47 & 59; M.E.M. Santos, *Viagems de exploração terrestre dos portugueses em África*, pp. 230-231; M.V.J. Haight, *European powers and South-East Africa*, pp. 290-291; O.J.O. Ferreira, *Montanha in Zoutpansberg*, pp. 71-72.

302. *Traktaten tusschen de Zuid-Afrikaansche Republiek en het Koninkrijk Portugal*, pp. 1 & 11; H.R. van der Walt, "Die Suid-Afrikaanse Republiek in die Britse buitelandse en koloniale beleid (1881-1899)", p. 277; J.V. Serrão, *História de Portugal*,IX, p. 180; J.A.L. Galvão, "Moçambique e a União Sul-Africana", *Boletim da Agência Geral das Colónias*, 1 (4), Outubro 1925, pp. 7, 9-10, & 19.

van die opdragte wat in 1855 voor Montanha se vertrek na Zoutpansberg aan hom gegee is, maar ook aspekte van die opdragte van die goewerneur-generaal van Mosambiek aan die Portugese Diplomatieke Kommissie voordat hy in 1869 na die ZAR gegaan het. Die traktaat kan as van deurslaggewende belang in die betrekkinge tussen die Boere en die Portugese beskou word en het daartoe gelei dat Lourenço Marques 'n belangrike handelsentrum geword het.[303] Alles in ag genome, wil dit voorkom asof Montanha en Da Costa Leal se reisjoernale – wat ook as verslae aan die Portugese owerhede in Mosambiek en Portugal gedien het – boustene in die betrekkinge tussen die Boere van die ZAR en die Portugese van Mosambiek en Portugal was.

Da Costa Leal se reis het 'n fase ingelui van betekenisvolle en uitdagende ekspedisies deur Portugese ontdekkers, wat daardeur gekenmerk is dat die ontdekkers deegliker voorberei het en oor meer kennis as hulle voorgangers beskik het. Die stigting van die Sociedade de Geografia de Lisboa in 1875 het grootliks daartoe bygedra dat hierdie ontdekkingstogte suksesvol was deur as beskermheer en befondser op te tree.[304] João de Andrade Corvo, die destydse Portugese Minister vir Oorsese Gebiede, het in Julie 1877 'n ekspedisie bestaande uit Hermenegildo de Brito Capelo (1841-1917), Roberto Ivens (1850-1898) en Alexandre Alberto da Rocha de Serpa Pinto (beter bekend as Serpa Pinto) (1846-1900) [Fig. 41], gestuur om die gebied tussen die twee Portugese kolonies Angola en Mosambiek op te meet. Die ekspedisie is geldelik deur die Sociedade de Geografia de Lisboa gesteun. Uiteindelik sou slegs Serpa Pinto die ekspedisie onderneem. Hy het Afrika in 1877-1879 van wes na oos deurkruis en is daarna suidwaarts om Pretoria en Durban te besoek. Só het hy die eerste Portugees en een van die eerste Europeërs geword wat Suidelike Afrika oorgesteek het.[305] Uit 'n wetenskaplike en

---

303. I.B. Carmona, "Relações entre os Portugueses de Moçambique e os 'Boers' ou Holandeses de África", *Moçambique Documentário Trimestral*, 87, Julho-Setembro 1956, p. 32; A. da S. Rego, *O Ultramar Português no século XIX (1834-1910)*, pp. 148-149; O.J.O. Ferreira, *Montanha in Zoutpansberg*, p. 72.
304. A.H. de O. Marques, *History of Portugal*, II, p. 79.
305. D.M. Abshire & M.A. Samuels, *Portuguese Africa*, p. 69; F. Costa, *Portugal e a Guerra Anglo-Boer*, p. 49; A.H. de O. Marques, *History of Portugal*, II, p. 79.

geografiese oogpunt was dit moontlik nie so 'n belangrike reis nie, maar dit het die Portugese patriotiese gevoelens bevredig. Hermenegildo de Brito Capelo en Roberto Ivens het in 1884-1885 'n ekspedisie onderneem en wel van Moçâmedes in Suid-Angola na Kilimane in Mosambiek. Hierdie reis het in opdrag van die Sociedade de Geografia de Lisboa en die Portugese regering geskied. Capelo en Ivens het die ou handelsroetes tussen die Atlantiese en Indiese Oseaan gevolg en die Portugese se ou droom van 'n verbinding tussen hulle Wes- en Oos-Afrikaanse gebiede nader aan verwerkliking gebring. In die geselskap van Augusto Cardoso het Serpa Pinto in 1885-1886 van Ilha de Moçambique noord na Ibo, en daarna na die Nyassameer gereis. Die dryfkrag agter hierdie ekspedisie was Manuel Joaquim Pinheiro Chagas (1842-1895), die Portugese Minister vir die Vloot en die Oorsese Gebiede; die gedagte is by hom geplant deur die Sociedade de Geografia de Lisboa.[306] Die idee was steeds om Angola met Mosambiek te verbind. In 1886 het Portugal onderskeidelik met Duitsland en Frankryk verdrae gesluit waardeur Portugal se aanspraak op die gebied tussen Mosambiek en Angola deur dié twee state erken is. Die Britse regering was hewig ontsteld hieroor en het in Januarie 1890 'n ultimatum teen Portugal uitgevaardig. Die gevolg was dat 'n *Modus vivendi* in 1891 bereik is waardeur Portugal se beheer tot Mosambiekse grondgebied beperk is.[307]

Da Costa Leal was gelukkig dat hy die vermaarde ontdekkingsreisiger, geoloog en kartograaf Carl Mauch as reisgenoot van Potchefstroom na Lourenço Marques kon hê. Mauch se dokumente word in die Linden Museum in Stuttgart bewaar. Sy geskrifte het hoofsaaklik verskyn as bydraes in dr. A. Petermann se *Geographischen Mittheilungen*, 'n populêre geografiese tydskrif wat in Gotha uitgegee is.[308] Mauch se reisjoernale van sy ekspedisies tussen 1869 en 1872 is deur E. Bernhard getranskribeer, deur F.O. Bernhard in Engels vertaal, deur E.E. Burke geredigeer en in 1969 deur die National Archives of

---

306. M. Newitt, *A history of Mozambique*, pp. 335-336; A.H. de O. Marques, *History of Portugal*, II, p. 80.
307. R.H. Chilcote, *Portuguese Africa*, p. 116.
308. E.E. Burke (red.), *The journals of Carl Mauch*, pp. 1 & 6.

Rhodesia in Salisbury (tans Harare) onder die titel *The journals of Carl Mauch: his travels in the Transvaal and Rhodesia, 1869-1872* uitgegee. Die nagelate reisjoernale van hierdie twee uiteenlopende persoonlikhede vul mekaar pragtig aan. Mauch het hom hoofsaaklik met natuurverskynsels soos die weersgesteldheid, bodemgesteldheid, fauna en flora en sterrekunde besig gehou het. Da Costa Leal het veel meer belanggestel in die mense, hulle lewenswyse en onderlinge verhoudinge en die betrekkinge tussen Portugal en die ZAR – daarom was die bou van 'n goeie verbindingsroete tussen Lourenço Marques en die ZAR vir hom van kardinale belang. Mauch is die byna kliniese wetenskaplike, terwyl Da Costa Leal nie huiwer om soms emosionele uitsprake te maak nie. Saamgelees, gee hulle reisjoernale ons dus 'n uitstekende en volledige beeld van die landskap waardeur hulle gereis en die mense wat hulle onderweg ontmoet het. Verder leer ons die Duitser deur die oë van Da Costa Leal as die robuuste en praktiese natuurkundige ken, terwyl Mauch sy Portugese reisgenoot duidelik as 'n ietwat verfynde en onpraktiese kunstenaarsiel beskou het.

Portugese bronne verdien moontlik groter aandag van historici en kultuurhistorici in Suid-Afrika, nie slegs vanweë die intrinsieke en informatiewe waarde daarvan nie, maar veral om hulle kritiese en interpretatiewe aard, wat aansienlik verskil van die bronne wat normaalweg deur Suid-Afrikaanse historici en kultuurhistorici geraadpleeg word.[309] Ten spyte daarvan dat Da Costa Leal se reisjoernaal in Engels vertaal is en afskrifte daarvan in die Transvaalse Argiefbewaarplek in Pretoria en die Ferdinand Postma-biblioteek van die Potchefstroomse Universiteit vir C.H.O. (tans die Potchefstroomkampus van die Noordwes Universiteit) bewaar word, is D.W. Krüger feitlik die enigste Suid-Afrikaanse historikus wat dit as navorsingsbron behoorlik benut het.[310] In 'n brief aan die Hoof van die Departement Statistiek in Lourenço Marques, António dos Santos Figueiredo, het dr. Coenraad Beyers, destyds die assistent-hoofargivaris van Suid-Afrika, in 1936 oor Da Costa Leal se joernaal geskryf: "The

---

309. V.H. Velez-Grilo, "Old Portuguese records in the history of scientific ethnology and cultural change in South Africa", *South African Journal of Science*, 55 (3), March 1959, p. 57.

310. D.W. Krüger, "Die weg na die see", *Argief-jaarboek*, 1 (1), 1938, pp. 188-194.

document is a very valuable historical source and throws considerable light on the friendly relations which existed between the Portuguese and the Boers in the early days of the Transvaal."[311]

Maar die joernaal handel nie slegs oor die vriendskaplike betrekkinge wat tussen die Portugese en die Boere bestaan het nie; dit belig ook die tydvak rondom 1870 in die geskiedenis van die ZAR. Suid-Afrikaanse historici en kultuurhistorici is geneig om vinnig oor dié tydvak heen te skeer, asof weinig tussen die wordingsjare van die ZAR (tot ongeveer 1865) en die anneksasie van Transvaal in 1877 gebeur het. Die joernaal toon duidelik dat dit 'n tydperk van gestadige groei en ontwikkeling op haas elke lewensterrein in die ZAR was en dat dit ook die tyd was waarin die Voortrekkers in die Oor-Vaalse gebied ware en gevestigde Transvalers met 'n eie identiteit en kultuur geword het. Kultuurhistories is Da Costa Leal se verslag uiters belangrik omdat hy die Transvaalse Boere van 1870 duidelik getipeer en hulle lewenswyse raak opgesom het, byvoorbeeld deur 'n deeglike beskrywing van 'n dorp soos Potchefstroom en die sosiale en godsdienstige lewe aldaar, die voorkoms en gebruik van 'n ossewa, en 'n noukeurig beskrywing van die proses waarvolgens suikerbosstroop opgevang is. Die antropoloog sal in Da Costa Leal se joernaal heelwat gegewens oor die geestelike en stoflike kultuur van veral die Swazi's en die Rongas vind.

Uit 'n staatkundige oogpunt is die joernaal ook betekenisvol omdat Da Costa Leal kennelik 'n belangstelling in die regeringstelsel van die ZAR, maar ook in internasionale betrekkinge gehad het. Die stigting en funksionering van Alexander McCorkindale se New Scotland het hom geïnteresseer. Hy het hom ook – soms selfs krities – oor die Portugese owerhede se beleid uitgelaat, byvoorbeeld oor hulle houding teenoor die inboorlinge en die keuse van die ongesonde terrein waarop Lourenço Marques uitgelê is. Da Costa Leal moet 'n belangstelling in die ekonomie gehad het, want hy het dikwels in sy joernaal met insig oor ekonomiese sake en die boerdery in die ZAR gerapporteer. Hoewel Da Costa Leal hom in sy verslag ook uitgelaat het oor die geografie en bodemgesteldheid en fauna en flora van die

---

311. TAB: AA 4/6 C. Beyers – A. dos Santos Figueiredo, 10.06.1936.

streke waardeur hulle gereis het, is dit hoogs waarskynlik dat hy dié kennis van sy reisgenoot Carl Mauch getap het.

Ook uit 'n taalkundige oogpunt is die joernaal van belang. As woordkunstenaar was Da Costa Leal in tale geïnteresseerd en benewens Portugees ook Frans magtig. Alles dui daarop dat hy minstens oor 'n leeskennis van Duits beskik het, omdat hy die meeste feite aangaande die ZAR in sy verslag kennelik uit Friedrich Jeppe se *Die Transvaal'sche oder Süd-Afrikanische Republik* (Gotha,1868) oorgeneem het. Teen die einde van sy verblyf op Potchefstroom kon hy waarskynlik met die Boere in hulle taal gesprekke voer en dit is dus nie vreemd dat hy heelwat Nederlandse en/of vroeë Afrikaanse woorde in sy verslag gebruik het nie. Ten slotte: Da Costa Leal se gedetailleerde verslag is, danksy sy letterkundige aanleg, 'n besonder leesbare weergawe van 'n avontuurlike reis wat deur die akademikus, maar ook deur Jan en alleman geniet kan te word.

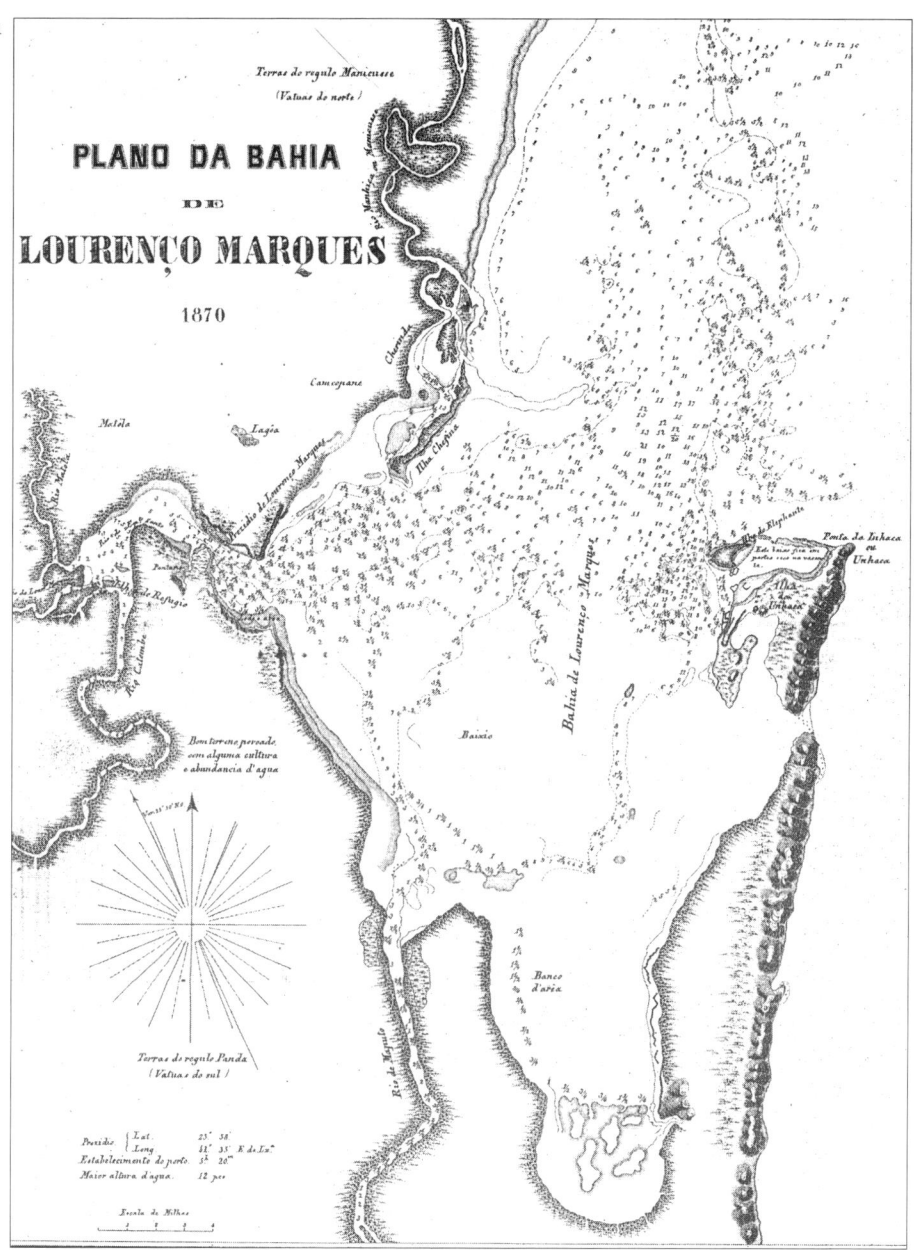

FIG. 1. Kaart van Delagoabaai of, soos die Portugese dit genoem het, die Baía de Lourenço Marques, 1870.

FIG. 2. 'n Vroeë voorstelling van Sofala wat sowat 40 km suid van die huidige Beira geleë was. Die Portugese fort is duidelik sigbaar.

FIG. 3. Ilha de Moçambique (Mosambiek-eiland), hoofsentrum en regeringsetel van die Portugese besittings in Oos-Afrika van 1558 tot 1898, met die Fortaleza de São Sebastião op die voorgrond.

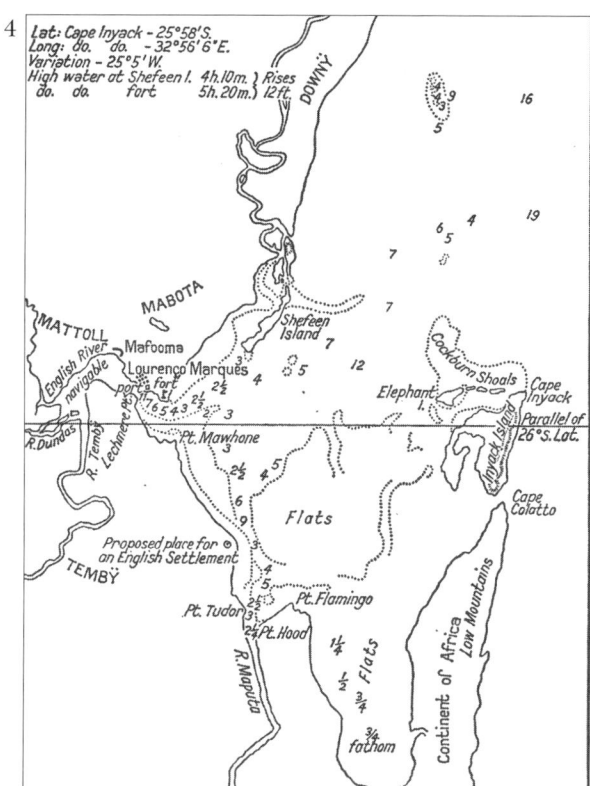

FIG. 4. Kaart van Delagoabaai (c. 1824) deur W.F. Owen (1774-1857).

FIG. 5. Die Fortaleza de Nossa Senhora da Conceição wat in 1864 in Lourenço Marques opgerig is en wat vandag as 'n museum in Maputo ingerig is.

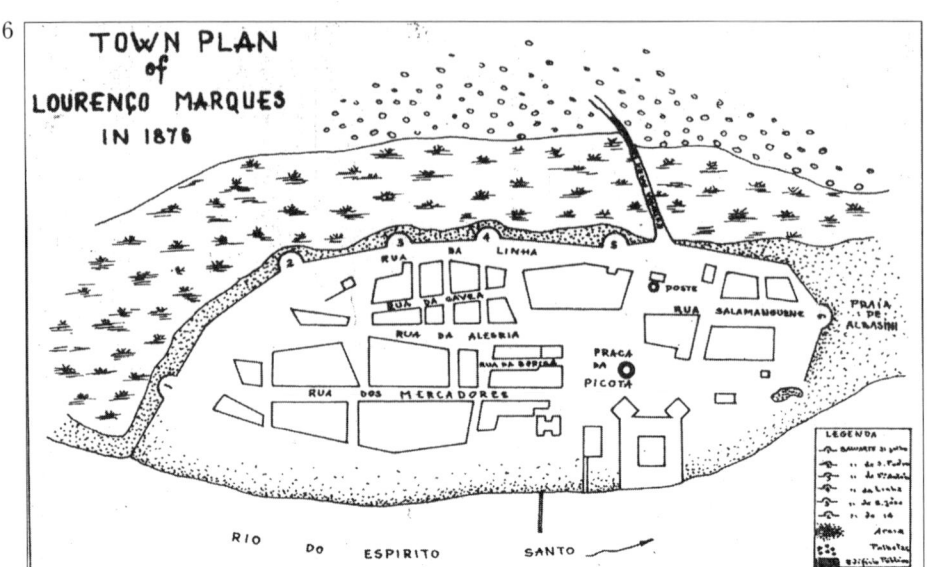

Fig. 6. Plan van Lourenço Marques, 1876.

Fig. 7. Gravure van Lourenço Marques, c. 1876.

Fig. 8. Lourenço Marques in 1887.

Fig. 9. Die hawe van Lourenço Marques in 1889.

Fig. 10. 'n Gedeelte van Maputo gesien van Catembe met die hawebrug en die Rio de Espírito Santo op die voorgrond.

Fig. 11. Rongas in die omgewing van Lourenço Marques.

FIG. 12. Tsjaka (Shaka) (c. 1787-1828), koning van die Zoeloes, na 'n skets wat die handelaar James King teen 1825 gemaak het. Die assegaai behoort 'n kort steekassegaai te wees en die skild en die pluim op die koning se kop is albei te lank, maar Tsjaka se fier en statige houding word wel goed weergegee.

FIG. 13. Waarskynlik 'n portret van Louis Tregardt (1783-1838), Voortrekkerleier wat in Lourenço Marques gesterf het.

FIG. 14. 'n Gedeelte van die Louis Tregardt-gedenktuin in Lourenço Marques (nou Maputo) op die terrein waar Tregardt en negentien lede van sy geselskap begrawe is.

Fig. 15. Carolus Johannes (Carel) Tregardt (1811-1901), Voortrekker-ontdekkingsreisiger.

Fig. 16. João Albasini (1813-1888), handelaar in Zoutpansberg, in die uniform wat hy as Portugese vise-konsul in die Z.A.R. gedra het.

IG. 17. Alexander McCorkindale (1816-1871), stigter van die Skotse nedersetting, New Scotland.

IG. 18. David Forbes (1829-1905), 'n Skotse handelaar en aangetroude familielid van Alexander McCorkindale, wat die laasgenoemde aangeraai het om New Scotland te stig.

Fig. 19. Spotprent in 1867 deur 'n anomieme Boer geteken. Die "Engelsche Schoolmeester" is waarskynlik Alexander McCorkindale wat die "Populatie van New Scotland, Z.A.R.", kennelik Boeremense, wil leer hoe om te boer.

Fig. 21. Oscar Wilhelm Alric Forssman (1822-1889), Potchefstroomse sakeman van Sweedse afkoms en konsulêre verteenwoordiger van Portugal in die Z.A.R., met sy eggenote.

Fig. 22. Carlos Pedro Barahona e Costa (1833-1876), goewerneur van Kilimane en voorsitter van die Diplomatieke Kommissie wat die Z.A.R. in 1869-1871 besoek het om 'n verdrag met die Regering van die Z.A.R. te sluit.

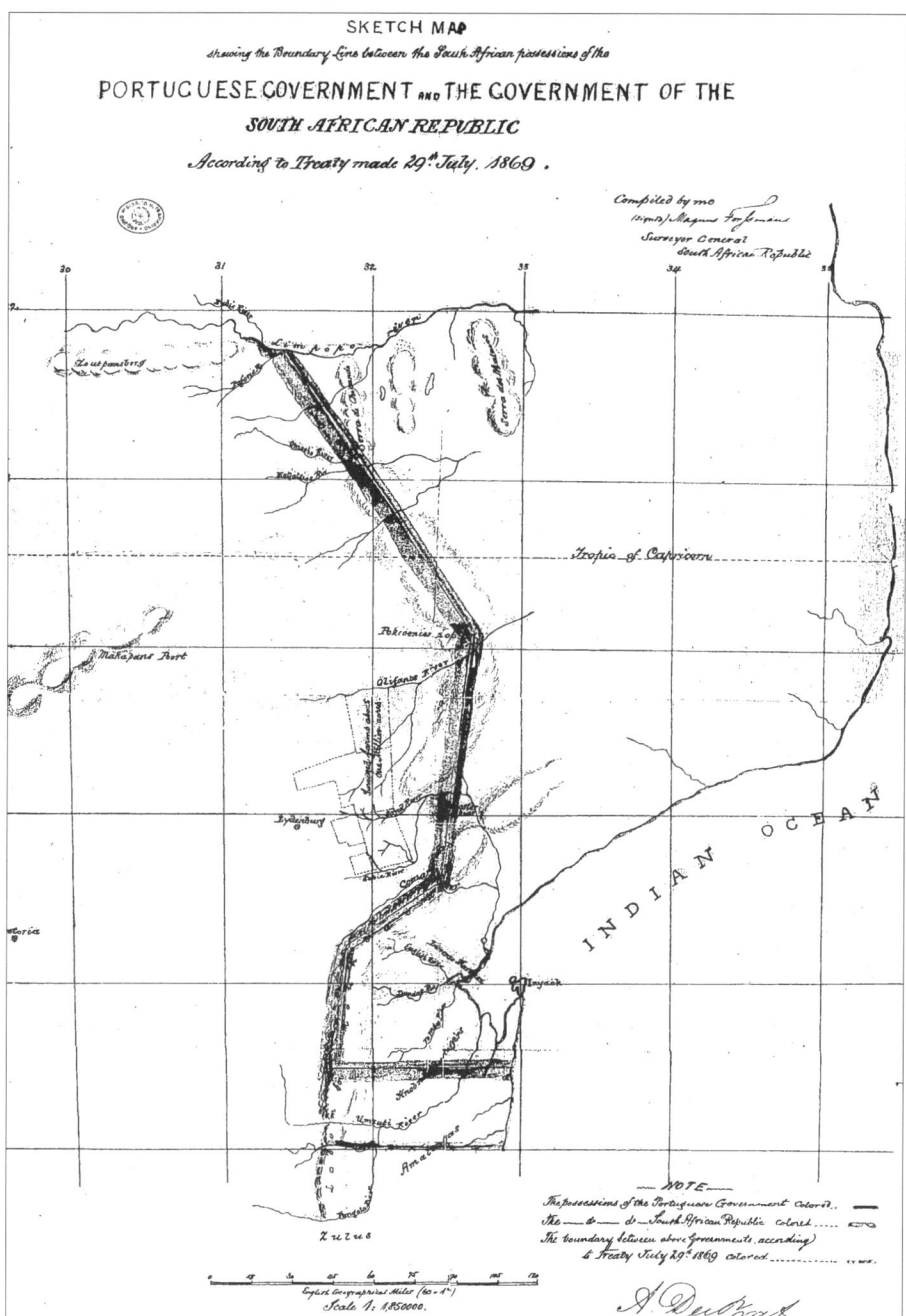

FIG. 20. Sketskaart deur Magnus Forssman om die grenslyn tussen die Z.A.R. en Mosambiek aan te toon soos dit volgens die Traktaat van Vrede, Vriendschap, Handel en Grenzen van 29 Julie 1869 vasgestel is.

Fig. 23. Durban in 1870, dit wil sê die jaar nadat die Portugese Diplomatieke Kommissie, waarvan Fernando da Costa Leal die sekretaris was, onderweg na Potchefstroom daar aan wal gegaan het.

Fig. 24. 'n Toneel in Zambésia, Mosambiek, met 'n teeplantasie op die voorgrond.

Fig. 25. J.W. (Jan) Viljoen (1812-1893), grootwildjagter en kommandant van Marico.

Fig. 26. Skets van Carl Gottlieb Mauch (1837-1875), ontdekkingsreisiger en kartograaf.

Fig. 27. Alberto Carlos de Paiva Rapozo (†1876), waarnemende sekretaris van die Portugese Diplomatieke Kommissie nadat die sekretaris, Fernando da Costa Leal, saam met Carl Mauch op hulle reis na Lourenço Marques vertrek het.

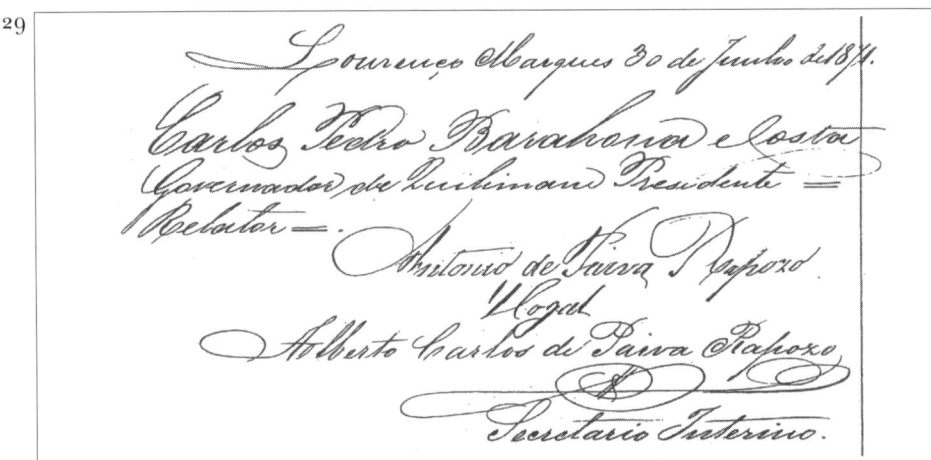

FIG. 28. Handtekeninge onderaan die traktaat wat op 26 Oktober 1870 onderteken is. Lede van die Diplomatieke Kommissie links: Carlos Pedro Barahona e Costa (voorsitter), António de Paiva Rapozo (lid) en Alberto Carlos de Paiva Rapozo (waarnemende sekretaris); verteenwoordigers van die Regering van die Z.A.R. regs: M.W. Pretorius (staatspresident), M.J. Viljoen, S.J.P. Kruger, D.J. Erasmus en S.J. Meintjies (waarnemende sekretaris).

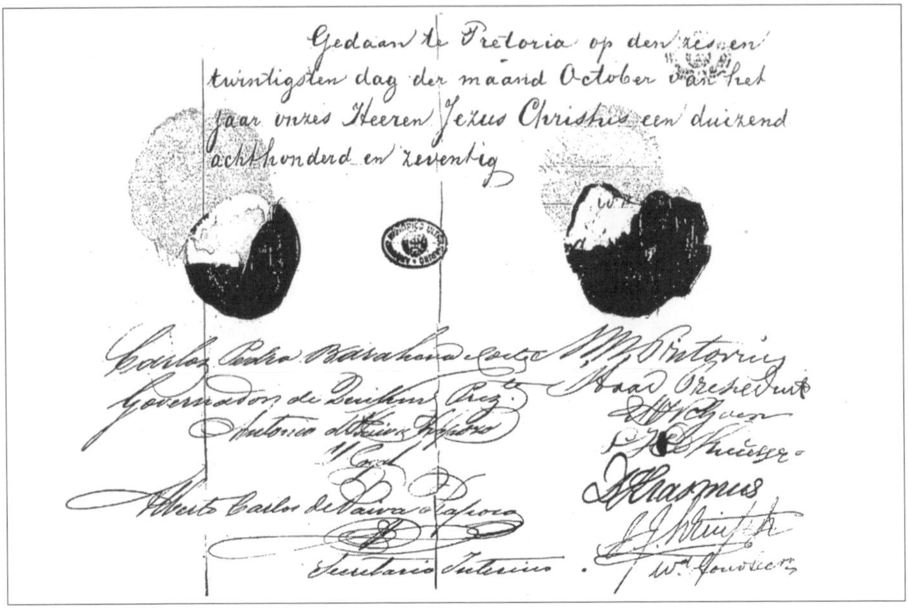

FIG. 29. Handtekeninge van die lede van die Diplomatieke Kommissie, naamlik Carlos Pedro Barahona e Costa (voorsitter), António de Paiva Rapozo (lid) en Alberto Carlos de Paiva Rapozo (waarnemende sekretaris), soos dit verskyn aan die einde van hulle verslag wat op 30 Junie 1871 in Lourenço Marques voltooi is.

Fig. 30. Die Praça MacMahon (MacMahon-plein) in Lourenço Marques wat uit dankbaarheid vir sy arbitrasie ten gunste van Portugal in 1875 na die Franse president M.E.P.M. MacMahon vernoem is. Die stasiegebou was die eindpunt van die Delagoabaai-spoorlyn tussen die Z.A.R. en Mosambiek. Die Praça MacMahon heet tans die Praça Trabalhadores (Arbeiders- of Werkersplein).

Fig. 31. T.F. Burgers (1834-1881), staatspresient van die Z.A.R., wat Portugal in 1875 besoek het en 'n groot voorstander vir die bou van 'n spoorlyn tussen Pretoria en Lourenço Marques was. Skets deur Anton van Wouw.

Fig. 32. Heraldiese wapen van die Familie Leal in Portugal.

FIG. 33. Fernando da Costa Leal (1825-1869), goewerneur-generaal van Mosambiek in 1869 en oom van Fernando da Costa Leal (1846-1910).

FIG. 34. Die Palácio de São Paulo, die ampswoning van die goewerneur-generaal van Mosambiek, wat in die 17de eeu op Ilha de Moçambique opgerig is en waarin Da Costa Leal as *aide de camp* van sy oom, die goewerneur-generaal, ook gewoon het.

FIG. 35. Carl Gottlieb Mauch (1837-1875), die beroemde Duitse ontdekkersreisiger, en Fernando da Costa Leal (1846-1910) afgeneem op 17 Mei 1870, die dag voordat hulle op hulle reis na Lourenço Marques vertrek het.

FIG. 36. Kaart van Goa, *c.* 1878.

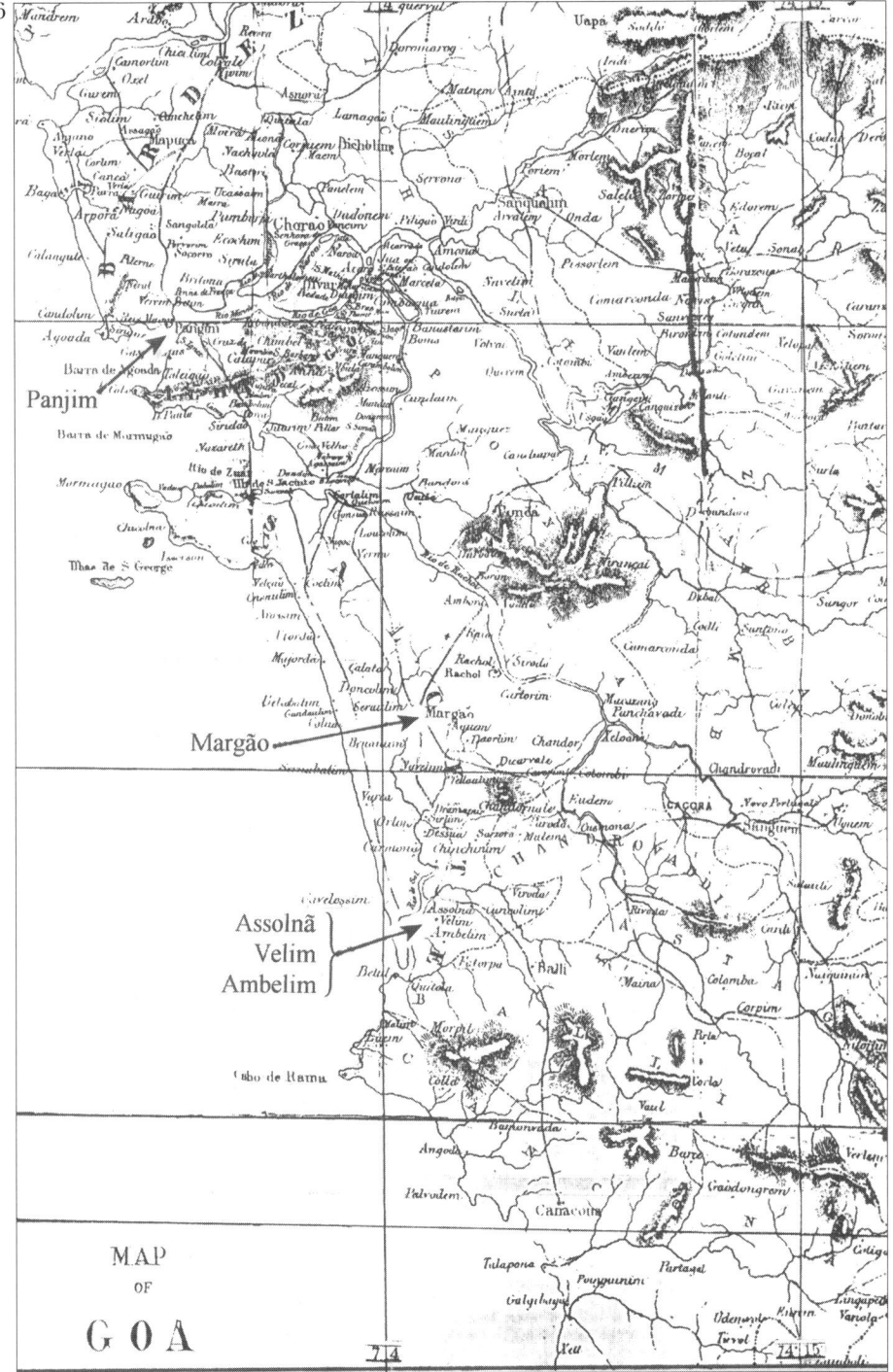

MAP
OF
GOA

Fig. 37. Pres. M.W, Pretorius se gerestoureerde huis op Potchefstroom.

Fig. 38. 'n Denkbeeldige voorstelling van die heerser van die ryk van Monomotapa.

Fig. 39. Die moord op pater Gonçalo da Silveira (1526-1561) by Monomotapa.

Fig. 40. Portugese ontdekkers onderweg.

Fig. 41. Majoor Alexandre A. da R. de Serpa Pinto (1846-1900), Portugese ontdekkingsreisiger.

Fig. 42. Luís I (1838-1889), die Gewilde, wat van 1861-1889 die koning van Portugal was.

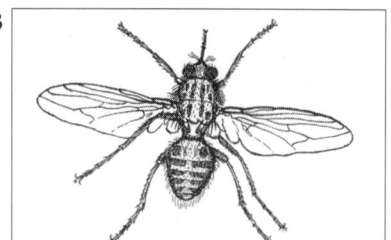

43

45

44

46

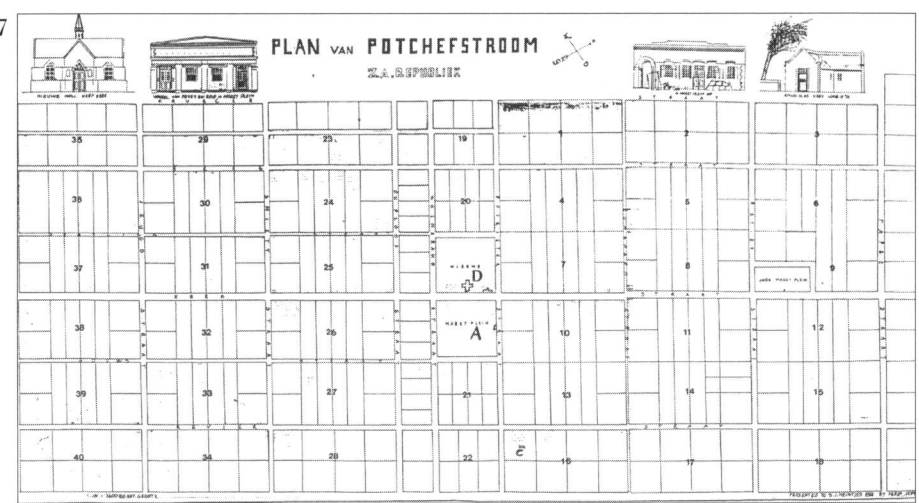

FIG. 43. Die tsetsevlieg (*Glossina morsitans*).

FIG. 44. Carl Mauch (1837-1875), Duitse ontdekkingsreisiger en kartograaf.

FIG. 45. Mzilikazi (Silkaats) (*c*. 1790-1868), koning van die Matebele, soos in 1836 deur W. Cornwallis Harris uitgebeeld.

FIG. 46. Die Tati-goudvelde, 1870.

FIG. 47. Kaart wat deur F. Jeppe in 1863 geteken is en wat die uitleg van Potchefstroom, Z.A.R., aantoon en wat in die Potchefstroom-museum (09/31397) bewaar word. Die sketse van die geboue bo-aan die kaart is v.l.n.r. die Nederduitsch Hervormde Kerk op die Markplein, die winkel van Pavey & Reid aan die Markplein, 'n woonhuis aan die Markplein en die Engelse Kerk in Lombaardstraat.

FIG. 48. 'n Straattoneel, Potchefstroom.

Fig. 49. 'n Huis op Potchefstroom soos deur Da Costa Leal tydens sy verblyf daar geskets.

Fig. 50. Die Nederduitsch Hervormde Kerk op Potchefstroom geskets deur Da Costa Leal.

Fig. 51. Die Markplein op Potchefstroom met die Nederduitsch Hervormde Kerk in die middel daarvan. Die foto is waarskynlik teen 1870 geneem.

Fig. 52. Die Markplein, Potchefstroom, *c.* 1881.

Fig. 53. P.L. Bezuidenhout (1842-1926), bekende Potchefstroomse veldkornet en volksraadslid, met 'n hoed met 'n volstruisveer.

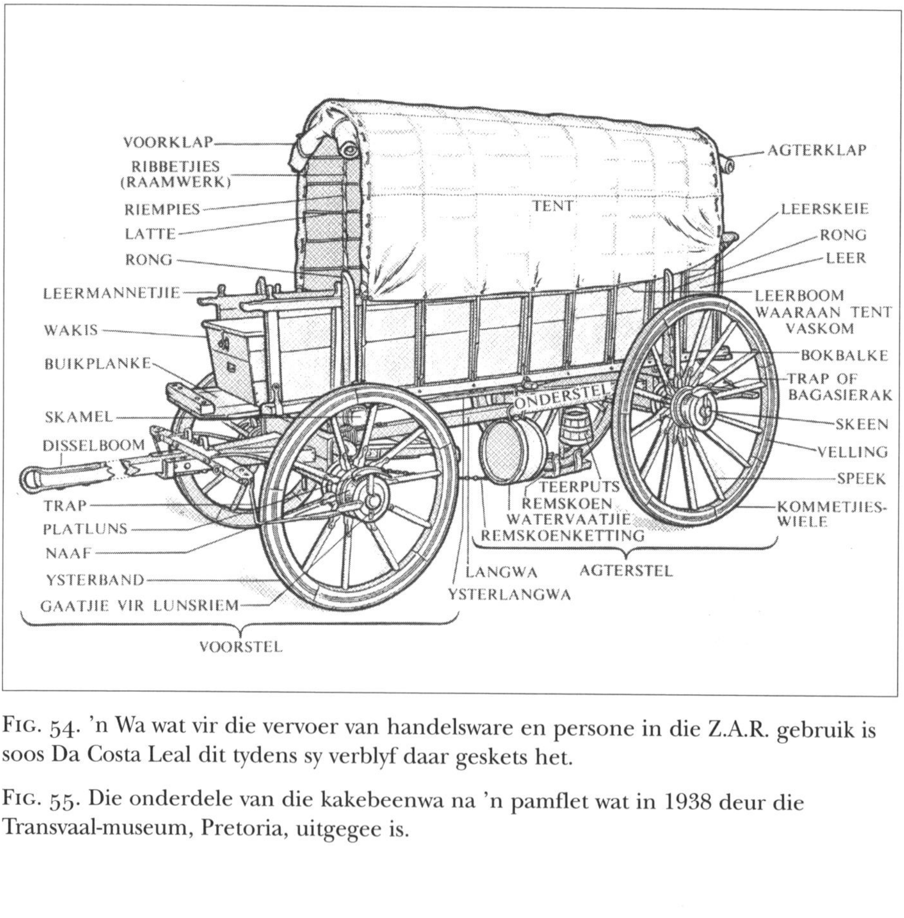

FIG. 54. 'n Wa wat vir die vervoer van handelsware en persone in die Z.A.R. gebruik is soos Da Costa Leal dit tydens sy verblyf daar geskets het.

FIG. 55. Die onderdele van die kakebeenwa na 'n pamflet wat in 1938 deur die Transvaal-museum, Pretoria, uitgegee is.

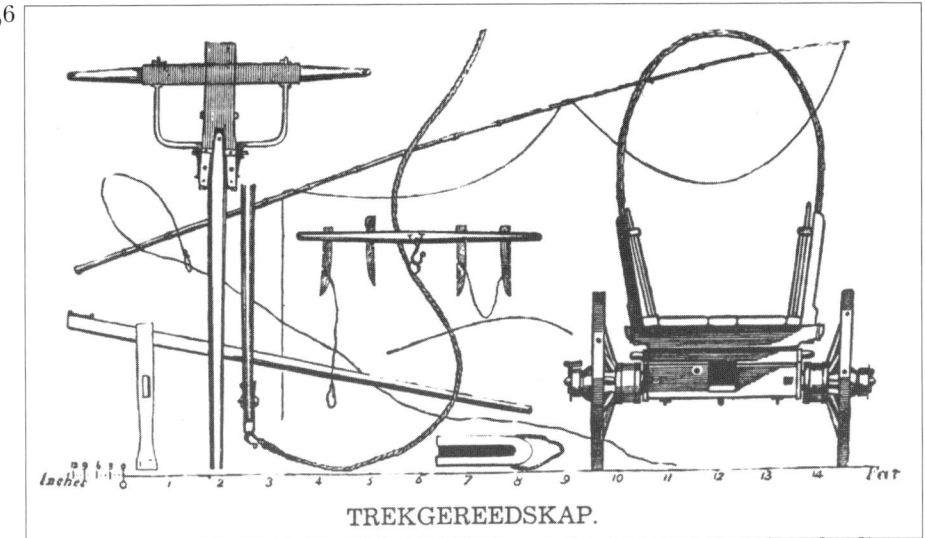

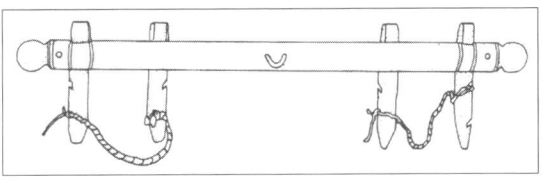

Fig. 56. Trekgereedskap: remskoen, ligter, juk en sweep.

Fig. 57. 'n Span van twaalf osse trek 'n wa deur 'n rivier.

Fig. 58. 'n Tradisionele juk met skeie en stroppe.

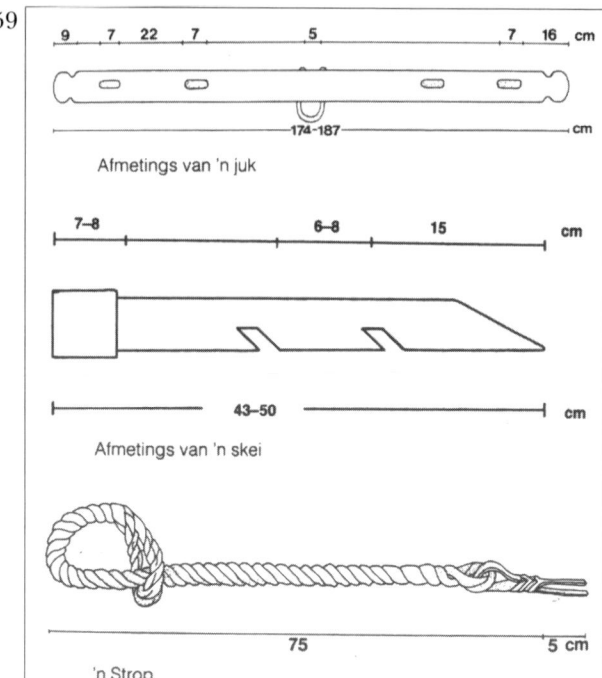

FIG. 59. Vorme en afmetings van 'n juk, skei en strop.

FIG. 60. 'n Uitbeelding van die volop wild in die binneland van Suidelike Afrika soos dit in 1869 in Leipzig gepubliseer is.

59

60

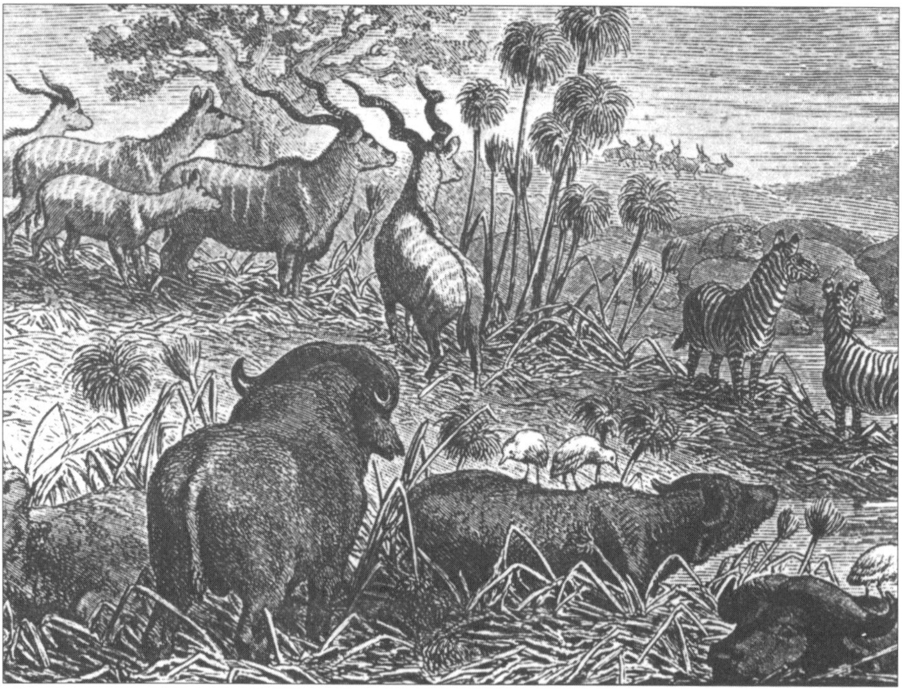

61

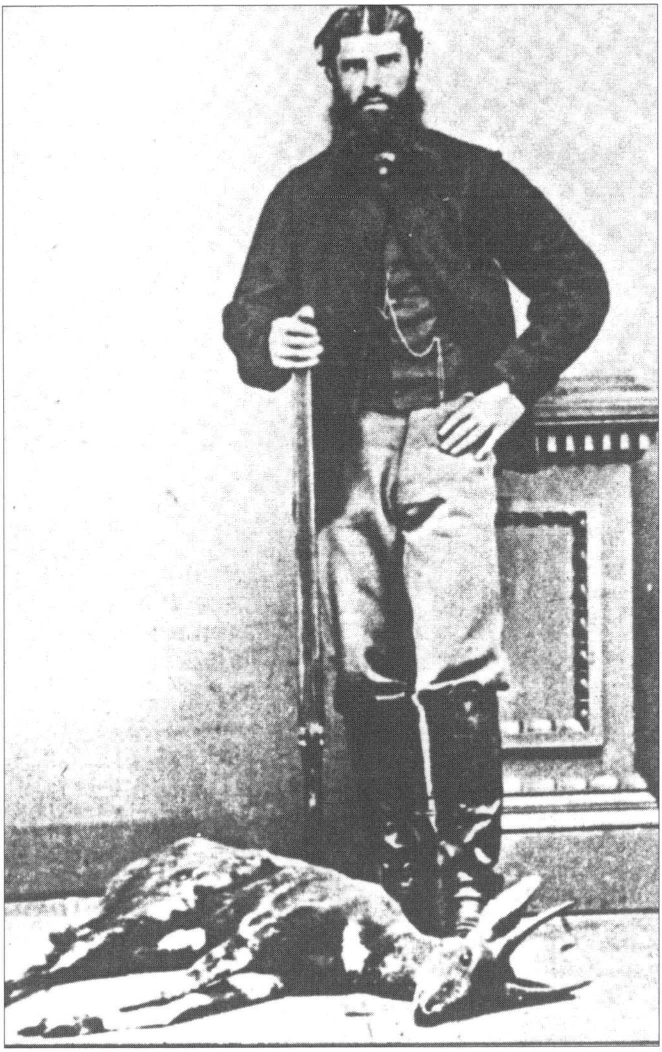

Fig. 61. 'n Tipiese jagter wat teen 1870 in Pietermartitzburg afgeneem is.

Fig. 62. 'n Bontsebra (*Equus burchellii*) geskilder deur Edmund Caldwell (1851-1923). Die Boere het verkeerdelik na dié sebra as 'n "kwagga" verwys.

Fig. 63. 'n Luiperd (*Panthera pardus*), verkeerdelik deur die Boere 'n "tier" genoem.

62

63

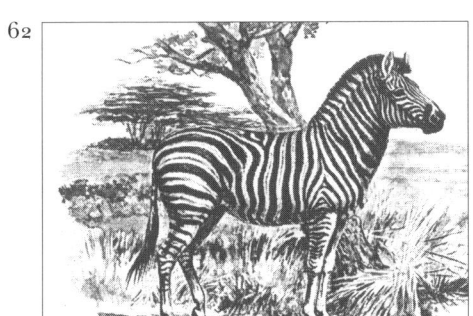

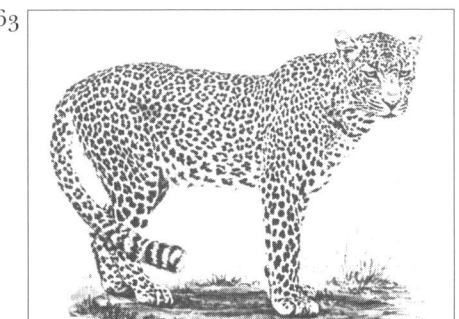

Fig. 64. 'n Plaasopstal soos Da Costa Leal dit tydens sy verblyf in die Z.A.R. geskets het

Fig. 65. Die interieur van 'n vroeë Transvaalse woning.

Fig. 66. Rustenburg, 1877.

Fig. 67. 'n Afbeelding van die Wonderfontein-grotte soos dit in 1881 in Emil Holub (1847-1902) se *Seven years in South Africa, travels, researches and hunting adventures between the diamond fields and the Zambezi, 1872-1879* verskyn het.

Fig. 68. Pretoria, 1872. 'n Olieverfskildery deur Thomas Baines.

Fig. 69. Gruiswassery by Klipdrift op die delwerye aan die Vaalrivier.

Fig. 70. Koningin Victoria (1819-1901).

Fig. 71. Piet Retief (1780-1838), die Voortrekkerleier.

Fig. 72. Marthinus Wessel Pretorius (1819-1901), staatspresident van die Z.A.R. tydens die besoek van die Portugese Diplomatieke Kommissie in 1869-1870. Hierdie foto van 'n betreklike jeugdige Pretorius dateer waarskynlik uit die jaar 1870.

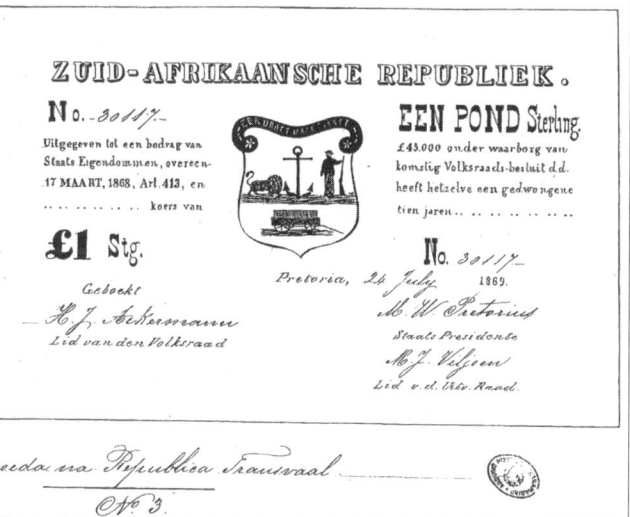

FIG. 73. Voorbeelde van papiergeld van die Z.A.R., maar die handtekeninge daarop is nie oorspronklik nie, wat die vermoede laat ontstaan dat Da Costa Leal dit oorgeteken het.

FIG. 74. 'n Karikatuur van pres. M.W. Pretorius (1819-1901).

Fig. 75. Huis van Brás da Piedade Pereira (1824-1883), wat tydens die besoek van die Portugese Diplomatieke Kommissie se besoek aan Pretoria as hulle gasheer opgetree het. Linosnee deur J.H. Pierneef.

Fig. 76. Die eerste Goewermentsgebou (1865-1889) in Pretoria.

Fig. 77. Hoëveldse Boere met hulle gesinne in die winter in die bosveld, soos in 1893 deur André E. Sleigh geskets. Jag en die maak van biltong was deel van hulle daaglikse roetine.

Fig. 78. Fort Merensky op die koppie by die Berlynse sendingstasie Botšhabelo soos dit in H.T. Wangemann (1818-1894) se *Ein Reisejahr in Südafrika* in 1868 uitgebeeld is.

FIG. 79. Alexander Merensky (1837-1918), sendeling van die Berlynse Sendinggenootskap op Botšhabelo in Transvaal.

FIG. 80. Lydenburg soos dié dorp in H.T. Wangemann (1818-1894) se *Ein Reisejahr in Südafrika* in 1868 uitgebeeld is.

Fig. 81. Die pad uit Lourenço Marques na Lydenburg in Transvaal.

Fig. 82. Sekhukhune (1814-1882), opperhoof van die Pedi.

Fig. 83. Chrissiesmeer wat na Christina (Chrissie) Petronella Johanna Pretorius (1851-1926) vernoem is.

FIG. 84. Christina (Chrissie) Petronella Johanna Meyer (née Pretorius), dogter van president M.W. Pretorius. Sy was 'n vriendin van Alexander McCorkindale en sy eggenote en hy het Chrissiesmeer na haar vernoem.

FIG. 85. Robert Bell (1843-1877), algemene administrateur van die Glasgow and South African Company en later vrederegter van New Scotland.

FIG. 86. Die Usuturivier in Swaziland met die Lebombobergreeks in die agtergrond. Aan die anderkant van die bergreeks vloei die Usuturivier met die Pongolarivier saam, waarna die stroom as die Rio Maputo bekend staan.

Fig. 87. Alexander McCorkindale (1816-1871), stigter van die Skotse nedersetting in New Scotland.

Fig. 88. Die Assegaai- of Mkondorivier in die omgewing van die huidige Piet Retief in Mpumalanga.

Fig. 89. Swazi-hutte wat op die tradisionele wyse aan die voet van die Lebombobergreeks opgerig is.

Fig. 90. 'n Zoeloekraal met byekorfvormige hutte naby Umlazi, Natal, geskilder deur G.F. Angas (1822-1866).

Fig. 91. Die Nsongwenirivier, 'n sytak van die Pongolarivier, in Swaziland met in die agtergrond dié gedeelte van die Lebomboberge waar Fernando da Costa Leal en Carl Mauch in 1870 die reeks oorgesteek het.

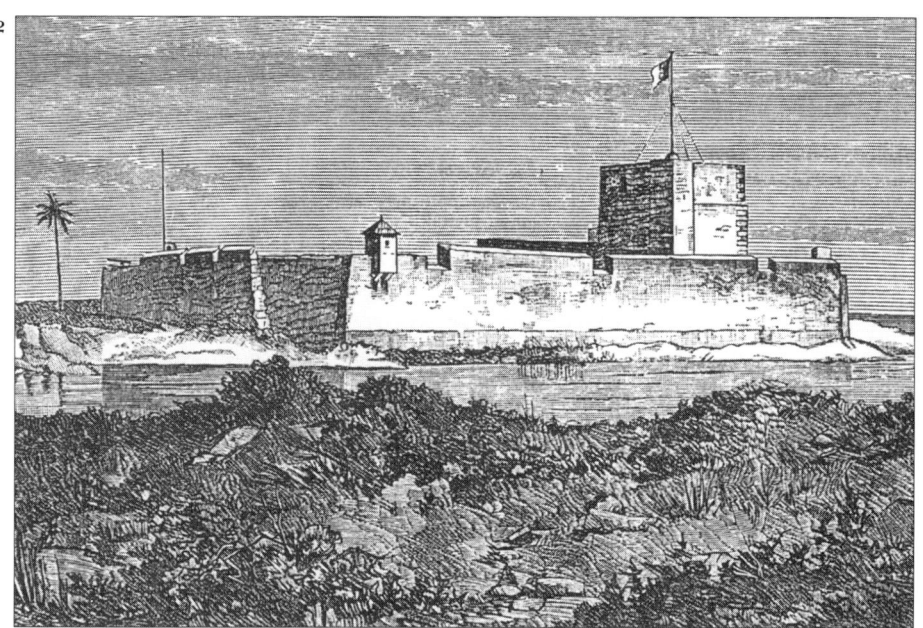

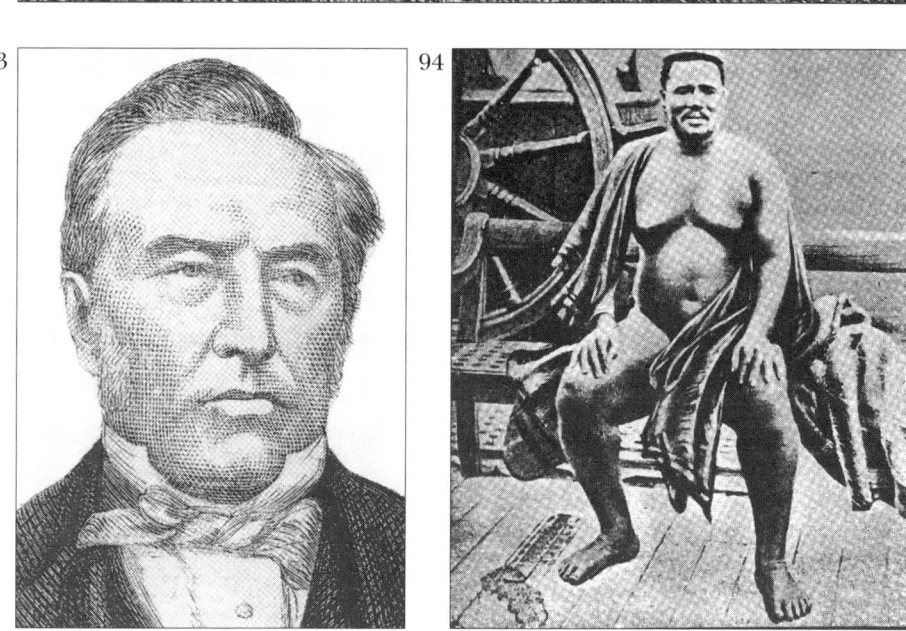

Fig. 92. Fortaleza de São Caetano, Sofala, in die tweede helfte van die 19de eeu volgens 'n gravure na 'n oorspronklike tekening deur Augusto de Castilho.

Fig. 93. Sir Theophilus Shepstone (1817-1893), sekretaris van Naturellesake in Natal van 1856 tot 1876.

Fig. 94. Cetchwayo, koning van die Zoeloes van 1873-1879 en 1883-1884.

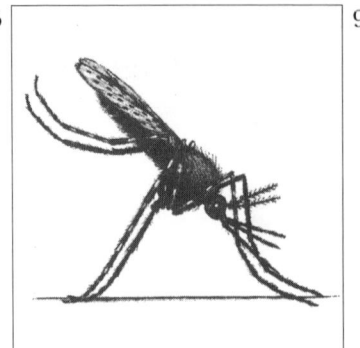

K. NEWMAN '76

Fig. 95. Die malariamuskiet (*Anopheles gambiae*).

Fig. 96. 'n Skets van inboorlinghutte naby Lourenço Marques.

Fig. 97. 'n Blouwildebees (*Connochaetes taurinus*) links en swartwildebees (*Connochaetes gnou*) regs.

Fig. 98. Tarentale, destyds die belangrikste eetbare voëls in Mosambiek.

Fig. 99. Klipstapel net buite die huidige Breyten in Mpumalanga.

Fig. 100. George Pigot Moodie (1829-1891), regeringslandmeter wat in 1872 'n skema vir die bou van 'n spoorlyn na Delagoabaai aan die regering van die Z.A.R. voorgelê het.

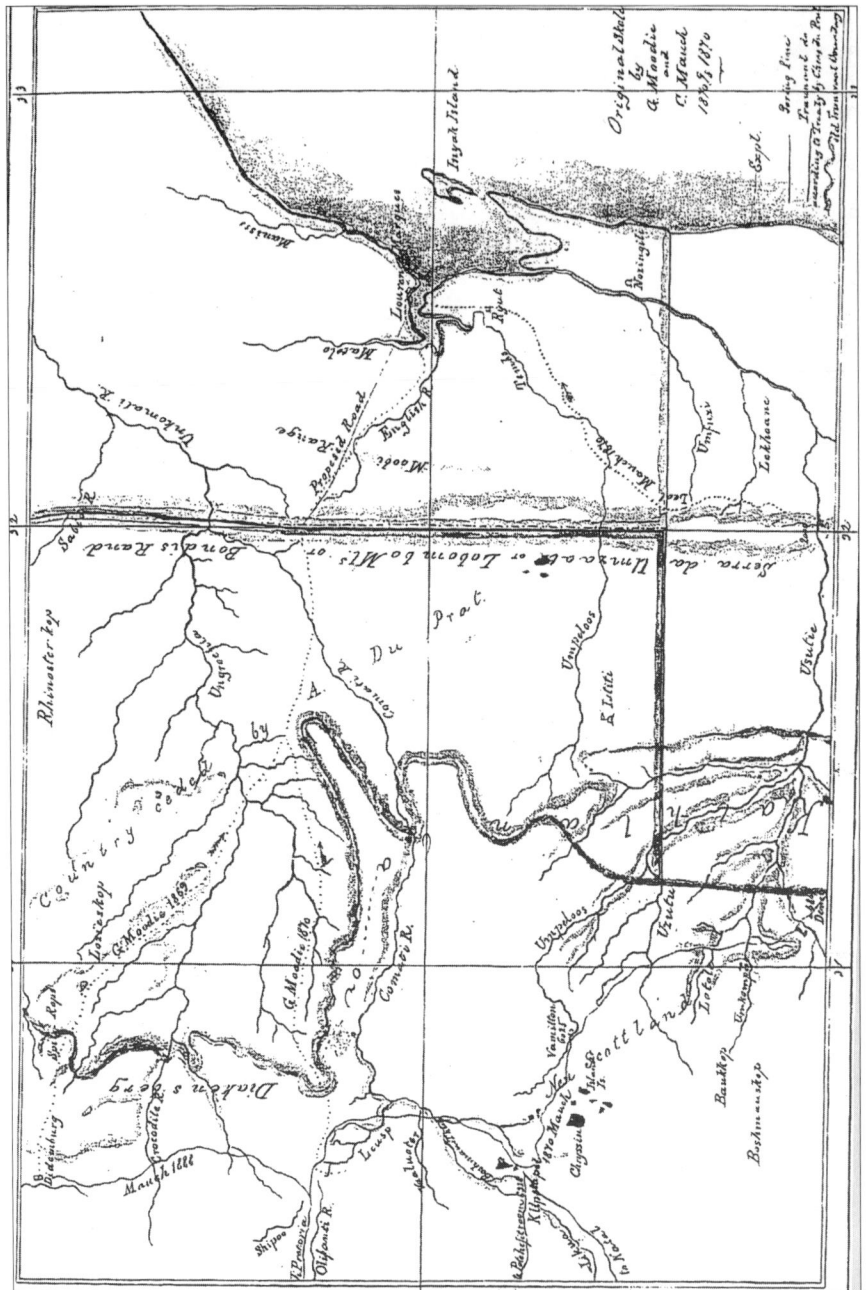

FIG. 101. Die sketskaart wat in 1870 deur G.P. Moodie en C. Mauch geteken is om die voorgestelde verbindingsroete tussen Lourenço Marques en die grens van die Z.A.R. aan te dui, maar waarop ook 'n gedeelte voorkom van die roete waarlangs Da Costa Leal en Mauch gereis het.

VERSLAG

VAN DIE REIS VAN DIE BINNELAND VAN DIE

TRANSVAALSE REPUBLIEK

NA DIE HAWE VAN

LOURENÇO MARQUES

WAT ONDERNEEM IS DEUR

FERNANDO DA COSTA LEAL,

TWEEDE LUITENANT EN SEKRETARIS
VAN DIE DIPLOMATIEKE KOMMISSIE
WAT IN 1870 NA TRANSVAAL GESTUUR IS.

Deurlugtige Heer,

Ek het die eer om U Eksellensie te versoek om goedgunstiglik die verslag van die reis wat ek onlangs van die binneland van die Transvaalse Republiek¹ na die hawe van Lourenço Marques onderneem het aan Sy Eksellensie die Raadslid en Goewerneur-Generaal van die Provinsie² voor te lê en ek verstout my om die hoop uit te spreek dat Sy Eksellensie enige gebreke in dié werk sal verskoon, indien ek in my ywer dalk 'n taak onderneem het wat bo my vermoëns is.

Indien Sy Eksellensie dit as van enige waarde vir ons land beskou, sal ek voldoening in my werk vind.

Ek het ook die eer om U Eksellensie te versoek om Sy Eksellensie vriendelik te vra dat die verslag in die Boletim Oficial ³ van die Provinsie gepubliseer moet word.⁴

God behoed U Eksellensie.

Mosambiek
2 Desember 1870

Fernando da Costa Leal
Tweede Luitenant en
Sekretaris van die Diplomatieke Kommissie na Transvaal
Aan die Sekretaris van die
*Sentrale Regering van die Provinsie Mosambiek*⁵

---

1. Hoewel artikel 1 van die Grondwet van 1858 uitdruklik bepaal het dat die staat die naam "Zuid-Afrikaansche Republiek" sou dra, het die naam Transvaalse Republiek in die volksmond daarnaas bly voortleef. J.H. Breytenbach (red.), *Notule van die Volksraad van die Suid-Afrikaanse Republiek*, III, p. 496.
2. Sedert 25.08.1870 was genl. José Rodrigues Coelho do Amaral goewerneur-generaal van die Provinsie Mosambiek. Die *Governador Geral* (Goewerneur-generaal) van Mosambiek het op Ilha de Moçambique (Mosambiek-eiland) gewoon, is deur die Portugese regering in Lissabon aangestel en hy is tot in 1869 deur 'n raad, die *Conselho de Gorverno*, bygestaan. E. de Naronha, *O disticto de Lourenço Marques e a Africa do Sul*, p. 213; A.H. de O. Marques, *History of Portugal: synthesis of Portuguese culture*, p. 126; M.V.J. Haight, *European powers and South-East Africa*, p. 37.
3. Die belangrikste publikasie in elke Portugese kolonie was die *Boletim Oficial* (Amptelike Bulletin), waarin dikwels algemene nuus en selfs letterkundige bydraes gepubliseer is. A.H. de O. Marques, *History of Portugal*, II, p. 106.
4. Die verslag is inderdaad in die *Boletim Oficial do Governo Geral da Provincia Moçambique*, nrs. 47-51 van 1870 en nrs. 1-19 van 1871 gepubliseer. D.W. Krüger, "Die weg na die see", *Argief-jaarboek*, 1 (1), 1938, p. 188, n. 71.
5. Euzebio Candido Cordeiro Pinheiro Furtado Coelho was in 1870 die sekretaris van die sentrale regering in Mosambiek, maar na sy oorlyde is Luiz Travassoz Valdêz in

Op 12 April vanjaar het ek, terwyl die Diplomatieke Kommissie wat na die Transvaalse Republiek gestuur was op vertrek uit daardie land gestaan het, in my hoedanigheid as sekretaris van genoemde Kommissie en kragtens sy besluit, reeds die Potchefstroomse koerant[6] in kennis gestel dat die Kommissie op 15 Mei sou vertrek en dat alle onafgehandelde korrespondensie en onderhandelinge met persone wat in emigrasie na Zambésia[7] geïnteresseerd is en met die agente wat deur die Kommissie opgedra is om sodanige emigrasie in die onderskeie distrikte van Transvaal te bevorder en aan te moedig, op 30 April afgesluit sou word. Ek het versoek dat die Kommissie op 12 April moes byeenkom, welke vergadering op daardie dag gehou is en waartydens ek aan hulle[8] voorgestel het dat ek via 'n ander roete na Lourenço Marques sou vertrek as die een wat die Kommissie na die

---

Augustus 1870 as waarnemende sekretaris aangewys. Arquivo Histórico Ultramarino (hierna AHU), Lissabon: Pasta 45, 2º Vol., Relatório apresentado pela Commissão Diplomatica, p. 116; Transvaalse Argiefbewaarplek (hierna TAB), Pretoria: A 245, J. Albasini-versameling: J. Albasini – E.C.C.P. Furtado Coelho, 18.08.1870.

6. Die *Transvaal Advocate and Commercial Advertiser*, 'n tweetalige koerant wat vanaf 25.05.1869 deur J.P. Borrius op Potchefstroom uitgegee is. State Library, *A list of South African newspapers, 1800-1982*, pp. 150-151; T.V. Bulpin, *The Golden Republic*, p. 126.

7. Da Costa Leal skryf *Zambézia*. Omdat die Boere vooruitstrewende geharde mense was, het die Portugese hulle as ideale koloniste vir die kolonie Zambésia beskou. Kmdt. J.W. Viljoen van Marico met sy groot gevolg was onder diegene wat van plan was om daarheen te trek. In 1869 het João Albasini met die goedkeuring van die Portugese owerheid 'n byna soortgelyke kolonie, Colónia de São Luíz, op Magashulaskraal gestig. Nie een van hierdie skemas was suksesvol nie. I. Rocha, *Portugueses em África*, p. 50; C.T. da Mota, *Presenças Portuguesas na África do Sul*, pp. 105-107 & 112-121; J.B. de Vaal, "Die rol van João Albasini in die geskiedenis van die Transvaal", *Argief-jaarboek*, 16 (1), 1953, pp. 133-135.

8. D.w.s. die lede van die Diplomatieke Kommissie.

binneland gevolg het (seelangs na Port Natal[9] en vandaar af deur daardie Kolonie en die Oranje-Vrystaat[10] na die gebied noord van die Vaal[11]). Ek het voorgestel dat ek sou vertrek nadat die werk afgehandel is waarvoor ek in my hoedanigheid as sekretaris verantwoordelik was indien die Kommissie van mening was dat my vertrek nie sy werk sou benadeel nie. Die redes wat my daartoe gelei het om hierdie voorstel te maak, is in die notule van die vergadering van 12 April opgeteken, asook die bespreking wat die stemming voorafgegaan het, maar ek het die vrymoedigheid geneem om dit ook hier uiteen te sit, omdat dit direkte betrekking het op die lang tog wat ek onderneem en daarna voltooi het.

Volgens die inligting tot my beskikking was ek daarvan oortuig dat die werk van die Kommissie in daardie stadium afgehandel of byna afgehandel was of in elk geval sou wees teen die tyd dat ek uit Potchefstroom sou vertrek en het die voorsitter[12] en lede van die Kommissie[13] met my saamgestem, soos blyk uit die notule waarna hierbo verwys is. Die Kommissie is deur die sentrale regering van die Provinsie aangestel en geakkrediteer om twee afsonderlike opdragte uit te voer; die een as omstandighede dit sou toelaat en die ander verseker. Die eerste was die sluiting van 'n verdrag oor grense en handel met die regering van die Republiek vir ingeval ('n veronderstelling

---

9. Port Natal het sy naam te danke aan Vasco da Gama wat op Kersdag 1497 die landstreek die naam Natal (Kersfees) gegee het. Die Portugese het die rivier wat daar uitmond die Rio de Natal (tans die Umhlatuzanarivier) genoem, wat tot die naam Port Natal aanleiding gegee het. Na Junie 1835 is die hawe Durban genoem, maar die naam Port Natal het in die omgangstaal bly voortleef. D.J. Potgieter (red.), *Standard encyclopaedia of Southern Africa*, IX, p. 23.
10. Da Costa Leal skryf: *Estado Livre do Rio Orange*, d.w.s. Oranjerivier-Vrystaat. Die Oranje-Vrystaat het amptelik op 23.02.1854 met die sluiting van die Bloemfontein-konvensie tot stand gekom. D.J. Potgieter (red.), *Standard encyclopaedia of Southern Africa*, VIII, p. 346.
11. Die Oor-Vaalse gebied of die Zuid-Afrikaansche Republiek.
12. Die voorsitter van die Diplomatieke Kommissie was Carlos Pedro Barahona e Costa (1833-1876), goewerneur van Kilimane (Quilimane). *Grande enciclopédia Portuguesa e Brasileira*, IV, p. 157. Meer besonderhede oor hom verskyn in die inleiding.
13. Die ander lede van die Diplomatieke Kommissie was António de Paiva Rapozo en Alberto Carlos de Paiva Rapozo. Laasgenoemde sou in die plek van Da Costa Leal as sekretaris van die Kommissie optree. Meer besonderhede oor hulle word in die inleiding verstrek.

wat, vroeëre geleenthede in ag geneem, maklik bewaarheid kon word) die gevolmagtigde van *Sua Magestade El-Rei*,[14] [Fig. 42] aan wie hierdie uiters dringende sending toevertrou is, weens onvoorsiene omstandighede nie by die setel van die Transvaalse regering sou opdaag nie,[15] of, ingeval die Kommissie daarin sou slaag om die gevolmagtigde in daardie land te vind en laasgenoemde gewillig sou wees om onderhandelinge aan te knoop wat tot die sluiting van die verdrag met wedersydse instemming sou lei; die ander spesiale opdrag was om emigrasie van Boere-koloniste na ons uiters ongetemde Zambésia aan te moedig; 'n opdrag wat, soos ek reeds hierbo vermeld het, onvoorwaardelik uitgevoer moes word.

As gevolg van 'n verskeidenheid aan teenspoed en probleme,[16] wat te lank sal neem om op te noem en wat destyds behoorlik aan die hoër gesag gerapporteer is, het die Kommissie nie voor 7 Desember op Potchefstoom aangekom nie. Die dorp Potchefstroom[17] is die be-

---

14. *Sua Majestade El-Rei* (Port.): Sy Majesteit die Koning. Dom Luís I (1838-1889), die Gewilde, was die Portugese koning van 1861-1889 en het in 1858 as jong prins Portugees-Afrika besoek. M. de Sousa, *Reis e rainhas de Portugal*, p. 149; I.A. Fernandes, *Reis e rainhas de Portugal*, p. 75.
15. Alfredo Duprat (1816-1881), Portugese konsul-generaal in Kaapstad, is in 1861 deur die Goewerneur-generaal van Mosambiek, João Tavares de Almeida, saam met Onofre Lourenço de Andrade, die goewerneur van Lourenço Marques, afgevaardig om met die ZAR oor die vasstelling van grense te onderhandel, maar Duprat het nooit sy opwagting gemaak nie - waarskynlik a.g.v. die burgertwis wat destyds in die ZAR geheers het. *Grande enciclopédia Portuguesa e Brasileira*, IX, pp. 355-356; E. de Noronha, *Lourenço Marques na África Austral*, p. 12.
16. Die Diplomatieke Kommissie se aankoms op Potchefstroom is vertraag omdat hy eers oor land van Mosambiek na Potchefstroom wou reis en deur vyandige inboorlinge verhinder is, na Lourenço Marques moes terugkeer en per skip na Durban moes vaar. In Natal is sy reis verder vertraag omdat hy op geskikte vervoer moes wag. AHU, Lissabon: Pasta 45, 2º Vol., Relatório a presentado pela Commissão Diplomatica, pp. 10 & 15.
17. Oor die stigtingsdatum van Potchefstroom, genoem na A.H. Potgieter "als Chef en gelegen aan Mooirivier" - Pot (Potgieter) chef (hoof) stroom (Mooirivier), bestaan daar groot meningsverskil. Sommige outeurs vereenselwig dit met die begin van 'n blanke nedersetting in Transvaal op 25.01.1836. Ander historici voer dit terug tot November of Desember 1838, terwyl Potchefstroom volgens Bergh in 1839 aan die Mooirivier aangelê en in 1841 verder suid na sy huidige ligging verskuif is. A.N. Pelzer, *Geskiedenis van die Suid-Afrikaanse Republiek*, I, p. 129; J.S. Bergh (red.), *Geskiedenisatlas van Suid-Afrika*, p. 129; A.J.H. van der Walt (red.), *Potchefstroom 1838-1938*, p. 16.

langrikste dorp van Transvaal[18] waar die President van die Republiek gewoonlik woon.[19]

In Junie dieselfde jaar het mnr. Alfredo Duprat namens *Sua Magestade El-Rei* [20] 'n verdrag oor grense en handel met die regering van die Zuid-Afrikaansche Republiek gesluit.[21]

Gevolglik was die enigste taak wat vir die Kommissie oorgebly het om die spesiale opdrag uit te voer om emigrasie na Zambésia te bevorder, en dit betaam my om hier te verklaar dat die Kommissie alles in sy vermoë gedoen het om dié doel te bereik deur vooraf die kennelik opregte amptelike samewerking van die regering van die land te verkry. Verskeie distrikte is reeds besoek, talle briewe is gewissel met invloedryke persone wat in die onderneming geïnteresseer was en uitstekende diens is in dié verband deur die waarnemende Konsul van Portugal,[22] sommige

---

18. Hoewel Pretoria die regeringsetel van die ZAR was, het art. 17 van die Grondwet van 1858 bepaal "Potchefstroom gelegen aan de Mooirivier, zal de hoofdplaats der Republiek zijn". Potchefstroom was die oudste dorp en dié handelsentrum in Transvaal en as sodanig ook die bekendste in die buiteland. Groot handelondernemings in Natal en die Kaapkolonie het hier takkantore geopen om die deurvoer van handelsware na en uitvoer uit die Republiek te vergemaklik. A.N. Pelzer, *Geskiedenis van die Suid-Afrikaanse Republiek*, I, p. 178; A.J.H. van der Walt (red.), *Potchefstroom 1838-1938*, p. 99.
19. M.W. Pretorius het op Kalkheuvel naby Pretoria gewoon toe hy in 1857 tot president van die ZAR verkies is. Omdat Potchefstroom in daardie stadium die "hoofplaats" en regeringsetel van die ZAR was, het hy daar gaan woon. Toe Pretoria op 01.05.1860 die hoofstad geword het, was Pretorius nie meer die president nie. Toe hy weer in 1864 tot Staatspresident verkies is, het hy verkies om in Potchefstroom te bly woon en het hy slegs by tye na Pretoria gegaan. Hy het die grootste gedeelte van sy lewe op Potchefstroom gewoon in 'n huis wat hy in 1868 laat bou en eers in 1894 aan J.C. Bodenstein verkoop het. In 1903 het Alexander McLagan die huis gekoop en waarskynlik die naam Oakdene daaraan gegee. S.P. Engelbrecht (red.), *Pretoria (1855-1955)*, pp. 9 & 15; J.J. Oberholster, *Die historiese monumente van Suid-Afrika*, p. 309; M. du Toit, *Die President Pretorius-museum*, n.p..
20. Da Costa Leal skryf *Alfredo du Prat*. Duprat het dit in sy hoedanigheid as Portugese konsul-generaal in Kaapstad gedoen. *Grande enciclopédia Portuguesa e Brasileira*, IX, pp. 355-356; J.B. de Vaal, "Die rol van João Albasini in die geskiedenis van die Transvaal", *Argief-Jaarboek*, 16 (10), 1953, p. 49.
21. Die Traktaat van Vrede, Vriendschap, Handel en Grenzen tusschen de Zuid-Afrikaansche Republiek en Portugal is op 29.07.1869 te Pretoria gesluit en op 10.07.1871 geratifiseer. Zuid-Afrikaansche Republiek, *Traktaten tusschen de Zuid-Afrikaansche Republiek en het Koninkrijk Portugal*, p. 1.
22. Die waarnemende Konsul van Portugal in die ZAR was Oscar Wilhelm Alric Forssman (1822-1889), 'n Sweed wat hom in 1846 in Transvaal gevestig en 'n sakeman op Potchefstroom geword het. W.J. de Kock (red.), *Suid-Afrikaanse biografiese woordeboek*, I, p. 308; TAB: A 375, Chevalier O.W.A. Forssman-versameling, Inventaris nr. 26.

regeringsamptenare en baie ander landsburgers gelewer. Dit sou oorbodig vir my wees om myself verder met dié werk en die resultate daarvan besig te hou, aangesien die regering reeds deur opeenvolgende mededelings daarvan kennis dra, waarvan party geskied het voordat ek Transvaal verlaat het.

In die lig van wat hierbo vermeld is, en ook in ag genome die aanbevelings in die instruksies van die sentrale regering van die Provinsie aan die Kommissie dat sy sending nie langer as ses maande van sy vertrek uit Natal na die Republiek tot met sy terugkeer na Lourenço Marques moes duur nie, was daar geen dringende rede waarom hierdie opdrag nie gehoorsaam sou word nie, omdat die regering deur die nakoming daarvan aan geld en arbeid sou bespaar en daardeur, na my beskeie mening, het ek gedink dat ek die riglyne sou kon nakom, siende dat die Kommissie Natal op 10 November sou verlaat en ek die bogenoemde voorstel op 12 April gemaak het.

Wetende dat die Kommissie Transvaal binnekort sou verlaat om na Lourenço Marques terug te keer, was al wat oorgebly het om die roete na daardie hawe te beplan. Dit was maklik, gerieflik en veilig om na Natal toe te gaan op dieselfde roete waarlangs hy gekom het, want die tog word in groot ossewaens afgelê en die pad loop deur 'n gebied wat goed gepolisieer en deur blankes bewoon word, wydverspreid oor die land, maar dig bymekaar langs die hoofpad; aan die ander kant is hierdie roete nie direk nie en daarom sal die reis baie duurder wees, veral die hotels in Natal, en bowenal, sal die reis langs hierdie roete weinig interessants oplewer, aangesien dit aan vele bekend is en baie daarlangs gereis het; nie slegs reisigers en ontdekkers nie, maar ook handelaars omdat dit die erkende handelsroete tussen die Britse kolonie en die Boere[23] in die binneland is.[24]

---

23. In Portugese publikasies word die Boere, en meer spesifiek die Transvalers en die Vrystaters, getipeer as protestants, patriargaal, beginselvas, onafhanklik, gasvry en treklustig (nomadies). *Enciclopédia Luso-Brasileira de cultura*, III, p. 1501; *Grande enciclopédia Portuguesa e Brasileira*, IV, p. 822; Diario de Notícias, *A Guerra Anglo-Boer: Impressões do Transvaal*, I, p. 355.
24. 'n Aansienlike deel van die Port Natalse haweverkeer was van Transvaal afkomstig en die verkeer tussen Transvaal en Natal moes dus aanmerklik gewees het, te meer omdat Pietermaritzburg ook 'n gewilde afset- en inkoopsentrum vir Transvalers was. 'n Reis

Die direkte roete na Lourenço Marques loop daarenteen deur die grondgebiede van relatief vyandiggesinde stamme en moet meestal te voet afgelê word omdat die waens net tot by die bergreekse van die Drakensberg van Kathlamba[25] kan gaan as gevolg van die giftige tsetsevlieg[26] [Fig. 43] wat beeste laat vrek. Aan die ander kant is hierdie uitgestrekte gebiede prakties onbekend en daarom is dit baie belangrik om die streek so ver moontlik te verken met die oog daarop om 'n verbindingsweg aan te lê, vuriglik begeer deur onsself en die Boere,[27] om die handelsentrums van Transvaal met Lourenço Marques te verbind, wat al die handelsbedrywighede van die Boere, waarop die kolonies Natal en die Kaap[28] tot dusver 'n monopolie gehad het, na ons nedersetting sal afkeer omdat hulle verder van Transvaal geleë is

van Transvaal na Natal kon in 12 tot 15 dae afgelê word, maar in die reënseisoen het dit dikwels tot 'n maand geduur. Omdat die Natalse administrasie die waarde van die Transvaalse handels- en passasiersverkeer besef het, is die paaie in 'n goeie toestand gehou. F.J. Potgieter, "Die vestiging van die blanke in Transvaal (1837-1886)", *Argiefjaarboek*, 21 (2), 1958, p. 99.

25. Kathlamba of Khahlamba (Zoeloe), "Spermuur van spiespunte", is die vorm waaraan Mauch voorkeur gegee het omdat dit vir hom nie 'n berg was nie, maar die rand van 'n plato. Die Drakensberg loop vir byna 1 046 km van digby Dordrecht byna parallel met die kuslyn van die suide en eindig by 'n punt 24°30' suiderbreedte en 31°45' oosterlengte by die Wolkberg in die noorde naby Tzaneen en word slegs in die omgewing van New Scotland onderbreek. Die Natalse en Transvaalse Drakensberg behoort tot heeltemal verskillende tydperke en geologiese sisteme, met laasgenoemde die oudste. Die hoogste punt van die Transvaalse Drakensberg is Die Berg (2,241 meter) naby Dullstroom. F.O. Bernhard (red.), *Karl Mauch, African explorer*, p. 47; D. Bristow & C. Ward, *Berge van Suider-Afrika*, pp. 43 & 48-49; P.E. Raper, *Dictionary of Southern African place names*, p. 96; D.P. Liebenberg, *The Drakensberg of Natal*, p. 1.
26. In Mosambiek kom vier soorte tsetsevlieë voor wat draers van die parasiete *Trypanosoma brucei* en *Trypanosoma rhodesiense* is, nl. *Glossina morsitans*, *Glossina pallidipes*, *Glossina brevipalpis* en *Glossina austeni*. Slegs die eerste twee kan slaapsiekte by die mens veroorsaak, terwyl al vier "nagana" by makgemaakte diere, veral beeste, tot gevolg kan hê. *Glossina morsitans* kom reg deur Mosambiek voor en is die moeilikste om te bestry. C.F. Spence, *Moçambique*, pp. 20-21; J.S. Bergh (red.), *Geskiedenisatlas van Suid-Afrika: die vier noordelike provinsies*, p. 84.
27. Dit is interessant om daarop te let dat waar ander Portugese gewoonlik na die Transvalers as Hollanders of Hollandse Afrikaners verwys het, Da Costa Leal aan die benaming Boere voorkeur gegee het. M.W. Pretorius het reeds in 1854 daarteen beswaar aangeteken dat die Portugese na die Transvalers as Hollanders verwys het. Hy het die term "Africaanders" verkies. A.N. Pelzer, *Geskiedenis van die Suid-Afrikaanse Republiek*, I, p. 221.
28. Brittanje het die Kaapkolonie in 1806 verower en Natal in 1843 geannekseer. C.F.J. Muller (red.), *Vyfhonderd jaar Suid-Afrikaanse geskiedenis*, pp. 97 & 184.

en hulle uit 'n handelsoogpunt nie oor 'n natuurlike hawe beskik wat met die pragtige Baai van Lourenço Marques[29] vergelyk kan word nie. Daar is 'n ander groot aantrekkingskrag wat hierdie streek vir die reisiger, veral 'n Portugese reisiger, inhou en wat sy nuuskierigheid sal prikkel, naamlik om met sy eie oë die onbeskaafde mense, onder wie die klein maar dapper stam van die Amaswazi of Amaswati,[30] wat verskeie kere in die verlede die fort in Lourenço Marques aangeval het[31] en wie se aanvalsmagte in April 1868 tot binne pistoolskootafstand van die verdedigingslinie rondom dié nedersetting deurgedring het.[32]

Dit is kortliks die redes wat daartoe aanleiding gegee het dat ek die voorstel gemaak het wat ek hier uiteengesit het.

Die voorsitter van die Kommissie het hom teen my idee uitgespreek op grond daarvan dat hy van mening was dat die woeste gebied waardeur ek moes reis, nie veilig was nie, aangesien die stamme onderling teen mekaar geveg het en die sekretaris nie die Kommissie

---

29. Die Baai van Lourenço Marques het aanvanklik as Baía Formosa (Mooi Baai), Baía da Boa Paz (Baai van die Goeie Vrede), Baía da Boa Morte (Baai van die Goeie Sterfte) en Baía da Lagoa (Baai van die Strandmeer) bekend gestaan, maar nadat Lourenço Marques die baai in 1544 verken het, is dit in opdrag van koning João III tot sy eer Baía de Lourenço Marques genoem. Die ander Europeërs het die baai steeds Baía da Lagoa, Delagoa Bay of Delagoabaai genoem. G.M. Theal, *The Portuguese in South Africa*, pp. 95-96 & 131; L.M. Jordão, *Memoria sobre Lourenço Marques (Delagoa Bay)*, p. 1; A. de P. Norte, *Lourenço Marques*, pp. 17-18.
30. Hierna word die vorm Swazi of Swazi's in die teks gebruik. Die Swazi's behoort tot die Nguni-groep. Hulle het in die 16de eeu suidwaarts getrek en hulle onder hulle leier, Dlamini, wes van Delagoabaai gevestig. Dáár het hulle 200 jaar gewoon totdat hulle leier, Ngwane III, hulle teen 1750 oor die Lebomboberge laat trek het na wat vandag as Swaziland bekend staan. Na Ngwane III (†1780), is die Swazi's deur ander uitstaande konings regeer, nl. Ndvungunye (†1815), Sobhuza I (†1836) en Mswazi of Mwati II (c.1823-1868). Die naam amaSwazi of Swazi is van die naam Mswazi II afgelei, maar hulle word ook die amaNgwane genoem; 'n duidelike afleiding van die naam van Ngwane III. J.J. Grotpeter, *Historical dictionary of Swaziland*, pp. x & 161; J.S.M. Matsebula, *A history of Swaziland*, pp. 10-12.
31. Waarskynlik 'n verwysing na die aanvalle van Swazi's op Lourenço Marques in 1862. M. Newitt, *A history of Mozambique*, p. 296.
32. Waarskynlik 'n verwysing na die inboorlinge wat in 1868 onder aanvoering van hoofman Amule na Lourenço Marques opgeruk het om die Portugese aan te val, maar onder leiding van goewerneur José Augusto de Sá e Simas verslaan is. A. de P. Norte, *Lourenço Marques*, p. 21; A. de Castilho, *O districto de Lourenço Marques*, p. 13; E. de Noronha, *O districto de Lourenço Marques e a Africa do Sul*, pp. 56-57.

kon verlaat voordat die verslag aan die hoëre gesag in Mosambiek oorhandig was nie. Ek het dit aan die voorsitter gestel dat ek nie op my voorgestelde reis sou vertrek voordat ek die werk afgehandel het wat ek nog in die Republiek as sekretaris van die Kommissie moes verrig nie en dat ek dit duidelik in my voorstel gemeld het en dat ek nie dink dat daar enigiets noemenswaardig aangaande die reis na Natal sou wees nie; en, ten slotte, aangesien die Kommissie binnekort in Lourenço Marques sou vergader, kon die verslag daar afgehandel en moontlik aangevul word deur die verslag van my reis daarby te voeg. Oor die gevaarlike toestande in die binneland, het ek daarop gewys dat ek hierdie gevare kon oorkom omdat ek vergesel sal wees deur die bewese ervaring van my reisgenoot, die onverskrokke Duitse reisiger Carl Mauch,[33] [Fig. 44] wat gedurende die afgelope vyf jaar feitlik man-alleen die bosveld van Suidelike Afrika deurkruis het.

Ek kan hier verklaar dat hierdie vermaarde natuurkundig-aardrykskundige, met wie ek die eer het om bevriend te wees, my voorstel aanvaar het[34] om 'n geringe aanpassing aan te bring in sy reisplan van sy groot ontdekkingstog wat daardie jaar 'n aanvang geneem het, en wat, as sy avontuurlike onderneming suksesvol sou afloop, nie in Ekwatoriaal-Afrika sou eindig nie, maar iewers aan die wes- of noordkus van die Afrika-kontinent voltooi sou word.[35] In plaas daarvan om dadelik noordwaarts te gaan, sou mnr. Mauch my eers ooswaarts tot by die seekus vergesel – aangesien die gebied tussen Transvaal en Lourenço Marques ook 'n vrugbare navorsingsveld vir die deurlugtige reisiger sou bied, veral oor die geografie van die streek geleë oos van die Drakensberg en waaroor min bekend is. Hierdie reisiger, Mauch, met

---

33. Carl Gottlieb Mauch (1837-1875), energieke Duitse ontdekkingsreisiger, geoloog en kartograaf. E.E. Burke (red.), *The journals of Carl Mauch*, pp. 1-6. Meer besonderhede oor Mauch verskyn in die inleiding.
34. Hierdie weergawe verskil van Pienaar en Burke se bewering dat Mauch in 1870 deur die Volksraad van die ZAR versoek is om Da Costa Leal veilige geleide van Potchefstroom na Delagoabaai te doen. Mauch beweer ook dat hy deur die Portugese Diplomatieke Kommissie versoek is om die reis na Delagoabaai mee te maak. U. de V. Pienaar (red.), *Neem uit die verlede*, p. 215; E.E. Burke (red.), *The journals of Carl Mauch*, p. 37, n. 2; F.O. Bernhard (red.), *Karl Mauch, African explorer*, pp. 187-188.
35. Mauch het teen die einde van 1869 en die begin van 1870 'n ontdekkingsreis na die gebied noord van die Limpopo beplan. E.E. Burke (red.), *The journals of Carl Mauch*, p. 4.

hoë aansien in Europa, is dieselfde persoon wat in 1867 die goudvelde naby die Tatirivier,[36] noordwes van die Limpopo[37] en ander baie groter en ryker goudneerslae in die gebied van die magtige Matebele-stam of Mozilicatze[38] [Fig. 45] ontdek het.[39] Die myne van Tati, [Fig. 46] geleë op 21°30' suiderbreedtegraad en 27°30' lengtegraad oos van Greenwich,[40] word reeds vir meer as twee jaar deur 'n Londense maatskappy[41] ontgin – tans met belowende resultate. Die ander myne is ongeveer tussen 17° en 19° suiderbreedte en 30° oosterlengte geleë – en val daarom binne die gebied wat aan ons behoort.[42]

---

36. Die goudvelde oor 'n oppervlakte ongeveer 100 km lank en 30 km breed aan die noordelike oewer van die Tatirivier, 'n sytak van die Shashirivier wat op sy beurt weer 'n sytak van die Limpoporivier is, is in September 1867 deur Carl Mauch ontdek. Na sy terugkeer na Potchefstroom, is sy ontdekking op 04.12.1867 in die *The Transvaal Argus* bekend gemaak, wat wêreldwye reaksie uitgelok het. D.J. Pieterse, "Die geskiedenis van die mynindustrie in Transvaal, 1836-1886", *Argief-jaarboek*, 6, 1943, pp. 110-111 & 115; J.S. Bergh (red.), *Geskiedenisatlas van Suid-Afrika*, p. 311; R.J. Hammond, *Portugal and Africa, 1815-1910*, p. 75; A.P. Cartwright, *Valley of Gold*, p. 30.
37. Die Limpoporivier, vroeër in Mosambiek ook bekend as die Rio do Ouro en Rio dos Crocodillos, ontspring in die Hoëveld tussen die Witwatersrand en die Gatsrand, breek by Hartebeestpoort deur die Magaliesberg, vloei eers wes- en dan met 'n groot boog noordooswaarts en mond 80 km noord van Delagoabaai in die Indiese Oseaan uit. Die naam kom skynbaar van die Ndebele *ilimphopho* wat "rivier van/met die waterval" beteken. F. Jeppe, *Die Transvaal'sche oder Süd-Afrikanische Republik*, p. 1; P.E. Raper, *Dictionary of Southern African place names*, p. 198.
38. Da Costa Leal skryf: *Mozilicatzi*. Mzilikazi (Moselekatse, Silkaats) (c.1790-1868), stigter en eerste koning van die Matebele. Matebele is die Sotho-naam vir mense van Nguni-oorsprong, bv. die Ndebele wie se voorsate in 1822, uit vrees vir Tsjaka (Shaka) se leërs, onder Mzilikazi uit die noorde van die huidige KwaZulu-Natal gevlug, onderweg mense van ander groepe geïnkorporeer en hulle uiteindelik in die suidweste van die huidige Zimbabwe gevestig het. C.J. Beyers (red.), *Suid-Afrikaanse biografiese woordeboek*, IV, p. 406; P.J. Coertze & R.D. Coertze, *Verklarende vakwoordeboek vir Antropologie en Argeologie*, pp. 186 & 209.
39. Mauch het die goudvelde in Matebeleland in 1867 ontdek en hierdie ontdekking is na sy terugkeer na Potchefstroom in die *Transvaal Argus* van 04.12.1867 bekend gemaak. E.E. Burke (red.), *The journals of Carl Mauch*, p. 3; W.J. de Kock (red.), *Suid-Afrikaanse biografiese woordeboek*, I, pp. 548-549.
40. Die Tati-goudvelde was aan die oewer van die Tatirivier, ongeveer 270 km suidwes van Mzilikazi se kraal en ver noordwes van Transvaal geleë. T.W. Baxter & R.W.S. Turner, *Rhodesian epic*, fig. 133; F.J. Potgieter, "Die vestiging van die blanke in Transvaal (1837-1886)", *Argief-jaarboek*, 21 (2), 1958, p. 98.
41. Die Londense maatskappy wat die Tati-goudvelde ontwikkel het, was die London and Limpopo Gold Mining Company. D.J. Pieterse, "Die geskiedenis van die mynindustrie in Transvaal, 1836-1886", *Argief-jaarboek*, 6, 1943, p. 125.
42. Volgens die kaart in E.E. Burke (red.) se *The journals of Carl Mauch*, wat Mauch se reise aantoon, fouteer Da Costa Leal wanneer hy beweer dat dié goudvelde binne Portugese gebied val.

Die voorsitter van die Kommissie was, soos reeds vermeld is, teen my vertrek gekant, hoewel hy die waarde van my voorgestelde reis besef het. Mnr. Paiva Rapozo[43] het ten gunste van die plan gestem, sodat uiteindelik met 'n meerderheid stemme besluit is dat ek Potchefstroom iewers na 30 April sou verlaat en dat ek my kollegas spoedig daarna in Lourenço Marques sou ontmoet. Hierdie besluite is behoorlik genotuleer.

Ek het eers op 18 Mei daarin geslaag om die voorbereidings vir die reis af te handel. In navolging van my reisgenoot, het ek die noodsaaklike kleding saamgeneem waarsonder dit onmoontlik is om 'n reis in die binneland te onderneem, asook sowel die nodige materiaal om met die swartes handel te dryf,[44] as voldoende wapens en ammunisie, terwyl ek my uniforms, ensovoorts aan my kollegas oorhandig het sodat hulle dit vir my na Lourenço Marques kon neem.

Op die oggend van 18 Mei het ons Potchefstroom in die rigting van Pretoria, die hoofstad van die Republiek,[45] verlaat[46] omdat my

---

43. António de Paiva Rapozo, 'n gesiene handelaar van Lourenço Marques wat teen 1860 ook in die Zoutpansberg 'n winkel geopen het. Hy is in 1864 op 'n kommissie benoem wat met die Regering van die ZAR oor die vasstelling van grense moes onderhandel en was in 1869 'n lid van die Diplomatieke Kommissie. I. Rocha, *A imprensa de Moçambique*, pp. 53-54, 98-99 & 121; D.F. das Neves & I. Rocha, *Das terras do império Vátua às praças da República Boer*, p. 76, n. 63, p. 121, n. 102; M. Newitt, *A history of Mozambique*, p. 363; U. de V. Pienaar (red.), *Neem uit die verlede*, pp. 223, 254-255 & 259; J.B. de Vaal, "Die rol van João Albasini in die geskiedenis van die Transvaal", *Argief-jaarboek*, 16 (1), 1953, pp. 55, 129-131 & 133.
44. Ware vir ruilhandel met swartes het o.m. ingesluit koperdraad vir armbande en nek- en enkelringe, katoenmateriaal (wit, indigoblou, swart en gestreepte) vir lendeklede, sakdoeke (helderrooi of veelkleurig) vir kopdoeke, glaskrale (verskeie kleure en groottes) vir middel- of halsnoere. F.O. Bernhard (red.), *Karl Mauch, African explorer*, p. 193.
45. Onder leiding van ds. Dirk van der Hoff is 'n gemeente van die Nederduitsch Hervormde Kerk met die naam Pretoria Philadelphia (Pretorius-broederskap) in 1855 gestig. Van der Hoff het hom ook vir 'n vaste hoofstad beywer. M.W. Pretorius het die Volksraad versoek om die twee plase wat hy gekoop het as dorp uit te gee. Die naam van die te stigte dorp sou Pretoria wees. 'n Kommissieraad van die Volksraad het van 27 tot 30.05.1856 op Pretoria vergader en bepaal dat Pretoria die hoofstad van die land sou wees, maar toe die Lydenburgers in 1856 'n eie republiek gestig het, was Pretoria nie meer die middelpunt van die Republiek nie en het "Potchefstroom, gelegen aan de Mooirivier, de hoofplaats dezer Republiek" die setel van die wetgewende en uitvoerende mag geword. Toe Lydenburg op 04.04.1860 weer met die Republiek verenig het, is besluit dat die regeringsetel binne twee maande na Pretoria moes verskuif. Op 30.04.1860 het 'n kennisgewing in die *Gouvernements Courant* verskyn "dat de zetel van het Goevernement van 1 Mei 1860, te Pretoria zal gevestigd zijn". Dit is dus die datum

reisgenoot daarheen wou gaan om die geografiese koördinate van hierdie belangrike plek vas te stel omdat dit verkeerd op kaarte aangedui is.[47] Hierdie klein afwyking van die direkte roete het my ook uitstekend gepas omdat die lede van die Volksraad en die Regering van Transvaal juis gedurende daardie tyd in Pretoria vergader het en ek hulle wou groet en hulle ook oor die redes vir my reis wou inlig, wetende dat dit in algehele ooreenstemming was met hulle eie idees en wense wat by geleentheid amptelik uitgespreek is in verband met die aanlê van 'n pad na Lourenço Marques[48] en die onmiddellike instelling van 'n posverbinding tussen ons hawe en die binneland van die Republiek.[49]

Potchefstroom, die belangrikste dorp in Transvaal, is aan die Mooirivier (Hollands vir *Rio Lindo*[50]) geleë op 'n oop vlakte omring deur heuwels en nagenoeg twee en 'n halfuur te perd[51] van die Vaalrivier (*Rio Amarelo*),[52] die suidelike grens van die Republiek. Die dorp bestaan uit 362 dorpserwe (vlaktemaat)[53] en beslaan, insluitende die strate, 'n

---

waarop Pretoria daadwerklik die hoofstad van Transvaal geword het. S.P. Engelbrecht (red.), *Pretoria (1855-1955)*, pp. 6-9 & 14-15; A.N. Pelzer, *Geskiedenis van die Suid-Afrikaanse Republiek*, I, pp. 142-146.
46. Volgens Mauch het O.W.A. Forssmann hom en Da Costa Leal met sy perdewa tot by die ossewa geneem wat reeds vroeër vertrek het en wat hulle voor Abraham Schmidt se plaas buite Potchefstroom ingehaal het. E.E. Burke (red.), *The journals of Carl Mauch*, p. 37.
47. Die geografiese koördinate van Pretoria is tussen 25°30' en 26° suiderbreedte en tussen 28° en 28°30' oosterlengte.
48. Die titels van studies soos D.W. Krüger se "Die weg na die see", *Argief-jaarboek*, 1 (1), 1938, en M.G. Jesset se *The key to South Africa: Delagoa Bay* dui aan hoe belangrik 'n verbinding tussen die ZAR en Lourenço Marques geag was.
49. 'n Gereelde posdiens tussen Transvaal (via Lydenburg) en Lourenço Marques is juis aan die begin van 1870 ingestel. E. Rosenthal & E. Blum, *Runner and mailcoach*, p. 33.
50. *Rio Lindo* (Port.): Mooirivier. Dié rivier ontspring in die omgewing van die huidige Koster en is 'n sytak van die Vaalrivier, waarmee dit sowat 31 km suidwes van Potchefstroom saamvloei. P.E. Raper, *Dictionary of Southern African place names*, p. 225.
51. Ongeveer 25 km, want 'n uur te perd is nagenoeg 10 km. F.F. Odendal & R.H. Gouws (reds.), *Verklarende handwoordeboek van die Afrikaanse taal*, p. 1217.
52. Da Costa Leal fouteer, want *Rio Amarelo* (Port.) beteken letterlik "Geelrivier". Feitlik die hele Transvaalse Hoëveld word deur die Vaalrivier gedreineer waarvan die hoofstroom die grens tussen die ZAR en die Oranje-Vrystaat gevorm het en 13 km wes van die huidige Douglas met die Oranjerivier saamvloei. Die rivier se naam is afgelei van die modderkleur van sy water. J.S. Bergh (red.), *Geskiedenisatlas van Suid-Afrika*, p. 82; P.E. Raper, *Dictionary of Southern African place names*, p. 330.
53. Da Costa Leal se kursivering: *erven* urbanos (medida de *superficie*) (Port.). Die grootte van die erwe in Potchefstroom was een morg (0,8565 hektaar). J.J. Basson, "Vestiging en dorpstigting", p. 148.

vlaktemaat van ongeveer 17,0259 hektaar. [Fig. 47] Die strate van Potchefstroom is breed uitgemeet[54] met reusagtige treurwilgerbome[55] [Fig. 48] aan weerskante. Langs die strate loop vore waardeur die water uit 'n kanaal uit die rivier verdeel word. Die water vloei dus voor die deure van die huise. Hierdie huise is meestal sierlike *cottages*.[56] Party word deur 'n klein voortuintjie van die straat geskei, maar om nie die simmetrie van die straatgrens te verbreek nie, is daar, waar geen houtof ysterheining oorgroei met blombedekte rankplante was nie, 'n ry mirte of roosstruike langs die straatgrens geplant[57] wat hulle wortels in die water van die voor gelaaf het. Al die huise het groot tuine vol vrugtebome, sowel ingevoer uit Europa as inheems, asook 'n groot verskeidenheid groentesoorte.[58] Die bome, die skadu's wat hulle gee,

---

54. Volgens Mauch was die hoofstraat meer as 3 myl (4,8 km) lank en besonder breed. Na swaar reënbuie het die swaargelaaide waens in die modderpoele in die straat vasgeval. F.O. Bernhard (red.), *Karl Mauch, African explorer*, p. 172.
55. Die treurwilger (*Salix babylonica*) kom oorspronklik uit China. 'n Potchefstroomse dorpsregulasie van 1865 het bepaal dat geen wilgerbome langs die watervore geplant mag word nie - waarskynlik omdat hulle met die voorkoms van malaria verbind is, maar teen daardie tyd was van die wilgerbome op Potchefstroom reeds 17 jaar oud en hulle stamme se deursnee was gemiddeld ongeveer 46 cm en hulle het reeds 'n hoogte van meer as 12 m bereik. E. Palmer & N. Pitman, *Trees of South Africa*, p. 198; F.J. Potgieter, "Die vestiging van die blanke in Transvaal (1837-1886)", *Argief-jaarboek*, 21 (2), 1958, p. 89; F.O. Bernhard (red.), *Karl Mauch, African explorer*, p. 172.
56. *Cottages* (Eng.): woninkies. Reeds in 1861 het 'n korrespondent geskryf: "Mooirivier is gelegen zo zacht hellend, zo vruchtbaar en waterryk dat er geen dorp in Afrika mede gelykstaat" en die skrywer vervolg dan met "er staat Vraaie huizen". Cachet het daaraan toegevoeg: "De huizen zijn over het algemeen met smaak gebouwd, één verdieping hoog, en met platte daken, als beschutting tegen de warmte." A.N. Pelzer, *Geskiedenis van die Suid-Afrikaanse Republiek*, I, p. 177; F.L. Cachet, *De worstelstrijd der Transvalers*, p. 389. Hierteenoor het die redakteur van die *Transvaal Advocate* op 14.06.1873 oor die huise op Potchefstroom geskryf: "... very very few of them rise to the dignity of satisfactory dwelling houses. Their architecture is for the most part only crude, their beauties are left entirely to a vivid imagination, their angles are an eye-sore, their gables are distorted, and their chimneys are an omen of impending dissolution, which had better be hastened rather than protracted. They are uncomfortable, damp, and draughty and are mean imitations of an abandoned cross between a broken down tronk and a poor-house ..." Aangehaal deur D.J.P. Haasbroek, "Die geskiedenis van Potchefstroom, 1838-1881", p. 60.
57. Diegene wat dit kon bekostig, het baksteenmure om hulle erwe gebou. Ander het kleimure gepak of lanings kweper-, granaat- of vyebome aangeplant. F.O. Bernhard (red.), *Karl Mauch, African explorer*, p. 172.
58. Tuine is uit watervore uit die Mooirivier besproei en omdat die grond so vrugbaar was, kon elke gesin in sy eie behoeftes aan groente en vrugte voorsien. F.L. Cachet, *De worstelstrijd der Transvalers*, p. 389.

die water, die blomme en die vrolike en aangename styl van die huise met hulle elegante verandas, gee aan hierdie dorp 'n behaaglike voorkoms van rustigheid en genoeglikheid. Die meeste van die huise op Potchefstroom vertoon dieselfde goeie smaak en is netjies en skoon, gerieflik en besonder bekoorlik, [Fig. 49] wat hierdie wonings, selfs die eenvoudigste van hulle, van dié van Noord-Europa onderskei. Potchefstroom het 1 200 blanke inwoners,[59] waarvan 200 vreemdelinge is – Engelse, Duitsers en Swede; terwyl daar ook baie Europese Hollanders is. Daar is 275 huise, twee Hollandse Gereformeerde Kerke,[60] [Fig. 50] een Engelse Episkopaalse Kerk,[61] een van die Wesleyaanse Gemeente[62] en een vir die gekleurde gemeenskap,[63] 15 groot en talle kleiner winkels, wat uitgebreid en lewendig met die Boere handel dryf[64] asook die

---

59. Mauch het die blanke en nie-blanke inwoners van Potchefstroom teen 1870 op 1 000 siele geskat. Tydens die eerste sensusopname in 1873 het die blanke inwonertal van Potchefstroom op 995 gestaan. F.O. Bernhard (red.), *Karl Mauch, African explorer*, p. 173; A.F. Hatterley, *An illustrated social history of South Africa*, p. 227.
60. Die eerste kerk op Potchefstroom is in 1851 deur ds. Andrew Murray ingewy. Spoedig was die kruiskerkie te klein en in 1859 is die hoeksteen van die nuwe Nederduitsch Hervormde Kerk deur pres. M.W. Pretorius en ds. D. van der Hoff gelê, maar die kerk is eers in 1866 ingewy. Dit is die kerk wat Da Costa Leal in 1869-1870 geteken het. Die Gereformeerde gemeente van Potchefstroom is in 1863 gestig en in 1864 het die gemeente die ou Markplein as kerkperseel en uitspanning ontvang en in die jare 1865 tot 1867 'n eenvoudige kerkie sonder toring daarop gebou. M.J. Swart (red.), *Afrikanerbakens*, pp. 151-152; J.J. Oberhoster, *Die historiese monumente van Suid-Afrika*, pp. 309-310; B. Spoelstra, *Die "Doppers" in Suid-Afrika, 1760-1899*, p. 210.
61. Die Protestantse Engelse Episkopaalse of Anglikaanse Kerk op Potchefstroom was in Kerkstraat. Die hoeksteen van die Anglikaanse St. Mary's Church is op 25.03.1867 deur pres. M.W. Pretorius gelê. G. Jenkins, *A century of history*, pp. 13 & 57; A.J.H. van der Walt (red.), *Potchefstroom 1838-1938*, pp. 56 & 59.
62. Die kerk van die Wesleyaanse gemeente op Potchefstroom, waarvan eerw. Jefferies die predikant was, het in Kerkstraat gestaan. G. Jenkins, *A century of history*, pp. 13 & 24.
63. Die sendingkerk van die Wesleyan Methodist Missionary Society wat in 1865 'n sendingstasie op Potchefstroom gestig het. In 1870 was eerw. George Weavind die sendeling aldaar. V. Allen, *Kruger's Pretoria*, p. 74.
64. Vroeë algemene handelaars op Potchefstroom was o.a. A.F. Schubart, O.W.A. Forssman, Glen A. Scorgie, F.W. Reid & Pavey, Evans & Churchill, M.A. Goetz, C.C. Bond en Vergotim & Kleyn. Die dorpswinkel het geleidelik die plek van die smous begin inneem, want tydens Nagmaalnaweke het die Boeregesin hulle besigheid vir die volgende paar maande op die dorp afgehandel. Handel en godsdiens was dus, soos in die Europese Middeleeue, nou verbonde. Die winkel was nie bloot 'n handelsplek nie, maar het ook die vergaderoord geword waar nuus uitgewissel is. A.N. Pelzer, *Geskiedenis van die Suid-Afrikaanse Republiek*, I, pp. 177-178; G. Jenkins, *A century of history*, pp. 51 & 58; A.J.H. van der Walt (red.), *Potchefstroon 1838-1938*, pp. 271-272; T.V. Bulpin, *The*

groot aantal handelaars wat na en van die binneland kom.⁶⁵ Elke drie maande hou die Hollandse kerke 'n *Naacht-Maal* ('n soort Avondmaal) en omdat die Boere by dié geleentheid in groot getalle na die dorp kom, is besigheid in hierdie tyd lewendig.⁶⁶ [Fig. 51] Alle produkte wat deur die Boere gebring word, soos meel, koring,⁶⁷ sorghum, volstruisvere, wol, vee, botter, tabak,⁶⁸ huide en velle en selfs vrugte en groente, word per openbare veiling op die mark verkoop.⁶⁹ [Fig. 52] Die hoofplein op Potchefstroom⁷⁰ bied 'n skilderagtige toneel aan die vreem-

---

Golden Republic, p. 124; A.J.H. van der Walt e.a. (reds.), *Geskiedenis van Suid-Afrika*, II, p. 225; D.J.P. Haasbroek, "Die geskiedenis van Potchefstroom, 1838-1881", pp. 29-30.

65. Smouse wat hulle waens met handelsware in die hawens volgelaai het om dit in die binneland by die Boere vir vee en ander produkte te verruil wat hulle dan weer aan die kus met 'n groot wins verkoop het. Die smous was ook die bringer van nuus en dikwels ook briewe. Hulle is geleidelik deur transportryers in diens van handelaars verdring. Transportryers was geharde Boere wat ondanks veesiektes, vol riviere en struikrowers goeie winste gemaak het. A.J.H. van der Walt e.a. (reds.), *Geskiedenis van Suid-Afrika*, II, p. 225; A.N. Pelzer, *Geskiedenis van die Suid-Afrikaanse Republiek*, I, p. 178; A.J.H. van der Walt (red.), *Potchefstroom 1838-1938*, p. 284.
66. Die ekonomiese belangrikheid van die Nagmaalnaweek kan daarna teruggevoer word dat die handel deur die eeue in ons Europese stamlande op 'n natuurlike wyse by die kerklike jaarkring aansluiting gevind het. Vandaar dat die belangrikste kerklike feeste en hoogtye ook altyd handelsgeleenthede was waarna die boer (produsent) en dorpenaar (handelaar) gretig en goedtoegerus uitgesien het. B. Booyens, *Nagmaalsnaweek deur die jare*, p. 36.
67. Koring en hawer was in hierdie stadium die belangrikste graansoorte wat deur die Boere vir bemarkingsdoeleindes verbou is, terwyl net genoeg mielies vir hulle eie behoeftes en dié van hulle werksmense gesaai is. F.J. Potgieter, "Die vestiging van die blanke in Transvaal (1837-1886)", *Argief-jaarboek*, 21 (2), 1958, p. 81.
68. Tabak van goeie gehalte is in groot hoeveelhede gekweek en die Oranje-Vrystaat was die beste afsetgebied daarvoor. F.J. Potgieter, "Die vestiging van die blanke in Transvaal (1837-1886)", *Argief-jaarboek*, 21 (2), 1958, p. 81.
69. Mauch voeg vuurmaakhout, brandewyn (mampoer) en ivoor tot die lysie toe. Sedert ongeveer 1850 was daar 'n mark op Potchefstroom waar elke weeksdag, kerklike feesdae uitgesonder, mark gehou is. F.J.F. Muller was die markmeester. Teen 1870 het selfs twee markpleine in Potchefstroom bestaan, elkeen met 'n kerk in die middel daarvan. Markte vir landbouprodukte was skaars, want selfs dorpenaars was in dié opsig grotendeels selfvoorsienend. 'n Paar wavragte was genoeg om die plaaslike mark te oorvoer, met die gevolg dat die pryse van produkte baie geskommel het. Na die ontdekking van diamante was die Diamantvelde wel 'n goeie afsetgebied. A.N. Pelzer, *Geskiedenis van die Suid-Afrikaanse Republiek*, I, p. 179; G. Jenkins, *A century of history*, p. 51; A.J.H. van der Walt e.a. (reds.), *Geskiedenis van Suid-Afrika*, II, p. 219; F.L. Cachet, *De worstelstrijd der Transvalers*, p. 389; F.O. Bernhard (red.), *Karl Mauch, African explorer*, p. 172.
70. Potchefstroom is goed uitgelê in die vorm van 'n langwerpige vierkant (volgens die model van Pietermaritzburg), met breë strate wat mekaar reghoekig kruis en wat op 'n plein uitloop. F.L. Cachet, *De worstelstrijd der Transvalers*, p. 389.

deling tydens *Naacht-Maal*-tyd (dieselfde toneel speel hom in Pretoria en ander plekke af). Oral is die swaar *wagons*[71] van die Boere te sien met die vierkantige seiltente, wat soos klein huisies lyk. Die Boere met hulle groot vilthoede wat met volstruisvere versier is[72] [Fig. 53] en die vrouens met groot kappies met afhangende rande[73] loop van winkel tot winkel wat van die oggend tot die aand vol mense is. Klokke lui op verskillende tye vir die mark en ook vir die kerk. Troues en doopplegtighede is volop. By een van die kerkdeure kan jy 'n lang prosessie sien van moeders wat hulle babas laat drink en wat ongeduldig wag om hulle te laat doop. By 'n ander deur bring jongelinge van sewentien of agtien jaar hulle bruide van veertien altaar toe.[74] Snags is elke tent op die plein met 'n lamp verlig en al die gelukkige families rus na die dag se godsdiensoefeninge en geswoeg en verhef hulle stemme met psalmgesang.[75] Stel jou die algemene indruk voor: osse in groepe vasgemaak naby elke wa, die wit tente van binne verlig wat met die donkerte van die nag kontrasteer, die gelyktydige gesing van verskillende psalms in vyftig tente. Die Boere is baie lief daarvoor om oor godsdienstige sake te praat en weet hoe om hulle standpunte met aanhalings uit die Bybel

---

71. *Wagons* (Eng.): waens.
72. In teenstelling met die breërand strooi- of vilthoede van vroeër, het die rande van die vilthoede teen 1870 kleiner geword. J.C. Pretorius (red.), *Op Trek*, p. 89; T. Kestell, *Wat het hulle gedra?*, pp. 24 & 27. Geen geraadpleegde bron oor kleredrag maak melding van die algemene voorkoms van volstruisvere op manshoede teen 1870 nie, maar aangesien volstruisvere juis in daardie stadium hoog in die mode was, mag dit 'n tydelike modegier onder die Boere gewees het.
73. Na die verskyning van die naaimasjien in S.A. in die jare 1860 is kappies toenemend met die masjien deurgestik en kon selfs klaar gekoop word; vandaar die naam "smouskappies". Dié kappies het in die mode gekom terwyl die tuitkappies wat tydens die Groot Trek gedra is, teen 1870 uit die mode geraak het. J.C. Pretorius, *Die geskiedenis van volkskuns in Suid-Afrika*, pp. 111-112; Skriftelike mededeling: Dr. J.C. Pretorius, Upper Waterkloof 2, Reguluslaan 173, Waterkloofrif, 0181, 03.08.2003.
74. Onder die Boere was vroeë huwelike eerder die reël as die uitsondering. Ekonomiese lewensomstandighede, bv. die veeboerdery wat geen groot kapitaalkragtigheid en lang opleiding van beginners vereis het nie, het jeughuwelike moontlik gemaak. Verder was boerdery 'n familie-onderneming. Dit 'n vroeë huwelik en gesin noodsaaklik gemaak. Bowendien het die Boereseuns en -dogters dit as hulle roeping en plig beskou om die Boerebevolking te help voortplant. G. Cronjé & J.D. Venter, *Die patriargale familie*, pp. 100-101.
75. Spoelstra bevestig Da Costa Leal se waarneming en voeg daaraan toe: "Die sing hou soms lank aan en die versies wat gesing word is almal woorde wat hulle van buite ken, want die lig is te swak ... om die versies te lees." B. Spoelstra, *Ons volkslewe*, p. 35.

te verdedig. Hulle onderhou die Sabbat baie streng[76] deur, hetsy tuis of op die dorp, kerk toe te gaan of met psalmgesang. Hulle is baie in die politiek geïnteresseerd, maar slegs sover dit hulle eie land aangaan. Hulle het 'n lewendige belangstelling in die verrigtinge van die *Volksraad* (Wetgewende Vergadering)[77] en van die Uitvoerende Raad en al die handelinge van die Regering word streng en heftig gekritiseer. Die ouer geslag onder die blanke bevolking van die Republiek is meestal in die Kaapkolonie en die kolonie Natal gebore; hulle is afstammelinge van die Hollandse, Franse, Duitse en Portugese emigrante wat die Kaapkolonie gestig het.[78] Hulle taal is 'n vereenvoudigde vorm van Hollands, vermeng met talle vreemde woorde en uitdrukkings.[79] Hulle is 'n ras van kragtige mans, wat tog ook as onkundig en bygelowig beskou moet word.[80] Die Boere is 'n aktiewe volk, regskape, gelowig en onoortreflik gasvry,[81] maar

---

76. Die byna wettiese opvattinge rondom die nakoming van die "Dag van die Here" kan waarskynlik teruggevoer word na die Skotse predikante wat na die Kaap gekom het. F. van der Watt, *Kerklike karmenaadjies*, p. 14.
77. Die Volksraad, bestaande uit 30 lede, was die hoogste politieke gesag in die ZAR en het een of twee keer per jaar vergader. F. Jeppe, *Die Transvaal'sche oder Süd-Afrikanische Republik*, p. 4.
78. Volgens Heese was die rassesamestelling van die Afrikaner in 1867 soos volg: Nederlands 34,8%, Duits 33,7%, Frans 13,2%, Nie-blanke 6,9%, Brits 5,2%, ander Europese nasies 2,7% en onbekend 3,5%. Die Portugese afstamming waarna Da Costa Leal verwys, was in daardie stadium beperk tot die verafrikaanste families Ferreira, De Oliveira, Albasini en Da Souza. J.A. Heese, *Die herkoms van die Afrikaner, 1657-1867*, pp. 50 & 54.
79. Jeppe verwys na die taal van die Boere as "Platt-Holländisch" wat met 'n groot aantal Duitse, Franse en Engelse woorde en uitdrukkings vermeng is. H. van der Linden, 'n Nederlandse onderwyser op Potchefstroom, het opgemerk dat anders as wat hy verwag het, die taal van die Transvalers nog redelik suiwer, in elk geval goed verstaanbaar, was. F. Jeppe, *Die Transvaal'sche oder Süd-Afrikanische Republik*, p. 4; A.N. Pelzer, *Geskiedenis van die Suid-Afrikaanse Republiek*, I, p. 31.
80. Naas die Boere se amptelike kerkgeloof, het die volksgeloof ook by hulle voorgekom, asook 'n wisselwerking tussen kerk- en volksgeloof. Die volksgeloof kan omskryf word as dit wat die volk veral m.b.t. die buite- en bonatuurlike wêreld as waar beskou. P.W. Grobbelaar (red.), *Die Afrikaner en sy kultuur*, VI: *Boerewysheid*, pp. 3-4. Twee Portugese skrywers, Das Neves en Rocha, verwys na die Boere se bygelowigheid. D.F. das Neves, *A hunting expedition to the Transvaal*, pp. 178-179; I. Rocha, "A República do Transval, os 'Boers' e os primeiros emigrantes portugueses", *História*, 94, Agosto 1986, p. 8.
81. Gasvryheid was een van die kenmerkendste eienskappe van die Boere en dit word in talle reisbeskrywings en ander geskrifte oor Suid-Afrika, bv. dié van C.P. Thunberg, J. Barrow, M.H.C. Lichtenstein, J. Stuart, e.a., met nadruk vermeld. Hulle gasvryheid het waarskynlik met hulle geïsoleerde lewensomstandighede verband gehou. C.C. Nepgen, *Die sosiale gewete van die Afrikaanssprekendes*, pp. 137-138.

wantrouig teenoor alle vreemdelinge en in die besonder bevooroordeeld teenoor enigiets Engels.[82] Op Potchefstroom is die handel hoofsaaklik in die hande van Europeërs, van wie party binne 'n kort tydjie baie ryk geword het. Die belangrikste uitvoerprodukte van Potchefstroom is: ivoor,[83] volstruisvere, wol, huide en velle,[84] tabak, meel en graansoorte. Slegs tien of twaalf jaar gelede het Potchefstroom nog net uit 'n paar armsalige pondokke bestaan, maar vandag beskik die dorp oor 'n dosyn geboue wat goed vergelyk met baie van die soortgelyke belangrike geboue in die ander belangrike dorpe in Suid-Afrika. Potchefstroom het 'n regeringskool,[85] baie Engelse privaat skole,[86] 'n skool vir inboorlinge,[87] vier hotelle[88] en hulle is bevoorreg om 'n politieke weekblad[89] te hê.

---

82. Reeds vroeg in die geskiedenis van die Engelse bewind in Suid-Afrika is gepoog om die Boere te verengels. Hierdie pogings tot anglisering het nie geslaag nie, maar het juis tot die ontstaan van 'n drang na die behoud van die eie identiteit en onafhanklikheid en die ontwikkeling van 'n Anglofobie gelei. C.C. Nepgen, *Die sosiale gewete van die Afrikaanssprekendes*, pp. 123-127; P.G. Nel (red.), *Die kultuurontplooiing van die Afrikaner*, pp. 165-166.
83. Zoutpansberg was die middelpunt van olifantjag, terwyl 'n groot deel van die ivoorhandel by die Potchefstroomse mark plaasgevind het. F.J. Potgieter, "Die vestiging van die blanke in Transvaal (1837-1886)", *Argief-jaarboek*, 21 (2), 1958, p. 86.
84. Die handel in vee, wol, velle en huide het vinnig ontwikkel en in Transvaal het die uitvoer van wol in die jare 1860 so snel toegeneem dat dit 'n belangrike bron van bestaan en welvaart geword het. A.J.H. van der Walt e.a. (reds.), *Geskiedenis van Suid-Afrika*, II, pp. 219-220.
85. Die eerste openbare skool op Potchefstroom is op 19.07.1852 geopen met H. van der Linden, 'n Nederlander, as die eerste gereelde onderwyser. Op 06.07.1857 het Potchefstroom sy tweede skool gekry met A. Scheurkogel as onderwyser, maar dié skool is binne twee jaar gesluit. Op 09.05.1859 is 'n ander skool geopen, weer met H. van der Linden as onderwyser. Nadat Van der Linden as "Gouvernements Secretaris" aangestel is, het J.A. Grimm hom in Aug. 1864 as onderwyser opgevolg. Op sy beurt is Grimm in 1867 deur P.N. Sluimers opgevolg, terwyl G.C.A. van Dam in 1869 Sluimers opgevolg het. A.N. Pelzer, *Geskiedenis van die Suid-Afrikaanse Republiek*, I, p. 31; G. Jenkins, *A century of history*, p. 23; A.J.H. van der Walt (red.), *Potchefstroom 1838-1938*, pp. 130, 134-135, 137, 142-143 & 151-152.
86. Die eerste Engelse privaatskool op Potchefstroom is deur eerw. Jefferies, predikant van die Wesleyaanse Kerk, gestig. Die eerste Engelse onderwyser was J.H. Roselt, wat hom in 1866 op Potchefstroom gevestig het. Hy is deur J. Bisset opgevolg. Daar was ook nog ander privaat skole, bv. die Potchefstroom College, wat deur V.E. Noren gestig en in 1869 deur F. Ludorf oorgeneem is. G. Jenkins, *A century of history*, pp. 24 & 42; A.J.H. van der Walt (red.), *Potchefstroom 1838-1938*, p. 153; D.J.P. Haasbroek, "Die geskiedenis van Potchefstroom, 1838-1881", pp. 41-42.
87. Waarskynlik 'n verwysing na die sendingskool van die Wesleyan Methodist Missionary Society. F.L. Cachet, *De worstelstrijd der Transvalers*, p. 389.

Van Potchefstroom na Pretoria is dit omtrent honderd myl noordooswaarts.[90] Ek sal die manier van reis in hierdie Suid-Afrikaanse lande beskryf omdat lang togte op geen ander wyse hier onderneem kan word nie en dit nie sonder oorspronklikheid geskied nie. Die voertuig is 'n groot wa [Fig. 54] met vier wiele met sterk ysterbande daaromheen en sterk genoeg om alle skokke te weerstaan. Die romp is gewoonlik 5,5 meter lank en een meter breed[91] en bestaan uit wat die Boere die *buik-plank* noem, dit is *buik-planke* wat die bodem van die bostel van die wa vorm,[92] en twee lere wat loodreg op die *buik-planke* staan – een aan elke kant van die buik.[93] Hierdie drie onderdele rus op die vaste agteras en die vooras wat op 'n sterk skamel draai; deur klein houtpennetjies en rieme stewig aan mekaar bevestig. [Fig. 55]

Die Boere gee aan hierdie metode voorkeur omdat die heuwels steil en talryk is en die onderdele van die wa elke keer losraak as hulle met ysterboute aan mekaar geheg word. Bowendien moet die voertuie dikwels uitmekaar gehaal word wanneer riviere, ravyne of smal paadjies oorkom moet word of om ander redes, sodat hierdie metode talle voordele het.

---

88. Hotelle in Potchefstroom: die hotel van A.F.C. Roscher, die Royal Oak Hotel van C.H. Coulson, die Commercial Hotel van J.R. Franklin en The Blue Post wat deur mev. Jenkinson bestuur is. A.N. Pelzer, *Geskiedenis van die Suid-Afrikaanse Republiek*, I, p. 178; G. Jenkins, *A century of history*, pp. 51-52; T.V. Bulpin, *The Golden Republic*, p. 124.
89. Die *Transvaal Advocate and Commercial Advertiser*, 'n tweetalige koerant wat van 1869 af deur J.P. Borrius op Potchefstroom gedruk is. G. Jenkins, *A century of history*, pp. 45-46; State Library, *A list of South African newspapers, 1800-1982*, pp. 150-151.
90. Die afstand van Potchefstroom na Pretoria langs die destydse roetes was inderdaad ongeveer 100 myl of 160 km.
91. Die afmetings van ossewaens het vanselfsprekend van model tot model en van wamaker tot wamaker verskil, maar die afmetings wat Da Costa Leal verstrek, kan as 'n goeie gemiddelde beskou word.
92. Die vloer van die wa word die "wabuik" genoem en bestaan uit buikplanke. Die buik is tussen twee bokbalke wat bo-op die voor- en agterskamels tussen die ronge lê, gemonteer. J. Malan, *Rytuie van weleer*, p. 83.
93. Bo-op die bokbalke is die lere (sykante) wat bestaan uit die boleerboom, waaraan die tent vaskom, en 'n onderleerboom wat op die bokbalke rus. Vertikale leerskeie verstewig die leersye. Die voorste en agterste leerskeie steek bo die boleerboom uit en die voorstes word rond afgewerk om beserings te voorkom, lyk daarom soos mannetjies en word die leermannetjies of boesmantjies of hotnotjies genoem. J. Malan, *Rytuie van weleer*, p. 83.

Sowat vyftien boë van buigbare hout, met loodregte lengtes bamboes of rottang,[94] steun 'n kap van geoliede, waterdigte linne, omhul deur 'n tweede kap van wit katoen of seildoek, wat tot ongeveer 'n derde van die lere strek. Voor en agter hang verlengstukke van die kap,[95] wat as gordyne diens doen en die binneruimte van die wa van die buitelug afsny. 'n Goed toegeruste wa is van vier kiste voorsien. Die voorkis dien as sitplek vir die drywer[96] en die agterkis voorkom vanweë sy plasing dat die inhoud van die wa, wat andersins as gevolg van die hewige skudding van die wa, veral teen 'n heuwel uit sou uitval; die ander twee word in hulle lengte buite die lere tussen die twee stelle wiele bevestig.[97] Hulle is nuttig as bergplek vir voorwerpe wat pal tydens 'n reis benodig word, soos koppies, borde en ander tafelgereedskap, asook ligte lewensmiddele, soos koffie en suiker, ensovoorts.

Agter onder die wa, waar die agterste gedeelte van die romp uitsteek, hang 'n groot rooster, min of meer in die vorm van die getraliede vensters aan die voorkwart van 'n skip, wat, omdat dit nie baie hoog van die grond is nie, normaalweg as 'n soort treeplank of trap gebruik word deur iemand wat agter in die wa wil klim terwyl dit beweeg. Hierdie gedeelte is baie nuttig, want daarop word die ysterpotte en -panne, ketels, braaipanne, roosters, koffiepotte en ander kombuisgereedskap vasgemaak wat vol roet van die rook van die vuur is en daarom nooit binne in die wa gelaai word nie. Daarbenewens word 'n hoeveelheid droë hout hier geberg vir gebruik op die kaal vlaktes waar geen hout beskikbaar is nie, asook tydens die

---

94. Aan die lere vas, maar verwyderbaar, was die vertikale tent- of kapribbes wat ewewydig van mekaar deur latte wat ewewydig horisontal loop, in posisie gehou word. Die ribbes was van bondels van drie tot vier latte of van bamboesrepe gemaak wat dan met biesies of biesiegras toegedraai is sodat dit nie die tentseil kon deurskawe nie. Die latte en biesiehulse is stewig met riempies aan die ribbes vasgebind. Die kapribbes het gepas in metaalslotte wat aan die leerbome vas was. J. Malan, *Rytuie van weleer*, p. 84.
95. Dit is die voor- en agterklap (soms ook flappe) genoem. J. Malan, *Rytuie van weleer*, p. 84.
96. Die voorkis was gewoonlik van geelhout of stinkhout gemaak en het voor tussen die leermannetjies agter die voorkeerbalk gestaan. Die kis is as sitplek, maar ook as bêreplek vir klere en kleinighede gebruik. J. Malan, *Rytuie van weleer*, p. 84.
97. Hierdie kiste is sykiste of bokkiste genoem omdat hulle aan weerskante van die romp (bok) vas was. J. Malan, *Rytuie van weleer*, p. 90.

reënseisoen[98] wanneer geen droë hout aan die groen bosse is nie.[99] Binne die wa, hangende aan die tentraamwerk op die hoogte van die lere, is 'n houtraamwerk met dieselfde wydte as die van dié wa, waaroor rieme gespan is; dit is die gewone bed van die Boere wanneer hulle reis, en baie noodsaaklik vir hulle omdat hulle as 'n reël nooit iets anders as skaapvelle of die velle van ander diere as matrasse gebruik nie. Hierdie hangende bed word 'n *Kaartel* genoem.[100] By die onderstel van die wa is die verbindingsmetode van die raamwerk met die wawiele baie eenvoudig. Twee kettings om die wiele te briek is aan die onderstel naby die voorste gedeelte van die agterwiele vasgeheg, beginnende by die voorwiele. Dieselfde hanghaak het altyd 'n stuk yster of hout waarmee die wiele teen die lang afdraandes gebriek kan word.[101] Die nawe word elke twee dae geghries; die wiele word afgehaal deur die kant van die wa met 'n nege voet lange hefboom op te lig.[102] [Fig. 56] Hierdie voorsorgmaatreël word as onontbeerlik beskou, nie net om wrywing te verminder nie, maar ook om brand te voorkom.

Om hierdie groot affêre, wat 'n gewig van 3 000 tot 4 000 pond kan dra,[103] in staat te stel om oor 'n land sonder paaie, of paaie wat

---

98. Hoewel Transvaal in die somerreënseisoen val, kom winterreëns ook voor. F. Jeppe, *Die Transvaal'sche oder Süd-Afrikanische Republik*, p. 2.
99. Die rooster is dikwels die houtrooster genoem. J. Malan, *Rytuie van weleer*, p. 85.
100. Die katel, 'n eenvoudige sterk houtraam (met 'n riempiesmat) van ongeveer twee meter lank en so breed soos die wabuik, het soms vier kort stewige pote gehad en soms het dit aan die vier hoeke gehang. J. Malan, *Rytuie van weleer*, p. 85.
101. Buite, aan weerskante van die wa, het 'n remskoen aan 'n ketting gehang, Die ketting was geanker aan 'n haak in die voorasboom en was net lank genoeg om die remskoen presies onder die agterwiel tot stilstand te bring. Aanvanklik was die remskoene van hout, maar teen 1836 was ysterremskoene algemeen in gebruik. G.H. van Rooyen, *Kultuurskatte uit die Voortrekker-tydperk*, I, pp. 37 & 39; J. Malan, *Rytuie van weleer*, p. 85.
102. Party Boere het 'n sogenaamde ligter saamgery om die wa mee op te lig wanneer aan 'n wiel gewerk moes word. Ander het ter plaatse 'n mikhout en paal vir dieselfde taak gekap. J. Malan, *Rytuie van weleer*, p. 85.
103. Aanvanklik het die ossewaens selde 'n vrag van meer as 2 500 pond [1 135 kg] gedra, maar later is dit veel groter en sterker gebou, sodat dit tot drie maal hierdie vrag kon dra. Die ontdekking van diamante in 1867 en goud kort daarna, het meegebring dat groot voorrade goedere daagliks oor lang afstande vervoer moes word en het tot gevolg gehad dat die waens se drakrag verhoog moes word, wat weer tot 'n radikale verandering in die algemene voorkoms gelei het, bv. die verdwyning van die sylere en die aanbring van relings om die bak wyer te maak. A.J.H. van der Walt e.a. (reds.), *Geskiedenis van Suid-Afrika*, II, p. 221; J. Malan, *Rytuie van weleer*, pp. 86 & 88.

slegs beleefheidhalwe só genoem word,[104] te beweeg, om steil berge oor te steek of deur riviere met dryfsand te gaan en om sanderige heuwels aan te durf, is nie twee of vier of ses osse nodig nie, want om slegs drie paar osse in te span wanneer sodanige gedugte moeilikhede oorkom moet word, sou belaglik wees, maar 'n minimum van tien osse; die gebruiklike maksimum is agtien. [Fig. 57] Hoewel die krag van nege paar van hierdie diere groot is, het ek dit tog by een geleentheid onvoldoende gevind en was dit nodig om 24 te gebruik.[105] Om hierdie diere in te span is 'n lang *trek-touw* van buffelvel gemaak (soms word 'n ysterketting gebruik) wat aan die punt van die disselboom vasgemaak is, waar die eerste juk, dié van die disselboom-osse, die *agter-osse*, vasgeheg is. Hierdie osse is die intelligenste van al die pare en hulle weet hoe om die gewig te dra en teen baie steil afdraende te rem.[106] Die juk [Fig. 58] bestaan uit 'n stuk geronde hout, 1,60 meter lank.[107] In die middel daarvan is 'n ysterring aangebring waarmee dit vasgemaak word en wat dit in twee gelyke dele verdeel. Elkeen van hierdie dele het twee oorlangse gate waartussen genoeg ruimte vir die nek van 'n os gelaat is en elkeen van hierdie gate is bedoel vir 'n stuk plat hout, 0,50 meter lank, met 'n dikker gedeelte en voorsien van gate aan die einde waarin 'n *estrop*,[108] 'n smal en dun stukkie leer wat gerol is sodat dit 'n koord of tou vorm, wat onder om die nek van die dier geplaas word om te verhoed dat hy die juk afskud. [Fig. 59] Indien die strop sou losraak, sal die os vry wees en mag hy weghardloop, daarom is 'n strop ook om die horings van die os vasgemaak, die een punt is aan die os op haarkant

---

104. Wapaaie wat Transvaalse dorpe verbind het, was meestal in 'n swak toestand omdat dit a.g.v. donderstorms verspoel het en die Boere meestal traag was om dit te herstel, maar eerder daarnaas met hulle waens paaie oopgery het. Daar was selde brûe oor riviere. A.F. Hattersley, *An illustrated social history of South Africa*, p. 229.
105. Volgens Malan het transportryers dikwels baie lang spanne osse, 18 tot 24, op hulle togte gebruik. J. Malan, *Rytuie van weleer*, p. 122.
106. Aangesien dit die agterosse is wat die disselboom dra, is twee groot sterk osse vir hierdie posisie uitgesoek. J. Malan, *Rytuie van weleer*, p. 121.
107. Volgens Malan ongeveer 1,80 meter met 'n deursnee van ongeveer 7,5 cm. J. Malan, *Rytuie van weleer*, p. 123.
108. 'n Strop, waarvan die vleg 'n besondere kuns was. Twee gebreide rieme is eers rond en dan aanmekaar gedraai op so 'n wyse dat aan elke kant 'n lus of oog is wat in die skeikerf vashaak. Die punt wat losgehaak word, is van 'n los riempie voorsien waarmee die strop uit die skeikerf gehaak kan word. J. Malan, *Rytuie van weleer*, p. 123.

en die ander end aan die horings van die os op hotkant vasgemaak en so kan die twee osse nooit van mekaar wegkom nie.

Hierdie manier waarop die jukke op die diere geplaas word, is veel eenvoudiger en vinniger as om die jukke aan die horings van die osse vas te bind.[109] Op die wyse wat hierbo beskryf is, het die diere groter bewegingsvryheid wanneer hulle trek, word nie so gou moeg nie en hulle trekkrag is groter omdat die juk baie nader aan die dier se swaartepunt is. 'n Groot hoeveelheid wrywing kom vanselfsprekend voor wat by tye die vel skaaf en dit deurskuur, sodat die os kraginspanning vermy om seerkry te voorkom. Maar dit gebeur net wanneer die osse na 'n lang rusperiode ingespan word, want die velle van dié wat gereeld werk, is dik genoeg om sere te voorkom. Twee mans is nodig om hierdie spanne osse te beheer, te lei en aan te spoor. Een is feitlik altyd te voet en hou die "riem" van die twee *voor-osse*,[110] voorste osse, en lei hierdie voorpaar wat deur al die ander gevolg word; die ander sit op die voorkis met 'n *agter-os chambok*[111] en ook met 'n groot sweep van kameelperd- of buffelvel, waarvan die stok agtien voet[112] en die res van die sweep 27 voet[113] lank is.[114] Hy is voortdurend besig om

---

109. Portugese jukke verskil aansienlik van dié van die Boere daarin dat hulle nie los skeie het nie, maar in die plek daarvan leerstroke wat direk om die horings van die trekosse haak. In die Douro-streek word strooigevulde leersakke tussen die osse se horings vasgemaak om hulle teen die hitte van die son te beskerm. In die Minho-streek word die jukke, wat hoog bo die skowwe van die osse uitstaan, ryklik met houtsneewerk versier. A. Fink & H. Reich, *Portugal*, p. 69; H. Strelocke, *Portugal: vom Algarve zum Minho*, p. 329.; M. Roolfa, *Kinders van die Douro-vallei*, p. 2.
110. Die voorosse is gewoonlik groot osse, maar goedgeleerde, mak en sogenaamde "slim" osse wat kan lei, die touleier en drywer gehoorsaam sal wees en 'n gemaklike pas kan aangee. J. Malan, *Rytuie van weleer*, p. 121.
111. Die agterossambok, dikwels van seekoeivel gemaak, is ongeveer 180 cm lank en rond gevleg om 'n kern en het ook 'n voor-en-agterslag. Da Costa Leal was waarskynlik nie bekend daarmee dat " sambok" 'n Portugese leenwoord is wat via Nederlands in die Boere se spreektaal gekom het nie. J. Malan, *Rytuie van weleer*, p. 124; E.H. Raidt, *Afrikaans en sy Europese verlede*, p. 166.
112. Ongeveer 5,5 m.
113. Ongeveer 8,2 m.
114. Volgens Malan bestaan die ossweep uit vyf dele, nl. die sweepstok van bamboes wat minstens 450 cm lank is; die riempie waarmee die sweep aan die stok vasgeknoop is (maswerkie); die sweep van kameelperd- of swartwitpensvel; die agterslag van koedoevel; en die voorslag ook van koedoevel. J. Malan, *Rytuie van weleer*, p. 124. Die soort vel wat by die maak van 'n sweep gebruik is, het sekerlik ook afgehang van wat beskikbaar was, hoewel aan sekere diersoorte se velle voorkeur gegee is.

die osse in 'n reguit lyn te hou; hy roep die naam van elke os wat sy pas verslap en bekragtig elke bevel met 'n sweepslag, wat die osse die stem laat gehoorsaam. Die drywer spring dikwels van sy sitplek af na die grond om die voorste osse aan te spoor, hardloop regs en links van die voertuig met die risiko om getrap te word, terwyl hy die lui osse steeds in tradisionele uitdrukkings aanspreek.[115] Hierdie soort taak vereis 'n groot mate van takt, vaardigheid, ratsheid en stoutmoedigheid; dit is so 'n moeisame werk dat dit veels te uitputtend vir 'n Europeër is, maar die Boere van Suid-Afrika is trots daarop om in staat te wees om 'n wa bedrewe te beheer en beskou die taak nooit as harde werk nie. Vir hulle is die hantering van die sweep, terwyl hulle voor op die wa sit gelykstaande aan die optrede van die seeman wat sy skip deur die golwe stuur.

Die gebruik van hierdie waens, wat spesiaal so gebou is om die grootste moontlike veerkragtigheid te hê, is nie baie gerieflik tydens die tog nie, maar by die uitspannings tydens lang reise gee die teenwoordigheid daarvan aan die reisiger 'n gevoel dat hy tuis is; hulle is beslis verkieslik bo die kwartiere van 'n skip se bemanning. In 'n tent kan slange maklik inseil en die nag langs die reisiger deurbring; bowendien vang 'n tent te veel wind en indien dit nie goed geanker is nie, waai die wind dit bo-op die slapendes om en skeur dit aan flarde. Hierdie wyse van reis is nietemin die stadigste wat ek ken en dit duur maande om 'n afstand af te lê wat in enkele dae met kamele afgelê kan word; in die meeste gevalle is dit absoluut noodsaaklik om die weg eers te verken voordat dit met een van hierdie waens aangepak word, om wye ompaaie te neem om by begaanbare streke uit te kom, om om berge te gaan wat te hoog of steil is of waarvan die klowe te nou is, om 'n pad deur digte bosse oop te maak, om dongas en gate op te vul, om die pad teen hange gelyk te maak, ensovoorts, ensovoorts; en om hierdie rede betreur ek die afwesigheid van kamele in hierdie deel van Afrika, waar hulle ongetwyfeld baie gou so goed as in Noorde sou aard.[116]

---

115. Bv. "Aanstap julle rooies, die son trek water!", "Roer julle litte daar voor!", ens. J. Malan, *Rytuie van weleer*, p. 125.
116. Daar is twee soorte kamele: die eenbultige Arabiese kameel (*Camelus dromedarius*) en die tweebultige of Baktriese kameel (*Camelus ferus bactrianus*). Kamele word as ry-, las- en trekdiere deur van die woestynbewoners van Wes-Asië, Indië, Arabië en Noord-

Verskoon dié inderdaad lang beskrywing, maar dit was nodig om 'n duidelike beeld daarvan te gee. Om hiervoor te vergoed, sal ek nie hierdie reis in die vorm van 'n dagboek beskryf nie, maar slegs berig oor die belangriker gebeure en waarnemings. Ons het 'n wa gehad soos die een wat hierbo beskryf is, agtien osse,[117] 'n drywer en 'n touleier. Ons wa was nie so goed toegerus soos die een wat ek hierbo beskryf het nie[118] en die volle ruimte was ook nie tot ons beskikking nie; 'n handelaar van Potchefstroom het dit benut om sekere handelsware na Pretoria te stuur sodat slegs 'n klein ruimte vir die twee reisigers beskikbaar was, maar op hierdie reis het ek die voorbeeld van my Duitse reisgenoot, vir wie dié metode van reis goed bekend was, gevolg en die reis te voet afgelê om aan hierdie stappery gewoond te raak, want in die toekoms en vir die grootste gedeelte van die pad sou die reis op dié wyse onderneem word.

Normaalweg het ons van dagbreek tot ongeveer tien- of elfuur gereis; wanneer ons water aangetref het, is die osse uitgespan en het ons kos voorberei; ons het gewoonlik ongeveer 'n uur en 'n half tot twee uur gerus en dan tot laat namiddag voortgegaan, waarna ons uitgespan het om kos te kook en die nag deur te bring waar ons ook al was.

Gedurende die eerste nag wat ons op dié wyse gekampeer het,[119] het ek met die volgende komiese ongevalle te doen gekry: as deel van my voorbereiding vir die reis het ek 'n groot sambreel saamgebring nadat ek aan my reisgenoot die raadsaamheid gesuggereer het om 'n tent saam te neem om ons teen die son en dou te beskerm, en hy my aangeraai het om liewer 'n sambreel te koop, net vir myself, omdat

---

Afrika gebruik. P.J. Coertze & R.D. Coertze, *Verklarende vakwoordeboek vir Antropologie en Argeologie*, p. 139.

117. Die Boere het 'n voorliefde vir die sogenaamde "Vaderlandse" beesras, 'n kruising tussen Afrikaner- en Zoeloe-beeste, gehad. Mauch beweer dat die beeste in hierdie geval agt klein en besonder maer osse was wat soos die beeste van die Zoeloes gelyk het. F. Jeppe, *Die Transvaal'sche oder Süd-Afrikanische Republiek*, p. 3; E.E. Burke (red.), *The journals of Carl Mauch*, p. 37.

118. Volgens Mauch was die wa in 'n besonder swak toestand en het gelyk of dit uitmekaar wou val, maar aangesien dit ploegtyd was, was daar geen ander vervoer beskikbaar nie. E.E. Burke (red.), *The journals of Carl Mauch*, p. 37.

119. Op die plaas van Abraham Schmidt. E.E. Burke (red.), *The journals of Carl Mauch*, p. 38.

dit onmoontlik was om 'n tent op die reis saam te neem; die eerste nag het ek al die beskikbare tyd gebruik om met groot sorg my bed op 'n smal stukkie gras langs die pad op te maak nadat ek al die klippe sorgvuldig verwyder het. Ek het my kombers daarop oopgegooi en die oop sambreel oor my kop geplaas om my te beskerm teen die nagdou, wat sterk geval het. Ek het myself neergelê en met moeite aan die slaap geraak, maar het vas geslaap omdat die dag lange tog my vermoei het.

Diep in die nag, of liewer teen ongeveer dagbreek, het ek wakker geskrik en 'n koue wind op my gesig voel waai. Ek het na my sambreel rondgetas en dit voel wegwaai, maar kon dit nie raakvat nie. Uiteindelik het dit lig geword en ek het my sambreel gesien wat deur 'n rukwind in die lug opgeraap is en in 'n klein stroompie daar naby beland het, waar dit met die handvatsel na onder gedryf het. Na hierdie eerste voorval het ek besef dat wanneer 'n mens in Suid-Afrika reis dit die beste is om onder die blote hemel te slaap en jouself aan die genade van die Voorsienigheid toe te vertrou; dit is waar dat ek 'n swaar verkoue opgedoen het, maar danksy die goddelike klimaat van Transvaal was ek spoedig beter. Die winter het aangebreek, dit was koud maar sonder reën. Bedags was die temperatuur baie aangenaam, maar snags het 'n mens na 'n dak en 'n behoorlike vuur verlang. Wonderlik!

In die suide van Transvaal, behalwe dat dit buite die trope val, is 'n mens vyf-, ses- of seweduisend voet bo seespieël.[120] Die gehalte van die vars vleis wat ons saamgeneem het, en wat in die wa gehang het, het tydens ons sewe dae lange reis na Pretoria, en selfs langer uitstekend behoue gebly. Ons voorrade was baie basies : beesvleis, brood wat in Potchefstroom gebak is, aartappels, koffie en suiker. Dit was nietemin 'n Lucullusiaanse oorvloed[121] in vergelyking met dit wat ons later geëet het toe ons in die gebied van die swartes gekom het. Ek bewonder die onbedorwe ongekunsteldheid van Mauch. Op die middaguur

---

120. Ongeveer 1 525 tot 2 150 m bo seespieël.
121. *Profasão de Lucullo* (Port): Lucullusiaanse oorvloed. Afgelei van Lucius Lucullus, 'n Romeise generaal wat in die eerste eeu v.C. geleef en bekend was vir die oordadige feestelike onthale wat hy aangebied het. R. Ilson (red.), *Reader's Digest great illustrated dictionary*, II, p. 1006.

het hy altyd die hoogte van die son met sy sekstant[122] waargeneem, terwyl ek hom met die chronometer[123] bygestaan het.

Ons het byna altyd teen dié tyd nog nie geëet nie. Die twee Boerseuns was blykbaar meer beskaafd as ons en het altoos eerste die osse versorg; 'n taak wat hulle baie goed verrig het. Nadat hy die data vir die vasstelling van die breedtegraad versamel het, het Mauch die sekstant weggebêre en in die plek daarvan die kookpot geneem, terwyl ek hom gehelp het om die middagmaal voor te berei; hoewel dit 'n egte *spartiatas*[124] ete was, het ons prakties niks ontbeer nie, behalwe bruin brood wat baie hard geword het, en tog het ek nooit by ander eetmale met so 'n eetlus as dié op hierdie reis aangesit nie.

Die streek tussen Potchefstroom en Pretoria is die mins skilderagtige deel van Transvaal, terwyl pragtige landskappe elders voorkom. 'n Mens sien gewoonlik 'n opeenvolging van golwende valleie en heuwels met mooi riviere, fonteine en spruite. Die grond is buitengewoon vrugbaar, bestaande uit klei, sand en leem, maar tog is die natuurlike plantegroei baie yl versprei in dié deel van die land, wat hoofsaaklik uit groot kaal vlaktes bestaan. Dieselfde tipe landskap word op 'n selfs groter skaal in die Vrystaat, suid van die Vaal, aangetref en vir my is hierdie afwesigheid van natuurlike plantegroei onverklaarbaar op grond wat uiters vrugbaar is vir plante wat deur die mens aangeplant word en waar water oral volop is. Hier en daar sien 'n mens klein lappe akasias[125] en doringagtige plante en af en toe lae bome, maar hulle is ware oases in hierdie woestyn van droë geel gras (drie maande vroeër het ek aanskou dat hierdie selfde vlaktes verruklik groen is). Die wit huise van die Boere, sigbaar deur die bome op die voorgrond, met hulle eenvoudige skoor-

---

122. Sekstant: 'n instrument waarmee die hoogte van hemelligame gemeet word sodat die waarnemer sy posisie kan bepaal. Volgens Mauch was die sekstant klein van formaat, maar van goeie ontwerp en gehalte. R. Ilson (red.), *Reader's Digest great illustrated dictionary*, II, p. 1536; F.O. Bernhard (red.), *Karl Mauch, African explorer*, pp. 34-35 & 191.
123. Chronometer: 'n horlosie wat baie noukeurig loop en wat van gewone uurwerke daarin verskil dat besondere voorsiening vir kompensasie van temperatuurverandering gemaak is. P.C. Schoonees (red.), *Woordeboek van die Afrikaanse taal*, I, p. 612.
124. *Spartiatas* (Port.): Spartaanse: eenvoudige of karige.
125. Die bekendste soorte akasias in Transvaal is waarskynlik die kameeldoring (*Acacia giraffae*), die wag-'n-bietjie (*Acacia caffra*) en die soetdoring (*Acacia karroo*). F.L. Cachet, *De worstelstrijd der Transvalers*, p. 341; E. Palmer & N. Pitman, *Trees of South Africa*, pp. 150-151 & 153-155 & 157.

stene, troppe beeste, skape en bokke[126] wat rustig in die veld tussen die boomplate wei, die goue koringare sag wiegend in die bries, met die helder blou lug bo; dit alles skep 'n panorama van onmeetlike skoonheid; in die agtergrond verskillende wildsboksoorte in kuddes en antilope,[127] baie groot troppe sebras[128] en ander diere wat die jagter verbly wat aan sy drang om van hulle te skiet, vrye teuels kan gee sonder om jagwette[129] te vrees. In werklikheid kan Transvaal die jagter se *El-Dorado* genoem word, danksy die groot verskeidenheid en oorvloed wild.[130]

---

126. Hoewel Transvaal geskik was vir akkerbou en die aanplant van vrugtebome, was die pioniers tradisioneel veeboere en het veeboerdery - en veral beesboerdery - aanvanklik 'n veel belangriker plek as akkerbou ingeneem. Akkerbou en vrugteboerdery is hoofsaaklik vir huishoudelike gebruik beoefen en later is dit in 'n groot mate as aanvullend tot die veeteelt beskou. J.S. Bergh (red.), *Geskiedenisatlas van Suid-Afrika*, p. 89; A.J.H. van der Walt e.a. (reds.), *Geskiedenis van Suid-Afrika*, II, pp. 218-219; A.N. Pelzer, *Geskiedenis van die Suid-Afrikaanse Republiek*, I, p. 11.

127. Hieronder tel o.m. die koedoe (*Tragelaphus strepsiceros*), die oorbietjie (*Ourebia ourebi*), die klipspringer (*Oreotragus oreotragus*), die springbok (*Antidorcas marsupialis*), die hartebees (*Alcelaphus lichtenstinii*), die blesbok (*Damaliscus dorcas phillipsi*), die blou- of swartwildebees of gnu (*Connochaetes taurinus* of *Connochaetes gnou*) en die eland (*Taurotragus oryx*). F.L. Cachet, *De worstelstrijd der Transvalers*, pp. 344-345; F.O. Bernhard (red.), *Karl Mauch, African explorer*, p. 239, n. 2; R. Goss, *Maberley's mammals of Southern Africa*, pp. 230, 233, 238, 259, 269, 305 & 320.

128. Die sebra (*Equus burchelli*) en die uitgestorwe kwagga (*Equus quagga*) is albei deur die Boere 'n "kwagga" genoem. F.L. Cachet, *De worstelstrijd der Transvalers*, p. 345; R. Goss, *Maberley's mammals of Southern Africa*, p. 207; Departement van Natuurbewaring van die Kaap, *Soogdiere van Kaapland*, pp. 98-99.

129. Die Transvaalse pioniers het die wild aanvanklik as 'n oorlewingsbron gesien, aangesien die diere vir voedsel geskiet en die velle en ander byprodukte tot gebruiksartikels verwerk is. Namate hulle meer gevestig geraak het, het sommiges beroepsjagters geword, terwyl ander dit as 'n sport beoefen het. Die gevolg was dat wild genadeloos gejag is. Aanvanklik was daar geen wetgewing t.o.v. jag nie, maar in Januarie 1846 is die eerste wet in Transvaal wat die jag van wild beheer het deur die Volksraad van Andries Ohrigstad uitgevaardig. Op 22.09.1858 is in die ZAR bepaal "Dat niemand geregtigd zal zyn, meer wild, op enige wyze te doden dan hy volstrekt tot zyn consumptie nodig heeft, of op een wagen kan laden, of wild te dooden alleen tot verkrygen van vellen". In 1870, dus die jaar waarin Da Costa Leal sy reisverslag geskryf het, het die eerste volwaardige wet wat op wildbeskerming gerig was, van krag geword. J.S. Bergh (red.), *Geskiedenisatlas van Suid-Afrika*, p. 88; U. de V. Pienaar (red.), *Neem uit die verlede*, pp. 183 & 321-323; A.N. Pelzer, *Geskiedenis van die Suid-Afrikaanse Republiek*, I, p. 12.

130. Talle jagters en toeriste het Transvaal vanweë sy oorvloed aan wild as die "Eldorado van die Jagters" beskou. Ook Cachet verwys na Transvaal as "het El-dorado van jagers", maar voeg daaraan toe dat die wild verdwyn namate die land bewoon word. F. Jeppe, *Die Transvaal'sche oder Süd-Afrikanische Republik*, p. 6; F.J. Potgieter, "Die vestiging van die blanke in Transvaal (1837-1886)", *Argief-jaarboek*, 21 (2), 1958, p. 87; F.L. Cachet, *De worstelstrijd der Transvalers*, p. 344.

[Fig. 60] Dit is onmoontlik om dit voor te stel; dit moet gesien word om dit te glo. Hierdie land word jaarliks deur jagters uit Natal, die Kaap en ander dele van Suid-Afrika [Fig. 61] besoek.[131] Hulle vertrek met groot waens vol horings en velle van die diere wat hulle geskiet het. Olifante,[132] renosters,[133] seekoeie,[134] buffels[135] en kameelperde[136] word hoofsaaklik in die noorde en noordwestelike deel van Transvaal aangetref, waarheen hierdie diere uitgewyk het as gevolg van die meedoënlose uitdelgingsoorlog teen hulle deur die gewere van die Boere wat hulle op die groot oop vlaktes sonder enige beskutting deur bome te perd gejag het. Die olifantjagters agtervolg hulle tot in die omgewing van die Zambesi,[137] 'n uitmergelende reis wat vyftig dae duur om af te lê. As gevolg van die hitte en die ongesonde klimaat van dié streke in die somer, besoek die jagters hierdie dele slegs gedurende die wintermaande, vertrek in Mei en keer in September met swaar vragte ivoor terug, as hulle gelukkig was. Volstruise[138] en ander wildsoorte soos wildsbokke word meer spesifiek op die oop vlaktes aangetref; eersgenoemde in klein groepies van tien tot dertig en laasgenoemde in troppe van etlike duisende. Hierdie diere verskaf 'n winsgewende bedryf aan 'n groot aantal Boere wat oor die algemeen die vrye en onbelemmerde lewe verkies in

---

131. Die besoekende jagters het nie net uit die Kaapkolonie en Natal gekom nie, maar selfs uit Europa. F.J. Potgieter, "Die vestiging van die blanke in Transvaal (1837-1886)", *Argief-jaarboek*, 21 (2), 1958, p. 85.
132. Die olifant (*Loxodonta africana*) het aanvanklik betreklik algemeen in Transvaal voorgekom, maar het a.g.v. jagtogte geleidelik tot noord van die Limpoporivier uitgewyk. F.L. Cachet, *De worstelstrijd der Transvalers*, p. 345; R. Goss, *Maberley's mammals of Southern Africa*, pp. 180-182.
133. Witrenoster (*Ceratotherium simum*) en swartrenoster (*Diceros bicornis*:). R. Goss, *Maberley's mammals of Southern Africa*, pp. 193 & 198.
134. Die seekoei (*Hippopotamus amphibius*) word hoofsaaklik in die diep kuile van groot riviere aangetref. F.L. Cachet, *De worstelstrijd der Transvalers*, p. 344; R. Goss, *Maberley's mammals of Southern Africa*, p. 219.
135. Buffel (*Syncerus caffer*). R. Goss, *Maberley's mammals of Southern Africa*, p. 301.
136. Die kameelperd (*Giraffa camelopardalis*) word in die bosveld aangetref en is deur die Boere 'n "kameel" genoem. F.L. Cachet, *De worstelstrijd der Transvalers*, p. 344; R. Goss, *Maberley's mammals of Southern Africa*, p. 225..
137. Da Costa Leal skryf: *Zambese*. Die olifantjagters se jagtogte per ossewa na die Zambesi is gewoonlik in Mei onderneem en hulle het in September of Oktober teruggekeer. F. Jeppe, *Die Transvaal'sche oder Süd-Afrikanische Republik*, p. 6.
138. Volstruis (*Struthio camelus*). G.R. McLachlan & R. Liversidge (reds.), *Roberts birds of South Africa*, p. 1.

die *Jagalt Veldt*,[139] die wildernis wat slegs deur diere bewoon word, 'n lewe vol ontberings, bo die rustige lewe van huis en haard.[140] Hulle looi die velle met die bas van sekere doringbome.[141] Die laaste jare was volstruisvere in groot aanvraag sodat 'n groot aantal van dié voëls geoffer is op die altaar van die wispelturige godin, genaamd *Moda*.[142] Groot hoeveelhede volstruisvere word deur die hawens van Natal en die Kaapkolonie na Engeland uitgevoer.[143] 'n Groot aantal wrede diere word ook in Transvaal aangetref. Op die vlaktes word leeus[144] aangetref wat jag maak op die *Quagga* (sebra),[145] [Fig. 62] hulle gunsteling prooi; die tier[146] [Fig. 63] hou slegs in die beboste gedeeltes van die land; die hiëna[147] en jakkals[148] is oral. Omdat daar 'n oorvloed wild vir hierdie karnivore beskikbaar is, val hulle selde mense aan; elke jaar word 'n groot aantal van hulle geskiet sodat hulle toenemend na die ongerepte binneland uitwyk. In die bosveld word voëls met 'n ryke veredos aangetref. Langs die paaie kom 'n mens

---

139. *Jagalt Veldt*: Jagveld.
140. Die Boere het oor die algemeen die swerwerslewe van die jagveld bo die rustige lewe tuis verkies en die grootste deel van die jaar met jag deurgebring terwyl die agterblywendes maar moes sien kom klaar. F.J. Potgieter, "Die vestiging van die blanke in Transvaal (1837-1886)", *Argief-jaarboek*, 21 (2), 1958, pp. 84-85.
141. Die Boere het die velle gewoonlik gelooi in plantekstrakte, soos dié van die bas van die soetdoringboom (*Acacia karroo*) in 'n looikuip van sebra- of wildebeesvel wat soos 'n trog oor 'n paalraam gevorm is. J.C. Pretorius (red.), *Op Trek*, p. 125; E. Palmer & N. Pitman, *Trees of South Africa*, p. 157.
142. *Moda* (Port.): Mode.
143. In die vroeë jare 1860 was daar 'n besonder groot aanvraag vir volstruisvere sodat die prys daarvan aansienlik gestyg het. Byvoorbeeld in 1864 is volstruisvere ter waarde van £25 000 uitgevoer. Volstruisvere as uitvoerproduk na Engeland was hoofsaaklik van Transvaal afkomstig omdat die doodmaak van volstruise in die Oranje-Vrystaat en die Kaapkolonie met swaar strawwe gepaard gegaan het. F. Jeppe, *Die Transvaal'sche oder Süd-Afrikanische Republik*, p. 6; F.J. Potgieter, "Die vestiging van die blanke in Transvaal (1837-1886)", *Argief-jaarboek*, 21 (2), 1958, pp. 85-86.
144. Leeu (*Panthera leo*). R. Goss, *Maberley's mammals of Southern Africa*, pp. 86-88.
145. *Quagga* (Eng.): kwagga, maar hier word waarskynlik na Burchell se sebra (*Equus burchelli*) verwys. Kyk voetnoot 128.
146. In bosryke klowe het die luiperd (*Panthera pardus*) voorgekom. Die Boere het dié dier verkeerdelik 'n "tier" genoem. F.L. Cachet, *De worstelstrijd der Transvalers*, p. 344; R. Goss, *Maberley's mammals of Southern Africa*, pp. 79-80.
147. Sowel die bruin hiëna (*Hyaena brunnea*) as die gevlekte hiëna (*Crocuta crocuta*) kom in Transvaal voor. Hiënas is deur die Boere wolwe genoem. F.L. Cachet, *De worstelstrijd der Transvalers*, p. 344; R. Goss, *Maberley's mammals of Southern Africa*, pp. 60-61 & 68.
148. Rooijakkals (*Canis mesomelas*). R. Goss, *Maberley's mammals of Southern Africa*, p. 119.

algaande groot kuddes beeste, skape[149] en bokke met swart veeherders
teë; hier en daar sien 'n mens die wydverspreide wonings van die Boere
[Fig. 64] met hulle strooidakke, hulle *Kraals*,[150] swart statte,[151] laasgenoemde meestal omring deur klein landjies met weelderig groeiende
graansoorte, granate, vyebome, *cactus*,[152] treurwilgers en verskeie soorte
vrugtebome; voor die deur is groepe spelende kinders, pluimvee en
honde, en op die stoepe sit die patriargale hoofde van die huise,[153]
goedgeaarde mense, wat feitlik sonder uitsondering 'n vreemdeling hartlik verwelkom en hom onderdak in sy nederige huis [Fig. 65] aanbied.

Alle plante uit Europa en baie van die trope gedy hier. Die gras,
die enigste voedsel wat die beeste kry, groei meestal van ongeveer ses
tot sewe voet hoog. Gars en mielies,[154] die belangrikste graansoorte
wat deur die Boere verbou word, lewer 'n opbrengs tot twee keer soveel as in Europa, hoewel die voorbereiding van die grond baie swakker is en geskied sonder die gebruik van landbou-implemente wat
normaalweg in meer gevorderde lande daarvoor gebruik word. 'n

---

149. Die Transvaalse boere was nooit sonder skape nie, maar was aanvanklik afgeskrik deur gerugte dat skape nie in Transvaal aard nie. Toe die wild teen 1860 as welvaartsbron begin kwyn het, het die skaapteelt – veral op die hoëveld – vinnig toeneem omdat Kaapse handelaars die wol begin koop het. A.N. Pelzer, *Geskiedenis van die Suid-Afrikaanse Republiek*, I, p. 181; F.J. Potgieter, "Die vestiging van die blanke in Transvaal (1837-1886)", *Argief-jaarboek*, 21 (2), 1958, p. 79.
150. Veekrale. Die woord "kraal" (uit Portugees *curral*) het vroeg reeds aan die Kaap naas die oorspronklike en ook in Nederlands gebruiklike betekenis "omheinde plek vir beskerming van vee" dié van "inboorlingstat" bygekry. E.H. Raidt, *Afrikaans en sy Europese verlede*, p. 166.
151. Da Costa Leal skryf *Povoações de cafre*. *Povoações* (Port.): dorpe.
152. Kaktusse is sukkulente plante van die familie *Cactaceae* met soorte wat wissel van bome tot slingerplante, met dik, vlesige, dikwels stekelrige stamme en takke. Die enigste inheemse soort in S.A. is die klimplant, die *Rhipsalis hagelliformis*. F.J. Snijman (red.), *Woordeboek van die Afrikaanse taal*, V, p. 150.
153. Die vader het in die Boeregesin aan die hoof van die gesagsordening gestaan en hy was gewoonlik die strenge, byna ongenaakbare persoon teenoor wie die kinders 'n baie hoë ontsag gekoester het, maar ten grondslag van sy gesagsuitoefening het 'n gevoel van verantwoordelikheid t.o.v. sy kinders gelê. G. Cronjé & J.D. Venter, *Die patriargale familie*, pp. 40-41.
154. Die mielie het uit Meksiko na Suid-Amerika versprei en is na 1500 deur die Portugese na Afrika gebring, waar dit spoedig deur die inboorlinge as stapelvoedsel aanvaar is. Die woord "mielie" het via die Nederlandse handels- en seemanstaal uit Portugees in Afrikaans gekom. P.J. Coertze & R.D. Coertze, *Verklarende vakwoordeboek vir Antropologie en Argeologie*, pp. 195-196; E.H. Raidt, *Afrikaans en sy Europese verlede*, pp. 166-167.

Oneindige verskeidenheid vrugte is prakties reg deur die jaar beskikbaar; pere, appels, pruime, druiwe, vye, perskes, appelkose, ens. word in die herfs ryp en die lemoene,[155] piesangs en koejawels gedurende die wintermaande. Die pitvrugbome dra reeds binne twee of drie jaar en wingerde wat slegs twee jaar oud is, buig onder die gewig van druiwetrosse.

Tabak word oral in die land in groot hoeveelhede verbou en hierdie produk is voortdurend in groot aanvraag in die Vrystaat.[156] Mielies word hoofsaaklik vir eie gebruik deur die Boere gesaai, aangesien dit die stapelvoedsel van die swartes in hulle diens is. Gars word op groot skaal verbou maar hulle saai dit in klein hoeveelhede en dit word feitlik altyd groen gesny en as voer gebruik. Al die groentes wat in die noordelike klimaat voorkom, aard goed in Transvaal en word soms enorm groot. Katoen, vlas en rys groei sonder moeite.[157] Koffie en suikerriet word hoofsaaklik in die distrikte Rustenburg[158] [Fig. 66] en Waterberg[159] verbou.[160] Die inheemse vlas,

---

155. Teen 1850 is die eerste lemoenboorde by Rustenburg aangeplant en teen 1858 is wavragte lemoene van die streek agter die Magaliesberg na Potchefstroom se mark aangery. F.J. Potgieter, "Die vestiging van die blanke in Transvaal (1837-1886)", *Argiefjaarboek*, 21 (2), 1958, p. 84.

156. Tabak is die gedroogde blare en sagte stingels van verskeie *Nicotiana*-variëteite, eenjarige kruidgewasse wat veral uit die Amerikas kom vanwaar dit sedert 1500 deur die Spanjaarde na Europa gebring is en daarvandaan deur kolonisering na alle wêrelddele versprei het en as ligte dwelmmiddel gerook, gepruim of gesnuif word. P.J. Coertze & R.D. Coertze, *Verklarende vakwoordeboek vir Antropologie en Argeologie*, p. 302.

157. Katoen van 'n betreklik goeie gehalte is byvoorbeeld aan die Vaalrivier suid van Potchefstroom gekweek en in 1866 het Transvaalse katoen selfs 'n eerste prys op 'n Pietermaritzburgse tentoonstelling verower. Klein hoeveelhede rys is "voor die aardigheid" gesaai, maar die Boere se gebrekkige kennis in dié verband het verhinder dat rysverbouing op groot skaal beoefen kon word. F.J. Potgieter, "Die vestiging van die blanke in Transvaal (1837-1886)", *Argief-jaarboek*, 21 (2), 1958, pp. 83-84 & 93; A.N. Pelzer, *Geskiedenis van die Suid-Afrikaanse Republiek*, I, pp. 10-11.

158. Da Costa Leal skryf: *Rustemburg*. Rustenburg, geleë aan die voet van die Magaliesberg, is in 1850 op versoek van die Ned. Geref. Gemeente Magaliesberg gestig. In Januarie 1851 het die Volksraad die voorstel van kmdt.-genl. A.W.J. Pretorius goedgekeur dat 'n landdros vir Rustenburg aangestel word en in Augustus 1851 is P.J. van Staden deur die Krygsraad as sodanig aangestel. In 1868 het Rustenburg 72 huise, 2 kerke, 4 winkels, 'n hotel, 'n goewermentskool en ongeveer 350 blanke inwoners gehad. J.S. Bergh (red.), *Geskiedenisatlas van Suid-Afrika*, p. 130; F.L. Cachet, *De worstelstrijd der Transvalers*, p. 383; F. Jeppe, *Die Transvaal'sche oder Süd-Afrikanische Republik*, p. 7.

159. Die distrik Waterberg, so genoem na aanleiding van die waterryke bergreeks, het

wat deur die swartes *Dagga* genoem word, word deur hulle in plaas van tabak gerook;[161] hierdie plant word soms vyftien voet[162] hoog. Onderweg van Potchefstroom na Pretoria, noord van eersgenoemde dorp, 'n behoorlike dagtog met 'n ossewa, is 'n paar huise naby 'n plek wat *Wonderfontein*[163] genoem word. Hier is 'n groot grot in die aarde waarin 'n rivier vloei wat, met 'n sekere mate van geloofwaardigheid, beskou word as dieselfde een wat 'n entjie van die ingang van die grot in die grond verdwyn. *Wonderfontein* beteken wonderbaarlike fontein. Die grot is nog nooit deeglik geëksploreer nie, want dit is 'n doolhof van deurgange, kamers en gange wat myle ver onder die grond strek.[164] [Fig. 67] Stalaktiete[165] hang van die dak van die grot in alle soorte fantastiese vorme. Dit is 'n pragtige gesig. By 'n ander geleentheid het ek en Mauch hierdie wonderlike grotte besoek vergesel van 'n gids en voorsien van lanterns en 'n kompas. Ons het hierdie onderaardse gange vyf uur lank verken. In verskeie van die Boeregehuggies waardeur ons gegaan het, was ek en Mauch grootliks

---

deur 'n Volksraadbesluit van 28.03.1866 tot stand gekom. Die hoofdorp van die distrik was Nylstroom (tans Modimolle), geleë aan die Nylrivier. J.S. Bergh (red.), *Geskiedenisatlas van Suid-Afrika*, p. 139; F.L. Cachet, *De worstelstrijd der Transvalers*, pp. 375-377.

160. Die koffie- en suikerboerdery was teen 1870 hoofsaaklik tot die distrikte Rustenburg, Waterberg en Zoutpansberg beperk, maar die koffieproduksie het nog nie eens in 'n honderdste van die verbruik daarvan in die ZAR voorsien nie. F.J. Potgieter, "Die vestiging van die blanke in Transvaal (1837-1886), *Argief-jaarboek*, 21 (2), 1958, pp. 82-83.

161. Dagga of marijuana (*Cannabis sativa*), 'n eenjarige kruidgewas ook bekend as Indiese hennep, se gedroogde blare en pitte word in 'n spesiale daggapyp gerook en is 'n gewoontevormende dwelmmiddel. J.J. Grotpeter, *Historical dictionary of Swaziland*, p. 25; P.J. Coertze & R.D. Coertze, *Verklarende vakwoordeboek vir Antropologie en Argeologie*, p. 52.

162. Ongeveer 4,6 m.

163. Hulle het op 20.05.1870 op die plaas Wonderfontein van ene Oberholzer aangekom. Op dié plaas noord van huidige Carletonville is die dorp Oberholster in 1939 aangelê. E.E. Burke (red.), *The journals of Carl Mauch*, p. 38; F.O. Bernhard (red.), *Karl Mauch, African explorer*, p. 239, n. 3; D.J. Potgieter (red.), *Standard encyclopaedia of Southern Africa*, VIII, p. 272.

164. Dolomietlae, wat oor 'n groot area van die westelike en suidwestelike Transvaal strek, word maklik deur onderaardse water verweer waardeur gange en grotte soos dié by Wonderfontein gevorm word. Sommige daarvan is baie groot en ondergrondse waterstrome het ongetwyfeld vroeër daarin gevloei. D.J. Potgieter (red.), *Standard encyclopaedia of Southern Africa*, V, p. 129; F.O. Bernhard (red.), *Karl Mauch, African explorer*, p. 166.

165. Stalagtiete: silindriese of koniese neerslag, gewoonlik van kalsiet of aragoniet wat van die gewelf van 'n grot na onder hang as gevolg van die langdurige drup van mineraalryke water. R. Ilson (red.), *Reader's Digest great illustrated dictionary*, II, p. 1622.

geamuseer deur die Boere se verbasing wanneer hulle 'n Portugees gesien het wat so blank soos hulleself was.[166] Vir hierdie eenvoudige mense met hulle gebrekkige kennis van geografie is Portugal iewers aan die Ooskus van Afrika geleë en die enkele Portugese wat hulle gesien het tydens hulle besoeke aan Transvaal en ander wat hulle hier gevestig het, was hoofsaaklik boorlinge van Goa,[167] vandaar hulle verrassing.

My blanke vel is vir hulle 'n ontkenning van my nasionaliteit. Ek het hulle so goed moontlik ingelig, wat nogal moeilik was omdat hierdie Boere 'n baie beperkte begrip het van die lande wat deur Europeërs bewoon word, met die uitsondering van die Britse kolonies in Suid-Afrika. Nadat ek hulle vertel het dat nie slegs die Portugese van Indië nie, maar ook die inheemse bevolking van die Portugese kolonies in Afrika almal gelyk voor die wet is[168] en daarom almal dieselfde regte en verantwoordelikhede in die Republiek as die Portugese in Europa het, het hulle smadelik oor ons politieke staatsreëling geglimlag ten spyte van die feit dat in hulle eie grondwet die demokratiese beginsels ten volle ingelyf is, maar slegs sover dit blanke mans betref.[169]

---

166. In hierdie geval die familie van N.F. Alberts van die plaas Elandsfontein nr. 76 naby Wonderfontein. E.E. Burke (red.), *The journals of Carl Mauch*, p. 38; Skriftelike mededeling: Prof. J.S. Bergh, Dept. Historiese en Erfenisstudies, Universiteit van Pretoria, Pretoria, 0002, 26.11.2003.
167. Das Neves het 'n soortgelyke ondervinding gehad toe die Zoutpansbergers hom gevra het of hy 'n Asiaat was aangesien die enigste Portugese wat hulle ontmoet het, Indiërs uit Goa was. João Albasini is deur hulle (eintlik ten regte) as 'n Italianer beskou, terwyl hulle die handelaar António de Paiva Rapozo as 'n Fransman, Italianer of Spanjaard aangesien het. Hierdie Goanese was dikwels trots op hulle aangenome Rooms-Katolieke geloof en die feit dat hulle van gemengde Portugese afkoms was. D.F. das Neves, *A hunting expedition to the Transvaal*, pp. 112-113; T.H. Henriksen, *Mozambique: a history*, p. 251.
168. Reeds so vroeg as in 1820 is al die inboorlinge van oorsese provinsies in teorie as Portugese burgers beskou, maar alle pogings is aangewend om hulle te verportugees deur hulle in Portugees te onderrig, hulle tot die Rooms-Katolieke geloof te bekeer en hulle Portugese gebruike en gewoontes aan te leer. A.H. de O. Marques, *History of Portugal*, II, p. 86.
169. Art. 32 van die Grondwet van 1858 van die ZAR het bepaal: "Ieder burger, die den ouderdom van 21 jaren en daarboven bereikt heeft, zal stemgeregtigd burger zyn, mits lidmaat der Nederduitsch-Hervormde Kerk zynde." J.H. Breytenbach (red.), *Notule van die Volksraad van die Suid-Afrikaanse Republiek*, III, p. 499.

Tydens hierdie eerste deel van ons reis het ek 'n bos (*Proteacea*) gesien[170] waarvan ek dikwels by die Boere gehoor het: hulle noem dit *Zuiker bosch*, wat suikerbos beteken.[171] Dit aard goed in sanderige streke en kom feitlik altyd op die heuwels voor; dit aard nie goed in swaar vrugbare grond nie, maar groei skynbaar beter in graniet grond. Hulle normale hoogte is van vier tot vyf voet,[172] hulle blare en bas is baie dik en aan die punt van elke tak is 'n blom met groot droë kroonblare, wit en pienk, soos dié van artisjokke. 'n Boer het my vertel van die vreemde ding wat snags in die kroon van die blomblare plaasvind. Slegs gedurende daglumier word dit aan die ontdekker gegun om die kenmerke van hierdie werklik goeie, bruikbare en aangename bos te bestudeer; as ek nie daarvan vertel was nie, sou ek waarskynlik onkundig daaroor gebly het. Die aaneengeslote kroonblare van die blom vorm 'n ondeurdringbare blomkelk. Gedurende die nagkoue versamel dou in die blomkelk. Soos algemeen bekend is, kry bye die grondstowwe vir heuning in die bodem van die blom se kelk. Hierdie stowwe kom in groot hoeveelhede in die *Zuiker-bosch* voor en los op wanneer dit met die dou in aanraking kom en gee daaraan al hulle eienskappe, sodat hierdie doudruppels 'n ligte, baie aangename stroop word, deurdrenk met die geur van die blom en kondenseerbaar deur verdamping. Die Boere, wat altyd 'n ding raak kan beskryf, het hierdie vloeistof *Zuiker-bosch-stroop* genoem, dit wil sê stroop van die suikerbos. Die hoeveelheid wat 'n intelligente persoon kan versamel voordat die son sy deel neem, is van ses tot agt flesse. Op party plekke word dit vir die wintermaande versamel, maar dan moet dit gekook word om dit te kondenseer. Die *stroop* moet voor sonop versamel word omdat dit andersins verdamp. 'n Sekere mate van oormoed is nodig om 'n by van sy skatte te beroof, want die bye het skerp angels waarmee hulle hul verdedig, maar in hierdie geval kan 'n vrouehand die sierlike vergaarbakke van die *Zuiker-bosch* blom-

---

170. Volgens Mauch het hulle twee soorte proteas in klofies en valleie van heuwels aangetref. E.E. Burke (red.), *The journals of Carl Mauch*, p. 39.
171. Waarskynlik *Protea repens*, die protea wat wyd versprei in Suid-Afrika voorkom en waarvan die oorvloedige nektar 'n tradisionele bron van suiker was. V. Carruthers (red.), *The wildlife of Southern Africa*, p. 246.
172. Ongeveer 1,2 tot 1,5 m.

me van die vloeistof so sag en soet en van so 'n poëtiese oorsprong beroof, dat ek bevrees is dat ek as 'n leuenaar beskou sal word. Die *Zuiker-bosch* kom oral in Suidelike Afrika voor, van die weskus tot by die Drakensberg of Quathlamben.[173]

'n Ander interessante verskynsel wat ek waargeneem het, was digte wolke sprinkane.[174] Wanneer ons nader aan hierdie vernielsugtige insekte gekom het, het hulle in digte massas rondom ons opgevlieg sodat die son deur hulle verduister is en hulle het so 'n geraas gemaak dat ons mekaar nie kon hoor nie. Die wind het hulle geskep en aarde toe gebring op plekke wat hulle reeds verniel het of waar die plante reeds ryp en droog was. Talryker as die grashalms van 'n hele stuk grond het hulle op die aarde neergeval op grond waarvandaan hulle as gevolg van 'n gebrek aan voedsel nie kon vlieg nie en deur die son gedood, gedroog en gebak is. Die skape, beeste en perde van die land eet hulle. En hulle is so baie dat die lug swanger geword het van die verderflike gasse wat hulle afgee en dikwels word epidemies daardeur veroorsaak. Ek is meegedeel dat die Boere om dié rede die gebruik van die swartes volg en die droë gras wat die grond bedek minstens een keer per jaar afbrand. Die vuur vernietig normaalweg 'n enorme aantal jong sprinkane en die eiers van dié insekte. Wanneer 'n swerm sprinkane opgemerk word wat die landerye van die swartes nader, bewapen hulle hul met stokke – mans, vroue en kinders – wat hulle in die lug swaai en op dié manier daarin slaag om te voorkom dat die insekte soveel skade sou aanrig as wanneer hulle nie hierdie voorsorg sou tref nie. Hoewel dit soms moontlik is om die bewerkte lande te red, is dit nietemin onmoontlik om die weiveld te beskerm, wat so noodsaaklik vir die bewoners van Suid-Afrika is omdat hulle talle

---

173. Die Drakensbergreeks strek van die grens tussen KwaZulu-Natal en Lesotho en loop ook deur die hoogliggende westelike dele van Swaziland. Die Zoeloes noem die bergreeks ook die Kathlamba of die Khahlamba. Wes van die Drakensberg is die landstreek ongeveer 1 525 tot 1 830 m bo seespieël, terwyl dit oos daarvan slegs sowat 915 m is. J.J. Grotpeter, *Historical dictionary of Swaziland*, pp. 32 & 51; J. Nixon, *The complete story of the Transvaal*, p. 240.
174. Die sprinkane het gewoonlik uit die noorde in sulke groot swerms gekom dat dit soos 'n wolk gelyk en 'n skadu op die grond gegooi het. Waar hulle gaan sit het, het letterlik geen groenigheid oorgebly nie en het die gebied soos 'n woestyn gelyk. F.L. Cachet, *De worstelstrijd der Transvalers*, p. 366.

veekuddes besit, en nadat die sprinkane 'n hele distrik vernietig het, het hulle geen ander keuse nie as om na plekke twintig of dertig *léguas*[175] ver te trek waar die sprinkaanplaag nog nie voorgekom het nie. Die kinders van die swartes ryg dosyne sprinkane aan 'n houtpen en rooster en eet hulle; dit neem slegs 'n kort tydjie om hulle gaar te maak. Die koppe en vlerke word weggegooi.[176]

Ek en Mauch het verskeie patrone vermors deur aanvanklik op die gaselle[177] en wildsbokke te skiet wat ons op 'n afstand van sewehonderd meter en verder gewaar het. Die wild is so dikwels deur Boere te perd gejag dat dit feitlik onmoontlik is om te voet te jag.

Op 21 Mei het ons oor hoogliggende grasvlaktes getrek, die hoogste in Transvaal. Die volop water op die bergkruine is eenvoudig verbasend. Mauch is van mening dat dit die ware oorsprong van die groot Limpoporivier is.[178]

Teen drie-uur die namiddag van die 23ste was ons aan die oewer van die Jukskeirivier.[179] Dit is 'n smal maar vinnig vloeiende rivier met 'n bodem van dryfsand. Hier het ons baie probleme gehad; die wa was in die middel van die rivier en die osse was nie in staat om dit te beweeg nie, deurdat die wiele halfpad weggesak het. Die wa is ligter gemaak deur die helfte van die vrag af te laai, terwyl die wiele stuk vir

---

175. Ongeveer 120 tot 180 km.
176. Volgens Cachet het die swartes die sprinkane ook versamel, gedroog en dan tot meel gestamp, in welke vorm dit 'n geliefkoosde voedsel was. F.L. Cachet, *De worstelstrijd der Transvalers*, p. 366.
177. Hier waarskynlik 'n verwysing na die gemsbok (*Oryx gazella*), hoewel dit ook na verskeie kleiner wildsbokke van die genus *Gazella* kan verwys. R. Ilson (red.), *Reader's Digest great illustrated dictionary*, I, p. 694; R. Goss, *Maberley's mammals of Southern Africa*, p. 296.
178. Mauch was van mening dat een van die oorsprongne van die Limpoporivier op die plaas van Jonker was. Volgens Mauch was die hoogste punt in dié omgewing ongeveer 1 834 m bo seespieël. Ofskoon die westelike Transvaalse Hoëveld effens laer bo seevlak as die oostelike Hoëveld (1 600 tot 1 800 meter) geleë is, lê die hele gebied op 'n hoogte van meer as 1 500 meter bo seevlak. Dit is 'n kaal, golwende landskap met breë bulte sonder uitstaande bakens. Die plantegroei bestaan uit kort, suur grassoorte met vlak wortelstelsels wat van die begin af die mens se bewegings en vestiging vergemaklik het. E.E. Burke (red.), *The journals of Carl Mauch*, p. 39; J.S. Bergh (red.), *Geskiedenisatlas van Suid-Afrika*, p. 82; R.T.J. Lombard, *Ermelo 1880-1980*, p. 1.
179. *Rio Jokeskey*. Die Jukskeirivier is 'n sytak van die Krokodilrivier waarmee dit suid van Hartbeespoort saamvloei. Oorlewering wil dat Pieter Jacob Marais in 1853 goud op die oewer van die rivier ontdek het waar daar 'n jukskei gelê het en hy die rivier die naam gegee het. P.E. Raper, *Dictionary of Southern African place names*, p. 164.

stuk met 'n pik uitgehaal is en dit het alles met 'n geslaan van die arme diere en skel uitroepe van *Trek* van die drywer gepaard gegaan, en op hierdie wyse is die wa na die ander kant van die rivier gebring. Nadat hierdie hindernis oorkom is, het ek en my reisgenoot verklee om te help om die wa af te laai en die hout en rieme, bale, kiste en trommels weer op die wa te laai, terwyl die twee jongelinge na die osse omgesien het. Hierdie inspanning, wat vir my nuut was, het, in plaas daarvan om skade aan my te berokken, my gestaal en my gees verhef op 'n wyse wat ek nooit gedurende my vroeëre sittende lewenswyse ervaar het nie. In sewe dae het ons, en altyd te voet, meer as honderd myl[180] afgelê, en behalwe vir geringe ongerief wat deur 'n verandering van spyse veroorsaak is, en moontlik ook te veel sonskyn, het ek gesond en vol energie gevoel, hoewel my voete baie seer geword het van die stap waaraan ek nie gewoond was nie. Die volgende dag, die 24ste, teen sewe-uur die aand, het ons die dorp Pretoria binnegegaan.

Pretoria, so genoem ter ere van die President van die Republiek, M.W. Pretorius,[181] is 'n klein en vrolike dorp, geleë aan die Apiesrivier, [182] nagenoeg honderd myl[183] noordoos van Potchefstroom. Die dorp bestaan slegs bykans twaalf jaar.[184] Dit het tagtig huise, meer as driehonderd inwoners,[185] twee Hollandse kerke,[186] vyf winkels,[187] een regering-

---

180. Meer as 160 km.
181. Da Costa Leal fouteer. Pretoria is vernoem na kmdt.-genl. A.W.J. Pretorius (1798-1853), die vader van M.W. Pretorius. P.E. Raper, *Dictionary of Southern African place names*, pp. 270-271.
182. *Rio Apies*. Die Apiesrivier het sy oorsprong in die Fonteinedal en vloei deur Pretoria. Die naam is afgelei van die blouapies wat in die bome langs die rivier voorgekom het of die rivier is vernoem na Tshwana ("die klein apie"), die seun en opvolger van Musi, leier van 'n tak van die Nguni-stam wat hulle sowat 350 jaar gelede tydens die suidwaartse migrasie van die Nguni in die huidige Gauteng gevestig het. Teen 1853 was al die plase aan die Apiesrivier reeds bewoon tot waar hy in die Pienaarsrivier loop. P.E. Raper, *Dictionary of Southern African place names*, pp. 37-38; F.J. Potgieter, "Die vestiging van die blanke in Transvaal (1837-1886)", *Argief-jaarboek*, 21 (2), 1958, p. 64.
183. Meer as 160 km.
184. Pretoria is in 1855, ongeveer 14 of 15 jaar vroeër, gestig. Kyk voetnoot 45.
185. Volgens die eerste sensusopname het die blanke inwonertal van Pretoria in 1873 op 776 gestaan. A.F. Hattersley, *An illustrated social history of South Africa*, p. 227. Volgens Engelbrecht was daar in 1872 reeds 3,000 siele in Pretoria, maar dit mag alle rasse ingesluit het. S.P. Engelbrecht (red.), *Pretoria (1855-1955)*, p. 152.
186. In 1855 is die eerste kerkgebou van die Ned. Geref. Kerk op Kerkplein, Pretoria, in gebruik geneem. Dit was 'n eenvoudige, langwerpige gebou met 'n grasdak en grond-

skool,[188] 'n losieshuis[189] en 'n Staatsdrukker, wat een keer per week 'n amptelike koerant, die *Staats Courant*, publiseer.[190] Geleë ongeveer halfpad tussen Zoutpansberg en Natal, het dit 'n handelsentrum vir ivoor uit die Zoutpansberg geword.[191] Pretoria is tans die regeringsetel en die lede van die Uitvoerende Raad woon hier.[192] Dit lê op 'n *plateau* omring deur berge[193] en die keurige wit huise met goed versorgde tuine [Fig. 68] verwelkom die vermoeide reisiger van ver af.[194]

Die Regering van die Republiek is in die ware sin van die woord republikeins; die volk geniet die grootste politieke vryheid.[195] Die wet-

---

vloer wat in 1873 in 'n kruiskerk verander is. Verder was daar 'n Ned. Herv. Kerk, waarvan ds. A.J. Begemann sedert 1861 die eerste predikant was, terwyl daar ook sedert 1859 'n Gereformeerde Gemeente in Pretoria was. P.L. Olivier (red.), *Ons gemeentelike feesalbum*, p. 408; S.P. Engelbrecht (red.), *Pretoria (1855-1955)*, pp. 8 & 12; J.P. Jooste, *Die geskiedenis van die Gereformeerde Kerk in Suid-Afrika, 1859-1959*, pp. 74-75.

187. Die eerste winkel in Pretoria was dié van Evans & Churchill (1857), gevolg deur John Robert Lys (1857) en 'n paar jaar later J.H.M. Struben, Henry Austen (1859) en Albert Brodrick (1861). S.P. Engelbrecht (red.), *Pretoria (1855-1955)*, p. 12; A.N. Pelzer, *Geskiedenis van die Suid-Afrikaanse Republiek*, I, p. 176; V. Allen, *Kruger's Pretoria*, pp. 25-26 & 34.

188. Hendrik Stiemens en Pieter Andries J. Kirsten was in 1870 die onderwysers van die Goewermentskool wat in 'n eenvoudige skoolgeboutjie gehuisves was wat digby die pastorie van ds. A.J. Begemann gestaan het. S.P. Engelbrecht (red.), *Pretoria (1855-1955)*, pp. 16-17 & 199.

189. Waarskynlik 'n verwysing na C. Meyer wat reeds in 1864 sy Pretoria Hotel geadverteer het. S.P. Engelbrecht (red.), *Pretoria (1855-1955)*, p. 114.

190. Die eerste *Staats Courant der ZAR* is op 25.09.1857 deur C.P. Moll op Potchefstroom gedruk. In 1859 is die naam van die koerant na die *Gouvernements Courant der ZAR* verander en was H. Jeppe die redakteur. Die drukkery is in 1863 van Potchefstroom na Pretoria verskuif, waar die *Gouvernements Courant* vir die eerste keer op 18.08.1863 verskyn het. S.P. Engelbrecht (red.), *Pretoria (1855-1955)*, pp. 15 & 333; A.N. Pelzer, *Geskiedenis van die Suid-Afrikaanse Republiek*, I, pp. 163-164.

191. Die *Staats Courant* van 11.12.1857 het bv. berig dat 6 000 lb. (ongeveer 2 725 kg) ivoor per week in Pretoria verkoop word. S.P. Engelbrecht (red.), *Pretoria (1855-1955)*, p. 114.

192. Met die uitsondering van pres. M.W. Pretorius wat steeds op Potchefstroom gewoon het.

193. Pretoria lê ongeveer ongeveer 1 450 m bo seespieël in 'n vallei wat deur die Witwatersrandgebergte en die Magaliesberg gevorm word.

194. Cachet het hom later minder vleiend oor Pretoria uitgelaat: "[D]e plaats mist het vriendelijk, huiselijk aanzien van Potchefstroom. De huizen, meestal met gras gedekt, en veelal zonder plankenvloeren of zoldering, zijn minder net ..." F.L. Cachet, *De worstelstrijd der Transvalers*, p. 393.

195. Die Volksraad was die hoogste gesag in die ZAR, maar die erg demokratiese gebruik is gehandhaaf om die Volksraad se besluite eers aan die volk voor te lê voordat dit tydens 'n volgende vergadering finaal bekragtig is. Jeppe was van mening dat die Transvalers 'n byna oordrewe vryheid geniet het. M.C.E. van Schoor & J.J. van Rooyen, *Republieke en republikeine*, p. 76; F. Jeppe, *Die Transvaal'sche oder Süd-Afrikanische Republik*, p. 4.

gewende vergadering van die land heet die *Volksraad*,[196] en bestaan uit drie verkose lede uit elke distrik, behalwe Lydenburg wat daarop geregtig is om ses afgevaardigdes te stuur. As al die verkose lede byeenkom, is hulle 33 in getal en hulle vergader een keer per jaar.[197] Daar is ook 'n Uitvoerende Raad, wat uit vyf lede bestaan – die President, die Vise-President,[198] die Kommandant-generaal,[199] die Staatsekretaris[200] en 'n lid deur die Volksraad verkies.[201] Die voorsitter

---

196. Die Grondwet van die ZAR het bepaal dat die Volksraad die hoogste wetgewende mag is. Alle lede van die Uitvoerende Raad het sitting in die Volksraad gehad en hulle het wetsvoorstelle ingedien en het in 'n baie sterk posisie verkeer om leiding te gee, maar het nie stemreg in dié Raad gehad nie. C.F. Nieuwoudt, *Die ontstaan en ontwikkeling van die uitvoerende gesag in die Zuid-Afrikaansche Republiek*, pp. 145-146.
197. Die Volksraad het na gelang van omstandighede een of twee keer per jaar vergader. F. Jeppe, *Die Transvaal'sche oder Süd-Afrikanische Republik*, p. 4.
198. Tydens die besoek van die Diplomatieke Kommissie was M.J. Viljoen (1817-1889) vise-president van die ZAR F. Jeppe, *Die Transvaal'sche oder Süd-Afrikanische Republik*, p. 5.
199. Die kommandant-generaal is deur die stemgeregtigde burgers vir 'n "onbepaalde" tyd verkies. Hy moes minstens drie jaar 'n stemgeregtigde burger, lid van die "Nederduitsch-Hervormde Gemeente" en dertig jaar oud gewees het, asook geen onterende vonnis teen hom gehad het nie. Tydens die besoek van die Diplomatieke Kommissie was S.J.P. Kruger (1825-1904) kommandant-generaal. C.F. Nieuwoudt, *Die ontstaan en ontwikkeling van die uitvoerende gesag in die Zuid-Afrikaansche Republiek*, p. 142; F. Jeppe, *Die Transvaal'sche oder Süd-Afrikanische Republik*, p. 5. Vgl. ook J.J. van Heerden, "Die kommandant-generaal in die geskiedenis van die Suid-Afrikaanse Republiek", *Argief-jaarboek vir Suid-Afrikaanse geskiedenis*, 27 (2), 1964.
200. Die staatsekretaris of "Gouvernements-Secretaris" is deur Volksraad vir vier jaar verkies en moes aan dieselfde algemene vereistes as die kommandant-generaal voldoen. Tydens die Diplomatieke Kommissie se besoek het S.J. Meintjes (1819-1887) as staatsekretaris van die ZAR waargeneem. C.F. Nieuwoudt, *Die ontstaan en ontwikkeling van die uitvoerende gesag in die Zuid-Afrikaansche Republiek*, p. 142; AHU, Lissabon: Pasta 45, 1º Vol., Handtekeninge onderaan die Traktaat, 26.10.1870.
201. Die bykomende lid van die Uitvoerende Raad was destyds D.J. Erasmus. Volgens die Grondwet van 1858 het die Uitvoerende Raad uit die president (voorsitter), die kommandant-generaal, twee burgers, wat vir drie jaar deur die Volksraad verkies is en aan dieselfde algemene vereistes as die kommandant-generaal moes voldoen, en 'n sekretaris bestaan. Dit is interessant dat Da Costa Leal van 'n vise-president, M.J. Vljoen, melding maak. A.g.v. die vereniging van die ZAR en die Republiek Lydenburg is die "twee stemgeregtigde burgers" in 1859 vervang deur "van twee tot vier stemgeregtigde burgers", wat beteken het dat die Uitvoerende Raad van vyf tot 'n moontlike sewe lede verhoog is. Die Raad het betrekkinge met die buiteland gereël, kon in dringende gevalle waar die staat se veiligheid bedreig word, die nodige oorlogsmaatreëls voorskryf, was vir die algemene en finansiële administrasie van die staat verantwoordelik, moes deeglik by die opstel van wetgewing deur die Volksraad - die hoogste wetgewende gesag - geken word, kon strawwe van die geregshof bekragtig, verminder of kwytskeld, maar nie vermeerder nie en moes in die algemeen na die belange van die burgers omsien. C.F. Nieuwoudt, *Die ontstaan en ontwikkeling van die uitvoerende gesag in die Zuid-*

van hierdie Raad is die President van die Republiek, deur 'n meerderheid stemme vir 'n tydperk van vyf jaar verkies.²⁰²

Die besluite van die Volksraad word drie maande lank in die *Staats Courant* gepubliseer en as daar binne daardie tydperk geen besware daarteen geopper word nie, word hulle as wette uitgevaardig. Die konstitusie van die Republiek is op 'n spesiale wet, genoem die *Grandovet*,²⁰³ en 'n aanhangsel daartoe genaamd die 33 *artigos*²⁰⁴ gebaseer, maar aangesien hierdie twee wetboeke heeltemal ontoereikend is, word die ou Hollandsche Recht²⁰⁵ in noodgevalle toegepas.

Die land is in nege distrikte verdeel, te wete Potchefstroom, Rustenburg, Pretoria, Waterberg, Zoutpansberg,²⁰⁶ Lydenburg,²⁰⁷

Afrikaansche Republiek, pp. 142-146 & 156-157; F. Jeppe, *Die Transvaal'sche oder Süd-Afrikanische Republik*, p. 5; AHU, Lissabon: Pasta 45, 1º Vol., Handtekeninge onderaan die Traktaat, 26.10.1870.

202. Die president van die ZAR is vir vyf jaar deur die stemgeregtigde burgers verkies. Hy moes minstens vyf jaar 'n stemgeregtigde burger, lid van die "Nederduitsch-Hervormde Gemeente" en dertig jaar oud wees, asook geen onterende vonnis teen hom hê nie. Hy was voorsitter van die Uitvoerende Raad. C.F. Nieuwoudt, *Die ontstaan en ontwikkeling van die uitvoerende gesag in die Zuid-Afrikaansche Republiek*, p. 142.

203. Op 02.02.1858 het 'n krygsraad, bestaande uit 41 offisiere, besluit om 'n "Algemene landswet" op te stel. 'n "Committee Raad" het die volgende dag begin om 'n konsepgrondwet op te stel. Op 16.02.1858 het die Volksraad die nuwe grondwet goedgekeur. Deur die aanvaarding van dié Grondwet is die staatsadministrasie van die ZAR op 'n vaste grondslag geplaas. C.F. Nieuwoudt, *Die ontstaan en ontwikkeling van die uitvoerende gesag in die Zuid-Afrikaansche Republiek*, pp. 137-139.

204. Die "Drie-en-dertig artikels", wat in 1844 deur 'n Burgerraad onder leiding van A.H. Potgieter in Potchefstroom opgestel is, was nie 'n grondwet of konstitusie nie, maar eerder 'n regskode. C.F. Nieuwoudt, *Die ontstaan en ontwikkeling van die uitvoerende gesag in die Zuid-Afrikaansche Republiek*, pp. 78-79; A.N. Pelzer, *Geskiedenis van die Suid-Afrikaanse Republiek*, I, pp. 115-116.

205. Die Romeins-Hollandse reg, 'n samesmelting van die Romeinse en Hollandse reg, het saam met die Nederlanders na die Kaap gekom, het hier die reg van die Kaapse gemeenskap geword en met die uitbreiding na die binneland het dit ook deel van die regstelsel van state soos die ZAR geword. P.G. Nel (red.), *Die kultuurontplooiing van die Afrikaner*, pp. 280-281.

206. Die distrik Zoutpansberg se hoofdorp was Schoemansdal, vroeër die belangrikste sentrum vir ivoorhandel. Hierdie dorp is in 1848 aangelê en het uiteindelik gegroei tot 'n dorp met 'n kerk, 4 winkels en ongeveer 100 blanke inwoners, maar moes vanweë bedreiging deur die Venda en die tsetsevlieg in 1867 ontruim word. F. Jeppe, *Die Transvaal'sche oder Süd-Afrikanische Republik*, p. 9.

207. Lydenburg was die hoofdorp van die gelyknamige distrik. Hierdie distrik het in 1868 ongeveer 1 500 tot 2 000 blanke inwoners gehad. F. Jeppe, *Die Transvaal'sche oder Süd-Afrikanische Republik*, pp. 9 & 11.

Heidelberg,[208] M.W. Stroom[209] en Utrecht,[210] wat elkeen deur 'n magistraat, wat 'n *Landdrost*[211] genoem en deur die volk verkies word, beheer word. Tot hierdie distrikte is Bloemhof,[212] wat vroeër onder Potchefstroom geressorteer het, onlangs toegevoeg en die hoop word gekoester dat Marico,[213] 'n ander wyk van die distrik Potchefstroom, en Nazareth,[214] 'n wyk van Lydenburg, ook as afsonderlike distrikte van die Republiek verklaar sal word.

---

208. Die distrik Heidelberg het deur 'n Volksraadbesluit van 28.03.1866 to stand gekom. Die hoofdorp, Heidelberg, is aan die Zuikerboschrand geleë. J.S. Bergh (red.), *Geskiedenisatlas van Suid-Afrika*, p. 139; F.L. Cachet, *De worstelstrijd der Transvalers*, p. 391. Heidelberg ontbreek in die gepubliseerde weergawe van Da Costa Leal se reisjoernaal in boekvorm, *Uma viagem na África Austral* (Lisboa, 1943), p. 18.
209. Met die instelling van die distrik Wakkerstroom [dus nie M.W. Stroom nie] in 1859 is voorsiening gemaak vir 'n dorp vir hierdie distrik, nl. Marthinus Wesselstroom, dikwels in geskrewe vorm tot M.W. Stroom verkort. Die dorp is na pres. M.W. Pretorius vernoem en sou later as Wakkerstroom bekend staan. J.S. Bergh (red.), *Geskiedenisatlas van Suid-Afrika*, p. 141; F.L. Cachet, *De worstelstrijd der Transvalers*, pp. 357 & 359.
210. Die distrik Utrecht en sy gelyknamige hoofdorp, wat in 1854 uitgelê is, is na die Nederlandse stad Utrecht vernoem. P.E. Raper, *Dictionary of Southern African place names*, p. 329.
211. Die landdros het 'n besondere posisie in die gemeenskap beklee en is deur die Volksraad verkies en vir drie jaar aangestel, maar hy was by uittrede herkiesbaar. 'n Landdros moes 'n lidmaat van die "Nederduitsche Gereformeerde Hervormde Godsdienst" wees, vaste eiendom in die ZAR besit, sonder enige vonnisopleggings en ouer as 25 wees en geen handel dryf nie. J.H. Breytenbach (red.), *Notule van die Volksraad van die Suid-Afrikaanse Republiek*, III, pp. 140-141.
212. Die distrik Bloemhof, wat voorheen 'n wyk van die distrik Potchefstroom was, het in 1869 'n selfstandige distrik geword. Oor die naam van die distrik skryf Cachet: "Waarschijnlijk heeft men deze bloemloze streek, bij wijze van contrast, dien bloemrijken naam gegeven." J.S. Bergh (red.), *Geskiedenisatlas van Suid-Afrika*, p. 140; F.L. Cachet, *De worstelstrijd der Transvalers*, p. 386.
213. Die Volksraad het op 30.10.1871 besluit dat Marico 'n selfstandige distrik moet word, maar die distrik het eers op 24.02.1872 by wyse van 'n proklamasie as sodanig tot stand gekom, met Zeerust as hoofdorp. Die distrik Marico was ryk aan minerale, veral lood, silwer en koper. J.S. Bergh (red.), *Geskiedenisatlas van Suid-Afrika*, p. 140; F.L. Cachet, *De worstelstrijd der Transvalers*, p. 385.
214. Die Ned. Geref. Kerk van Lydenburg het in 1864 die plaas Sterkfontein van Lodewyk de Jager as kerksentrum gekoop. In 1866 het die Volksraad die plek amptelik as dorp erken en het ds. F.L. Cachet voorgestel dat die plek Nazareth (Matthéüs 2, vers 23) genoem word. Die Volksraad het op 30.10.1871 besluit dat Nazareth 'n selfstandige distrik moet word, maar die distrik het eers op 24.02.1872 by wyse van 'n proklamasie as sodanig tot stand gekom. Die naam van die dorp en distrik is op 23.10.1874 van Nazareth na Middelburg verander. J.S. Bergh (red.), *Geskiedenisatlas van Suid-Afrika*, p. 140; T.V. Bulpin, *The Golden Republic*, p. 108; F.L. Cachet, *De worstelstrijd der Transvalers*, pp. 369-370; G.N. Claassen, "Van Nazareth tot Middelburg", *Contree*, 7, Januarie 1980, p. 5.

Die amptenare onder die *Landdrost* is 'n klerk, 'n *field-cornet*,[215] 'n *sheriff*[216] en 'n bode van die hof.[217] Die Landdros hou elke dag van die week, behalwe op Saterdae en Sondae, hof om geregtigheid in sy gebied te laat geskied. As 'n party of partye nie met die beslissing van die hof tevrede is nie, mag hulle na 'n Hoër Hof appelleer, bestaande uit die Landdros en *Heemraden*.[218] Hierdie regbank sit op die eerste Woensdag van elke maand en bestaan uit dieselfde Landdros en ses Heemrade[219] wat deur die Regering aangestel word. Selfs 'n derde appel word toegelaat tot die *Houge Geregtshof*[220] (Hoogste Hof) wat een of twee keer per jaar vergader en bestaan uit drie Landdroste van drie verskillende distrikte en 'n Sekretaris en 'n Jurie van twaalf man,[221] wat deur die *Staats Procureur* (Staatsaanklaer),[222] bygestaan word.

'n Kommandant[223] en een of meer veldkornette word in elke dis-

---

215. 'n Distrik is in wyke verdeel en aan die hoof van elke wyk was 'n veldkornet, wat dikwels deur 'n assistent-veldkornet bygestaan is en deur die dienspligtige burgers van sy wyk vir drie jaar verkies is. Die veldkornet moes die landdros met die uitvoer van sy pligte bystaan, bv. sorg vir die nakoming van wette, die uitvoering van vonnisse en die opstel van burgerlyste. F.A. van Jaarsveld, "Die veldkornet se sy aandeel in die opbou van die Suid-Afrikaanse Republiek tot 1870", *Argief-jaarboek*, 13 (2), 1950, p. 215; P.G. Nel (red.), *Die kultuurontplooiing van die Afrikaner*, p. 307.
216. Geregsdienaar wat belas was met die uitvoering van die wet en die handhawing van openbare orde.
217. Geregsbode of balju wat belas was met die werk om die besluite en uitsprake van die landdros uit te voer.
218. Die Hof van Landdros en Heemrade. F. Jeppe, *Die Transvaal'sche oder Süd-Afrikanische Republik*, p. 5.
219. Volgens Jeppe was 8 heemrade deur die Regering aangestel. F. Jeppe, *Die Transvaal'sche oder Süd-Afrikanische Republik*, p. 5.
220. Hooggeregshof.
221. Die juriestelsel het sy oorsprong in Engeland en is in 1828 in die Kaapkolonie ingevoer. In 1856 het die juriestelsel ook in Transvaal sy beslag gekry en is die ledetal – in teenstelling met die Kaapkolonie se 9 – op 12 vasgestel. D.J. Potgieter (red.), *Standard encyclopaedia of Southern Africa*, VI, p. 248.
222. F.W.H. Kleijn (1838-1896) was van 11.06.1867 tot 20.11.1871 die staatsprokureur van die ZAR. Die pligte van die staatsprokureur het o.m. ingesluit om op te tree as staatsaanklaer, raadgewer vir die Regering, sekretaris van justisie en politieke adviseur vir die President en die Volksraad oor alle wetlike en konstitusionele sake. D.W. Krüger & C.J. Beyers (reds.), *Suid-Afrikaanse biografiese woordeboek*, III, p. 483.
223. Tot en met die Groot Trek was die kommandant die toonaangewende persoon binne die kommandostelsel en militêre leier van die burgers in sy distrik. Tydens die trektydperk het die behoefte aan 'n hoof van al die kommandante ontstaan, wat uitdrukking gevind het in die benaminge kommandant-generaal en hoofkommandant. 'n Kommandant in Transvaal was 'n verkose offisier wat deur die dienspligtige burgers van sy

trik aangewys om die wette van die Regering toe te pas. In oorlogstyd word die Kommandant die hoogste funksionaris en krygswet word in die land uitgeroep totdat die kommando[224] (groep gewapende burgers) na afloop van die oorlog terugkeer. Hulle keer dan terug met groot getalle perde en beeste wat hulle van die swartes gebuit het en alles word gelykop tussen die veroweraars verdeel.[225]

Die blanke bevolking van Transvaal kan op 25 000 tot 30 000 siele geskat word,[226] hoewel daar geen sensus sedert 1852 gehou is nie, en ongeveer 250 000 tot 300 000 inboorlinge,[227] eerder meer as minder.

Die Zuid-Afrikaanse Republiek het geleidelik as handelsgebied in belangrikheid toegeneem en gaan tans met rasse skrede vooruit. Die goudmyne wat binne Transvaal val[228] en die diamantdraende gebiede langs die oewers van die Vaalrivier in die suidweste van die Republiek,[229]

---

distrik vir vyf jaar verkies is. P.G. Nel (red.), *Die kultuurontplooiing van die Afrikaner*, pp. 301 & 307; J.H. Breytenbach (red.), *Notule van die Volksraad van die Suid-Afrikaanse Republiek*, III, p. 141.

224. Omdat die ZAR nie oor 'n permanente krygsmag beskik het nie, kon alle burgers, uitgesonderd geestelikes, amptenare en handelaars, tussen die ouderdomme 16 en 60 jaar vir krygsdiens opgeroep word, asook "kleurlinge ... alle die in staat zyn om in den kryg van dienst te weezen". F. Jeppe, *Die Transvaal'sche oder Süd-Afrikanische Republik*, p. 5; J.H. Breytenbach (red.), *Notule van die Volksraad van die Suid-Afrikaanse Republiek*, III, p. 141.

225. Gewoonlik is 'n vendusie van oorlogsbuit gehou. Uit die opbrengs is die oorlogskoste gedek en ondersteuning aan swaar gewondes en weduwees van gesneuwelde burgers verleen. Uit die res kon die burgers voordeel trek, maar dit het selde so ver gekom. F.A. van Jaarsveld, "Die veldkornet en sy aandeel in die opbou van die Suid-Afrikaanse Republiek tot 1870", *Argief-jaarboek*, 13 (2), 1950, pp. 241-242.

226. Tydgenootlike skattings van die blanke bevolking van die ZAR: F.W. Chesson (1868) – tussen 20 000 en 30 000; Friedrich Jeppe (1868) – tussen 25 000 en 30 000; Carl Jeppe (1870) – tussen 20 000 en 30 000. F.J. Potgieter, "Die vestiging van die blanke in Transvaal (1837-1886)", *Argief-jaarboek*, 21 (2), 1958, p. 106.

227. Volgens F. Jeppe was die aantal swartes in die ZAR in 1868 nagenoeg 250 000, terwyl A.A. Anderson dié syfer in die jare 1860 op sowat 300 000 geskat het. F.J. Potgieter, "Die vestiging van die blanke in Transvaal (1837-1886)", *Argief-jaarboek*, 21 (2), 1958, p. 21.

228. In 1853 het P.J. Marais klein hoeveelhede spoelgoud in die Jukskeirivier opgespoor; die eerste goudfonds in die Witwatersrandgebied. Teen 1870 was dit ook bekend dat goudafsettings in die distrikte Lydenburg en Zoutpansberg aanwesig was, maar die ontdekkings by Eersteling, Pelgrimsrust en De Kaap het eers in 1871 en daarna plaasgevind. T. Cameron & S.B. Spies, *Nuwe geskiedenis van Suid-Afrika in beeld*, p. 184.

229. Spoeldiamante is in 1867 langs die Vaalrivier ontdek, terwyl verdere ontdekkings naby die samevloeiing van die Vaal- en die Hartsrivier in 1868 gevolg het. Die ontdekking in Januarie 1870 van ryk diamantgrond by Klipdrift het tot die eerste diamantstormloop aanleiding gegee. M. Newitt, *A history of Mozambique*, p. 329; C.F.J.

[Fig. 69] waar ontginning onlangs begin het en wat groot getalle uitlanders van Noord-Europa, Australië en Amerika lok wat daarvan oortuig is dat hulle in hierdie land 'n fortuin gaan maak. Maar die land besit nie net groot mineralerykdomme nie,[230] want dit is nie minder geskik vir landbou nie, wat na alles die ware rykdom van die land is.

Die voorbeeld van die Verenigde State van Amerika laat 'n mens 'n mooi toekoms vir hierdie land voorspel, waarvan die klimaat so gunstig soos dié van Suidelike Europa is. Danksy die land se hoogte bo seevlak (ongeveer 5 000 voet bo seespieël)[231] is die hitte nie so drukkend as in Natal en sommige distrikte van die Kaapkolonie nie.

Die Republiek het 'n kort geskiedenis. Sedert die finale besetting van die Kaapkolonie deur Engeland in 1806,[232] het die Hollandse koloniste voortdurend griewend gekla oor die benadelende maatreëls wat op hulle betrekking het; Engelse beskerming was holle woorde en bowendien het die Regering die koloniste die reg ontsê om hulleself teen die aggressiewe inboorlingstamme te verdedig, geweier om na die klagtes van die Boere te luister en baie keer die kant van die swartes gekies, wat 'n groot onreg teenoor die beroofde Boere was wie se afgebrande huise en uitgemoorde families om wraak geroep het. Onder so 'n filantropiese regeringstelsel het die Boer nie getel nie. Die swartes het daagliks gekom om die Boer van sy veestapel, die belangrikste besitting van die pastorale boer, te beroof, maar die rowers is ongestraf gelaat. Met die vrystelling van slawe, is hulle waarde op minder as vyftig persent van hulle werklike waarde vasgestel. Aangesien uitbetalings slegs in Londen sou geskied, het die agente buitensporige kommissie gevra en ek glo dat tot vandag toe nie 'n enkele *penny*[233] Engeland

---

Muller (red.), *Vyfhonderd jaar Suid-Afrikaanse geskiedenis*, p. 228; D. van Zyl, *Die ontdekking van rykdom*, p. 15; T. Cameron & S.B. Spies (reds.), *Nuwe geskiedenis van Suid-Afrika in woord en beeld*, p. 154.

230. Teen 1868 was dit algemeen bekend dat Transvaal oor koper, lood, yster, tin, asbes, porseleinklei, steenkool, ens. beskik, maar niemand het klaarblyklik daarin belang gestel of geweet hoe om dit te ontgin nie. J.S. Bergh (red.), *Geskiedenisatlas van Suid-Afrika*, p. 311.

231. Ongeveer 1 525 m.

232. Die Tweede Britse besetting van die Kaap deur genl. D. Baird op 18.01.1806 waardeur die Nederlandse gesag vir goed uit Suid-Afrika verdwyn het. C.F.J. Muller (red.), *Vyfhonderd jaar Suid-Afrikaanse geskiedenis*, p. 97.

233. *Penny* (Eng.): pennie.

verlaat het om hierdie skulde te betaal nie. Na die emansipasie van die slawe[234] moes die koloniste duur betaal vir die arbeid van dieselfde slawe, wie se arrogansie na hulle vrystelling aan astrantheid gegrens het. By gebrek aan arbeid het landbou op die plase tot stilstand gekom. Al hierdie faktore mag tot 'n opstand bygedra het wat ernstige gevolge vir die Regering van Haar Britse Majesteit[235] [Fig. 70] kon gehad het, maar die Boere, synde godsdienstige mense wat twee keer per dag hulle Bybel gelees het,[236] het daaraan getwyfel of 'n rebellie teen hulle onderdrukker geregverdig was. In stede daarvan om te rebelleer, het hulle dus *en masse* na die binneland geëmigreer waar die gebied nog haas onbewoon was. Die Boere het gedink dat hulle minstens dáár slegs die bloed van wilde diere sou laat vloei, maar dat dit nie nodig sou wees om mensebloed te vergiet nie. Die emigrasie het in 1833 'n aanvang geneem, maar is eers in 1836 in alle erns aangepak[237] toe 17 000 persone, volledige families,[238] 'n sekere Retief,[239] [Fig. 71] 'n man wat hoog deur die Engelse gerespekteer is, gevolg het. In 1838 het die Boere hulle in Natal gevestig wat toe nog nie deur die Engelse beset

---

234. Die Britse Parlement het in 1833 die emansipasiewet gepromulgeer wat slawerny aan die Kaap van Desember 1834 geheel en al afgeskaf het. C.F.J. Muller (red.), *Vyfhonderd jaar Suid-Afrikaanse geskiedenis*, p. 117.
235. Victoria (1819-1901), koningin van die Verenigde Koninkryk van Groot-Brittanje en Ierland. C.J. Beyers & J.L. Basson (reds.), *Suid-Afrikaanse biografiese woordeboek*, V, p. 891.
236. Die gereelde gebruik van die Statebybel, met 'n voorliefde vir die Ou Testament, en die gewoonte om gereeld huisgodsdiens te hou, het in die wordingsgeskiedenis van die Boere byna algemeen geword. Die hele denkwyse van die Afrikaner was deurtrek van gedagtes uit die Skrif. C.C. Nepgen, *Die sosiale gewete van die Afrikaanssprekendes*, pp. 62-64.
237. Die Groot Trek is voorafgegaan deur drie kommisies wat in die loop van 1834 uitgestuur is om verkenningswerk te doen. L. Tregardt en J.J.J. (Lang Hans) van Rensburg en hulle volgelinge het in 1835 geëmigreer, A.H. Potgieter en sy mense het teen die einde van 1835 of die begin van 1836 verhuis en G.M. Maritz het in September 1836 getrek. Daarna het die trekgroepe van P. Retief, K.P. Landman, J.J. Uys en ander Voortrekkerleiers gevolg. C.F.J. Muller (red.), *Vyfhonderd jaar Suid-Afrikaanse geskiedenis*, pp. 133-142.
238. Volgens Visagie se berekening het ongeveer 2 308 gesinne (nagenoeg 20 000 siele) aan die Groot Trek deelgeneem. J.C. Visagie, *Voortrekkerstamouers 1835-1845*, p. x.
239. Pieter Retief (1780-1838) en sy geselskap het vroeg in Februarie 1837 uit die Kaapkolonie vertrek. Tydens 'n algemene vergadering van die trekgeselskappe van P. Retief, G.M. Maritz en A.H. Potgieter op 17.04.1837 op Thaba Nchu is Retief tot Goewerneur van die Voortrekkers verkies. W.J. de Kock & D.W. Krüger (reds.), *Suid-Afrikaanse biografiese woordeboek*, II, pp. 601-602.

was nie, maar hulle is selfs daar as *rebeldes*[240] agtervolg en na verskeie gebeure ook daaruit verdryf.[241] Die Boere het verbete teen Mzilikazi,[242] die opperhoof van die Amandebeles, Dingane,[243] die opperhoof van die Zoeloes,[244] en ander inboorlingstamme geveg en so het hulle noordwaarts beweeg deur die gebied duim vir duim te verower. 'n Groot aantal Boere het hulle suid van die Vaal gevestig in die gebied wat tans die Oranje-Vrystaat[245] vorm, maar die grootste groep het oor die Vaal getrek en oor byna die hele gebied tussen die Vaal en die Limpopo versprei, met die Drakensberg in die ooste en die Limpopo en sy sytakke en die Harts in die weste as grense.[246]

---

240. *Rebeldes* (Port): rebelle. Die Britse Regering by monde van die Kaapse Goewerneur, sir G.T. Napier, was nooit bereid om die onafhanklikheid van die Trekkers in die Republiek Natalia te erken nie. Die Trekkers is, as Britse onderdane, as rebelle en onderworpe aan die *Cape of Good Hope Punishment Act* beskou. C.F.J. Muller (red.), *Vyfhonderd jaar Suid-Afrikaanse geskiedenis*, p. 145.
241. Laat in Junie 1842 het 'n Britse mag onder lt.-kol. A.J. Cloete die Boere se militêre verset teen Britse inmenging by Port Natal beëindig en op 15.07.1842 het die Volksraad op Pietermaritzburg besluit om die onderwerpingsvoorwaardes te onderteken, wat die einde van die eerste Voortrekkerrepubliek en verdere noordwaartse trek beteken het. T. Cameron & S.B. Spies (reds.), *Nuwe geskiedenis van Suid-Afrika in woord en beeld*, pp. 134-135.
242. Da Costa Leal skryf *Mozilicatzi*. Mzilikazi (Silkaats) (c.1790-1868), stigter en eerste koning van die Matebele, se volgelinge het in Aug. 1836 die kamp van die jagter S.P. Erasmus aangeval en lede van sy geselskap om die lewe gebring en daarna die Liebenberg-trekgeselskap uitgewis. Op 16.10.1836 is die Trekkers onder leiding van A.H. Potgieter by Vegkop deur die Matebele aangeval, maar die aanval is afgeslaan. 'n Strafekspedisie is daarna op 17.01.1837 na die Matebelekraal by Mosega gestuur wat dié kraal in puin gelê het. In Oktober 1837 is 'n tweede strafekspedisie onder leiding van A.H. Potgieter en P.L. Uys na Mzilikazi se hoofkraal, eGabeni, gestuur en op 12.11.1837 is die Matebele heeltemal verslaan en het hulle oor die Limpopo gevlug. C.J. Beyers (red.), *Suid-Afrikaanse biografiese woordeboek*, IV, pp. 406-409.
243. Da Costa Leal skryf *Dingaan*. Dingane (c.1795-1840), koning van die Zoeloes, het met P. Retief oor die toekenning van grond aan die Voortrekkers onderhandel, maar die hele geselskap is in Feb. 1838 by Mgungundlovu-kraal vermoor, waarna Zoeloe-impi's ook Boerelaers langs die takriviere van die Tugela oorval het. Daarop het 'n Voortrekkerkommando onder leiding van A.W.J. Pretorius Zoeloeland binnegeval en tydens die slag by Bloedrivier op 16.12.1838 'n oorwinning oor die Zoeloes behaal. W.J. de Kock & D.W. Krüger (reds.), *Suid-Afrikaanse biografiese woordeboek*, II, pp. 197-199.
244. Die Zoeloe was oorspronklik 'n klein stammetjie langs die Wit-Umfolozirivier, maar na die aanvang van die regeringstyd van Tsjaka (Shaka) (1787-1828) teen 1815 was hulle die onbetwisbare meerderes van die bevolking van die noorde van die huidige KwaZulu-Natal. Hulle het na hulleself as die Zoeloe (Zulu) verwys. P.J. Coertze & R.D. Coertze, *Verklarende vakwoordeboek vir Antropologie en Argeologie*, p. 348.
245. Da Costa Leal skryf *Estado Livre do Rio Orange*, d.w.s. letterlik Vrystaat van die Oranjerivier.
246. Hierdie gebied het in die omgangstaal ook as die Oor-Vaalse gebied bekend gestaan.

Wanneer die toekomstige geskiedenis van die beskawing van Suider-Afrika eendag geskryf sal word, sal hierdie klein groepie mense, bestaande uit landbouers en veetelers van die Kaapkolonie as dapper pioniers van daardie beskawing 'n roemryke plek in daardie annale inneem.

Die huidige President van die Republiek, Marthinus Wessel Pretorius,[247] [Fig. 72] is die seun van Andries Pretorius, wat in Natal as kommandant-generaal die aanvoerder van die Boere was.[248] President Pretorius het altyd aan die sy van sy vader teen die Engelse en swartes geveg.[249] In 1854 is M. Pretorius in die plek van die oorlede Andries as kommandant verkies.[250] In daardie stadium het die Boere van Transvaal nog nie die politieke eenheid gehad wat hulle nou geniet nie. In 1856 is 'n grondwet opgestel en is Pretorius as President van die Suid-Afrikaanse Republiek verkies.[251] Die buur- en susterstaat, die Oranje-Vrystaat,[252] het nou 'n soortgelyke regeringsvorm en nagenoeg dieselfde blanke bevolking, maar die land is grootliks ondergeskik wat hulpbronne en gesteldheid betref en is minder welvarend. Die mense en die Regering van Transvaal moes baie moeilikhede te bowe kom wat met die stigting van 'n nuwe staat gepaard gaan, veral wanneer dit 'n vry en onafhanklike republiek is. Benewens hierdie probleme, het verskeie invalle deur swartes[253]

---

247. Marthinus Wessel Pretorius (1819-1901), staatspresident van die ZAR en O.V.S. W.J. de Kock (red.), *Suid-Afrikaanse biografiese woordeboek*, I, p. 678.
248. Andries Wilhelmus Jacobus Pretorius (1798-1853), wat in November 1838 deur die Voortrekkers as hoofkommandant van die strafkommando teen Dingane en later as kommandant-generaal aangewys is. W.J. de Kock & D.W. Krüger (reds.), *Suid-Afrikaanse biografiese woordeboek*, II, pp. 573-575.
249. Anders as wat in W.J. de Kock (red), *Suid Afrikaanse biografiese woordeboek*, I, p. 678, beweer word, het M.W. Pretorius nie as negentienjarige seun met sy vader, kmdt.-genl. A.W.J. Pretorius op 16 Desember 1838 aan die slag van Bloedrivier teen die Zoeloes deelgeneem nie.
250. Nadat A.W.J. Pretorius op 23.07.1853 oorlede is, is M.W. Pretorius op 08.08.1853 aangewys om sy vader as kommandant-generaal op te volg. W.J. de Kock (red.), *Suid-Afrikaanse biografiese woordeboek*, I, p. 678.
251. In 1856 is 'n nuwe grondwet vir die ZAR voorberei en op 05.01.1857 deur die Volksverteenwoordigers formeel aangeneem. Op dieselfde dag is M.W. Pretorius as president van die ZAR verkies en op 06.01.1857 as sodanig beëdig. W.J. de Kock (red.), *Suid-Afrikaanse biografiese woordeboek*, I, p. 680.
252. Hier en hierna skryf Da Costa Leal slegs *Estado Livre de Orange*, d.w.s. Oranje-Vrystaat.
253. Onder bevel van kmdt.-genl. S. Schoeman het burgers van die ZAR in 1858 strafekspedisies onderneem teen Mankopane, kaptein van die Ndebelestam van Langa; Mahura, stamhoof van die Thlaping; Lwamondo, 'n Venda-opperhoof; en Modjadji, "Reënkoningin" van die Bolobedu. O.J.O. Ferreira, *Stormvoël van die Noorde*, pp. 164-170.

en 'n rebellie onder burgers van die Republiek voorgekom.[254] Die ontevredenheid onder die Boere van Transvaal is veroorsaak deur die feit dat president Pretorius tydens 'n besoek aan die naburige staat die presidentskap van daardie Republiek aanvaar het.[255] Twee partye het daarna in Transvaal ontstaan, elkeen met sy eie kandidaat vir die presidentskap, wat die Van Rensburg-party en die Schoeman-party genoem kan word. John Janse van Rensburg[256] was die oorwinnaar en was vir ongeveer 'n jaar die President voordat Pretorius van die Vrystaat teruggekeer het en as President herkies is.[257] Hierdie politieke onrus en die burgeroorlog wat daaruit voortgevloei het, het baie geld gekos en is die rede vir die huidige betreurenswaardige finansiële posisie waarin die land hom bevind en wat die eerste uitgawe van 'n bedrag van £10 000 aan papiergeld genoodsaak het, wat spoedig deur 'n tweede en derde uitgawe van onderskeidelik £12 000 en £45 000 aan papiergeld tot gevolg gehad

---

254. In 1860 het kmdt.-genl. S. Schoeman wnde. pres. van die ZAR geword, maar interne woelinge en verdeeldheid het tot sy skorsing uit die amp gelei. Schoeman het geweier om hierdie skorsing te aanvaar en het hom van 1862 tot 1864 steeds as waarnemende president van die ZAR beskou. Dit het gelei tot 'n stryd om beheer van die Goewermentskantoor en Schoeman se vlug na Potchefstroom. Hier het die sogenaamde Staats- en Volksleër op 7-10.10.1862 teen mekaar te staan gekom, waarna Schoeman na die O.V.S. uitgewyk het. Na sy terugkeer na die ZAR het 'n geveg op 05.01.1864 by Krokodilrivier plaasgevind, waarna die broederstryd beëindig en Schoeman se vonnis opgehef is. O.J.O. Ferreira, "Stephanus Schoeman in Transvaal", p. vii.

255. M.W. Pretorius is op 12.12.1859 as staatspresident van die O.V.S. gekies, waarna hy 'n tyd lank 'n dubbele presidentskap van die ZAR en O.V.S. beklee het. Op 15.09.1860 het hy eervolle ontslag as president van die ZAR gevra om slegs die presidentskap van die O.V.S. te aanvaar. W.J. de Kock (red.), *Suid-Afrikaanse biografiese woordeboek*, I, p. 681.

256. Willem Cornelis Janse van Rensburg (1818-1865) was aanvanklik 'n ondersteuner van S. Schoeman, maar 'n breuk het tussen hulle ontstaan en toe Schoeman as waarnemende president geskors is, is Van Rensburg in sy plek as waarnemende president benoem. Tydens 'n presidentsverkiesing in Oktober 1863 is hy tot President van die ZAR verkies en het hierdie amp beklee totdat M.W. Pretorius in 1864 as President van die ZAR na Transvaal teruggekeer het. D.W. Krüger & C.J. Beyers (reds.), *Suid-Afrikaanse biografiese woordeboek*, III, p. 838.

257. M.W. Pretorius het as president van die O.V.S. bedank en is op 10.05.1864 weer as president van die ZAR ingesweer. J.H. Breytenbach & D.C. Joubert (reds.), *Notule van die Volksraad van die Suid-Afrikaanse Republiek*, V, pp. 19-20.

het.[258] Van hierdie bedrag is tot op datum slegs sowat £8 000 teruggekoop, en vernietig, hoewel die eerste papiergeld teen hierdie tyd reeds in harde kontant met rente afgelos is. Die handelaars van die Republiek, wat nie in staat is om voldoende produkte te kry om in hulle behoeftes te voorsien nie, weier om hierdie note teen hulle nominale waarde te aanvaar, hoewel hulle wettige betaalmiddele is en in omloop gebring is vir verskillende tydperke wat van vyf en tien jaar wissel. Diegene wat die meeste onder hierdie beklaenswaardige geldelike krisis ly, is die staatsamptenare en ambagsmanne wat verplig is om hierdie note te aanvaar en hulle arbeid vir dié waardeverminderende note te verrig wat hulle slegs aan die handelaars teen 'n verlies van 75 persent kan aanbied aangesien die handelaars die pryse van hulle voorrade so verhoog het dat die papierpond slegs vyf sjielings werd is. Die handelaars en die boere word die minste daardeur getref, want die hoë pryse wat die boere vir hulle produkte ontvang, balanseer die hoë pryse wat hulle vir die handelsware moet betaal. Sowel die sakemanne as die algemene publiek het verskeie planne voorgestel om die situasie te verbeter, maar tot op hede duur die stand van sake voort. Om die waarheid te sê, sake het so 'n kritieke toestand bereik dat die boere weier om hulle produkte na die mark te bring, hulle verkies om dit na die Vrystaat of Natal te neem, selfs al is die pryse wat hulle daarvoor kry laer, omdat hulle daar minstens artikels kan koop teen 'n kwart van die prys wat hulle in Transvaal daarvoor betaal.[259]

Tydens die laaste gedeelte van my verblyf in Transvaal het ek nog-

---

258. Tydens die Burgeroorlog (1860-1864) is mandate uitgegee om die koste van die kommando's te bestry. Die mandate was nie wettige betaalmiddels nie en handelaars was dus nie verplig om dit te aanvaar nie. In 1865 het die Regering van die ZAR dus besluit om mandate deur papiergeld in denominasies van vyf en tien riksdaalders te vervang. Staatsplase het as sekuriteit gedien vir 'n uitgifte van 140 000 riksdaalders (£10 500). Later is herhaaldelik meer papiergeld in omloop gebring, bv. £12 000 (in werklikheid £13 370) in 1866, £20 000 in 1867 en £45 000 in 1868, sodat die verskillende emissies teen 1870 nagenoeg £90 000 bedra het. Die bedrag was te groot vir 'n land met die onstabiliteit en onontwikkelde handel van die ZAR, sodat die geld driekwart van sy waarde verloor het. Uiteindelik het pres. T.F. Burgers in 1873 'n bedrag van £60 000 by die Cape Commercial Bank te lene gekry om die papiergeld in trek. A.J.H. van der Walt, e.a. (reds.), *Geskiedenis van Suid-Afrika*, II, pp. 228-229; S.P. Engelbrecht (red.), *Pretoria (1855-1955)*, p. 19; C.L. Engelbrecht, *Geld in Suid-Afrika*, pp. 64-69; M. Esterhuysen, *Ons gelderfenis*, pp. 103-109.

259. Durban, die naaste hawe vir die Boere, was drie weke per ossewa van Midde-Transvaal af. Die gevolg was dat vanweë die vervoerkoste drie maal die Europese en twee keer die Natalse prys vir alle goedere betaal moes word. A.J.H. van der Walt e.a. (reds.), *Geskiedenis van Suid-Afrika*, II, p. 221.

tans waargeneem dat die vertroue vinnig besig was om te herstel en hoewel die waardevermindering van die papiergeld afgeneem het, het die handel toegeneem, wat ek toeskryf aan die gunstige nuus wat voortdurend van die goudmyne aan die Tatirivier en die diamantdelwerye aan die oewers van die Vaal ontvang word.

Die geldeenheid van die Republiek was altyd die Engelse geldstelsel [Fig. 73], terwyl die geld van die Regering en van die handel die vroeëre Hollandse geld was, nie in sy huidige waarde nie, maar in sy nominale waarde, bestaande uit die riksdaalder, skelling (schelling) en stuiwer, soos in die Kaapkolonie. Daar is agt skellings in 'n riksdaalder, en agt stuiwers is gelyk aan 'n skelling. Een riksdaalder is gelyk aan een sjieling en 'n sikspens in Engelse geld. Die Regering het geen gestempelde muntstukke nie, maar het aanvanklik wel papiergeld gehad van vyf en tien riksdaalders wat "Mandate"[260] genoem is. Later het die Regering note in omloop gebring om ou skulde te vereffen. Na die uitreiking van die eerste note, riksdaalders gelykstaande aan die waarde van £4 000, is hierdie nominale geld afgeskaf en Engelse gemunte geld, *Libras*, *Schillings* en *Pennys*,[261] deur die Regering ingevoer. Die *Mandate* wat, eintlik gesê, die eerste papiergeld was wat in omloop gebring is, is alles teruggekoop na die eerste gereëlde uitreiking van £10 000 in note.

In 1852 is die Republiek deur 'n verdrag onder bepaalde voorwaardes deur Engeland erken.[262] Die Regering van die Republiek is ook deur Portugal, Frankryk, België en Holland erken en 'n sterk moontlikheid bestaan dat dit ook deur Pruise en die Verenigde State van Amerika erken sal word.[263]

---

260. Mandate was in wese wissels of bewyse op die staatskas getrek. Dit is na willekeur deur amptenare soos landdroste uitgereik vir dienste gelewer of vir ware, bv. ammunisie, aangekoop. Dit is onbekend hoeveel uitgereik is omdat 'n kontrolerende stelsel van boekhouding nie bestaan het nie. C.L. Engelbrecht, *Geld in Suid-Afrika*, p. 64.
261. M.a.w. ponde, sjielings en pennies.
262. Op 17.01.1852 is die Sandrivier-konvensie deur verteenwoordigers van Brittanje en Transvaal onderteken waardeur Brittanje die soewereine onafhanklikheid erken het van 'n staat wat reeds bestaan het. C.F.J. Muller (red.), *Vyfhonderd jaar Suid-Afrikaanse geskiedenis*, p. 223.
263. Die ZAR is inderdaad in 1870 deur Frankryk, België en Nederland as 'n onafhanklike staat erken en die VSA en Pruise het in 1870 en 1871 hulle voorbeeld gevolg. D.W. Krüger, "Die weg na die see", *Argief-jaarboek*, 1 (1), 1938, p. 191; C.T. da Mota, *Presenças Portuguesas na Africa do Sul*, pp. 110 & 120; L. Changuion, *Uncle Sam, oom Paul en John Bull*, p. 5; P.R. Nell, "Die konsulêre en diplomatieke verteenwoordiging van die Suid-Afrikaanse Republiek in die buiteland", *Historiese Studies*, 6 (3), September 1945, p. 104.

Die President van die Republiek herinner 'n mens aan die Romein Cincinnatus,[264] wat verkies het om sy lande te bewerk of om sy muil aan te jaag eerder as om te regeer. In 'n land soos hierdie een, waar elke inwoner talle familielede het vanweë gereelde ondertrouery tussen familielede, bestaan daar 'n gevoel van een groot familie te wees, wat dit vir 'n seun van dieselfde land moeilik maak om die wet onbuigsaam toe te pas. Pretorius is 'n lang en atletiese man, met 'n kalm en eerlike gesigsuitdrukking. [Fig. 74] Hy is onpretensieus, gasvry, nie in staat nie om enigiemand die geringste leed aan te doen wat hom nie skade berokken nie, en doodluiters onverskillig oor sy eiebelang. Pretorius is oral tuis, hetsy hy hom op die gras op die platteland neervly of met staatsake besig is. Hy is beleefd teenoor vreemdelinge en begeer hartstogtelik om die maatskaplike omstandighede van sy volk te verbeter en is 'n groot voorstander van onderwys. Indien hy alles sou bereik wat hy begeer, sal die manne van die huidige geslag in staat wees om die staatsake self te administreer sonder om van vreemdelinge vir die eenvoudigste vorme van skryfkuns afhanklik te wees; die onderwys van die Boer bestaan tans daaruit dat hy die Hollandse dialek wat hy praat, baie swak moet kan lees en skryf. Pretorius, as 'n ware, maar 'n eenvoudige en ongekunstelde republikein, behandel ryk en arm, nederig en adellik geborenes met dieselfde gulhartigheid. Tydens sy besoek aan Suid-Afrika was prins Alfred[265] van Engeland gunstig beïndruk deur die persoonlikheid van die President van Transvaal. Insgelyks ken ek 'n gewone soldaat van ons leër wat, nadat hy 'n nag in die huis van 'n Boer deurgebring het waar die President toevallig ook tuis was, dit nie kon begryp hoe dit moontlik was dat hy die eenvoudige maal saam met die President, wat langs hom gesit het, kon genuttig het nie. Hier is 'n ander insident in die lewe van Pretorius wat hom perfek karakteriseer. Hy het op 'n keer met sy wa gereis. Dit was 'n maanlignag, die wa is by 'n verlate plek uitgespan en

---

264. Lucius Quinctius Cincinnatus (c. 519 – c. 438 v.C.), 'n eerbare Romeinse landbouer wat twee keer in krisistye versoek is om as diktator in Rome op te tree. R. Ilson (red.), *Reader's Digest great illustrated dictionary*, I, p. 322.
265. Da Costa Leal skryf *Príncipe Alfredo*. Prins Alfred Ernest Albert (1844-1900), die tweede seun van koningin Victoria wat in 1865 die hertog van Edinburgh geword het, het die Kaapkolonie in 1867 besoek. Hy het in 1893 die hertog van Sakse-Coburg-Gotha geword. I. Meyer, *Prince Alfred's Pass*, frontispies; J.A. Hammerton (red.), *Concise universal biography*, II, p. 540.

die osse is voor die wa vasgemaak. Pretorius het in die wa geslaap. Skielik het hy 'n beroering onder die osse gehoor, wat hom van gevaar in die nabyheid bewus gemaak het. Hy het op die kis gespring wat as sitplek vir die drywer diens doen en naby die wa 'n jong leeuwyfie tussen die osse gesien. Die opgerolde sweep, wat op sy plek langs die kant van die wa gestaan het, was die naaste wapen binne sy bereik. Hy het die sweep kalm afgerol, dit hard geklap en die leeuwyfie so hard daarmee op haar neus getref dat sy brullend van pyn gevlug het.

In Pretoria, waar ek, soos ek reeds gerapporteer het, op 24 Mei aangekom [Fig. 75] het,[266] het ek enkele onderhoude met die President van die Republiek en ander regeringslede gevoer waartydens ons die doel van my reis bespreek het. Terwyl ek daar was, het 'n *meeting*[267] plaasgevind waartydens 'n maatskappy gestig is met die doel om 'n konsessie van die Regering te kry om 'n pad of 'n spoorweg na Lourenço Marques aan te lê, 'n konsessie wat daarna toegestaan is.[268] Die Regering sou sy afgevaardigdes na Lourenço Marques stuur om met die Goewerneur[269]

---

266. In Pretoria was Brás Piedade Pereira (1824-1883) die gasheer van die lede van die Portugese Diplomatieke Kommissie van 1870. Hy was 'n Portugees wat in Goa gebore is en 'n diplomaat op Macau en in China was voordat hy na Transvaal verhuis het om by ivoorhandel betrokke te raak. Hy was aanvanklik 'n klerk in die winkel van Casimiro Simões en na Simões se dood in 1865 'n handelaar op Schoemansdal totdat dié dorp in 1867 ontruim moes word, waarna hy hom in Pretoria gevestig en 'n welgestelde sakeman geword het. Sy huis, "Fountain Lodge", het op die hoek van Paul Kruger- en Skinnerstraat gestaan en was volgens oorlewering met olifanttande omhein. Anoniem, "Eerste kontak tussen die Portugese van Mosambiek en die Voortrekkers", *Lantern*, 37 (1), Januarie 1988, p. 49; [J.]L. Basson, "Portuguese immigration into South Africa", *Familia*, 25 (1), 1988, pp. 4-5; J.B. de Vaal, "Schoemansdal: die verlate Voortrekkerdorp in die Zoutpansberg", *Die Naweek*, 10.06.1948, p. 23.
267. *Meeting* (Eng.): byeenkoms.
268. Die Volksraad het op 22.06.1870 besluit om die Regering te magtig om die gevraagde konsessie aan die here O.W.A. Forssman en A.I. Munnich van Potchefstroom toe te ken, maar nog voordat die besluit geneem kon word, het beide Forssman en Munnich hulle aansoek om die konsessie teruggetrek. D.W. Krüger, "Die weg na die see", *Argiefjaarboek*, 1 (1), 1938, p. 193.
269. Kapt. José Augusto de Sá e Simas wat sedert 1868 die goewerneur van Lourenço Marques was. 'n Goewerneur is deur die Regering in Lissabon aangestel om aan die hoof van 'n bepaalde distrik te staan en sy magte is in 1869 uitgebrei om plaaslike inisiatief aan te moedig. Portugal se wankelrige regerings, plaaslike twiste, 'n gebrek aan voorbereiding vir hulle poste en 'n onwilligheid om Portugal vir die vreemde te verruil en gesondheids- en familieprobleme het daartoe gelei dat goewerneurs mekaar vinnig opgevolg het, wat weer tot swak administrasie en 'n gebrek aan kontinuïteit gelei het. L.M. Jordão, *Memoria sobre Lourenço Marques (Delagoa Bay)*, p. 42; A.H. de O. Marques, *History of Portugal*, II, pp. 93 & 96.

aldaar oor dié aangeleentheid en die onmiddellike instelling van 'n posdiens tussen die hawe en die Republiek te onderhandel. Terwyl ek eendag toevallig buite die Volksraadsgebou[270] [Fig. 76] besig was, het die President, wat my opgemerk het tussen die mense wat die sitting bygewoon het, my die eer aangedoen om my te nooi na die vertrek waar die afgevaardigdes was en het hy my op 'n baie simpatieke wyse as 'n amptenaar in diens van 'n bevriende land voorgestel. Die voorsitter van die Volksraad[271] het my op 'n wyse ontvang wat ek nooit sal vergeet nie en ek het my innige dankbaarheid uitgespreek vir die onmiskenbare en herhaaldelike bewys van die agting en toegeneëntheid van die Transvaalse volk jeens die Portugese.

Twee van ons osse het siek geword aan 'n seldsame veesiekte wat die beeste in Transvaal aantas en nadat een van hulle gevrek het,[272] was ons verplig om 'n paar dae langer in Pretoria te vertoef.

Die Parlement van die Republiek het die verdrag bekragtig wat met Portugal gesluit is,[273] en ek was verheug om te verneem dat die verdrag oor godsdiensvryheid eenparig aanvaar is, wat aan die Katolieke Kerk in hierdie land toestemming gee om kerke te bou, wat deur 'n vroeëre wet verbied is.[274] In Pretoria het ek ook gehoor dat

---

270. Die kontrak vir die bou van die Goewerments- of Volksraadsgebou is aan W. Skinner en L.E. Devereux toegeken. Die hoeksteen van die gebou is in Sept. 1866 gelê en die eerste Volksraadsitting daarin het op 15.05.1867 plaasgevind. Dit was 'n eenvoudige grasdakgebou met 'n veranda en het tot in 1889 in gebruik gebly toe dit gesloop is om vir die teenswoordige Ou Raadsaal op Kerkplein plek te maak. S.P. Engelbrecht (red.), *Pretoria (1855-1955)*, p. 15; V. Allen, *Kruger's Pretoria*, p. 39.
271. William Robinson (1821-1914), seun van 'n Britse Setlaar en voorheen ook grootwildjagter en landdros van Rustenburg. F. Jeppe, *Die Transvaal'sche oder Süd-Afrikanische Republik*, p. 5; D.J. Potgieter (red.), *Standard encyclopaedia of Southern Africa*, IX, p. 386.
272. Die een os moes geskiet word omdat hy longsiekte (beeslongsiekte) gehad het. Longsiekte was nie endemies in Transvaal nie, maar het in 1854 sy verskyning in Suid-Afrika gemaak en van die Kaapkolonie deur middel van trekosse na die binneland versprei, waar duisende beeste daaraan gevrek het. E.E. Burke (red.), *The journals of Carl Mauch*, p. 40; J.S. Bergh (red.), *Geskiedenisatlas van Suid-Afrika*, pp. 86-87.
273. 'n Verwysing na die bekragtiging deur die Volksraad van die ZAR van die Traktaat van Vrede, Vriendskap, Handel en Grenzen van 29.07.1869 tussen Portugal en die ZAR.
274. Artikel 21 van die Grondwet van 1858 het gelui: "Het (Volk) verkiest in zyn midden geen Roomsche Kerken toe te laten, en ook geene andere Protestantsche, dan de zoodanige waarin dezelve hoofdsom van Christelyk geloof geleerd wordt, als is opgegeven in den Heidelbergschen Catechismus." Die Rooms-Katolieke in die ZAR – en veral die Portugese – was verheug toe die Volksraad van die ZAR op 01.06.1870 besluit het om

twintig waens met Boerefamilies die distrik Marico in Wes-Transvaal teen die einde van Mei verlaat en na Zambésia gegaan het; die vroue sou in Mzilikazi se gebied[275] agterbly totdat die mans terugkom om hulle te kom haal, indien hulle van die land hou en die omstandighede gunstig vir vestiging is.

Die Parlement het ook 'n wet aangeneem wat die verbod op handel in buskruit en ammunisie met die swartes herroep het;[276] na my mening 'n wyse besluit omdat dit in elk geval onmoontlik was weens die wydverspreide onwettige handel wat ten spyte van die verbod, oral voorgekom het. Nie slegs omdat die Staat sy belasting op hierdie belangrike segment van die handel verloor nie, maar ook as gevolg van die sielkundige uitwerking daarvan op die inboorlingstamme, wat die verbod op die verkoop van vuurwapens as 'n teken van swakheid van die blanke bevolking beskou het.

In Pretoria, soos in Potchefstroom, was die Vaalrivier-diamantkoors onbeskryflik intens: arbeiders, handelaars en staatsamptenare het aan niks anders gedink nie as om na hierdie delwerye te gaan van waar fabelagtige rykdomme vir hulle gewink het.

Die diamantdraende afsetsels behoort skynbaar aan Transvaal – minstens die rykste en die grootste velde aan die noordelike oewer van die Vaal: nietemin het sowel die Regering van die Oranje-Vrystaat as van die inboorling-opperhoofde ook daarop aanspraak gemaak.[277] Die aantal

---

"volkomen vryheid van godsdienst in dezen Staat toe te staan, en de bepalingen vervat in art. 21 van de Grondwet buiten werken te stellen." E.F.W. Gey van Pittius, *Staatsopvattings van die Voortrekkers en die Boere*, p. 40; C.T. da Mota, *Presenças Portuguesas na África do Sul*, pp. 110 & 122; J.B. de Vaal, "Die rol van João Albasini in die geskiedenis van die Transvaal", *Argief-jaarboek*, 16 (1), 1953, p. 134.

275. D.w.s. Matebeleland, met Bulawayo as hoofstad, in die suidweste van die huidige Zimbabwe.

276. Die Volksraad het hierdie besluit geneem ondanks die feit dat die Portugese Diplomatieke Kommissie teen smokkelhandel van vuurwapens van die ZAR in Portugese gebiede ten noorde van die Limpopo geprotesteer het. J.B. de Vaal, "Die rol van João Albasini in die geskiedenis van die Transvaal", *Argief-jaarboek*, 16 (1), 1953, p. 135; A.J.H. van der Walt e.a. (reds.), *Geskiedenis van Suid-Afrika*, II, p. 467.

277. Die Republiek het die gebied waarin diamante ontdek is as sy gebied beskou, want met verloop van tyd het Transvaalse boere weswaarts tot teenaan die Harstrivier plase beset, terwyl landdroste van die ZAR jare lank gesag daar uitgeoefen het en die Transvaalse Regering dorpe in die gebied gestig het, bv. Bloemhof. Ander aanspraakmakers op die gebied was die Griekwahoof Nicolaas Waterboer en Barolong- en Batlapin-

delwers op die oewers van die Vaal het ontsettend toegeneem, teen 'n koers van vyftig per dag, van die Kaap, Natal en van die twee aangrensende Republieke af, en hierdie mans was hoegenaamd nie bereid om die soewereine reg van enige van die aanspraakmakers op die diamantvelde te erken nie, en dit is heeltemal duidelik dat Transvaal nie oor genoeg gewapende magte beskik om sy aanspraak te verdedig nie in geval van ernstige weerstand aan die kant van die delwers, wat teen hierdie tyd waarskynlik duisende tel. Die Parlement het nogtans 'n konsessie ten gunste van 'n vreemde maatskappy toegeken waardeur aan hom die eksklusiewe reg verleen is om te prospekteer en te delf,[278] nie slegs vir diamante nie, maar vir alle minerale en metale wat in die land mag voorkom. Een ding is seker, te wete dat Transvaal ruimskoots by die ontdekking van die Vaalrivier-diamante sal baat, enersyds geoordeel aan die massas emigrante wat deur hierdie delwerye gelok word, en andersyds deur die goudmyne van die Tatirivier, waarvan die enigste deurweg deur Transvaal is. 'n Klipbreekinstallasie by hierdie myn kan twintig ton gouddraende kwarts per dag verwerk, waarvan elke ton rots 22 onse goud lewer, wat 'n daaglikse produksie van 440 onse beteken, of die ekwivalent van £1 760 sterling per dag. Ek het hierdie masjien in Februarie in Potchefstroom onderweg van Engeland na die binneland gesien.[279]

Op 30 Mei het die voorsitter van ons Kommissie en lid Paiva Rapozo in Pretoria aangekom.[280] Hulle het my meegedeel dat hulle gekom het om van die President van die Republiek, die Parlement en

---

hoofde, terwyl die Britse magistraat van Kimberley deur wnd. hoë kommissaris C.C. Hay aangesê is om oor die nuwe diamantgebied gesag uit te oefen. C.F.J. Muller (red.), *Vyfhonderd jaar Suid-Afrikaanse geskiedenis*, pp. 228-229.

278. Die Volksraad het in Junie 1870 'n minerale-konsessie vir 'n aandeel van 6% in die opbrengs vir 21 jaar aan 'n maatskappy toegeken wat aan A.I. Munnich, J.M. Posno en H.B. Webb behoort het, maar die delwers het heftig daarteen geprotesteer sodat die Volksraad verplig was om die konsessie te kanselleer. T.V. Bulpin, *The Golden Republic*, p. 129.

279. Die kwartsbreker of -stamper en die stoomenjin van 12 perdekrag wat hom moes aandryf, het op 18.02.1869 onderweg na die goudvelde noord van die Limpoporivier op Potchefstroom aangekom. Hierdie masjinerie was op wiele gemonteer en is deur spanne osse getrek. A.H.J. van der Walt (red.), *Potchefstroom 1838-1938*, pp. 35-36.

280. Da Costa Leal en Mauch het, tot Mauch se ergernis, dae lank in Pretoria vertoef omdat Da Costa Leal op die aankoms van die ander twee lede van die Diplomatieke Kommissie, Carlos Pedro Barahona e Costa en António de Paiva Rapozo, wou wag sodat hy persoonlik aan hulle die inligting kon oordra wat hy intussen ingewin het. Met hulle aankoms het hulle Da Costa Leal die slegte nuus meegedeel dat sy oom Fernando da

die lede van die Regering afskeid te neem; ek het ook verneem dat die lid van die Kommissie, Paiva Rapozo, na die distrik Zoutpansberg onderweg was om die Boerefamilies in daardie distrik aan te moedig om na Zambésia te emigreer. Hy sou teen die middel van Julie terug in Potchefstroom wees, en daar is besluit dat die voorsitter en die lid[281] dan direk daarna na Port Natal sou vertrek en na Lourenço Marques aan boord sou gaan. Die oggend van 8 Junie het ek Pretoria verlaat, dieselfde dag waarop lid Paiva Rapozo[282] na Zoutpansberg vertrek het en die voorsitter van die Kommissie na Potchefstroom teruggekeer het. Ons het via Nazareth[283] na Hamilton, die hoofsetel van 'n Skotse nedersetting,[284] gegaan waar ons ons ossewa sou agterlaat en met swartes sou onderhandel om ons besittings na Lourenço Marques of minstens tot by die Lebomboberge[285] te neem.

Van Pretoria na Nazareth het ons ooswaarts gereis.[286] Die landskap onderweg na Nazareth is eentonig; soos ons ooswaarts gevorder het,

---

Costa Leal, die goewerneur-generaal van Mosambiek, intussen oorlede is en 'n ander oom van hom en 'n aantal van sy vriende tydens 'n ekspedisie na die Zambesi teen die rebellerende hoofman Bonga omgekom het. Vreemd genoeg, maak Da Costa Leal self geen melding hiervan nie. E.E. Burke (red.), *The journals of Carl Mauch*, pp. 39-40.

281. Bedoelende die voorsitter en lid van die Portugese Diplomatieke Kommissie.
282. António de Paiva Rapozo.
283. Nazareth, die latere Middelburg (Tvl.). Kyk voetnoot 214. Hier skryf Da Costa Leal *Nazareth*.
284. Hamilton, ongeveer 20 km suidoos van Chrissiesmeer, was die hoofsetel van die Skotse nedersetting New Scotland of Nieuw-Schotland wat in 1867 deur Alexander McCorkindale gestig is met die doel om Skotse emigrante daarheen te bring wat hulle op skaapboerdery sou toeleˆ, maar sou ook as belangrike handelsentrum op die roete tussen Transvaal en Delagoabaai dien. F.L. Cachet, *De worstelstrijd der Transvalers*, p. 362.
285. Da Costa Leal skryf *Montes Libomba*. Die Lebomboberge, ook die Bangu genoem, is die noordelikste verlenging van die groot Suid-Afrikaanse kusbergreekse, loop nagenoeg 80 km van die kus, bereik 'n hoogte van ongeveer 550 tot 760 m bo seespieël en het die grensskeiding tussen Transvaal en die distrikte Lourenço Marques en Gaza in Mosambiek gevorm. M. Newitt, *A history of Mozambique*, p. 148; Naval Intelligence Division, *A manual of Portuguese East Africa*, p. 38; U. de V. Pienaar (red.), *Neem uit die verlede*, p. 628.
286. Da Costa Leal en Mauch se roete tot by Nazareth het geloop oor die plaas Hartebeestpoort (tans die Pionierhuisie, Silverton) van Guilliame C. Vermeulen, deur Pienaarsrivier (08.06.1870), die oorsprong van die Elandsrivier, oor die plaas van Hans Botha, oor die plaas Witfontein van Marthinus Prinsloo, oor die plaas van Salomon Prinsloo, deur Renosterpoortspruit (09.06.1870), oor die plaas van Vermaak, deur Wilgespruit, oor die plaas van Piet Vorster (10.06.1870), oor die plaas van D. Muller, deur die Olifantsrivier (11.06.1870), deur 'n spruit na die plaas van Dreyer ongeveer 3,2 km oos van Nazareth (12.06.1870). E.E. Burke (red.), *The journals of Carl Mauch*, pp. 42-44; M.J. Swart (red.), *Afrikanerbakens*, p. 208; C. Pretorius, *Pretoria se pioniershuis*, p. 17.

het die hoogte [bo seespieël] toegeneem; op hierdie uitgestrekte vlaktes, byna sonder enige plantegroei, is dit bitter koud en die reisiger is meer bewus daarvan by gebrek aan vuurmaakhout; dik mis kom dikwels voor. 'n Keer was die water in die waterkan bevrore; wanneer ek in die oggend opgestaan het, was my boonste kombers feitlik altyd met ryp bedek en my hande en lippe was erger as normaalweg gebars. Op sekere plekke op die kruin van die Drakensberg het ons sneeu en winterkoue ervaar.[287] Die lemoene wat ons van Pretoria saamgebring het, het gevries. Dit was selfs in die middel van die dag koud en snags was die koue so erg dat dit ons wakker gehou het. Iedereen stel Afrika as gloeiend warm voor, maar hier was dit alles behalwe so.

Onderweg het ons Boerefamilies met veekuddes ontmoet wat hulle huise vir twee of drie maande verlaat het om die winter in 'n bosryker en warmer deel van die land deur te bring waar meer weiding vir hulle veestapel is, wat ontsettend gely het van die koue in die meer oop en blootgestelde streek.[288] Ons het by een van hierdie families verbygegaan wat in 'n kloof uitgespan het met die wa gelaai met 'n deel van die huisraad, 'n klompie stoele, ensovoorts. Die hoof van die familie het gejag, terwyl die *vrouw*, dit is sy eggenote, toesig oor die swartes gehou en na die huishouding omgesien het. Dit was juis toe die tyd om volstruise te jag; jy kan 'n aantal volstruiseiers optel en 'n omelet wat van hierdie eiers voorberei is, is 'n smaaklike dis vir die reisiger.

Die Boer bestee die helfte van die jaar aan rondtrek. Met die aanvang van die winter teen die einde van Mei sluit hy sy huis en neem alles wat vir hom van waarde is, pluimvee, kleinvee en beeste, en trek na die bosryke landstreke. [Fig. 77] Dit is die nomadiese lewenswyse

---

287. Die Hoëveld word deur 'n aansienlike seisoenswisseling in temperatuur en die voorkoms van strawwe ryp gedurende die wintermaande gekenmerk. Ook die nag- en dagtemperatuur verskil aansienlik. Sneeu, deur die Boere kapok genoem, val selde in Transvaal, en dan slegs op die bergtoppe in hooggeleë streke. J.S. Bergh (red.), *Geskiedenisatlas van Suid-Afrika*, p. 82; F.L. Cachet, *De worstelstrijd der Transvalers*, p. 347.
288. Somers- en wintersweiding of tydelike skaarste aan weiding in 'n bepaalde gebied het tot die veeboere se seisoenale trekke gelei. Die aanloklikheid van 'n tydelike verblyf in die jagveld het ook 'n swerwersbestaan in die hand gewerk. Baie is nogtans deur armoede daartoe gedwing. A.N. Pelzer, *Geskiedenis van die Suid-Afrikaanse Republiek*, I, p. 11.

van die ou patriarge.[289] 'n Ou swarte bly by die huis om die huis en die skure op te pas en sy *bass*,[290] sy meester, teen enige gevaar te waarsku.

Gedurende die namiddag van 12 Julie[291] was ons naby Nazareth, wat ongeveer 'n halfmyl[292] van die pad geleë is. Dit is 'n onbeduidende nedersetting, met 'n Lutherse pastorie, waarin 'n Duitse sendeling[293] woon. Daar is verder meer as tien huise. Mauch het gedink dat hy die sendeling, wat hy ken, daar sou vind, maar aangesien hy nie tuis was nie, het ons die wa gelaat waar ons halt geroep het en teen vieruur die namiddag te voet[294] na Botšhabelo,[295] [Fig. 78] die hoofsendingstasie van die Berlynse Lutherse Sending in Transvaal, gegaan, waar ons teen sewe-uur die aand aangekom het. Ons het na die huis gegaan van eerwaarde Merensky,[296] [Fig. 79] die hoof van die

---

289. In Transvaal was die veeboer grotendeels nomadies en hy het in die wintermaande met al sy besittings van die koue Hoëveld na die warmer Bosveld getrek. A.J.H. van der Walt e.a. (reds.), *Geskiedenis van Suid-Afrika*, II, p. 220.
290. Baas: aanspreekvorm wat gewoonlik deur nie-blanke werknemers teenoor hulle blanke manlike werkgewers gebruik is. P.C. Schoonees (red.), *Woordeboek van die Afrikaanse taal*, I, p. 313.
291. 'n Verskrywing deur Da Costa Leal. Dit behoort 12 Junie te wees.
292. Ongeveer 0,8 km.
293. Vreemd genoeg, maak Mauch geen melding hiervan nie. Dit mag die Berlynse sendeling Carl Benjamin Richter (1836-1913) wees wat gedurende 1870-1873 op Botšhabelo werksaam was voordat hy na Malokong verplaas is. Moontlik was huisvesting in daardie stadium onvoldoende vir al die sendelinge op Botšhabelo. E.E. Burke (red.), *The journals of Carl Mauch*, p. 44; Skriftelike mededeling: L.C.P. Endemann, Direkteur, Genealogiese Instituut van S.A., Posbus 3033, Matieland, 7602, 14.07.2003.
294. Hulle het vir twee uur teen 'n flink pas na Botšhabelo gestap. E.E. Burke (red.), *The journals of Carl Mauch*, p. 44.
295. Da Costa Leal skryf *Botsabelo*. Botšhabelo, wat "Toevlugsoord" beteken, is in 1865 aangelê, was 15 km noord van Nazareth (later Middelburg) en was die belangrikste stasie van die Berlynse Sendinggenootskap (B.S.G.) en woonplek van A.A.B. Merensky. Dit was 'n toevlugsoord vir Bapedi- en Bakopa-Christene a.g.v. die vyandigheid van Sekhukhune en Mabhogo jeens hulle. D.W. van der Merwe, "Die geskiedenis van die Berlynse Sendinggenootskap in Transvaal, 1860-1900", *Argief-jaarboek*, 46 (1), 1983, pp. 40-41 & 59; F.L. Cachet, *De worstelstrijd der Transvalers*, pp. 370-371; P.E. Raper, *Dictionary of Southern African place names*, p. 59.
296. Alexander Anton Bertholdt Merensky (1837-1918) het sy opleiding as sendeling aan die Instituut van die Berlynse Sendinggenootskap ontvang. In 1858 het hy in Kaapstad aangekom en verskeie sendingstasies besoek. Daarna het hy en Carl Heinrich Theodore Grützner (1834-1910) opdrag gekry om in Swaziland 'n stasie te stig, maar die onderhandelinge met die Swazi-opperhoof het misluk. Sekwati, die opperhoof van die Pedi, het hulle in 1860 verlof gegee om 'n stasie by Gerlachshoop te stig - die begin van die stelselmatige bearbeiding van die inboorlinge deur lede van

Sending, een van die beskaafste en gasvryste mense wat ek ken, wat ons met die welwillendheid van 'n egte Duitser gegroet het. Aangesien dit laat en die nag donker en die pad sleg was, het ons nie na die wa teruggekeer nie en selfs die volgende dag op versoek van die goeie sendeling by Botšhabelo deurgebring. Die Lutherse Sending van Berlyn is in 1860 in Transvaal gestig, dieselfde jaar waarin die eerste twee sendelinge gearriveer het op Lydenburg,[297] 'n belangrike dorp in die Republiek,[298] [Fig. 80] die naaste aan Lourenço Marques, wat slegs dertig *léguas*[299] noordwes van die fort[300] aldaar lê. [Fig. 81]

---

die B.S.G. in Transvaal. In 1865 het Merensky die stasie Botšhabelo gestig, wat spoedig die middelpunt van die B.S.G. se sendingwerk in Transvaal geword het. Hy is op 09.07.1867 tot superintendent van die B.S.G. in Transvaal benoem. Tydens die Eerste Vryheidsoorlog (1880-1881) het hy as arts by die Boere opgetree, maar deur sy pro-Britse houding het hy die vertroue van die Boere en sy kollegas verloor en het daarom in 1882 na Duitsland teruggekeer, waar hy uitstekende werk in belang van die sending en die wetenskap verrig het. L. Zöllner & J.A. Heese, *Die Berlynse sendelinge in Suid-Afrika en hul nageslag*, pp. 253-255.

297. A.A.B. Merensky en C.H.T. Grützner, sendelinge van die Berlynse Sendinggenootskap, het in April 1860 in Lydenburg aangekom. D.W. van der Merwe, "Die geskiedenis van die Berlynse Sendinggenootskap in Transvaal, 1860-1900", *Argief-jaarboek*, 46 (1), 1983, p. 10; L. Zöllner & J.A. Heese, *Die Berlynse sendelinge in Suid-Afrika en hul nageslag*, pp. 118 & 253.

298. Op 21.09.1849 het die Volksraad besluit om 'n nuwe dorp verder suid aan te lê om die plek en status van Ohrigstad oor te neem. In 1850 is Lydenburg, aanvanklik Leidenburg genoem, op die plaas Rietspruit aangelê. Die ligging van die dorp was gesond, die klimaat aangenaam, hout en water volop, die grond in die omgewing vrugbaar en die streek ryk aan delfstowwe. Veral na die ontdekking van goud in die omgewing van Lydenburg na 1869 deur Edward Button, 'n Natalse prospekteerder, saam met James Sutherland, George Parsons en later ook Thomas McLachlan het die belangrikheid van Lydenburg, maar ook van Delagoabaai aansienlik toegeneem. J.S. Bergh (red.), *Geskiedenisatlas van Suid-Afrika*, pp. 131 & 311; F.L. Cachet, *De worstelstrijd der Transvalers*, pp. 366-367; J.J. Machado, *De Lourenço Marques a Pretoria*, p. 23; E. Axelson, *Portugal and the scramble for Africa, 1875-1891*, p. 13; A.P. Cartwright, *Valley of Gold*, p. 31; D. van Zyl, *Die ontdekking van rykdom*, pp. 50 & 52.

299. Een *légua* is ongeveer 6 km, die afstand is dus nagenoeg 180 km. Volgens Cachet was die dorp Lydenburg 180 myl (ongeveer 290 km) van Delagoabaai af, terwyl die oostelike deel van die distrik Lydenburg slegs sowat 40 of 50 myl (ongeveer 65 of 80 km) van die baai was. Jeppe stel laasgenoemde op 70 myl (ongeveer 110 km) en meld dat dié afstand in 10 of 12 dae per ossewa afgelê kon word. F.L. Cachet, *De worstelstrijd der Transvalers*, p. 368; F. Jeppe, *Die Transvaal'sche oder Süd-Afrikanische Republik*, p. 10.

300. Bedoelende die Fortaleza de Nossa Senhora da Conceição (Fort van Onse Liewe Vrou van die Onbevlekte Ontvangenis) waarvan die bouwerk in 1867 voltooi is en wat tans (2003) nog bestaan en as 'n museum ingerig is. D. Alexander, *Holiday in Mozambique*, pp. 58-59; M. Slater, *Guide to Mozambique*, p. 83.

Dié twee sendelinge is spoedig deur ander gevolg en in 1864 het hulle reeds vier sendingstasies onder die Basothostamme noordwes van Lydenburg[301] onder die opperhoofskap van Sekhukhune[302] [Fig. 82] gehad. Die Basotho's het 'n sterk neiging geopenbaar om hulle inheemse gebruike te versaak en het getoon dat hulle gewillig was en graag wou leer; hulle opperhoof was daarenteen bedug en het bekeerlinge onder sy mense swaar gestraf. Indien die nuwe bekeerlinge opreg en getrou bly aan die geloof wat die sendelinge hulle geleer het, het Sekhukhune sommige van hulle uit sy gebied verban. Hulle het hulle daarop by Lydenburg of Botšhabelo gaan vestig. Botšhabelo het 'n Basothobevolking van 1 050 siele,[303] onder die leiding van 'n broer van Sekhukhune.[304] Al hierdie mense word onderrig. Hier is 'n skool wat dagliks deur tweehonderd swart kinders besoek word. Ek het die voorreg gehad om die wyse en vernuf te aanskou waarop hierdie lofwaardige instelling bestuur word. Onderrig geskied deur medium van die Basothotaal, wat vlot deur die sendelinge gepraat word. Die skoolboeke, kategismus, ensovoorts, is in Duitsland gedruk en in hierdie taal vertaal,'n uiters belangrike taak wat die sendelinge tot voordeel van die beskawing

---

301. Teen 1864 het die B.S.G. die sendingstasies Gerlachshoop, Xa Ratau (Ga-Ratau), Kchalatlolu (Khalatlolu) en Patametšane (Patametsane) wes en noordwes van Lydenburg gehad waar sendingwerk onder die Bapedi en Bakopa gedoen is, maar a.g.v. die vyandigheid van Sekhukhune teenoor sendingwerk was die B.S.G. verplig om die stasies te verlaat. D.W. van der Merwe, "Die geskiedenis van die Berlynse Sendinggenootskap in Transvaal, 1860-1900", *Argiefjaarboek*, 46 (1), 1983, p. 41.
302. Da Costa Leal skryf *Secucune*. Sekhukhune I (c.1810-1882), opperhoof van die Pediryk in Noordoos-Transvaal. W.J. de Kock & D.W. Krüger (reds.), *Suid-Afrikaanse biografiese woordeboek*, II, p. 663.
303. Da Costa Leal se skatting is waarskynlik na aan korrek, want tydens 'n besoek in 1873 het eerw. S. Hofmeyr van die Ned. Geref. Kerk die getal gedoopte Basoeto's by Botšhabelo op 1 100 geskat. D.W. van der Merwe, "Die geskiedenis van die Berlynse Sendinggenootskap in Transvaal, 1860-1900", *Argiefjaarboek*, 46 (1), 1983, p. 41.
304. Sekhukhune het sy Christen-onderdane teen 1864 genadeloos begin vervolg sodat van die Bapedi-Christene verplig was om die gebied onder leiding van kaptein Johannes Dinkwanyane, 'n halfbroer van Sekhukhune, te verlaat. Op Botšhabelo het Joshua Ramapudu, seun van Maléo (*c*.1820-1864), as leier van die Bakopa Christen-vlugtelinge na vore getree. D.W. van der Merwe, "Die geskiedenis van die Berlynse Sendinggenootskap in Transvaal, 1860-1900", *Argief-jaarboek*, 46 (1), 1983, pp. 31, 34 & 41; W.J. de Kock & D.W. Krüger (reds.), *Suid-Afrikaanse biografiese woordeboek*, II, pp. 445-446; J.J. Oberholster, *Die historiese monumente van Suid-Afrika*, p. 330.

onderneem het.³⁰⁵ In hierdie dorpie is 'n goedversorgde Lutherse kerk,³⁰⁶ waar seshonderd Basotho's op Sondae die godsdiensoefeninge bywoon; 'n nuwe kerk sal opgerig word omdat die huidige gebou nie meer groot genoeg vir die gemeente is nie.³⁰⁷ Die mense produseer jaarliks tussen 2 000 en 2 500 *muids*³⁰⁸ mielies en graansorghum (mapila of sorghum, ensovoorts).³⁰⁹ 'n Tiende van die oes word aan die sendelinge gegee. Hierdie swartes is uitstekende werkers. Die Boere in die omgewing kom voedselware by hulle koop. By hierdie stasie is 'n werkswinkel waar waens vir gebruik deur die Sending gebou word.³¹⁰ Die smidswinkels gebruik die steenkool wat digby deur meneer Merensky ontgin word.³¹¹ Ek het party van hierdie Basotho's sien werk as bouers, skrynwerkers en smede en het gevind dat hulle bedrewe en bekwame werkers is. Ek het slegs twee of drie Europese ambagslui in die plek gesien.³¹² Die dorpie, wat in 'n kom van die berg lê, word deur 'n klipfort beskerm waarvandaan

---

305. In dié verband het veral K.H.J. Endemann 'n belangrike bydrae gelewer. Hy het bv. Sepedi, die taal van die Bapedi, aan die wêreld bekend gestel met sy *Versuch einer Grammatik der Sotho* (Berlyn, 1876). Jare later het sy omvattende woordeboek, *Wörterbuch der Sotho-sprache* (Hamburg, 1911), verskyn. L. Zöllner & J.A. Heese, *Die Berlynse sendelinge in Suid-Afrika en hul nageslag*, p. 77.
306. Volgens oorlewering het Merensky in 1865 die eerste klipkerkie op Botšhabelo eiehandig gebou. L. Zöllner & J.A. Heese, *Die Berlynse sendelinge in Suid-Afrika en hul nageslag*, p. 254; D.W. van der Merwe, "Die geskiedenis van die Berlynse Sendinggenootskap in Transvaal, 1860-1900", *Argief-jaarboek*, 46 (1), 1984, p. 50.
307. 'n Verwysing na die rooisteen-hoofkerk wat in 1873 op Botšhabelo opgerig is. Skriftelike mededeling: Dr. C.J. van Vuuren, Posbus 43, Faerie Glen, 0043, 21.08.2003.
308. Mud: hoeveelheid gelyk aan 'n mudsak of drie boesels graan, d.w.s. 0,10911 kubieke meter. P.C. Schoonees (red.), *Woordeboek van die Afrikaanse taal*, I, p. 469; R. Ilson (red.), *Reader's Digest great illustrated dictionary*, I, p. 244.
309. Graansorghum word in Suid-Afrika ook "kafferkoring" of "mabela" en in Mosambiek "mapira" genoem en is 'n gewilde voedselsoort onder die inboorlinge van Mosambiek. C.F. Spence, *Moçambique*, p. 77. In Portugees heet die graansoort *grão cafreal*.
310. Carl Ludwig Friedrich Lademann (1834-1906), 'n opgeleide smid, het in 1863 na Suid-Afrika gekom om in diens van die Berlynse Sendinggenootskap, die wabouersbedryf aan die inwoners van Botšhabelo te leer. Skriftelike mededeling: Mev. Linda Zöllner, Posbus 36052, Menlopark, 0102, 16.06.2003.
311. In 1864 is 'n steenkoollaag op die grens tussen die distrikte Pretoria en Lydenburg, d.w.s. juis in die omgewing van Botšhabelo, ontdek. F.J. Potgieter, "Die vestiging van die blanke in Transvaal (1837-1886)", *Argief-jaarboek*, 21 (2), 1858, p. 91.
312. Waarskynlik die smid, C.L.F. Lademann, en die skrynwerker, H.A. Düring. Skriftelike mededeling: Mev. Linda Zöllner, Posbus 36052, Menlopark, 0102, 16.06.2003 & 22.06.2003.

vir baie myle 'n blik op die omliggende gebied gekry kan word. Die dorpie is geleë op die rant van die berg bo die fort, wat Fort Wilhelm heet en na die Koning van Pruise vernoem is en deur die sendelinge gebou is om hulleself te verdedig[313] indien hulle deur Sekhukhune se mense of enige ander stam aangeval sou word.

Die orde, werkywer, vrede en kalmte wat in dié groeiende dorpie heers, is bewonderenswaardig. Hier is twee sendelinge[314] met hulle vroue en kinders en ek meen vier ander Duitsers met hulle families.[315] Botšhabelo sal die sentrum van 'n belangrike Duitse nedersetting in Transvaal word.[316]

Die oggend van 14 Junie het ons afskeid geneem van die goeie sendeling, wat aan ons perde verskaf het om ons na die plek te neem waar ons die wa gelaat het.[317] Daarvandaan het ons in 'n suidwestelike

---

313. Da Costa Leal skryf *Forte Guilherme*. Die sendingpos Botšhabelo (Toevlugsoord) is gestig as toevlugsoord vir die Christen-onderdane van Sekhukhune wat deur hulle leier vervolg is. Om dié mense en die Duitse sendelinge te beskerm, is in Oktober 1865 begin met die bou van 'n klipfort; 'n fort in die Europese sin van die woord, maar ook 'n mooi voorbeeld van Sotho-argitektuur. Fort Wilhelm is vernoem na Wilhelm I (1797-1888), koning van Pruise (1861-1888) en van 1871 af Duitse keiser, en is later Fort Merensky genoem. Merensky was veronderstel om die ZAR se Vierkleur bo die fort te laat wapper, maar in plaas daarvan het hy die Duitse Driekleur gehys. T.S. van Rooyen, "Die sendeling Alexander Merensky in die geskiedenis van die Suid-Afrikaanse Republiek (1859-1882)", *Argief-jaarboek*, 16 (2), 1954, p. 144; J.J. Oberholster, *Die historiese monumente van Suid-Afrika*, pp. 329-330; D.W. van der Merwe, "Die geskiedenis van die Berlynse Sendinggenootskap in Transvaal, 1860-1900", *Argief-jaarboek*, 46 (1), 1983, p. 40; A. Palmer, *Who's who in modern history, 1860-1980*, p. 324.
314. In 1870 was die twee Duitse sendelinge op Botšhabelo A.A.B. Merensky en K.H.J. Endemann. L. Zöllner & J.A. Heese, *Die Berlynse sendelinge in Suid-Afrika en hul nageslag*, pp. 77 & 253-254.
315. Die ander vier Duitse families op Botšhabelo was waarskynlik dié van C.L.F. Lademann, H.A. Düring, C.H.T. Grützner en E.T. Schubert. Skriftelike mededelings: Mnr. L.C.P. Endemann, Direkteur, Genealogiese Instituut van S.A., Posbus 3033, Matieland, 7602, 17.06.2003; Mev. Linda Zöllner, Posbus 36052, Menlopark, 0102, 16.06.2003 & 22.06.2003.
316. Teen 1867 was Botšhabelo reeds die welvarendste sendingstasie van die B.S.G. in Transvaal en in die woorde van J. Richter, die "Lebensmittelpunkt" van die bestuur en organisasie van die B.S.G. in Transvaal. D.W. van der Merwe, "Die geskiedenis van die Berlynse Sendinggenootskap in Transvaal, 1860-1900", *Argief-jaarboek*, 46 (1), 1983, pp. 41 & 59.
317. Waarskynlik die plaas van Abraham Joubert. E.E. Burke (red.), *The journals of Carl Mauch*, p. 44.

rigting die pad na New Scotland[318] geneem. Hierdie dag en die dag daarna het ons deur 'n verlate streek gereis, wye vlaktes sonder 'n enkele bos, waarvan die eentonigheid slegs deur die sporadiese vlugtige verskyning van 'n paar skugter bokke en sebras,[319] waterpoele en klein mere verbreek is. Geen huis langs die pad of op die horison nie. [320] Dit het steeds kouer geword. Gedurende die oggend van die 17de, nadat ons slegs 'n uur onderweg was, het 'n swarte verskyn wat agter ons aan hardloop. Hy het 'n mandjie met twee eiers, twee stukke biltong en patats by hom gehad. Die Boer, sy baas, wou hierdie eetware vir 'n bietjie koffie verruil. Omdat ons nie genoeg koffie by ons gehad het nie, het die transaksie deur die mat geval. Wanneer die Boere koffie het, drink hulle dit reg deur die dag,[321] maar die land produseer nie 'n voldoende hoeveelheid om in die vraag te voorsien nie.[322]

Ons het 'n jagparty ontmoet, bestaande uit 'n Boer en drie kinders

---

318. Da Costa Leal skryf *New-scotland*. New Scotland of Nieuw-Schotland verwys na 'n Skotse nedersetting wat in 1864 deur Alexander McCorkindale gestig is en net wes van Swaziland tot by die omgewing van Chrissiesmeer geleë was, d.w.s. ongeveer die gebied wat deur die bolope van die Usutu- en Ngwempisrivier gedreineer word. Dit was in twee blokke verdeel: Industria (226,806 morg of 195,053 ha), die eerste plek van vestiging, en na mate meer immigrante bygekom het, Londina (234,000 morg of 201,240 ha), in die omgewing waar die huidige Piet Retief in 1883 aangelê is. 'n Derde groep het hulle gevestig by Roburnia (106,824 morg of 91,868 ha). New Scotland is in 1893 by die ZAR ingelyf. J.J. Grotpeter, *Historical dictionary of Swaziland*, pp. 84 & 115; J.S. Bergh (red.), *Geskiedenisatlas van Suid-Afrika*, p. 141; P.E. Raper, *Dictionary of Southern African place names*, pp. 36, 240 & 282; J.P. Brits, *Piet Retief 1883-1983*, p. 3; A.N. Pelzer, "Alexander McCorkindale en sy skemas, 1864-1866", *Historia*, 15 (1), Maart 1970, pp. 15 & 20.
319. In teenstelling hiermee skryf Mauch dat duisende bles- en springbokke op 15.06.1870 op 'n afstand van ongeveer 230 m by hulle verby gehardloop het en dat hulle selfs twee blesbokke gekwes het. E.E. Burke (red.), *The journals of Carl Mauch*, p. 44.
320. Mauch verwys wel na die plaas van Breytenbach aan die Vaalwater, 'n sytak van die Komatirivier, waaroor hulle op 16.06.1870 gereis het. Moontlik was dit die plaas Bothasrust van Nicolaas Breytenbach (1844-1918) waarop die dorp Breyten in 1906 aangelê is. E.E. Burke (red.), *The journals of Carl Mauch*, p. 46; P.E. Raper, *Dictionary of Southern African place names*, p. 62.
321. Die Boere het 'n besondere voorliefde vir koffie as drank gehad en het tot 50 lb (ongeveer 23 kg) koffiebone op 'n keer gekoop. A.A. de Carvalho, *O Transvaal*, p. 20; A.J.H. van der Walt (red.), *Potchefstroom 1838-1938*, p. 285.
322. Die natuurlike grondvrugbaarheid het Boere aangemoedig om selfs vreemde gewasse soos suiker, katoen, koffie en rys te verbou. M.W. Pretorius het byvoorbeeld baie moeite gedoen om 'n selfstandige koffiebedryf aan te moedig, maar 'n gebrek aan geesdrif het 'n selfstandige koffiekultuur slegs 'n vrome wens laat bly. A.N. Pelzer, *Geskiedenis van die Suid-Afrikaanse Republiek*, I, p. 10.

van nege tot twaalf jaar, almal te perd. Hierdie jongelinge, twee blank en een swart, wat etlike honde aan toue gelei het, het sonder stiebeuels gery en slegs op bokvelle gesit wat die rûe van die perde bedek het. Hierdie half-barbaarse prentjie het my aan die pittoreske kleredrag van die gaucho's van die pampas van Suid-Amerika[323] herinner wat, soos die Boere, 'n volkstam is wat oorspronklik van ou Europa gekom het. Die Boer op sy perd is 'n sentour,[324] en hulle is byna almal uitstekende skuts.[325]

Die reis was baie stadig as gevolg van die minderwaardige osse en bowendien het ons baie tyd verspeel deur die verkeerde roete te volg omdat ons teenstrydige inligting aangaande die pad by die Boerehuise[326] gekry het. Hoe nader ons aan New Scotland gekom het, hoe meer dikwels het ons klein mere teengekom.

Op die 18de het 'n bitter koue en snydende wind uit die suidweste gewaai en dit was selfs kouer as die vorige dae.

Ons het reeds al ons lewensmiddele verbruik. In Pretoria het hulle ons meegedeel dat ons Hamilton, die eerste Skotse nedersetting, op die sewende dag van ons tog sou bereik. Op die elfde dag was ons nog steeds nie daar nie. Toe ons brood op was, het dit vir my na die *nec plus ultra*[327] menslike rampspoede gelyk. Die volgende dag het ek nietemin besef dat daar iets veel erger as broodsgebrek is, te wete om aan alles gebrek te hê. Hierdie keer het ons 'n bietjie *biltong* oor gehad. Biltong is eenvoudig die gedroogde vleis van 'n bok of 'n ander wilde dier, in lang repe gesny, gesout en opgehang totdat dit droog

---

323. Gaucho's is die veewagters van die Suid-Amerikaanse pampas. Hulle is gewoonlik van Spaans-Indiaanse afkoms en kan besonder goed perdry en die lasso gooi. P.C. Schoonees (red.), *Woordeboek van die Afrikaanse taal*, III, p. 44.
324. 'n Figuur uit die Griekse mitologie: 'n perdmens en die seun van Ixion met die hoof, arms en romp van 'n man en die lyf en bene van 'n perd. R. Ilson (red.), *Reader's Digest great illustrated dictionary*, I, p. 290.
325. Die Boerepioniers was feitlik deur die bank uitstekende skuts en ervare jagters; uit noodsaak vir voortbestaan, maar ook uit eie keuse vir ontspanning. Seuns het leer skiet sodra hulle die destydse swaar gewere kon dra en hanteer. V. de Kock, *The fun they had*, pp. 131-132.
326. Jacobus Steyn van 'n plaas aan die Boesmansteespruit (Boschmans Thee Spruit) het bv. plesier daaruit geput om die verkeerde (die langer) pad na New Scotland aan hulle te beduie. E.E. Burke (red.), *The journals of Carl Mauch*, p. 46.
327. *Nec plus ultra* (Lat.): Die ergste van alle.

is. Dit word rou geëet. Dit is so hard soos 'n stok; dun snytjies word daarvan gesny wat soos houtskaafsels lyk. Ten spyte daarvan dat dit rou is, is biltong nie so weersinwekkend as wat 'n mens sou dink nie en 'n mens vind dit na 'n lang reis aptytlik as daar niks anders is om te eet nie. Biltong is die tweede item onder die lewensmiddele wat die Boere met hulle in hulle sakke saamneem. Biltong het een onberekenbare voordeel wat ek erken. Dit is uiters voedsaam, neem min plek en geen tyd is nodig om dit te kook nie. Nietemin is biltong nie deur die beskawing uitgevind nie, hoe bruikbaar dit ook al vir reisigers en ontdekkers in Afrika mag wees. Volgens die Boere kom die eer vir die uitvinding daarvan die Kaapse Khoikhoin[328] toe, by wie hulle die kuns geleer het. In dié opsig het die Khoikhoin minstens tot die beskawing van hulle vasteland bygedra.

Op hierdie dag het ons die grens van New Scotland bereik; dit is aangedui deur 'n paal op 'n klip en kennelik deur 'n mensehand daar geplaas om as 'n baken te dien. Hierdie veronderstelling is as waar bewys toe ons in die namiddag halt geroep het naby 'n mooi meer, etlike myle in omtrek, genoem Chrissiesmeer,[329] [Fig. 83] die verkleiningsvorm van Christina, die naam van die enigste dogter van president Pretorius.[330] [Fig. 84] Dit is na haar vernoem deur die Skot wat die stigter of hoof van die nedersetting is.[331]

---

328. Da Costa Leal skryf *Hotentotes do Cabo*. Dit is 'n verwysing na die Kaapse Khoikhoin of Khwekhwen wat in Wes-Kaapland gewoon het toe die blankes daar aangeland het. P.J. Coertze & R.D. Coertze, *Verklarende vakwoordeboek vir Antropologie en Argeologie*, p. 136.
329. Da Costa Leal skryf *Lago Cressié*. Op 'n kaart wat M.J.F. Forssman (1820-1874), 'n ouer broer van O.W.A. Forssman en eerste landmeter-generaal van die ZAR, in 1864 van New Scotland opgestel het, is die huidige Chrissiesmeer as "Miss Chrissie's Lake" aangedui. Chrissiesmeer, vroeër bekend as Seekoeipan, is die grootste natuurlike varswatermeer in S.A. en is 9 km lank en 3 km wyd en lê 24 km oos van Breyten en 32 km noordoos van Ermelo. M. du Toit, *Die President Pretorius-museum, Potchefstroom*, n.p.; P.E. Raper, *Dictionary of Southern African place names*, p. 192; R.T.J. Lombard, *Ermelo 1880-1980*, p. 5; TAB: A 375, Chevalier O.W.A. Forssman-versameling, Inventaris nr. 26.
330. Christina Petronella Johanna Pretorius (1851-1926) was die enigste van agt kinders uit M.W. Pretorius se eerste huwelik met Aletta Magdalena Smith (1818-1881) wat volwassenheid bereik het. Sy is later met Izak Johannes Meyer (1844-1928), 'n boer van Lichtenburg, getroud. TAB: Boedel 65290/1928: C.P.J. Meyer (née Pretorius) & Boedel 65291/1928: I.J. Meyer; M. du Toit, *Die President Pretorius-museum, Potchefstroom*, n.p.; J.C. Visagie, *Voortrekkerstamouers 1835-1845*, p. 182.
331. McCorkindale en sy eggenote, Mary Ann Dingley, het Christina Pretorius op 'n besondere wyse as vriendin aangeneem, die meer na haar vernoem en haar selfs in 1870

Gedurende die nag van die 18de op die 19de kon niemand as gevolg van die koue slaap nie. Die wind was so ysig dat dit deur ons wolkomberse gedring het en ek het gedink dat ek dit in die murg van my bene gevoel het. Die oggend van die 19de het ons 'n ander groot meer, Loch Banaghar, en 'n groep huise aan die regterkant van die pad gesien.[332] Teen twee-uur die namiddag het ons by Hamilton[333] aangekom. Hier bly 'n Skotse heer genaamd meneer Robert Bell,[334] [Fig. 85] setlaar en algemene administrateur of agent van die *Glasgow and South African Company*,[335] wat ons genooi het om in sy huis te vertoef totdat ons die nodige swartes kon werf om ons besittings te dra, aangesien die wa slegs tot by Hamilton gehuur was. Die volgende dag, 20 Junie, het ons dit teruggestuur.

New Scotland is 'n nuwe nedersetting waaroor die mense in Lourenço Marques slegs vae en onjuiste berigte ontvang het. Verderaan is daar slegs twee paaie wat gevolg kan word, een loop na Lydenburg verder noord en word nou en dan deur 'n paar swartes gebruik wat van Lourenço Marques na Lydenburg en *vice-versa* gaan. Die ander pad is minder bekend en loop langs die Usutu- [Fig. 86] of die

---

op 'n reis na Skotland en Engeland saamgeneem. M. du Toit, *Die President Pretoriusmuseum, Potchefstroom,* n.p.; A.N. Pelzer, "Alexander McCorkindale en sy skemas, 1864-1866", *Historia* 15 (1), Maart 1970, p. 14.

332. By dié meer, Loch Banaghar, het die Skotte 'n gehuggie aangelê wat skynbaar dieselfde naam gedra het. F. Jeppe, *Die Transvaal'sche oder Süd-Afrikanische Republik*, p. 11.

333. Hamilton het op die linkeroewer van die uMpuluzirivier gelê. Die hoofgebou van die Glasgow and South African Company was 'n redelik groot gebou met 'n hoë strooidak en twee verlengde bygeboue, waarvan die een as 'n stal en die ander as 'n pakhuis gedien het, wat 'n reghoekige binneplein gevorm het waarvan die vierde sy deur 'n klipmuur met 'n hek afgesluit is. Hierdie gebou is in 1951 vanweë sy bouvalligheid deur die destydse eienaars, die familie Van Aardt, gesloop. Mondelinge mededeling: Mev. Louisa Potgieter, Hamilton, Posbus 88, Lothair, 2370, 28.11.2003; E.E. Burke (red.), *The journals of Carl Mauch*, p. 47.

334. Da Costa Leal skryf *Roberto Bell*. Robert Bell (1843-1877) het op die plaas "Craigie Lee" gewoon en was teen 1877 ook die onder-kommissaris van Naturelle Sake en vrederegter van New Scotland. Hy was getroud met Isabella June Buchanan. Terwyl Bell en 12 swart konstabels op 22.09.1877 'n Swazi-kaptein, Mabekani, in verband met veediefstal wou arresteer, is hy en 6 van die konstabels by Bezaanskraal aan die Mfolozirivier doodgesteek. Bell's Kop, 82 km oos van Ermelo, is na hom vernoem. TAB: Boedel 0/873/1877 R. Bell; T.V. Bulpin, *The Golden Republic*, pp. 164 & 169; P.E. Raper, *Dictionary of Southern African place names*, p. 46.

335. Die Glasgow and South African Company wat deur McCorkindale gestig is, sou net op 80 plase in New Scotland betrekking hê. A.N. Pelzer, "Alexander McCorkindale en sy skemas, 1864-1866", *Historia*, 15 (1), Maart 1970, p. 11.

Maputorivier,[336] waarvan laasgenoemde in die Baai van Lourenço Marques uitmond. Dit was my voorneme om hierdie roete te verken en soveel as moontlik uit te vind hoe hierdie bevaarbare rivier as 'n verbinding tussen Lourenço Marques en die binneland benut kan word en hoe ver die rivier nog bevaarbaar is.[337]

New Scotland is 'n deel van die gebied wat deur die Skot A. McCorkindale[338] [Fig. 87] van die Regering van Transvaal gekoop is.[339] Dit bestaan altesame uit 180 plase, elkeen 6 000 akker groot[340] (akker, Engelse vierkantmaat – 4 840 vierkante jaart) waarvan 480 000 akker[341] deur 'n maatskappy van Glasgow[342] gekoop is. Die eerste setlaars het in

---

336. Da Costa Leal skryf *Rio Unsuti*. Dit is die grootste rivier wat deur Swaziland vloei en ontspring naby die bolope van die Vaalrivier en vloei uiteindelik saam met die Pongola- of Phongolorivier op die grens tussen Suid-Afrika en Mosambiek, waarna die rivier as die Rio Maputo (Maputorivier) bekend staan en uiteindelik in Delagoabaai uitmond. J.J. Grotpeter, *Historical dictionary of Swaziland*, p. 45.
337. McCorkindale wou die gemeenskap van New Scotland met Delagoabaai verbind deur 'n veerbootstelsel op die Usutu- en die Maputorivier in te stel en sodoende die dodelike tsetsevlieg te vermy. E.A. Walker, *A history of South Africa*, p. 334; U. de V. Pienaar (red.), *Neem uit die verlede*, p. 215.
338. Da Costa Leal skryf *MacCorkondale*. Alexander McCorkindale (1816-1871) was 'n Skotse entrepeneur van Glasgow wat in 1856 na Suid-Afrika gekom, in 1864 Transvaalse burgerskap ontvang het en probeer het om in Transvaal wes van Swaziland 'n Skotse nedersetting te vestig. Met dié doel voor oë het hy "meer as 'n miljoen akker grond" van die Regering van die ZAR gekoop en dit New Scotland gedoop. Die skema het misluk nadat McCorkindale in 1871 op Ilha da Inhaca aan koors oorlede is. A.N. Pelzer, "Alexander McCorkindale en sy skemas, 1864-1866", *Historia*, 15 (1), Maart 1970, pp. 6-8 & 16, J.J. Grotpeter, *Historical dictionary of Swaziland*, p. 84; U. de V. Pienaar (red.), *Neem uit die verlede*, p. 215; T.V. Bulpin, *The Golden Republic*, p. 128.
339. Die Swazi's het teen die vestiging van McCorkindale en sy Skotse nedersetters in die gebied beswaar gemaak omdat hulle verkies het dat die gebied wat hulle aan die Boere afgestaan het, net deur Boere bewoon word. Op 31.05.1869 het hulle selfs by T. Shepstone gekla oor die Boere se verskaffing van grond op die Swazi-grens aan die McCorkindale-nedersetters. H. Stander, "Die verhouding tussen die Boere en Zoeloe tot die dood van Mpande in 1872", *Argief-jaarboek*, 27 (2), 1964, pp. 370-372.
340. D.w.s. 1 080 000 akker of 437 076 ha. Volgens Bergh het McCorkindale in 1864 'n ooreenkoms met die Regering van die ZAR aangegaan waarvolgens 'n blok van 200 plase vir 'n bedrag van £8 000 aan hom toegeken is om Skotse immigrante te vestig. 'n Gedeelte van die koopprys is in die vorm van buskruit betaal. J.S. Bergh (red.), *Geskiedenisatlas van Suid-Afrika*, p. 141. Bulpin en Munnik beweer dat die 200 plase in totaal 1 500 000 akker of 607 050 ha groot was. T.V. Bulpin, *The Golden Republic*, p. 107; G.G. Munnik, *Kronieke van Noordelike Transvaal*, p. 53.
341. D.w.s. 194 256 ha.
342. Glasgow and South African Company. A.N. Pelzer, "Alexander McCorkindale en sy skemas, 1864-1866", *Historia*, 15 (1), Maart 1970, p. 11.

Januarie 1867 hier aangekom, bestaande uit sewentig persone, almal Skotte.[343] Die maatskappy beplan en het reeds daarmee begin, om graan te saai en skape en beeste te teel, iets waarvoor hierdie streek, wat op die hoogste en koudste deel van die distrik geleë is, uiters geskik is.[344] Sy oogmerk is verder om goeie aanteelvee te teel en dit aan die boere van die land te verkoop en, wanneer daar 'n pad na die Baai van Lourenço Marques is, sal hy ook op 'n groot skaal perde teel om aan Indiese en Oosterse markte te voorsien.

Daar is twee hoofsentrums in New Scotland, Hamilton en Derby,[345] wat ek ook besoek het en wat vyftig myl[346] suid van Hamilton lê. Dit is die doelwit om van Derby 'n groot handelsentrum te maak[347] waar produkte van die binneland, soos tabak, koring, wol, huide en velle, ensovoorts, gekoop sal word en om in ruil daarvoor oorsese ingevoerde produkte en vervaardigde artikels van oorsee te verkoop. Lourenço Marques sal die vanselfsprekende hawe vir so 'n onderneming wees. Tans voer die setlaars van New Scotland, behalwe om in hulle eie behoeftes te voorsien, jaarliks slegs nagenoeg 10 000 pond[348] wol uit, ongeveer honderd stuks opreggeteelde beeste en huide en velle; maar sodra 'n verbruikersmark geskep is wat al hulle produkte opkoop, bestaan geen twyfel nie dat, met die hulpbronne tot hulle

---

343. Die koloniste van New Scotland was die stamvaders van Suid-Afrikaanse families met vanne soos Bell, Bolt, Buchanan, Clark, Crosbie, Edgley, Forbes, Gilbert, Hook, MacFarlane, MacNab, Munro, Napier, Weldon en talle meer. Hulle het hulle plase name soos "Lochiel", "Waverley" en "Bonniebrae" gegee. T.V. Bulpin, *The Golden Republic*, pp. 109 & 113; A.N. Pelzer, "Alexander McCorkindale en sy skemas, 1864-1866", *Historia*, 15 (1), Maart 1970, p. 15; J.S.M. Matsebula, *A history of Swaziland*, p. 53.
344. Die Boere het aanvanklik gedink dat die oostelike Hoëveld in die winter te koud vir hulle vee sou wees, maar nadat hulle hulle in die jare 1860 daar gevestig het, het hulle gevind dat skape daar goed aard. J.S. Bergh (red.), *Geskiedenisatlas van Suid-Afrika*, p. 89.
345. Derby, 10 km noord-noordwes van die huidige Piet Retief, was nie werklik een van die hoofsetels van New Scotland nie, want naas Hamilton was Roburnia die belangrikste sentrum aldaar. Roburnia is in 1867 deur McCorkindale gestig en dié pleknaam het die Skotse digter Robert Burns (1759-1796) gedenk. In 1882 het die Regering van die ZAR besluit om die plek Amsterdam te noem. J.J. Grotpeter, *Historical dictionary of Swaziland*, p. 4; U. de V. Pienaar (red.), *Neem uit die verlede*, p. 215.
346. Ongeveer 80 km.
347. Derby het nooit tot 'n handelsentrum ontwikkel nie. Tans is dit 'n plantasieplaas wat aan Moni Forests behoort.
348. Ongeveer 4 540 kg.

beskikking, 'n spoedige vermeerdering in produksie te wagte kan wees. Hulle hoop dat hulle so 'n mark in Lourenço Marques sal vind.

Aangrensend aan die eiendomme van die maatskappy en mnr. McCorkindale is 'n waardevolle en groot stuk grond wat besonder geskik is vir die verbouing van suikerriet, koffie, katoen en ander tropiese produkte. Dit sluit bykans 12 000 akker[349] aan die oewers van die Sabierivier[350] in wat ook aan die koloniste behoort. Al wat hierdie area nodig het, is 'n toeganklike hawe om dit een van die waardevolste produksiesentrums in Afrika te maak.

New Scotland het ook groot hoeveelhede steenkool en die neerslae van hierdie voortreflike produk strek oor 'n groot afstand na die weste langs die Vaalrivier.[351]

In Mei 1868 het die Skot McCorkindale aan die Regering van Transvaal voorgestel dat die Regering 'n nuwe hawe in die Baai van Lourenço Marques naby die monding van die Usutu- of Maputorivier[352] moet bou en dat 'n bedrag van £250 000 sterling in Engeland vir die konstruksie van die hawe, werke, paaie, brûe en die verbetering van die waterweë van die riviere geleen moes word; 'n lening wat gewaarborg sou word deur die doeaneregte wat gehef sou word, terwyl bepaalde staatseiendom as bykomende sekuriteit kon dien. Dit wil voorkom asof die Transvaalse Regering nie veel aandag aan hierdie voorstel gegee het nie en die rede is voor die hand liggend. Mnr. McCorkindale se voorstel was gegrond op die aansprake van die Re-

---

349. Ongeveer 4 856 ha.
350. Die Sabierivier ontspring in die Drakensberg suidwes van die huidige Sabie en is 'n sytak van die Komatirivier of Rio Incomati, waarmee dit oos van die Lebomboberge in Mosambiek saamvloei. Die naam van die rivier is waarskynlik van Changana-oorsprong en beteken "sand"(rivier). P.E. Raper, *Dictionary of Southern African place names*, p. 286.
351. Die blanke pioniers het vroeg reeds geweet van die aanwesigheid van steenkool in Transvaal en steenkoollae is al in 1852 naby die Vaalrivier gevind. In 1864 is melding gemaak van die voorrade op die grens tussen die distrikte Pretoria en Lydenburg, maar min is in daardie stadium gedoen om dit te ontgin. Die steenkoollae, wat tot 78% koolstof bevat het, was vlak onder die grond en was sigbaar in rivierwalle, waar dit dikwels deur die Boere vir eie gebruik uitgehaal is, bv. by Klipstapel. J.S. Bergh (red.), *Geskiedenisatlas van Suid-Afrika*, p. 313; J. Nixon, *The complete story of the Transvaal*, pp. 6-7; F.L. Cachet, *De worstelstrijd der Transvalers*, p. 336.
352. Kyk voetnoot 336.

gering van die Republiek op die besit van die suidelike deel van die Baai van Lourenço Marques, die reg van skeepvaart op die riviere wat in die baai uitmond, ensovoorts. Hierdie aansprake is amptelik gemaak aan die hand van 'n proklamasie van die President van die Republiek;[353] hulle is nietemin laat vaar en het deur die Verdrag van 1869 tussen Portugal en die Republiek verval, en wat egter nooit deur ons [Portugal] geratifiseer is nie.

Wat verder by hierdie handelsprojek belangrik is, is dat die Portugese Regering ten volle ingelig sal wees dat mnr. McCorkindale voorheen 'n konsessie van die Opperhoof van die Swazi[354] verkry het om 'n pad deur sy gebied na die grens van Transvaal aan te lê, waarna 'n streek wat as neutrale grondgebied beskou is na die see oorgesteek sou word. Dit moet hier beklemtoon word dat die Transvaalse Regering wel die soewereiniteit van die Opperhoof van die Swazi[355] oor die gebied geleë oos van die Drakensberg en New Scotland erken,[356] en dit selfs na die Verdrag van Grense met Portugal, ingevolge waarvan die grootste gedeelte van daardie gebied, dit is die gedeelte geleë tussen die Drakensberg en die Lebombo's, in besit van die Republiek sou bly.

Dit was deel van die plan om 'n dorp in die neutrale gebied tussen die Republiek en die land van die Swazi te stig. Van hierdie punt sou 'n pad ooswaarts na die Lebomboberge, naby die same-

---

353. Op 29.04.1868 het pres. M.W. Pretorius met die goedkeuring van die Volksraad die ZAR se grens deur 'n proklamasie so omskryf dat die Transvaalse gebied met 'n smal strokie langs die oewer van die Maputorivier tot aan die suidelike deel van Delagoabaai geloop het. T. Cameron & S.B. Spies (reds.), *Nuwe geskiedenis van Suid-Afrika in woord en beeld*, p. 154.
354. Da Costa Leal skryf hier *Amsuazi*. Vgl. voetnoot 30.
355. Mswati II, opperhoof van die Swazi's, is in 1868 oorlede, maar aangesien die seun wat hom as koning van Swaziland moes opvolg, Ludvonga II (1851-1872), in daardie stadium slegs 17 jaar oud was, het sy moeder, Sisile Khumalo, en sy oom, prins Ndwandwa, as regentes en regent opgetree. Ludvonga is in 1872 oorlede. Omdat die Swazi's vermoed het dat hy deur Ndwandwa vermoor is, is laasgenoemde om die lewe gebring. J.J. Grotpeter, *Historical dictionary of Swaziland*, pp. 64, 80, 121 & 250; J.S.M. Matsebula, *A history of Swaziland*, p. 62; J.S. Bergh & A.P. Bergh, *Stamme & ryke*, p. 68.
356. Die ZAR het die soewereiniteit van Swaziland in 1855 erken. Swaziland se huidige oppervlakte is nagenoeg 6 705 vk. myl of 17 363 vk. km, d.w.s. die ovaalvormige land is ongeveer so groot soos Wallis en grens aan drie kante aan Suid-Afrika en aan die oostekant aan Mosambiek. J.J. Grotpeter, *Historical dictionary of Swaziland*, pp. ix-x.

vloeiing van die Pongola-[357] en Maputorivier,[358] gebou word. Hier, in die berge, sou 'n pos opgerig word en aangesien die Maputorivier tot ietwat hoër op as die samevloeiing met die Pongola deur klein vaartuie bevaar kan word, dit wil sê 'n afstand van tussen sestig en sewentig myl,[359] kon hierdie waterweg gebruik word om goedere van die Lebombo's na die see en *vice- versa* te vervoer. In die binneland van Transvaal sou dit maklik wees om 'n pad te bou wat by die genoemde nuwe pad aansluit. Die grootskeepse en onmiddellike gebruik van die nuwe pad sou 'n direkte verbinding tussen die see en die uitgestrekte distrik Lydenburg gewees het, waar koring en ander graansoorte van uitstekende gehalte verbou word.[360] Daarbenewens sou dit die enigste bruikbare pad na die goudmyne van die Tati en ander goudmyne gewees het. Dit is nutteloos om hierdie projek met betrekking tot die betrokke aansprake te bespreek, aangesien die aansprake van Portugal volgens hierdie plan heeltemal geïgnoreer is.

Hoewel die projek as 'n praktiese voorstel oorweging sou regverdig het, moet dit verwerp word omdat dit nie daarin slaag nie om vir hierdie verbindingsroete 'n rigting te kies wat deur 'n deegliker studie van die hele gebied geleë tussen Lourenço Marques en die Republiek aangetoon sou word, soos ek sal aandui.

Mnr. McCorkindale was nie op New Scotland nie, hy was maande

---

357. Die Pongola- of Phongolorivier, afgelei uit Zoeloe wat "rivier van trôe" beteken, het sy oorsprong in die Drakensberg suid en wes van die huidige dorp Piet Retief, loop feitlik parallel met die suidelike grens van Swaziland en vorm die grens tussen die huidige KwaZulu-Natal en Mpumalanga. Die rivier vloei deur die Lebomboberge en verenig daarna met die Usuturivier om die Maputorivier te vorm wat in die suidelike deel van Delagoabaai uitmond. Die Swazi's is van mening dat die Pongolarivier die natuurlike suidelike grens van Swaziland vorm en dat hulle in 1895 deur die Britte van hierdie strook grond beroof is. J.J. Grotpeter, *Historical dictionary of Swaziland*, pp. 131-132; P.E. Raper, *Dictionary of Southern African place names*, p. 263.
358. In werklikheid is dit die Usuturivier wat met die Pongolarivier saamvloei en daarna as die Maputorivier bekend staan. J.J. Grotpeter, *Historical dictionary of Swaziland*, p. 90.
359. Ongeveer 95 tot 115 km. De Castilho was van mening dat die rivier vir nagenoeg 100 myl (bykans 160 km) bevaarbaar is. A. de Castilho, *O districto de Lourenço Marques*, p. 19.
360. Koring uit die distrik Lydenburg het byvoorbeeld tydens 'n tentoonstelling in Parys, Frankryk, in die vroeë jare van 1880 die eerste prys verower. J. Nixon, *The complete story of the Transvaal*, p. 5.

lank in Europa om met onderhandelinge in verband met sy projek te begin en hy is binnekort terug verwag.³⁶¹

In dié verband moet ek verwys na iets wat van baie groter belang as die planne van 'n enkeling is. Dit is algemeen bekend dat die Britse Regering aanspraak maak op die besit van die suidelike deel van die Baai van Lourenço Marques en Inhaca-eiland,³⁶² 'n aanspraak wat gegrond is op die welbekende verdrag wat in 1823 gesluit is tussen kaptein Owen van die Engelse vloot en 'n sekere inboorlingopperhoof, wat 'n Portugese onderdaan was.³⁶³ Ek het die geleentheid gehad om hierdie dokument te lees. Dit is voldoende om te meld dat in die genoemde verdrag uitdruklik vermeld word dat een van die betrokke partye verklaar het dat hy dit in sy hoedanigheid as 'n Portugese onderdaan doen, 'n verklaring wat stilswygend deur die ander party erken is. As dit nie 'n genoegsame aanduiding van die waarde van die kontrak is nie, is dit afdoende om te meld dat nie 'n enkele voorwaarde, wat *sine qua non*³⁶⁴ sekere verpligtinge op Engeland of sy verteenwoordiger gelê het, gedurende die bepaalde tydperk nagekom is nie. Hoe dit ook al sy, die aansprake van Groot-Brittanje blyk nogtans, soos aangetoon, nie slegs uit diplomatieke samesprekings wat oor die saak gevoer is nie, maar ook uit sy herhaalde pogings om Inhaca-eiland te beset.

Terwyl die Kommissie in Transvaal was, het die President van die Republiek 'n amptelike nota van die Goewerneur-generaal van die

---

361. McCorkindale het Brittanje in 1869 vir 'n tweede keer besoek i.v.m. sy talryke voorstelle aan en ooreenkomste met die Regering van die ZAR. W.J. de Kock (red.), *Suid-Afrikaanse biografiese woordeboek*, I, p. 509.
362. Da Costa Leal skryf *Ilha de Unhaca*, maar dit behoort eintlik *Ilha da Inhaca* te wees. I. Rocha, *A imprensa de Moçambique*, p. 23. Inhaca-eiland is 11,5 km lank en 6,5 km wyd en is bekend vir sy mooi koraalriwwe op 'n diepte van 40 meter. D. Alexander, *Holiday in Mozambique*, p. 80; V.L. Bosazza, "The geology and the development of the bays and coastline of the Sul do Save of Moçambique", *Boletim da Sociedade de Estudos de Moçambique*, 98, Maio a Junho 1956, p. 24.
363. In Augustus 1823 het Makasane (Makhasane) Tembe Mangobe, opperhoof van die gebied tussen die Rio Maputo en die see, homself en sy gebied onder Britse beskerming gestel, waardeur W.F. Owen beheer oor Ilha da Inhaca en Ilha dos Elefantes verkry het. Tydens Owen se tydelike afwesigheid het die Opperhoof sy konsessie aan Brittanje ontken en 'n verdrag met die Portugese gesluit waarvolgens hy verklaar het dat hy 'n Portugese onderdaan is. J.S.M. Matsebula, *A history of Swaziland*, pp. 131-132.
364. *Sine qua non* (Lat.): sonder meer.

Kaapkolonie[365] ontvang waarby, vir sy inligting oor die geldigheid van die verdrag tussen Portugal en die Republiek, 'n afskrif van die verdrag van kaptein Owen ingesluit was. Dit was hierdie afskrif waarvan ek en my kollegas van die Diplomatieke Kommissie op versoek van die President 'n studie gemaak het.

Ek huiwer nie om te sê nie dat die setlaars van New Scotland gehoop het dat die saak binne afsienbare tyd in die guns van Engeland beslis sou word en dit wou vir my voorkom asof hulle in alle eerlikheid in die aansprake van daardie mag geglo het. Mnr. McCorkindale het nogtans, nadat hy uit die verdrag van Junie 1869 afgelei het dat bloedweinig van Transvaal oor die verwesenliking van sy planne verwag kon word, na Engeland gegaan om, soos ek meegedeel is, in amptelike kringe vas te stel wat die ware stand van sake aangaande die Baai van Lourenço Marques was, aangesien sy planne daarvan afgehang het. Dit is nie onmoontlik nie dat hierdie saak, beter bekend as die Inhaca-kwessie, langs hierdie weg spoedig opgelos sal word, wat inderdaad, veral vir ons, uiters dringend is.

Ons het van 19 tot 24 Julie[366] op Hamilton vertoef; dit was nie moontlik om hier 'n enkele swarte te werf om ons bagasie te dra nie;[367] die Skotse heer in wie se huis ons gebly het, het ons aangeraai om na Derby te gaan waar ons, volgens wat hy gesê het, sonder enige moeite swartes sou kon bekom. As gevolg hiervan was ek nie in staat om, soos ek van voorneme was, die Swazi-opperhoof se hoofstat[368] te besoek nie, wat geleë is op die pad wat direk van Hamilton loop. Van Derby, wat vyftig myl[369] suid-suidoos lê, sou ek 'n wye ompad moes neem om daar te kom, wat vier dae sou geduur het, benewens die feit

---

365. Sir Philip Edmond Wodehouse (1811-1887) was van 1861 tot 1870 die Britse goewerneur van die Kaapkolonie. W.J. de Kock (red.), *Suid-Afrikaanse biografiese woordeboek*, I, pp. 921-922 & 925.
366. Dit behoort 19 tot 24 Junie 1870 te wees. Vgl. ook E.E. Burke (red.), *The journals of Carl Mauch*, p. 47.
367. Mauch het probeer om deur S. Sandersson, 'n handelaar van Natal, draers te bekom, maar t.s.v. sy beloftes, het niks daarvan tereg gekom nie. E.E. Burke (red.), *The journals of Carl Mauch*, p. 50.
368. Sisile Khumalo, regentes en moeder van die minderjarige Ludvonga II, se hoofstat was by Nkanini, wat vandag as Lobamba bekend staan. J.J. Grotpeter, *Historical dictionary of Swaziland*, pp. 64, 80, 121 & 250; J.S.M. Matsebula, *A history of Swaziland*, p. 62.
369. Ongeveer 80 km.

dat ons beslis die agterdog van daardie swartes, wat van nature agterdogtig is, sou gewek het dat ons doelbewus gekom het om die plek te verken waar hierdie gevreesde opperhoof woon.

Ons was nog dieper in die skuld by die Skot Bell, wat ons met die spreekwoordelike gasvryheid van sy volk behandel het[370] deur sy eie wa vir die reis na Derby aan ons te leen. Hiermee het ons Hamilton die oggend van 24 Junie verlaat. Terwyl ons daardie middag oor moerassige terrein gereis het, het die wiele van die wa 'n halwe meter diep in die modder weggesak. Dit was onmoontlik om die wa daardie dag uit te kry en ons het die nag in die wa in die moeras deurgebring. Die volgende oggend was dit 'n groot gedoente om die wa uit die modder te kry, waarin ons geslaag het na moeitevolle pogings van ons kant en van die kant van die arme osse wat drie jukke in die proses gebreek het.

Ons het deur nou klowe of ravyne getrek en by 'n paar alleenstaande huise van Skotse setlaars[371] verbygegaan en reisende deur 'n gebied wat al laer en warmer word, het ons om elfuur die oggend op 'n plek aangekom waarheen die beeste van die Glasgow Company hierdie tyd van die jaar geneem word. Vir die eerste keer tydens die reis het ek die hitte ervaar. Terwyl ons daar was, het ons 'n familielid van die Skotse vriend, 'n regeringslandmeter van die Kolonie Natal[372] wat in New Scotland woon en in diens van mnr. McCorkindale is, ontmoet en 'n hele dag vir 'n wa van hierdie heer gewag wat in die loop van die nag aangekom het, en die oggend van die volgende dag, 26 Junie, het ons ons reis na Derby voortgesit.[373]

Die hoogliggende dele van New Scotland is merkwaardig as gevolg

---

370. Bell was besonder gasvry. Saans het hulle bv. in sy huis na klavierspel geluister en toe hulle 8 katoenkomberse en 18 jaart (nagenoeg 16,5 m) "salempore" (blou katoen) by hom gekoop het as ruil- en betaalmiddele, het hy vyf pond (bykans 2,3 kg) koraalkrale as geskenk daarby gevoeg. E.E. Burke (red.), *The journals of Carl Mauch*, p. 48.
371. Sinclair's Camp. E.E. Burke (red.), *The journals of Carl Mauch*, p. 48.
372. St. Vincent Whitshed Erskine (1846 - c. 1904), die regeringslandmeter van Natal en seun van maj. David Erskine, 'n voormalige koloniale sekretaris van Natal. Erskine was ook 'n ontdekkingsreisiger en kartograaf wat in 1868 'n reis na Masjonaland onderneem het. D.W. Krüger & C.J. Beyers (reds.), *Suid-Afrikaanse biografiese woordeboek*, III, p. 285; U. de V. Pienaar (red.), *Neem uit die verlede*, pp. 212 & 214.
373. St.V.W. Erskine, wat op Derby gewoon het, het sy wa vir die reis daarheen tot hulle beskikking gestel. E.E. Burke (red.), *The journals of Carl Mauch*, p. 49.

van die talryke waterpanne wat daarop voorkom en party daarvan kan inderdaad mere genoem word vanweë hulle aansienlike diepte. Deur al die seisoene bevat hulle dieselfde hoeveelheid water en dit wil voorkom asof daar een of ander verbinding tussen hulle moet wees; en tog, wat vreemd is, is dat min van hulle die oorsprong van riviere is, wat as 'n reël op 'n aanmerklike afstand van die mere ontspring. Die setlaars noem hierdie mere *Lochs* soos in Skotland,[374] en hierdie ooreenkoms van hulle aangenome land met hulle land van herkoms waar daar, soos elkeen weet, talryke mere is, tesame met die natuurlike kosmopolitiese aard van die Skotte, bemoedig hierdie goeie mense in hulle moeisame taak om hulle in hierdie land te vestig, wat vier jaar gelede nog heeltemal verlate was. Op hierdie deel van die pad het die riviere geleidelik begin om name te dra wat deur swartes gegee is, in plaas van die Hollandse name wat deur die Boere daaraan toegeken is, wat 'n aanduiding was dat ons naby die inboorlingstamme was.

Teen dagbreek op die 27ste het 'n digte mis oor alles gelê; 'n snerpende en bytende suidwester het gewaai. Ons het ontbyt geëet bestaande uit beesribbetjies wat op 'n primitiewe manier oor 'n houtvuur gerooster is, wat toe vir my kru voorgekom het, maar wat ek later self dikwels gedoen het.

Om twee-uur die namiddag het ons op Derby aangekom. By Derby, soos op Hamilton, wat, geoordeel volgens die name wat aan Skotse stede ontleen is, het ek veronderstel dat dit minstens groterige dorpe sou wees, maar was geen twee huise langs mekaar nie. Al die huise is op 'n afstand van mekaar in navolging van die Boerestelsel, dit is alleenstaande en een of meer myl[375] uitmekaar. Indien hierdie stelsel sy voordele het, het dit ook sy groot nadele, wat voor die hand liggend is.

Van die 27ste tot die aand van die 29ste het dit aanhoudend gereën.

By Derby het ons dieselfde, indien nie nog groter moeite nie, ervaar

---

374. Die talle mere op die Transvaalse Hoëveld het David Forbes (1829-1905), 'n Skotse handelaar wat in 1850 na Natal geïmmigreer het en met 'n susterskind van mev. Alexander McCorkindale getroud was, baie aan die Skotse hoogland herinner, sodat hy McCorkindale aangeraai het om 'n Skotse nedersetting daar te stig omdat hy van mening was dat die Skotte goed daar sou aard. R.T.J. Lombard, *Ermelo 1880-1980*, p. 11; TAB: A 602, Forbes-familie-versameling: Inventaris nr. T 6.

375. Ongeveer 1,5 of meer km.

om draers te werf, wat, indien dit vir my 'n ergernis was, vir my reisgenoot 'n nog groter irritasie was wat op die allerlaaste in Augustus oor die Limpoporivier moes kom om sy lang reis na die Noorde[376] betyds voort te sit, wat hy onmoontlik in die reënseisoen kon doen.[377]

Op 2 Julie het drie Engelse jagters van Natal, wat drie maande gelede van daardie Kolonie af gekom en in Transvaal gejag het, op Derby aangekom en was nou op hulle terugreis[378] en sou deur die suidelike deel van die gebied van die Swazi's gaan en daarna deur die gebied van die Zoeloes, wat aan Natal grens. Aangesien 'n gedeelte van ons roete dieselfde as dié van hulle was, het hierdie jagters aangebied om ons en ons bagasie met hulle saam te neem tot by die Assegaairivier,[379] [Fig. 88] wat reeds in die gebied van die swartes is, en daar kon ons die mans werf wat ons benodig het. Ons het die aanbod met dank aanvaar en die oggend van 3 Julie het ons saam met hierdie ware Nimrodagtige jagters[380] vertrek. Ons het in 'n groot wa gereis wat reeds stampvol velle en vleis in alle stadia van preservering was. Elkeen van hulle het twee perde by hom gehad wat deur niks besonders gekenmerk was nie, behalwe dat hulle as gevolg van 'n gebrek aan weiding en uitputting van die jag uiters maer was.[381] Die karavaan het verder uit honde en 'n paar swartes bestaan.

Dieselfde dag het ons die gebied van die Swazi's binnegegaan.

---

376. Mauch was van voorneme om van Lourenço Marques na Zoutpansberg en verder noord te gaan. E.E. Burke (red.), *The journals of Carl Mauch*, p. 82.
377. Sowat 80% van die reën val in die somer in die vorm van donderbuie sodat die niestandhoudend riviere somtyds in vloed was en moeilik oorgesteek kon word. J.S. Bergh (red.), *Geskiedenisatlas van Suid-Afrika*, p. 82.
378. Volgens Mauch het hulle na 'n beter jagveld in die omgewing van die Assegaairivier gesoek. E.E. Burke (red.), *The journals of Carl Mauch*, p. 50.
379. Assegaairivier is die Boerenaam vir die Mkondo- of Mkhondorivier en is moontlik afgelei van *umkhonto* wat "assegaai" beteken. Ander beweer dat die stamwoord *umkhondo* is en dat dit "spoor" beteken; dus "die rivier van dierespore". Hierdie rivier ontspring wes van die huidige dorp Piet Retief en vloei suidoos van Manzini in Swaziland in die Usuturivier. J.J. Grotpeter, *Historical dictionary of Swaziland*, pp. 6 & 104; P.E. Raper, *Dictionary of Southern African place names*, p. 222.
380. Da Costa Leal skryf *Nemrods*. Nimrod word in Genesis 10, vers 8-12, 'n seun van Kus genoem en as 'n geweldige jagter voor die aangesig van die Here beskryf. Die naam het spreekwoordelik geword vir 'n groot jagter of liefhebber van die jag. F.W. Grosheide (red.), *Bybelse ensiklopedie*, p. 351.
381. Mauch beskryf die wa as 'n lomp bokwa met 10 uitgehongerde osse daarvoor. E.E. Burke (red.), *The journals of Carl Mauch*, p. 50.

Die aard van die landskap het aansienlik begin verander; die steeds skaars plantegroei het begin om in die klowe hulle verskyning te maak, maar die kwarts- en granietberge was kaal en dor. Ons was teen die hange van die Drakensbergreeks, wat feitlik vir sy volle lengte van die suide tot die noorde strek soos 'n reusagtige soort muur wat aan die bopunt op 'n enorme plato uitloop (die rede waarom hulle verkieslik Lablamba[382] genoem word). Dit wil voorkom asof hierdie muur slegs in die omgewing van New Scotland wes van die Baai van Lourenço Marques onderbreek word. Hier is die helling nie so steil nie en die rede daarvoor skyn die volgende te wees: die groot riviere wat in die Baai van Lourenço Marques uitmond, ontspring naasteby almal in die hoër dele van hierdie hooglande en party baan, al forserende, hulle weg om die Lebombo na die baai en ander vloei deur die berge.

Dit het ons byna drie dae geneem om by 'n plek naby die Assegaairivier te kom, slegs twintig myl[383] van Derby, omdat die wa van die jagters so swaar gelaai was dat die osse dit beswaarlik kon uittrek teen sommige paaie, waarvan 'n onervare Europeër beswaarlik sou kon glo dat dit moontlik is dat enige voertuig ooit daar sou uitkom. Ons het verby 'n paar miserabele swart statte gegaan, maar nie 'n enkele swarte was tot dusver gewillig om ons te vergesel nie. Hierdie Swazi's van die berge is 'n trotse stam en kan slegs met moeite oorreed word om te werk, terwyl die swartes van die kusstreke inskikliker is.

Die jagters het op 6 Julie die hele dag hier vertoef met die hoop dat ons by sommige statte in die omgewing die nodige swartes sou kon werf. Gedurende die oggend het ek, Mauch en een van die Engelse, wat as tolk vir ons sou optree aangesien die Swazi's Zoeloe praat[384] en Mauch se beheer van die Zoeloetaal maar baie power is en ek, om die waarheid te sê, dit glad nie kan praat nie omdat ek nooit die geleentheid gehad

---

382. Die Zoeloes verwys daarna as Khahlamba of Kathlamba en die Sotho's as Quathlamba, wat "spermuur van spiespunte" of "dinge wat op 'n hoop gegooi is" beteken. Ander skryfwyses sluit o.m. in Kwahlamba, Kwathlamba en Quahlamba. P.E. Raper, *Dictionary of Southern African place names*, p. 96. Kyk ook voetnoot 25.
383. Ongeveer 32 km.
384. Die Swazi's praat siSwati, 'n taal wat in vele opsigte baie na aan isiZulu, die taal van die Zoeloes, en die tale van ander Ngunivolke is. Indien dit nie 'n afsonderlike taal is nie, is dit minstens 'n duidelik onderskeibare dialek. J.J. Grotpeter, *Historical dictionary of Swaziland*, p. 150.

het om dit aan te leer nie in die bietjie meer as 'n jaar wat ek in Afrika is. Ons het na die stat van 'n hoofman[385] gegaan. Hier het ons vier uur lank onderhandel. Na langdurige ruggespraak tussen die hoofmanne van die stat, was ons geduld op vanweë die jakkalsdraaie en die wantroue van die inwoners. Ons het vertrek, met ons hoop verydel om draers te vind. In hierdie stat het ek vir die eerste keer *abjala* geproe, 'n soort bier deur die swartes van mapila (sorghum) gemaak.[386]

As gevolg van ons mislukte poging om draers te vind, was ons genoodsaak om 'n desperate stap te doen. Ons het die hoofman van die stat gevra om ons bagasie onder sy bewaring te neem en ons het besluit dat ek daar sou bly en dat Mauch met soveel moontlik handelsware en proviand as wat hy met hom kon saamneem, sou voortgaan en op die uitkyk sou wees vir 'n ander stat waar hy swartes kon werf om ons te vergesel. Met hulle sou hy dan terugkeer om my te kom kry sodat ons ons reis kon voortsit. Ek en my reisgenoot het maar al te goed die ernstige ongerief besef wat aan hierdie besluit verbonde is. In die stat waar ek met die bagasie sou bly, kon die onbeteuelde gierigheid van die swartes en hulle gewoonte om te steel op 'n onaangenaamheid uitloop, veral as hulle ons paar rolle materiaal sou steel, wat as die enigste *moeda*[387] in die land gedien het. Indien dit sou gebeur het, sou ons hongersnood in die gesig gestaar het.

Aan die ander kant kon Mauch, wat 'n onbekende gebied sonder enige gids behalwe sy instrumente[388] kon betree – en die kompas is op land nie so betroubaar as wat dit op see is nie – maklik in die oop ruimtes verdwaal en, bykomend tot die gevare waaraan hy blootgestel sou word, sou ons nie in staat wees om gesamentlik op te tree nie. Elke oomblik wat ons by hierdie swartes deurgebring het, het ons

---

385. Hoofman Matyen. E.E. Burke (red.), *The journals of Carl Mauch*, p. 51.
386. Da Costa Leal skryf elders *alijala, aljala* en *alyala*. Sorghumbier word van graansorghum (kafferkoring) (*Sorghum vulgare*) gemaak wat 5000 v.C. in Wes-Afrika gedomestiseer is en vandaar oor die hele Afrika en Suid- en Oos-Asië versprei het. Dit word as voedsel (pap) en bier (na moutvorming) gebruik. P.J. Coertze & R.D. Coertze, *Verklarende vakwoordeboek vir Antropologie en Argeologie*, p. 286.
387. *Moeda* (Port.): betaalmiddel.
388. Mauch se toerusting vir geografiese waarnemings was beperk tot 'n klein, maar goeie sakkompas en 'n prismakompas. F.O. Bernhard (red.), *Karl Mauch, African explorer*, pp. 8 & 192.

klein voorraad handelsware verder uitgeput, terwyl ons slegs voldoende gehad het vir die aantal dae wat ons bereken het dit ons sou neem om in Lourenço Marques te kom.

Dit alles was baie ernstig, maar dit was die enigste besluit wat ons onder hierdie omstandighede kon geneem het.

Met hierdie gedagtes in ons gemoedere het ons van die stat teruggekeer met die idee om van ons hulpvaardige jagtervriende te gaan afskeid neem, toe 'n man ons nader en aan ons sy dienste aanbied toe ons by 'n stat verbygegaan het waar ons reeds vroeër was. Dit het ons bemoedig om verdere pogings aan te wend en met onverwagte gemak het agt ander mans gekom en hulle beskikbaar gestel.[389] Stel jou ons vreugde voor. Ek glo ons kon die goeie man wat ons eerste sy dienste aangebied het en 'n swart ring op sy kop gedra het – 'n teken van aansien – omhels het as hy homself dit sou toegelaat het om deur 'n paar blanke avonturiers omhels te word.

Uiteindelik het ons die volgende dag, 7 Julie, om twaalfuur die middag van ons medereisgenote en gashere na vele dankbetuigings vir hulle welwillendheid afskeid geneem en in die rigting van die stat van die hoofman gegaan, dieselfde stat waar ons teleurgestel is. Ons mense het daarop aangedring dat ons eers daarheen moes gaan om verlof te vra dat hulle ons kan vergesel en ons, wat bevrees was dat hulle hul goeie bedoelings aldaar sou versaak, het hulle vergeefs probeer oorreed om nie daarheen te gaan nie. Hulle was nogtans heeltemal te sterk gebonde aan hulle verpligting van gehoorsaamheid aan die dwingelandy van die hoofmanne, wat baie kragdadig optree en die doodstraf summier toepas.

En nou het ons uiteindelik die werklike lewe in die bosveld van Afrika ervaar, met al sy onsekerhede, al sy ontberings, maar ook met sy eie wonderbaarlike beloning en al sy vreugdes. Die water raak op en 'n mens ly dors, maar 'n mens vind 'n klein bietjie vuil water en drink dit sonder huiwering, en op daardie oomblik ervaar jy 'n ware vreugde wat die verruklikste vloeistof ter wêreld jou nie kan gee nie. Daar is niks oor

---

389. Hulle sou as draers tot by die Lebomboberge optree teen 'n vergoeding van 'n katoenkombers en 1½ jaart (1,37 m) "salempore" (blou katoen of "blue calico") elk. E.E. Burke (red.), *The journals of Carl Mauch*, p. 51.

om te eet nie, en 'n mens is gereed om van uitputting en honger in een te stort, maar jy gaan voort, gaan voort, met die doel om 'n stat te bereik, en skielik merk jy wilde vrugte tussen die blare van 'n bos op, pluk dit en eet dit gulsig, en op daardie oomblik dink die arme reisiger dat hy nog nooit in sy lewe enigiets lekkerder geëet het nie.

In werklikheid het ons van daardie dag af die laaste spore van beskawing agter ons gelaat. Die reis op 'n Boerewa deur 'n gebied waar jy af en toe by huise van blankes aanland wat 'n vreemdeling met die grootste gulhartigheid ontvang, hoewel mense wat aan die stadslewe gewoond is, geneig is om dit as vol ontberings en ongerief te beskou, kan as 'n plesiertog beskou word in vergelyking met die lewe wat nou vir ons voorgelê het.

Een van die Engelse jagters het die welwillende versiendheid gehad om aan elkeen van ons 'n geskenk van drie brode, of liewer meelballe, te gee, wat ons in die sakke van ons baadjies gedruk het. Dit, tesame met die boud van 'n bok het ons die moeite gespaar om kos vir die volgende dag te bekom. Ons het na die stat van die hoofman, wat gelukkig nie ons vrese bewaarheid het nie, gegaan om daar te oornag. Hulle het ons 'n strooihut gegee om in te slaap, maar ek sou verkies het om in die buitelug te slaap omdat die hut donker en vuil was, maar Mauch het gesê dat my weiering as 'n onvergeeflike belediging beskou sou word. Ek het my gevolglik daarin berus. Die strooihutte van die Swazi's [Fig. 89] is soos dié van die Zoeloes,[390] [Fig. 90] 'n stam aan wie hulle verwant is,[391] en soos dié van baie ander stamme in die binneland, maar hulle verskil in vorm van dié van die stamme aan die kus tot by Lourenço Marques, wat 'n silindriese keëlvorm het.[392] Dié van die Swazi's is

---

390. Die konstruksie en vorm van die tradisionele hutte van die Swazi's is, soos dié van die Zoeloes, byekorfvormig. Vgl. B. Levitas & J. Morris, *South African tribal life today*, fig. 5 & 16.
391. Van Warmelo wys daarop dat die verskille tussen die Swazi's en Zoeloes nooit groot was nie; hulle kulture toon geen buitengewoon opvallende en onderskeidende kenmerke nie. Selfs die Swazi's se taal kan as 'n variant van die taal van die Zoeloes beskou word. N.J. van Warmelo, *A preliminary survey of the Bantu tribes of South Africa*, p. 83.
392. Ronga-hutte word gewoonlik aan die kant van 'n woud opgerig om hulle teen die heersende suidewinde te beskerm. In die middel van die hutte is die veekraal. Bome verskaf skadu. Die hutte is rond met koniese dakke en lae ingange en word deur die mans opgerig. Die dak word eerste gemaak en die opsit daarvan gaan met spesiale seremonies gepaard. Naval Intelligence Division, *A manual of Portuguese East Africa*, p. 106.

vertikaal gepunt en horisontaal rond, maar wat hulle groottes ook mag wees, hulle het slegs een opening waardeur 'n mens soos diere kruip, naamlik met jou hande op die grond, en sommige openinge is so laag dat self dit nie voldoende is nie, sodat jy soos 'n reptiel plat op jou maag deur die opening moet seil.

In die middel is daar 'n klein holtetjie wat as vuurmaakplek dien. Nadat ons ons ingerig het, het 'n hele aantal van die mense van die stat ons kom bekyk. In die vuurmaakplek het 'n groot bondel nat hout gebrand, wat 'n onuitstaanbare rook afgegee het. Van tyd tot tyd het 'n nuwe besoeker opgedaag en die plek van 'n vertrekkende gas ingeneem, hulle swart liggame het in en uit deur die ingang beweeg en die gevolg was dat hulle teenwoordigheid op elke punt in die ronde vertrek, met 'n deursnee van vyf meter, waarneembaar was. Die digte rook, waardeur dit moeilik was om enigiets te onderskei, die hitte binne die beperkte ruimte en die reuk van die saamgehokte mense, was 'n ware foltering. En tog het my bewonderenswaardige reisgenoot, wat langs my op die grond gesit het, sy lang Duitse studentepyp met onversteurbare kalmte gerook en sy lang blonde baard af en toe met sy hand gestreel. Ekself, jeugdiger en met 'n meer opgewonde Suidelike geaardheid, wou verstik en 'n gevoel van naarheid het oor my gekom sodat ek oor hierdie swart massa kroeskoppe wou spring om buite vars lug in te asem. Nadat ons gaste hulle nuuskierigheid behoorlik bevredig het, het hulle uiteindelik die hut tot my onbeskryflike verligting verlaat. Ek het plegtig teenoor my reisgenoot geprotesteer dat ek my nooit weer aan hierdie vorm van marteling sou oorgee wat Dante[393] in sy uitbeelding van die hel versuim het om te meld nie, en ons het ooreengekom dat ons in die toekoms al ons diplomasie sou inspan om dit te voorkom. Om selfs die nietigste dinge van hierdie swartes te verkry, is dit nodig om met 'n sluheid te werk te gaan wat onder ons belaglik sou wees vanweë die onnodigheid daarvan.

Toe het die beurt van die hoofman aangebreek. Hy het beveel dat

---

393. Dante Alighieri (1265-1321), Italiaanse digter en skrywer van o.m. die *Divina Commedia*, met sy drie onderafdelings "Inferno" (die Hel), "Purgatorio" (die Vaevuur) en "Paradiso" (die Paradys). J.A. Hammerton (red.), *Concise universal biography*, II, pp. 476-477.

alyala,[394] die gegiste bier wat ek voorheen vermeld het, aan ons bedien word. Hulle het 'n groot erdepot vol daarvan gebring; die hoofman het dit met albei hande geneem en nadat hy 'n groot teug daarvan gedrink het, het hy die pot aan my reisgenoot oorhandig, wat sy voorbeeld goed nagevolg het en dit daarna aan my gegee het. Ek het toe nie daarvan gehou nie, omdat ek nog nie daaraan gewoond was nie, maar daarna het ek dit altyd met smaak op die reis gedrink nadat ek die goeie kwaliteite van hierdie drank besef het. Dit is baie voedsaam, dik en veel onskuldiger as ons eie alkoholiese wyne of selfs bier. Dit het 'n aangename koel smaak en is buitengewoon urinedrywend. Die swartes word nogtans dronk van alyala omdat hulle oormatige hoeveelhede drink en die feit ignoreer dat dit baie dae vantevore gemaak is. Die gebruik dat die gasheer eerste moet drink en eet voordat hy dit aan sy gaste aanbied, glo ek is langs die hele kus welbekend en dui aan dat die gawe geen gif bevat nie. Dit is voldoende as 'n karakterstudie van die ras, wat ek nóg haat nóg verag en wie se onontwikkelde en primitiewe omstandighede my die dwaasheid van skynheilige filantrope laat betreur wat, sommige in goeder trou en ander deur foutiewe redenering, veronderstel of voorgee dat die inboorling van Afrika die gelyke van die beskaafde mens is en as sodanig gelyke regte het.

Ek sê dit onomwonde dat ek, wat instinktief en heelhartig, as 'n nederige, maar entoesiastiese stryder tot die voorhoede van die moderne Christelike demokrasie behoort, vrywillig by die edelmoedige Portugese volk aansluit en dit sê: ek verafsku die verslawing van 'n mens deur 'n ander mens, dié van 'n broer deur 'n broer.[395]

---

394. Sorghumbier. Kyk voetnoot 386.
395. In 1836 het die Portugese premier, markies Sá da Bandeira (1795-1876), wie se volle naam Bernardo de Sá Nogueira de Figueiredo was, die in- en uitvoer van slawe suid van die ewenaar verbied, maar die vraag na slawe in Brasilië was so groot dat min slawehandelaars hulle daaraan gesteur het. Volgens Das Neves het geen slawehandel sedert 1845 deur Lourenço Marques plaasgevind nie. In 1858 is 'n wet in Portugal uitgevaardig waarvolgens slawerny oor 'n tydperk van twintig jaar heeltemal uitgefaseer sou wees, maar in 1869 is alle slawerny in elke uithoek van die Portugese Ryk deur wetgewing onmiddellik afgeskaf. A.H. de O. Marques, *History of Portugal*, II, pp. 86-88; J.C. Pereira (red.), *Dicionário ilustrado da história de Portugal*, II, pp. 193-194; D.F. das Neves, *A hunting expedition to the Transvaal*, pp. 3-4.

Hierop het die hoofman opdrag gegee dat melk bedien word wat in 'n silindriese houtpot gebring is. Verstandelik het ek 'n hoë dunk van die vrygewige gasvryheid van die hoofman begin kry en dit baie gunstig vergelyk met die egoïsme en gebrek aan naasteliefde wat die gevolg is van die baie vereistes van die beskawing, toe ek bespeur dat my Duitse vriend binnensmonds gevloek het. Op my vraag aan hom wat die probleem was, het hy verduidelik dat wanneer 'n swarte geskenke gee, hy net daaraan dink wat hy in ruil daarvoor sal vra – wat altyd baie meer is as wat hy gee. En werklik, ons man het ons baie gevra, hy wou nagenoeg alles hê wat ons besit het. My reisgenoot het hierdie eise baie slim hanteer deur aan hom 'n grap te vertel waaroor hy gelag het en daarna op 'n vaderlike wyse met hom te raas en het sodoende voorkom dat ons besittings in die hande van die hoofman beland. Mauch behandel die swartes soos kinders, wat logies is in die lig van hulle onkunde en kinderlike gemoedere.

Teen sesuur die volgende oggend het ons ons reis voortgesit.[396] Ons het sewe swartes by ons gehad, hoewel ons nie so baie nodig gehad het nie, maar die swartes is, hoewel sterk genoeg, lui en die geringste las is altyd vir hulle te veel. Kort daarna het ons by die Unconto- of Assegaairivier,[397] een van die sytakke van die Usutu- of Maputorivier, aangekom. Dit is 'n klein, mooi rivier wat met 'n gedruis van rots tot rots stort en vinnig deur die nou vallei voortsnel, die steil oewers oortrek met die digste plantegroei. Nêrens elders in Natal het ek inheemse plante so weelderig sien groei nie.[398] Dit was genoeg aanduiding dat hoe meer ons afdaal, hoe meer die klimaat met dié van die trope ooreen sou stem.

Om 'n rivier in Afrika oor te steek, het sy goeie en sy slegte kant; jy bad terwyl jy daardeur loop, wat aangenaam is, maar jy verwag om enige oomblik onaangenaam verras te word deur 'n krokodil, wat

---

396. Mauch beweer dat hulle a.g.v. die getalm van die draers eers teen 10:00 op 08.07.1870 die stat verlaat het. E.E. Burke (red.), *The journals of Carl Mauch*, p. 52.
397. Da Costa Leal skryf *Rio Azagai*. Hulle het die Assegaairivier op 08.07.1870 bereik. E.E. Burke (red.), *The journals of Carl Mauch*, p. 52.
398. Mauch maak melding van die verskeidenheid "Ficus", die "Bauhinia" (waarskynlik *Bauhinia galpinii*) met oranje-geel blomme (nie in blom) en talle aalwyne. E.E. Burke (red.), *The journals of Carl Mauch*, p. 52; S. Eliovson, *Discovering wild flowers in Southern Africa*, p. 46.

verseker nie plesierig is nie. In die Assegaairivier was 'n hele aantal van hierdie amfibieë, maar hulle is voortdurend in 'n staat van oorlog met die swartes wat hulle met assegaaie[399] en byle agter die bome en rotse aan die oewers van die Assegaairivier voorlê. Die krokodille is agtereenvolgens teruggedryf en het stroomaf die wyk geneem om by hulle talryke broers van die Usutu aan te sluit, waar hulle vrye teuels het om hulle verwoesting voort te sit.

Carl Mauch is 'n sterk en onvermoeibare man. Met sy vermoë om dertig myl[400] per dag te loop, is hy dwarsdeur Suidelike Afrika bekend as 'n vreeslike en onoorwinlike stapper. Ek het probeer om deur voortdurend langs of voor die wa te loop, myself vir hierdie staptogte in die wildernis voor te berei, maar ek kon beswaarlik by Mauch bybly, en daar was tye, byvoorbeeld wanneer ons 'n berg moes klim, wanneer dit vir my onmoontlik gelyk het om een tree verder te gee, want die gemiddelde spoed waarteen hierdie ossewaens getrek word, was niks nie in vergelyking met die spoed waarteen ons nou beweeg het. Nadat ons bowendien die vlaktes van Transvaal verlaat het, het die roete baie ongelyk en moeilik geword. My reisgenoot het my jammer gekry en óf ons mense aangesê om stadiger te beweeg óf my met sy geskerts getoon waartoe ek in staat is, waarop ek bitsig geantwoord, maar vinniger geloop het, wat die enigste doel van my reisgenoot met hierdie taktiek was. Aanvullend tot my probleme was die aantal swaar voorwerpe wat ek gedra het. Ek was erg deur my wapens en toerusting gekortwiek. 'n Swaar karabyn,[401] ammunisie, 'n kruithoring, lood, 'n rewolwer, 'n waterbottel, 'n kapmes, verskeie artikels in my sakke,

---

399. Die assegaai, 'n soort spies met 'n lang houtsteel en 'n kort metaallem, was in algemene gebruik onder die inboorlinggroepe van Suidelike Afrika. Daar is twee soorte, nl. die werp- of gooi-assegaai en die steekassegaai. Laasgenoemde is volgens oorlewering deur Tsjaka (c.1787-1828), die groot Zoeloe-leier, ontwikkel. Die woord assegaai kom van die Berberse woord (*zagaija*) wat via Spaans (*azagaya*) en Portugees (*asahaya*) deur Nederlands in Afrikaans beland het. J.J. Grotpeter, *Historical dictionary of Swaziland*, pp. 5-6 & 17; P.J. Coertze & R.D. Coertze, *Verklarende vakwoordeboek vir Antropologie en Argeologie*, p. 19.
400. Ongeveer 50 km.
401. Da Costa Leal se geweer was 'n Enfield-karabyn, 'n kort skouerwapen wat tussen die handwapen (pistool) en die lang skouergeweer gelê het en wat besonder geskik vir die berede soldaat was, maar wat ook 'n gewilde jaggeweer was. Die woord "karabyn" is waarskynlik van die Spaans *carabina* afgelei. F.V. Lategan & L. Potgieter, *Die Boer se roer tot vandag*, pp. 21, 38 & 49.

soos 'n skryfboek wat ek as dagboek gebruik het, 'n Zoeloe-Engels woordelys,[402] ensovoorts, asook 'n hemp, 'n broek en 'n swaar tuniek, het my gebukkend laat loop soos 'n jong rekruut op mars, neergedruk deur sy rugsak. Carl Mauch het nietemin veel swaarder as ek gedra; net sy dubbelloopgeweer[403] het ongeveer dieselfde geweeg as alles wat ek gedra het en daarby het hy ook nog 'n kis vol instrumente by hom gehad. Oor sy skouers het hy draagbande gehad waaraan 'n kompas, 'n sekstant, 'n barometer,[404] 'n teodoliet,[405] 'n termometer, ensovoorts,[406] in hulle leerhouers gehang het.[407] Daarbenewens was sy klere, tot die verbasing van die swartes, heeltemal van klein velle gemaak, sodat 'n mens 'n begrip kan vorm met watter gewig hy voortgestap het.[408] En ten spyte hiervan was daar nooit enige inspanning wat hom kon uitput nie. Deur die natuur bedeel met 'n liggaamsgestel wat vir ondernemings van hierdie aard nodig is, het hy dié eienskappe sedert sy prille jeug ontwikkel. Hy het my vertel dat hy reeds op negejarige ouderdom, terwyl hy aardrykskunde geleer het, geboei was deur die idee om eendag vreemde lande te besoek. Mauch is 'n Rooms-Katoliek en sy vader[409] wou gehad het dat hy 'n priester word. Die seun het altyd sy vader se wens weerstaan omdat dit met sy keuse

---

402. Waarskynlik J.L. Dohne se *A Zulu-Kafir dictionary* wat in 1857 in Kaapstad uitgegee is. Vgl. P.E.H. Hair, "Portuguese contacts with the Bantu languages of the Transkei, Natal and Southern Mozambique 1497-1650", *African Studies*, 39 (1), 1980, p. 35.
403. Waarskynlik 'n dubbelloop-vuursteenpangeweer. Vgl. F.V. Lategan & L. Potgieter, *Die Boer se roer tot vandag*, pp. 105 & 107.
404. Mauch het 'n aneroïed- of doosbarometer gebruik. F.O. Bernhard (red.), *Karl Mauch, African explorer*, p. 192.
405. Teodoliet: 'n instrument waarmee horisontale en vertikale hoeke noukeurig gemeet en die ligging van voorwerpe in die ruimte bepaal kan word. C. Kruyskamp (red.), *Van Dale groot woordeboek der Nederlandse taal*, II, p. 2492.
406. Waaronder 'n vergrootglas en 'n hamer. Sy boeke oor plantkunde en geologie, 'n almanak, logaritmes, tekenboeke en -instrumente en reisjoernale het hy in 'n waterdigte etui (houer) gedra. F.O. Bernhard (red.), *Karl Mauch, African explorer*, p. 192.
407. Uit vrees vir beskadiging, het Mauch al sy instrumente self gedra; 'n totale gewig (massa) van 50 tot 60 lb (ongeveer 22 tot 27 kg). F.O. Bernhard (red.), *Karl Mauch, African explorer*, p. 192.
408. Mauch het klere van leer gedra, met 'n gordel om sy middel waaraan sy mes en rewolwer gehang het. Oor sy skouer het hy 'n dubbelloopgeweer gedra en as dit baie warm was, ook 'n sambreel. F.O. Bernhard (red.), *Karl Mauch, African explorer*, p. 191.
409. Joseph Mauch, 'n skrynwerker en magasynmeester van die garnisoen op Ludwigsburg. E.E. Burke (red.), *The journals of Carl Mauch*, p. 1; W.J. de Kock (red.), *Suid-Afrikaanse biografiese woordeboek*, I, p. 548.

van 'n beroep sou bots. Hy is 'n boorling van Württemberg, een van die voorstede van Stuttgart.[410] Terwyl hy nog 'n seun was, het hy die Alpe gaan verken, feitlik altyd te voet. Op hierdie wyse het hy deur die Tirool, 'n gedeelte van Italië, Switserland, Hongarye, ensovoorts gereis. Hy het destyds in plantkunde gespesialiseer.[411] Baie dikwels wanneer hy by 'n herberg verbygegaan het, het hy die behoefte aan voedsel weerstaan sodat sy liggaam wat reeds sterk was, gestaal kon word. Deesdae benodig hy slegs sy karos, 'n velkombers wat deur inboorlinge gemaak is, om soos 'n regverdige te slaap.[412] Uiterste hongerte en uiterste dors, waarvan veral laasgenoemde vir my en die meerderheid mense 'n wrede, byna ondraaglike ontbering is, verdra hy met bewonderenswaardige gelatenheid. Carl Mauch is 33 jaar oud.[413]

Maar na drie dae se stap in die wildernis kon ek reeds by die pas van my Duitse vriend byhou en teen die einde van die dag het die vinnige pas my nie meer uitgeput nie, dit was byna meganies.

Gewoonlik het ons van dagbreek tot sononder gestap met twee of drie verposings, waarvan die langste een in die middel van die dag vir een of een en 'n halfuur geduur het.

Aan die einde van die tweede dag, 9 Julie, was al die vleis verbruik wat die jagters ons gegee het. Ons het toe probeer om kos te koop by die stat waarby ons verbygegaan het. Ons middagmaal, wat ons op dié wyse tydens die middagpouse bekom het, het bestaan uit 'n bak mie-

---

410. Da Costa Leal skryf *Wurtemberg* en fouteer. Mauch is op 07.05.1837 in Stetten, 'n dorpie naby Stuttgart in Württemberg, gebore as die seun van Joseph Mauch en sy vrou Christiane Dorothea Greiner. W.J. de Kock (red.), *Suid-Afrikaanse biografiese woordeboek*, I, p. 548; E.E. Burke (red.), *The journals of Carl Mauch*, p. 1.
411. Benewens plantkunde, het hy ook geologie, wiskunde, vreemde tale en medisyne bestudeer. W.J. de Kock (red.), *Suid-Afrikaanse biografiese woordeboek*, I, p. 548.
412. 'n Karos is 'n mantel van vel wat as oorkleed dien, maar waaronder ook geslaap kan word, vandaar dat die term ook vir 'n velkombers gebruik word. Mauch se karos was van die velle van wildekatte gemaak. P.J. Coertze & R.D. Coertze, *Verklarende vakwoordeboek vir Antropologie en Argeologie*, p. 142; E.E. Burke (red.), *The journals of Carl Mauch*, pp. 51-52.
413. Gebore op 07.05.1837, was Mauch in Julie 1870 pas 33 jaar en 2 maande oud. E.E. Burke (red.), *The journals of Carl Mauch*, p. 1.
414. Mielies is die stapelvoedsel van die Swazi's en hulle het waarskynlik tydens die bewind van Sobhuza I via die Portugese daarmee kennis gemaak. J.J. Grotpeter, *Historical dictionary of Swaziland*, p. 87.
415. Die inboorlinge het die sogenaamde "Kafferboon" (*Vigna senensis*) en "Boerboon" (*Vicia faba*), vir eie gebruik verbou. C.F. Spence, *Moçambique*, p. 75.

lies[414] of mapila, of klein boontjies,[415] of rys, partykeer gekook en somtyds met pampoen gemeng. By tye het ons daarin geslaag om dit vinnig te bekom, maar ander kere het hulle niks gehad nie of was nie bereid om enigiets te verkoop nie. Ek is geneig om te dink dat hulle dit self nie gehad het nie, want dit blyk dat die inwoners van party van hierdie krale verskriklik honger ly. Bowendien, as hulle sou geweier het om voedsel aan ons te verkoop, sou ons eie swartes, wat ons kos met ons gedeel het, dit aan ons gesê het, of hulle sou die voedsel met geweld afgevat het soos wat hulle gewoonlik doen wanneer hulle ongewapende mense teëkom, tensy 'n blanke tussenbeide tree. Ons het byna altyd saans iets te ete gehad en ek kan dit stel dat die swak gehalte van die kos geensins ons eetlus bederf het nie. Vleis kon ons nooit bekom nie. Hierdie swartes hou nie hoenders of enige ander makgemaakte voëls aan nie. 'n Paar osse is die enigste mak diere wat die welvarendes onder hulle besit. Wild is volop,[416] maar ek moet erken dat, totdat ons die Lebomboberge bereik het, die koeëls wat ons gebruik het nooit tot voordeel van ons mae aangewend is nie. 'n Engelse besoeker aan die oewer van die Zambesi,[417] tussen die Zumbo[418] en die groot waterval,[419] het my 'n buitengewone verhaal vertel. Hy was 'n uitmuntende skut, 'n feit wat ekself by geleentheid kon verifieer. Hierdie man het my vertel dat hy honger geword het in 'n gebied waarin alle wildsoorte volop was. Hy was van mening dat om goed te skiet dit noodsaaklik was dat die jagter se maag vol moes wees. Indien sy hand bewe van hoop en uit vrees dat hy mis sal skiet wanneer hy

---

416. Mauch maak byvoorbeeld melding van duisende springbokke en blesbokke wat in die omgewing van Chrissiesmeer voor hulle uitgevlug het. U. de V. Pienaar (red.), *Neem uit die verlede*, p. 215.
417. Die Zambesirivier ontspring in die noordweste van die huidige Zambië, vloei hoofsaaklik ooswaarts vir 2 735 km, vorm die grens tussen die huidige Zambië en Zimbabwe en mond in die Indiese Oseaan by Chinde in Mosambiek uit. R. Ilson (red.), *Reader's Digest great illustrated dictionary*, II, p. 1910.
418. Zumbo is net noord van die Zambesirivier geleë waar die grense van die huidige Mosambiek, Zambië en Zimbabwe bymekaar kom en val binne Mosambiekse grondgebied. R.J. Hammond, *Portugal and Africa, 1815-1910*, p. 136.
419. Die Victoria-waterval in die Zambesirivier wat na Victoria (1819-1901), koningin van Groot-Brittanje, vernoem is. Dit is die derde grootste waterval in die wêreld met 'n totale wydte van meer as 'n kilometer. R. Ilson (red.), *Reader's Digest great illustrated dictionary*, II, p. 1832.

op die dier aanlê wat hy begeer om sy dringende nooddruf te bevredig, was hy bestem om mis te skiet. In so 'n geval bring mislukking baie bedroewende resultate vir die man se maag. Die dood van die dier of sy eie sterwe, is die verskriklike dilemma wat voortdurend aanwesig is in 'n gees wat deur honger versteur is, daarom is daar 'n refleksbeweging van die bloed tydens hierdie oomblikke van angstigheid, daar is opgewondenheid en hartklopping, en die arm bewe.

Op daardie tydstip het dit vir my ietwat oordrewe geklink, maar ek besef nou dat my oordeel my in die steek gelaat het. Ek is maar 'n middelmatige skut, maar Mauch is 'n ervare jagter.[420] Ek het 'n paar skote en hy baie gevuur, maar nie een keer het ons daarin geslaag om iets neer te trek nie. Dit is waar dat ons slegs op iets geskiet het wat ons onderweg opgemerk het. Ons kon nie bekostig om tyd te verloor deur op 'n gewone jagtog te gaan nie, ons het gevolglik slegs op diere geskiet wat ons in die bosse naby ons sien hardloop het.

Op 9 Julie het ons reeds in die weste die laaste uitlopers van die Drakensberg agter ons gehad en die laagliggende streek tussen dié uitlopers en die Lebombo's bereik. Hierdie vlaktes met 'n daling ooswaarts na die voetheuwels van die Lebombo's, is effens golwend en word slegs op twee plekke oorlangs deur heuwelreekse, wat dié naam waardig is, onderbreek op nagenoeg gelyke afstande tussen hulle en die twee bergreekse, die Drakensberg in die weste en die Lebombo's in die ooste. Die hele streek is met digte bosse oortrek.[421]

---

420. Hy het bv. Henry Hartley (1815-1876), die bekende olifantjagter, as 'n ontdekkingsreisiger op 'n jagtog in 1866-1867 vergesel en waarskynlik die jagkuns by dié meester geleer. E.E. Burke (red.), *The journals of Carl Mauch*, pp. 2-3.
421. Cachet noem o.m. die assegaaihout- (*Curtisia dentata* of *Curtisia faginea*), die stinkhout- (*Ocota bullata*), die nieshout- (*Ptaeroxylon obliquum*), die rooipeerhout- (*Scolopia mundii*) en die groot aantal geelhoutbome (*Podocarpus latifolius*) wat in hierdie omgewing aangetref word. Mauch verwys na 'n groot plaat broodbome (*Encephalartos sp.*) op die Lebombobergreeks in Swaziland. F.L. Cachet, *De worstelstrijd der Transvalers*, p. 341; U. de V. Pienaar (red.), *Neem uit die verlede*, p. 215; E. Palmer & N. Pitman, *Trees of South Africa*, pp. 124-125, 129-130, 212-213, 264 & 281.
422. Ingwavuma- of Ngwavumarivier (ook Ungovuma- en Ungwavumarivier) wat beteken "die rivier wat brul/grom", verwysende na die gedreun van die waterval in die rivier, is 'n takrivier van die Pongola- of Phongolorivier. Die naam, wat van Zoeloe-oorsprong is, kan ook verwys na 'n soort boom, die Transvaalse saffraan (*[Pseudo]Cassine transvaalensis*). P.E. Raper, *Dictionary of Southern African place names*, pp. 157 & 241; U. de V. Pienaar (red.), *Neem uit die verlede*, p. 215.

Ons het van die 9de af parallel met die Ungovumarivier[422] gereis, hoewel ver van sy oewer af. Dit vloei min of meer in 'n oostelike rigting van sy oorsprong tot by die Lebomboberge en loop daarna in 'n noordoostelike rigting en sluit spoedig daarna aan by die Pongola, een van die sytakke van die Maputorivier. Ons het die Ungovuma twee keer gedurende die oggend van die 11de oorgesteek naby die Lebombo's, waarvan ons die kruin die aand van dieselfde dag bereik het.

Die gebied is bykans verlate sedert ons die laaste uitlopers van die Drakensberg agtergelaat het, waar daar op die heuwels en in die valleie klein statte aangetref word wat uit vyf tot twintig hutte bestaan.

Die groot vlaktes wat daarna volg, is yl bevolk en ons het nie 'n enkele siel tydens 'n dag lange tog van die Lebombo's teëgekom nie. Water is baie skaars. Op die 10de en 11de het ons erg dors gely. Die rede daarvoor was moontlik dat ons swartes nie die juiste roete geken het nie, want deur van die kruin van die Lebombo's oor die vlaktes af te kyk, het ons op verskillende plekke water opgemerk wat vir ons soos poele staande water gelyk het.

Teen twee-uur die namiddag van 11 Julie het ons die voet van die Lebomboberge bereik. Op daardie dag het ons opgehou vas deur 'n mielie tussen ons te verdeel. Daar was nie 'n enkele wilde vrug nie, omdat dit nie die regte seisoen vir hulle was nie en dit was eers toe ons betreklik naby Lourenço Marques was dat ons die enigste soort vrug gevind het wat die swartes *marçala*[423] noem.

Hierdie berge, wat van ver af gesien kan word, is hier buitengewoon steil, byna loodreg. Dit het onmoontlik gelyk om hierdie formidabele versperring te oorkom en toe ek aan die voet daarvan aangekom het, het ek die pad gesoek waarlangs ons moes gaan om die kruin te bereik, maar ek het nog nie tot 'n bevredigende gevolgtrekking gekom toe ons

---

423. *Masala* of *sala*, die vrug van die *nsala-* (Tsonga) of groenklapperboom (*Strychnos spinosa*), beklee 'n belangrike plek in die dieët van die Ronga. Die groot blinkende vrugte lyk aanvanklik soos 'n groen bal, maar word gelerig wanneer dit ryp word en bestaan uit 'n dun dop wat maklik breek, waarin daar sowat twintig plat ovaalvormige pitte is wat met 'n baie soet gelerige pulp bedek is. Die *sala* is versterkend en besonder waardevol wanneer oeste skaars is. H.A. Junod, *The life of a South African tribe*, II, p. 16; B. Sitoe, *Dicionário Changana-Português*, p. 206; K., P. & M. Coates Palgrave, *Die Suid-Afrikaanse boomgids*, p. 94.

die moeilike klim aangepak het nie. Dit is voldoende om te meld dat die hoogte van die Lebombo's, bereken van die voet af, nie 2 000 voet[424] oorskry nie en dat dit ons vier uur geneem het om die kruin te bereik. [Fig. 91] Die enigste reisgenoot oor wie ek in hierdie klim na die kruin kon seëvier, was een van ons swart bediendes, wat op die keper beskou nie 'n groot oorwinning vir my bene en longe was nie, aangesien hy die swakste van hulle almal was en 'n swaarder las as ek gedra het. Onder die swartes is 'n vreemde gebrek aan billikheid en barmhartigheid en hulle laat die swakste, jongste of oudste onder hulle die hardste werk doen. Daar was oomblikke waarin ek getwyfel het of ek ooit op die kruin sou kom. Voor my het Mauch af en toe op 'n rots gesit, uitermate swetend, en my aangemoedig deur oorlogsdeuntjies te fluit. Meer as een keer tydens die klimtog was ek in die versoeking om my geweer agter te laat omdat dit moeilik was om dit in my hand te hou terwyl ek oor die ruwe rotse gekruip en myself met behulp van bereikbare wortels en struike opgetrek het. Die oppervlakte van die berg is oordek met los klippe van alle groottes wat onder jou voete uitrol en die voortdurende gevaar inhou dat jy kan struikel, wat daartoe kan lei dat jy by 'n afgrond afstort wat 'n gewisse dood sou beteken.

Uiteindelik was die taak teen sesuur afgehandel. Uitgeput en moeg, erg honger en dors, met droë monde en kele, was die eerste taak om te verrig om water te vind. Sedert Botšhabelo kon ons nog geen wyn of sterk drank bekom nie, behalwe die *alyjala*[425] van die swartes. Ons het 'n bietjie reënwater in 'n uitgeholde rots gevind, maar die water was geel, bedorwe en vol insekte en plantmateriaal en het sleg geruik en het 'n aaklige smaak gehad. Mauch het 'n draagbare filter te voorskyn gebring waardeur ons gedrink het deur die water daardeur te suig. Ek het 'n sakdoek oor die water gesprei, op die rotse gaan lê en 'n groot hoeveelheid van die vloeistof gedrink. Daarna het ek op my sy gedraai en vir 'n lang tyd daar bly lê. My reisgenoot was vies omdat ek nie sy suiweringstoestel gebruik het nie en het my berispe omdat ek so ongeduldig was en hy het allerhande soorte siektes voorspel as gevolg van die besoedelde water waarmee

---

424. Ongeveer 610 m.
425. Sorghumbier. Kyk voetnoot 386.

ek my maag gevul het. Ek het skaars na hom geluister, 'n reaksie het ingetree en ek het 'n soort ekstase ervaar wat moeilik beskryf kan word, maar wat ek slegs aan die ontspanne gevoel na die veeleisende inspanning kan toeskryf. Altyd dieselfde beloning.

Binne 'n kwartier is ek uit hierdie staat opgewek deur my reisgenoot wat wou hê dat ek na die panorama onder ons moes kyk. Dit was ook haas tyd, want die nag sou spoedig daal. Ver in die weste was die blou en dynserige lyn van die Drakensberg byna nie van die wolke te onderskei nie. Ons kon die loop van drie riviere duidelik volg, kronkelend na die laagliggende streek, die Usutu in die noorde wat in die middel van die Lebombo's deurgevloei het, sowat twaalf myl[426] van die plek waar ons was, die Pongola in die suide twee keer so ver, en die Ungovuma tussen die twee 'n klein entjie van ons. Wild is volop in die laagliggende streek waarheen die Boere en selfs die Engelse jagters van Natal kom om te jag.

Die Lebomboberge vorm 'n deel van die grens waarop onlangs tussen meneer Duprat en die Republiek ooreengekom is.[427] Die Swazi-stam, waaraan al die inboorlinge behoort wat in hierdie gebied woon waardeur ons pas gekom het, het steeds baie mag oor die bewoners van hierdie berge en selfs oor 'n groot gedeelte van diegene wat wes daarvan woon; hulle gehoorsaam ook die Zoeloes in die suide en is aan albei hierdie maghebbers skatpligtig. Die Swazi-stam, soos die Matebele,[428] wat oor 'n gedeelte van die bosryke deel tussen die Limpopo en die Zambezi heers, en ook dié van die opperhoof

---

426. Ongeveer 20 km.
427. 'n Verwysing na Artikel 23 van die Traktaat van Vrede, Vriendschap, Handel en Grenzen tusschen de Zuid-Afrikaansche Republiek en Portugal wat op 29.07.1869 in Pretoria deur A. Duprat, M.W. Pretorius, e.a. lede van die Regering van die ZAR onderteken is.
428. Matebele. Kyk voetnoot 38.
429. Da Costa Leal skryf *Mozila*. Mzila (†1885), ook Muzila of Umzila, het juis in 1870 'n deputasie na Natal gestuur wat die regering van daardie kolonie moes vra om hom as "bondgenoot, vriend en skatpligtige" te aanvaar, terwyl hy deur die Portugese as 'n Portugese onderdaan beskou is. E. Axelson, *Portugal and the scramble for Africa, 1875-1891*, pp. 9-10; J.S. Bergh & A.P. Bergh, *Stamme & ryke*, p. 68.
430. Sofala was in 1870 die naam van een van die distrikte van Mosambiek. Die distrik se naam is afkomstig van die handelspos wat in 1505 deur die Portugese aan die kus gestig is en in die 16de eeu 'n florerende handelsentrum was, maar in die 17 de eeu sy belangrikheid t.g.v. ander hawens ingeboet het. D.J. Potgieter (red.), *Standard encyclopaedia of Southern Africa*, X, p. 42.

Mzila,[429] wat tans in die distrik Sofala[430] [Fig. 92] gevestig is, stam uit die groot geslag Zoeloes, wat die hele gebied bewoon wat in die suide deur die Kolonie Natal, in die weste deur die Drakensberg en in die ooste deur die see begrens word en noordwaarts strek tot by die oewers van die Usutu- of Maputorivier naby Lourenço Marques.

As gevolg van onderlinge stryd baie jare gelede, het die Swazi's na die gebied geëmigreer wat hulle tans bewoon. Mswati[431] was die naam van die stam se eerste onafhanklike opperhoof.

Die meerderheid van dié wat van suiwer Zoeloe-oorsprong is, leef op die voetheuwels van die Drakensberg. Daarvandaan onderneem hulle dikwels strooptogte op die mense van die vlaktes en verwoes die weerlose krale en brand dit af, wat egter nie deur die swartes as lafhartig beskou word nie. Hulle steek die Lebomboberge dikwels oor om te plunder en verwoesting te saai onder die mense in die omstreke van die Baai van Lourenço Marques en het, soos bekend, selfs ons eie gefortifiseerde plek aangeval.[432] Die ware Zoeloes vrees hulle as gevolg van hulle stoutmoedigheid en durf. Hulle onderneem gedwonge togte met verstommende geheimhouding en spoed en val statte aan wan-

---

431. Da Costa Leal skryf *Amsuazi*. Mswati of Mswazi II (*c.*1823-1868), ook bekend as Mavuso II, was die seun van Sobhuza I en het na sy vader se dood in 1836 die koning van die Swazi's geword. Europeërs het die land waar hy en sy onderdane gewoon het in 'n verbasterde vorm, Swaziland, na hom vernoem. J.J. Grotpeter, *Historical dictionary of Swaziland*, pp. 108-109.
432. Waarskynlik 'n verwysing na 'n sterk krygsmag van Soshangane wat op 22.10.1833 by die Portugese fort by die Rio do Espírito Santo in Delagoabaai opgedaag het, waarna die kaptein van die fort, Dionísio António Ribeiro, en sy garnisoen die fort die nag van 27-28.10.1833 ontruim en na die eiland Ilha da Xefina (ook Chefina of Shefina gespel) gevlug het. Die krygsmag van Soshangane het die volgende dag die Fortaleza de Nossa Senhora da Conceição verwoes, die Portugese op die eiland gevange geneem, hulle na die ruïne van die fort teruggebring en daar vermoor. Verskeie aanvalle deur inboorlinge op die Portugese in Lourenço Marques het ook in die dekade 1858-1868 plaasgevind, bv. A. Hasana, die opperhoof van die Mpfumu, wat Lourenço Marques in 1868 aangeval het. A. de Castilho, *O districto de Lourenço Marques*, p. 12; E. de Noronha, *O districto de Lourenço Marques e a Africa do Sul*, p. 61; G.M. Theal, *The Portuguese in South Africa*, pp. 279-280; I. Rocha, *A imprensa de Moçambique*, p. 23; H.A. Junod, *The life of a South African tribe*, I, p. 25.
433. Dingane het in 1837 'n strafekspedisie na Swaziland gestuur en in die jare 1850 het die Zoeloes verskeie strooptogte in Swaziland onderneem. Tydens die slag by Lubuya in 1854 het 'n Zoeloe-impi onder Masiphula Sibiya (Ntshangase), wat deur koning Mpande uitgestuur is, teen Swazi-krygers onder Mngayi Fakudze te staan gekom. Ongevalle aan beide kante was groot. Dit was die laaste geveg wat op Swazi-grondgebied plaasgevind het. J.J. Grotpeter, *Historical dictionary of Swaziland*, pp. 9 & 107; J.S.M. Matsebula, *A history of Swaziland*, pp. 29 & 31.

neer hulle dit die minste verwag. Die Zoeloes het talryke strafekspedisies teen hulle uitgestuur[433] wat egter meestal slegs daarin geslaag het om hulle krale af te brand, want die Swazi's het in hulle berge onbekende en ontoeganklike skuilplekke waarheen hulle met hulle buit en besittings uitwyk, wanneer dit nodig is.[434]

Geoordeel volgens die mees akkurate inligting wat ek kon bekom, kan hulle slegs op sowat 10 000 tot 12 000 krygers uit 'n totale bevolking van nagenoeg 60 000 tot 70 000 siele reken.[435] Ondervinding het geleer dat onder die swartes die totale bevolking ongeveer ses keer soveel as die aantal krygers is. Wanneer dit onmoontlik is om korrekte statistiek te versamel, moet jy die inligting benut waaroor jy beskik.

Die wapens van die Swazi's is byna dieselfde as dié van die swartes in die omstreke van Lourenço Marques;[436] kort werpassegaai,[437] 'n

---

434. Gedurende die verskrikkingstyd van Tsjaka (Shaka) het 'n Zoeloe-impi onder Uzwidi aanhoudende aanvalle op die Swazi's gedoen. Die Swazi's se verliese was so groot dat hulle uiteindelik teruggeval en in die bergagtige en grotryke Lebomboberge skuiling gesoek het. T.S. van Rooyen, "Die verhouding tussen die Boere, Engelse en Naturelle in die geskiedenis van die Oos-Transvaal tot 1882", *Argief-jaarboek*, 14 (1), 1951, p. 73.
435. Die getalsterkte van die Swazi's kon nie gekontroleer word nie.
436. D.w.s. die Ronga of VaRonga, 'n Tsonga etniese groep in die suide van Mosambiek wat rondom Delagoabaai en suidwaarts in die kusstrook oos van die Lebomboberge tot aan die grens van Suid-Afrika woon. Hulle voorkoms kan aansienlik verskil. Hulle huidkleur wissel van donkerbruin tot selfs swart. Hulle lippe kan vol, hulle neuse plat en hulle wangbene prominent wees; of hulle kan smal gesigte met dun lippe en gepunte neuse hê wat op Arabiese invloed dui. Hulle is nie militaristies van aard nie, maar het die Zoeloe se gevegkuns oorgeneem. Hulle beskik oor goeie geheues en sterk verbeeldingskrag. P.J. Coertze & R.D. Coertze, *Verklarende woordeboek vir Antropologie en Argeologie*, p. 262; T.H. Henriksen, *Mozambique: a history*, p. 48; Naval Intelligence Division, *A manual of Portuguese East Africa*, pp. 104-105.
437. Die werpassegaai is 'n kort assegaai (waarvan die lem ongeveer 18 cm is) wat deur die Ronga die *tindjombi* genoem word en wat bestaan uit 'n lem wat met stroke bas of palmblare aan die steel bevestig is en tydens 'n geveg na die vyand gegooi word. H.A. Junod, *The life of a South African tribe*, I, pp. 452-454.
438. Die langer assegaai (waarvan die lem ongeveer 36 cm is) staan onder die Ronga as die *likhalo* bekend en bestaan uit 'n skerp, gepunte, tweesnydende staallem wat met staal- of koperdraad aan 'n lang stok geheg is en word in 'n handgemene stryd gebruik. H.A. Junod, *The life of a South African tribe*, I, pp. 452-454.
439. Die skild word deur die Ronga 'n *shitlangu* genoem en word op dieselfde wyse as dié van die Zoeloes van beesvel gemaak. Die vorm daarvan is ovaal en die grootte wissel, terwyl dit van eenkleurige of bont beesvel gemaak kan word. In die middel van bo na onder is daar twee parallelle rye klein vierkantige insnydings waardeur repe beesvel van 'n ander kleur gesteek is om 'n patroon te vorm en waarvan die punte aan die agterkant so geknoop is dat 'n stok daarin as handvatsel kan dien. H.A. Junod, *The life of a South African tribe*, I, pp. 454-455.

tweede veel langer een wat as 'n lans dien[438] en in 'n trompop geveg gebruik word, en 'n ovaal stuk beesvel wat as skild dien.[439] Hulle gebruik nie pyle of byle nie. Die *tonga*[440] of *moca*,[441] is 'n kort stok met 'n knop aan die uiteinde, drie of vier duim[442] in deursnee, 'n verskriklike wapen wat, indien 'n harde hou oor die kop daarmee toegedien word, dit onmiddellike dood beteken. Hulle gebruik dié knopkierie vir teregstellings of om ontwapende vyande, vroue en kinders om die lewe te bring. In hulle barbaarse trots verag hulle vuurwapens.

Die mans loop nakend behalwe vir 'n lyfband waaraan 'n paar klein stukkies skaapvel of die velle van ander diere hang,[443] maar wat nie hulle private dele bedek nie. Hulle bedek hulle voorhuide met die *chibazo*,[444] 'n ronde stukkie uitgeholde hout in die vorm van 'n neut. Hierin verskil hulle nie van die inboorlinge van Lourenço Marques nie. Die meerderheid van die ongetroude meisies is heeltemal nakend. Dit wil volgens sy posisie voorkom asof 'n lyfband, een of twee duim breed[445] en gemaak van die vesel van boombas wat bedrewe gevleg is, bedoel is dat iets daaraan vasgemaak moet word, maar dit is slegs ornamenteel. Party het seinture wat van missanga,[446] 'n soort glaskraal, gemaak is.

Nieteenstaande hulle algehele naaktheid, het die bewonderenswaardig kuise bewegings van hierdie meisies die indiskrete oë van die nuuskierige verleë gelaat. Dit is een van die verbasendste waarnemings wat ek gedoen het, dat daar so 'n natuurlikheid of soveel kuns

---

440. 'n Knopkierie, wat deur die Ronga 'n *gungwe* genoem word en waarsonder 'n swartman nooit 'n tog onderneem nie. Dit word as wandelstaf, maar ook as jag- en gevegswapen gebruik of om rang aan te dui. H.A. Junod, *The life of a South African tribe*, I, p. 452; P.J. Coertze & R.D. Coertze, *Verklarende vakwoordboek vir Antropologie en Argeologie*, pp. 148 & 152.
441. 'n Knuppel, wat deur die Ronga 'n *nhonga* genoem word en wat 'n dodelike wapen tydens 'n stryery of in oorlogstyd is en 'n falliese simbool kan wees. H.A. Junod, *The life of a South African tribe*, I, p. 452.
442. Ongeveer 7,5 tot 10 cm.
443. Die skrapse lendekleed wat op die regterheup vasgemaak word, is bekend as die *mahiya*. J.J. Grotpeter, *Historical dictionary of Swaziland*, p. 86.
444. *Chibazo*: 'n penisdoppie van hout wat oor die eikel (kop) van die penis vir beskerming (ook teen magiese beïnvloeding) gedra word. P.J. Coertze & R.D. Coertze, *Verklarende vakwoordboek vir Antropologie en Argeologie*, p. 237.
445. Ongeveer 2,5 tot 5 cm.
446. Die klein ligblou *missanga*-kraletjies was 'n gewilde ruilmiddel en is as versiering gebruik. J.B. de Vaal, "Handel langs die vroegste roetes", *Contree*, 17, Januarie 1985, p. 14.

in die houding en bewegings is, dat ek die onbuigsaamste en strengste moralis uitdaag om enigiets in die naaktheid van hierdie Swazimeisies te vind wat aanstoot kan gee. Dit mag ongelooflik lyk, maar dit is nietemin 'n feit wat aan talle mense voor my bekend was en waargeneem is deur elke blanke man wat die gebied van die Swazi's of van die Zoeloes besoek het.

Die Swazi's is soos die Zoeloes, van wie hulle afstam, sterk en gesond. Baie hoogmoedig en trots, neem hulle nie maklik bevele van 'n blanke man nie. Benewens die talryke feite wat hierdie karaktertrek bevestig, het ek self so 'n insident waargeneem. Sodra ons tussen hulle gekom het, het Mauch 'n groot probleem gehad om sy waarnemings te doen omdat die swartes baie onkundig en baie agterdogtig is en 'n blanke man, wat deur misterieuse instrumente na die sterre kyk,[447] as 'n towenaar beskou wat in staat is om hulle groot leed aan te doen. Die grootste aantal teregstellings wat onder die swartes plaasvind, is dié van mense wat hulle van toordery verdink. By die geringste agterdog vel die hoofman 'n vreeslike vonnis: *am tagaty bulala*,[448] maak die towenaar dood, en die slagoffer word onder toejuiging van almal tereggestel. Mauch, wat 'n deeglike studie van die inboorlinge gemaak het, het gevrees dat die nietigste onbesonnenheid ernstige gevolge vir ons sou inhou, of minstens tot die drostery van ons draers sou lei, en daarom het hy onder een of ander voorwendsel die waaksaamheid van die swartes ontwyk en na 'n private plek gegaan om sy waarnemings onopgemerk te doen. Om nie hulle agterdog te wek nie en om 'n oog oor hulle te hou, het ek by die swartes gebly. Een dag het ons deur 'n digte bos beweeg waardeur geen spoor behalwe die droë rivierbedding sigbaar was nie. Dit was byna middag toe Mauch my gewaarsku het dat hy weg sou gaan om bepaalde waarnemings te doen om die breedtegraad van die plek vas te stel. Hy het my aangesê om met die swartes vir so tien of vyftien minute voort te gaan en dan te halt en vir hom te wag. Daarop het hy verdwyn. Ek het voortgegaan

---

447. Mauch het inderdaad snags die sterre en planete bestudeer. C.T. da Mota, *Presenças Portuguesas na África do Sul*, p. 124.
448. *Am tagady bulala* herinner sterk aan die woorde wat Dingane volgens oorlewering tydens die moord op Piet Retief en sy manne op 06.02.1838 sou geuiter het, nl. *Bulalani Abatagati!*: Slaan dood die towenaars! M. Hugo, *Piet Retief*, p. 123.

en toe dit vir my ver genoeg gelyk het, het ek aan die swartes gesê om te wag, maar hulle het my nie gehoorsaam nie en teen 'n vinnige pas voortgegaan. Ek het gedink dat hulle my nie gehoor het nie, sodat ek die bevel hard herhaal het. Die voorste man (hulle loop altyd in enkel gelid) het parmantig met 'n minagtende opmerking geantwoord en aangestap, gevolg deur die ander: hulle het klaarblyklik die spot met my gedryf. Gelukkig vir my selfvertroue het hulle geweet het dat ek hulle nie verstaan het nie en dat ek slegs 'n paar woorde geken het, soos *ima* wat "halt" beteken. Ek was besig om my geduld te verloor en was van voorneme om krasse stappe te doen, indien ek nie my doel langs 'n ander weg kon bereik nie. Ek het na die eerste draer gegaan en hom met 'n veelseggende gebaar, deur my geweer se loop vas te hou, laat verstaan dat as hy 'n tree verder gee, ek die ring op sy kop stukkend sou slaan. Al sewe van hulle het gehalt en in stilte gehoorsaam, hulle pakke op die grond geplaas en gaan sit. Ek het vir 'n geskikte plek rondgekyk en 'n boom 'n paar tree weg opgemerk en in die skaduwee daarvan gaan sit en my pyp opgesteek, terwyl ek die bewegings van my Swazi's fyn dopgehou het, met die geweer tussen my bene. Die oë van die man wat ek gedreig het, was bloedbelope en hy het my kwaai aangegluur. Al die ander was grimmig. Dit sou nie vreemd gewees het nie as die man skielik besluit het om een van sy assegaaie na my te gooi, maar voordat hy dit sou kon doen, sou ek hom waarskynlik die goeie stukkie silindries-kegelvormige lood gegee het wat in my goeie *Enfield*[449] was. Intussen het die minute verbygetik en Mauch het nie teruggekom nie. Dit was duidelik dat hy nie ons spoor in die lang gras kon vind nie. Ek het my rewolwer uitgepluk en in die lug geskiet. Die enigste antwoord was die eggo. Ek het tien keer met dieselfde resultaat gevuur; maar met die elfde skoot het ver weg 'n antwoord opgeklink en na tien minute het Mauch hom weer by ons aangesluit. Ek het hom vertel wat gebeur het en hy het geantwoord dat die beste wat ons kon doen, was om te maak asof ons die insident as onbelangrik beskou, maar dat ons op ons hoede moes wees. Dit het op 9 Julie gebeur en op die 11de sou ons die kruin van die Lebombo's

---

449. Kyk voetnoot 401.

bereik waar hierdie swartes uit ons diens sou tree, aangesien hulle gesê het dat hulle slegs tot daar sou gaan, sodat ons slegs vir 'n kort tydjie versigtig moes wees. In Lourenço Marques het die mense heeltemal verkeerde opvattings oor die Swazi's, veral oor die posisie wat hulle beklee, wat my nie verbaas nie, aangesien selfs die omwonende swartes dit nie waag om daarheen te gaan nie, omdat bloot die noem van die naam Swazi's vrees inboesem. Ekself het dit opgemerk as ek met die inboorlinge van ons eie streek gepraat het. In Lourenço Marques word die Lebomboberge die *Serra do Musuati*[450] genoem.

Oor die vyandige verhouding tussen die Swazi's[451] en ons dorp: ons moet dit nie net aan hulle kenmerkende liefde vir plundering toeskryf nie.

Dit is 'n onweerlegbare feit dat 'n Engelsman, wie se land se mag hom nie onder hulle kan laat geld nie omdat dit baie verder verwyder is as ons, met die grootste veiligheid onder hulle kan reis, deur hulle gerespekteer word en dit kan selfs gesê word deur hulle hooggeag word. Dieselfde geld min of meer vir van die Boere.[452]

Maar ek moet die waarheid praat, hoe onaangenaam dit ook al mag wees. Dit is my plig om dit te doen, ongeag hoe dit my mag benadeel. Telkens as hierdie swartes, en nie net hulle nie, maar ook die ander inboorlingstamme deur wie se gebied ons later gegaan het, byna tot by die dorp Lourenço Marques, oor die Portugese van Lourenço Marques praat (dit is duidelik dat hulle van geen ander weet nie), toon hulle altyd duidelik die lae dunk wat hulle van ons het as bedrieglike, wrede mense wat swak betaal, ensovoorts.

Die hoofrede waarom ons probleme gehad het om draers te werf, was die vrees wat hulle gehad het om na Lourenço Marques te gaan

---

450. *Serra do Musuati* (Port.): Bergreeks van die Swazi's.
451. Da Costa Leal gebruik hier *Musuatis* i.p.v. sy gebruiklike *Amsuazis*.
452. Reeds na die dood van Dingane, het die Swazi-opperhoof, Sobhuza I, die wens uitgespreek om in vrede en vriendskap met die Voortrekkers te lewe en is daar glo 'n mondelinge ooreenkoms van wedersydse vriendskap en vertroue aangegaan. Voor sy dood het Sobhuza I glo aan sy seuns gesê: "Solank as wat julle met die blanke in vrede leef, sal jul ryk gespaar bly." Hierdie woorde kon moontlik eers later as verdigting onder die Swazi's ontstaan het om hulle eienaardige vriendskapsverhouding met die Boere te verklaar. T.S. van Rooyen, "Die verhouding tussen die Boere, Engelse en Naturelle in die geskiedenis van die Oos-Transvaal tot 1882", *Argief-jaarboek*, 14 (1), 1951, p. 74.

waar hulle verwag het dat hulle nie betaal sou word nie. Soos verder sal blyk, moes ons 21 dae op die kruin van die Lebomboberge vertoef omdat ons nie draers kon kry nie. Ek wil nie beweer dat die huidige handjie vol inwoners van Lourenço Marques hierdie lae dunk verdien wat die inboorlinge van hulle het nie. Dit wil vir my voorkom asof hierdie indrukke tydens die ongelukkige verlede gevestig is. Die wonde wat tydens die weersinwekkende dae van slawerny[453] toegedien is, het nog nie genees nie; dit moet ons nie vergeet nie. Die boorlinge van ons kolonie beleef steeds die gevolge van die kanker wat hulle vir meer as 'n eeu verteer het. Maar, om tot die punt te kom, die blywende indrukke wat in daardie tyd gevorm is, bestaan nog en Lourenço Marques, wat geleidelik sy belangrikheid verloor, kan deur sy huidige houding teenoor die inboorlinge nie die verlede te bowe kom nie.

Ek sal nie verder oor hierdie smartvolle saak uitwei nie. Ek stel hier bloot 'n feit wat my in die teenwoordigheid van vreemdelinge laat bloos het, sodat die openbare owerhede dit kan oorweeg, en, as hulle van mening is dat my vermoedens gegrond is, die kwaad spoedig sal regstel.

Om die Swazi's aan te val om hulle vir hulle rooftog te tugtig en om die morele krag te herwin wat ons verloor het, sal na my beskeie mening 'n moeilike onderneming wees met geringe kans op sukses in die lig van die huidige staat van hierdie provinsie. Die eerste probleem wat opduik in verband met ons aanval op die land wat hulle nou bewoon, is dat ons, indien ons 'n toereikende mag het om dit te doen, dit moeilik sal vind om die benodigde materiaal daarheen te vervoer. Veronderstel egter dat hierdie probleem met groot opofferinge te bowe gekom kon word en dat ons hulle wel na die berge terugdryf, dan sal ons sukses steeds twyfelagtig wees, aangesien hulle hul toevlug tot die maklike uitweg van terugval na hulle, vir ons troepe ontoeganklike, vestings sal neem waarvandaan hulle dan sal kom en ons straffeloos sal lastig val.

Dit wil daarom vir my voorkom dat die enigste moontlike wyse waarop ons hierdie saak kan oplos, soos al die ander oor koloniale beleid, die toepassing van die stelreël *dividir para reinar*[454] is.

---

453. Kyk voetnoot 395.
454. *Dividar para reinar* (Port.): Verdeel en heers.

Watter opvattings ook al in swang mag wees oor die wettigheid van so 'n gedragslyn, is dit die enigste een wat tans deur die Engelse in Natal toegepas word, waar die bekwame Sekretaris van Naturellesake[455] [Fig. 93] van daardie kolonie dit met groot sukses aanwend, en ek is geneig om te dink dat dit die enigste moontlike beleid is, gesien die huidige bykans primitiewe beskawingspeil van die inboorlingstamme. Deur hierdie min of meer grootmoedige stelsel, na gelang van die verhoudings van die sentrale mag met die inboorling-elemente, word 'n ewewigstoestand op 'n slim wyse gehandhaaf deur voortdurend die wedywering tussen hulle aan te moedig en tog nie toe te laat dat hulle mekaar vernietig nie en die maklike en simpatieke rol van bemiddelaar en beskermer aanvaar.[456]

Oor ons beleid teenoor die Swazi's moet hier vermeld word dat Transvaal op goeie voet met daardie stam is,[457] wat by geleentheid die Republiek teen vyandiggesinde hoofmanne in die distrik Zoutpansberg in Noord-Transvaal gesteun het.[458] Ek dink nie dat ons die voorbeeld

---

455. Theophilus Shepstone (1817-1893) was van 1856 tot 1876 die Sekretaris van Naturellesake in Natal. W.J. de Kock (red.), *Suid-Afrikaanse biografiese woordeboek*, I, pp. 746-747.
456. Die afskaffing van die stamstelsel en gepaardgaande daarmee die afskaffing van die stamhoofde, om die Zoeloe te "beskaaf" en doeltreffender te administreer, was vir Shepstone heeltemal onaanvaarbaar. Indien die beheer wat deur die stamstelsel uitgeoefen is, sou verdwyn, sou daar volgens Shepstone niks wees wat sy plek kon inneem nie en sou dit 'n groot bedreiging vir die blankes inhou. Kritiek teen Shepstone se beleid was die aantyging dat hy die Zoeloe in 'n staat van barbarisme wou hou. O. Geyser, "Die Bantoebeleid van Theophilus Shepstone, 1845-1875", *Argief-jaarboek*, 31 (1), 1968, pp. 158-159.
457. Die Swazi's onder Mswazi II het verdrae met die Boere gesluit en in 1855 'n stuk grond aan die Republiek afgestaan wat ook 'n smal strook tussen die Lebomboberge en die Pongolarivier ingesluit het. Transvaalse boere is toegelaat om hulle langs die Pongolarivier te vestig om sodoende as buffer tussen die Zoeloes en die Swazi's te dien. Hy het ook ingestem dat die grense van Swaziland deur 'n Transvaalse grensafbakeningskommissie vasgestel word en het selfs 'n vae Transvaalse oppergesag erken. T.S. van Rooyen, "Die verhouding tussen die Boere, Engelse en Naturelle in die geskiedenis van die Oos-Transvaal tot 1882", *Argief-jaarboek*, 14 (1), 1951, p. 75; J. Selby, *A short history of South Africa*, p. 101.
458. 'n Swazi-krygsmag was trouens in Februarie 1868 in opdrag van koning Mswazi II na Zoutpansberg onderweg om die Vrywilligerkorps onder Stephanus Schoeman teen vyandiggesinde swart stamme in Zoutpansberg te steun, maar teen daardie tyd was die Vrywilligerkorps reeds ontbind en Schoeman terug in Pretoria. O.J.O. Ferreira, *Stormvoël van die Noorde*, p. 342.

van die Boere moet navolg nie, altans nie so openlik nie, want dit wil vir my voorkom asof hulle daardeur veel van hulle morele meerderwaardigheid onder hulle eie bondgenote ingeboet het. Sekhukhune,[459] die opperhoof van die Basotho's,[460] wat noordwes van Lydenburg woon, het verskeie oorloë met die Swazi's gevoer.[461] Hierdie Basotho's gebruik vuurwapens wat die Swazi's tot dusver verfoei om te doen. Hierdie omstandighede is gunstig vir Sekhukhune se Basotho's wie se oorwinnings dan en wan oor die Swazi's aan hierdie feit toegeskryf kan word.

Ek het reeds die vyandige betrekkinge van die Swazi's met die magtige Zoeloestam vermeld. Ek het uit betroubare bronne verneem dat die Zoeloes en die Basotho's 'n alliansie teen die gemeenskaplike vyand gevorm het.[462] Cetshwayo,[463] [Fig. 94] die huidige opperhoof van die Zoeloes, onderhou vriendskaplike betrekkinge met Lourenço Marques.[464] Sou dit nie maklik wees om hiervan gebruik te maak en hierdie gunstige omstandighede tot ons voordeel aan te wend nie? Ek het hier opgeteken wat ek geleer het sodat dit, as dit juis is, deur die toepaslike owerheid[465] gebruik kan word.

---

459. Da Costa Leal skryf *Secucune*. Sekhukhune I (*c.*1810-1882), opperhoof van die Pediryk in Noordoos-Transvaal. Kyk voetnoot 302.
460. BaSotho is 'n versamelnaam vir Sotho-sprekende, etniese groepe wat in Suider-Afrika woon. Hulle word in Noord-, Suid- en Wes-Sotho verdeel. In hierdie geval het ons met Noord-Sotho's te make. P.J. Coertze & R.D. Coertze, *Verklarende vakwoordeboek vir Antropologie en Argeologie*, p. 288.
461. Sekhukhune was 'n doring in die vlees van Mswazi II omdat hy aan Swazi-vlugtelinge skuiling gebied het. 'n Swazi-impi wou die vlugtelinge teen 1870 gaan terughaal, maar Pedi-krygers van Sekhukhune het hulle by Mosegakop verpletterend verslaan. J.J. Grotpeter, *Historical dictionary of Swaziland*, pp. 9 & 143.
462. Geen verwysing na hierdie alliansie tussen die Zoeloes en die Pedi teen Swazi's kon gevind word nie.
463. Da Costa Leal skryf *Techuaio*. Cetshwayo (*c.*1826-1884), Zoeloe-koning en seun van Mpande (1810-1872). Hoewel Mpande eers in 1872 gesterf het, was Cetshwayo reeds van *c.*1857 die werklike heerser oor die Zoeloes. W.J. de Kock (red.), *Suid-Afrikaanse biografiese woordeboek*, I, pp. 166-167.
464. Cetshwayo se vriendskaplike betrekkinge met Portugese van Lourenço Marques het moontlik verband gehou met die feit dat hy deur dié hawe moderne wapens vir sy impi's kon bekom. E. Axelson, *Portugal and the scramble for Africa, 1987-1891*, p. 25.
465. Tot in 1850 het die Portugese kolonies onder die *Conselho Ultramarino* geressorteer, maar in 1859 is hulle formeel onder beheer van die *Ministério da Marinha e Ultramar* geplaas. In die praktyk het die administrasie van die kolonies 'n sterk militêre inslag gehad. Goewerneurs-generaal en goewerneurs was feitlik deur die bank persone met 'n militêre agtergrond. M. Newitt, *A history of Mozambique*, p. 379.

Ek keer nou terug na die plek waar ek die beskrywing van ons reis onderbreek het. Dit was reeds besig om donker te word toe ons ons tog hervat het. Ons het geweet dat in hierdie berge 'n man in 'n afgesonderde hut woon, maar ons het gevrees dat ons nie in staat sou wees om hom tuis aan te tref nie, aangesien ons nie eers geweet het hoe ver dit van ons af was nie. Ons het spoedig by 'n plek aangekom waar vier strooihutte van die swartes[466] bymekaar was. Wat ons heel eerste gedoen het, was om iets te ete te vra. Ons het meer as 24 uur laas iets geëet, behalwe vir die mielie wat ons die oggend gehad het. Hulle het ons mapila met pampoen aangebied wat 'n paar uur vroeër gekook was. Ons het 'n bietjie daarvan geëet, wat genoeg was om ons kragte te herwin. Tot ons vreugde is ons hier meegedeel dat die woning van die blanke man baie naby was en dat hy tuis was. Ons het onmiddellik daarheen vertrek en teen nege-uur daardie aand het ons aan die deur van 'n erg miserabele woning geklop – in geen opsig vergelykbaar met die blyplekke van die swartes nie.[467]

Die deur is oopgemaak en ons het met 'n mnr. Streker[468] gepraat, vir wie Mauch 'n voorstellingsbrief van New Scotland gehad het.[469] Dit wil voorkom asof hierdie persoon, 'n Engelse of Amerikaanse (ek is nie

---

466. Da Costa Leal skryf *Palhotas de cafres*. *Palhotas* (Port.): strooihutte.
467. Volgens Mauch was dit 'n redelik groot huis wat uit drie vertrekke bestaan het met 'n veranda reg rondom en 'n buitegebou met 'n klein pakkamer. Die vensteropeninge kon toegemaak word deur rame wat met seil oorgetrek is en soos 'n valdeur werk. Die kleimure was so gekraak dat die sonstrale daardeur sou geskyn het as die veranda dit nie verhoed het nie. Rondom die huis was 'n skoongemaakte werf wat pragtige vistas moontlik gemaak het. E.E. Burke (red.), *The journals of Carl Mauch*, pp. 54-55.
468. Joshua Straker (1839-1883) van South Shields, Engeland, wat in daardie stadium 'n werknemer van A. McCorkindale was. Hy het later op die plase Westoe in New Scotland en Kleinfontein in die dist. Lydenburg geboer en ook as 'n agent opgetree. Uit sy huwelik met Sarah Dingley Purcocks is geen kinders gebore nie. TAB: Boedel 0/2425/1883 J. Straker; E.E. Burke (red.), *The journals of Carl Mauch*, p. 54.
469. Mauch het ook op 03.07.1870 van St.V.W. Erskine se woonplek op Derby 'n brief aan Straker geskryf om hom te versoek om draers te werf vir die verdere tog na Lourenço Marques. Die brief het Straker, helaas, eers die dag voor hulle aankoms bereik. E.E. Burke (red.), *The journals of Carl Mauch*, p. 54.
470. Die historiese Zoeloeland was geleë noord van die Tugelarivier van sy monding tot waar die Mzinyati met hom saamvloei en daarvandaan tot by sy oorsprong in die Drakensberg. Die land is na sy bewoners, die Zoeloe, vernoem. Die naam "Zoeloe" is volgens oorlewering afgelei van 'n vroeë opperhoof en beteken moontlik "hemel". P.E. Raper, *Dictionary of Southern African place names*, p. 356.

seker wat nie) oudmatroos , daarna handelaar en jagter in Zoeloeland,[470] in werklikheid in diens was van of gemeenskaplike belange met die Skotse nedersetting van New Scotland gehad het. Deurdat hy alleen in die Lebomboberge woon, is hy 'n skakel tussen die nedersetting en die inboorlingstamme aan weerskante van die berge. As iemand wat die gebruike van die inboorlinge heeltemal ken, al hulle dialekte korrek praat en die swartes goed behandel, dryf hy met hulle handel en dit skyn asof hy 'n groot invloed oor hulle het, soos blyk uit die wyse waarop hulle sy persoon en sy besittings eerbiedig het in die twee jaar wat hy heeltemal alleen daar gebly het.

In Februarie vanjaar het hierdie persoon Inhaca-eiland[471] besoek. Hy het my self vertel dat hy by die opperhoof van Maputo[472] (onderdaan van die Zoeloes), wat aanspraak op gesag oor die eiland maak waarop hy een van sy susters[473] as heerser aangestel het, verlof gevra het om huise daarop op te rig en 'n plantasie aan te lê. Op New Scotland het ek dieselfde relaas gehoor en dat hy dit in opdrag van mnr. McCorkindale gedoen het. Mnr. Streker het my meegedeel dat nadat hy reeds op die eiland was, hy deur die Goewerneur van Lourenço Marques[474] gelas is om die eiland onmiddellik te verlaat aangesien die eiland aan ons[475] behoort, dat hy geprotesteer het en reeds by die Britse Regering geappelleer het, dat ons slegs 'n paar jaar gelede die oordrag van die eiland van die Zoeloes verkry het en dat ons jaarliks 'n skatting aan Cetshwayo betaal omdat sy krygers ons gehelp het.

Om die waarheid te sê, wat hy my oor sy verblyf op die eiland meegedeel het, was min of meer korrek, soos ek later in Lourenço

---

471. Da Costa Leal skryf *Ilha Unhaca*, maar dit moet Ilha da Inhaca wees. Kyk voetnoot 362.
472. Nozinguêle (Nosingale, Nozingeli of Nozililo) of Missongue (Musongi) (†1877), wat sedert 1850 die opperhoof van die Maputo-area was, is deur die Zoeloe-heerser Cetshwayo in daardie posisie geplaas en het dus sy optrede bepaal. H.A. Junod, *The life of a South African tribe*, I, p. 25; E.E. Burke (red.), *The journals of Carl Mauch*, p. 55; C.J. Uys, *In the era of Shepstone*, pp. 85-86.
473. Dié suster van Nozinguêle se naam was Mendonça. L.M. Jordão, *Memoria sobre Lourenço Marques (Delagoa Bay)*, p. 21.
474. José Augusto de Sá e Simas was die goewerneur van Lourenço Marques sedert 1868. L.M. Jordão, *Memoria sobre Lourenço Marques (Delagoa Bay)*, p. 42.
475. Bedoelende die Portugese.

Marques vasgestel het en waaroor die Regering klaarblyklik ingelig was. Wat egter nie bekend is nie, is waarheen mnr. Streker daarvandaan gegaan het en sy transaksies met die nedersetting van New Scotland. Oor sy mededeling aangaande die Zoeloeheerser, is dit gewis dat die opperhoof van Maputo mnr. Streker se planne gunstig bejeën het, ook dat hy baie vriendelik teenoor alle Engelse in die algemeen is en dat hy weinig respek vir die owerhede van Lourenço Marques het, wat helaas nie in 'n posisie is om sy respek af te dwing nie, hoewel hulle in die laaste tyd daarin geslaag het om hulle gesag met wysheid en sonder verlies aan waardigheid te behou. Dit is ook waar dat die huidige Goewerneur[476] Cetshwayo, die Zoeloe-opperhoof, wat, soos ek reeds gemeld het, homself bereid getoon het om goeie verhoudinge met Lourenço Marques te handhaaf, oorgehaal het om die opperhoof van Maputo, Missongue of Nozinguêle,[477] opdrag te gee om nie sy toestemming aan die Engelse te gee om permanent op Inhaca te bly nie en aan die ander kant nie die vestiging van 'n afdeling van ons soldate onder ons vlag op die eiland teen te staan nie. Dit sou in werklikheid nie die beste wyse gewees het om op die pogings deur die Engelse te antwoord nie, maar onder die huidige omstandighede in Lourenço Marques was dit die enigste moontlike uitweg. Die opperhoof van Maputo is nie ondergeskik aan ons nie en dit wou voorkom asof hy ook geen begeerte daartoe gehad het nie, en dit was slegs onlangs dat ons onderhandel het met die hoër gesag wat hierdie opperhoof gehoorsaam en wat nie met ons in 'n oorlog gewikkel is nie, om te voorkom dat sy vasal 'n struikelblok vir ons sou word. Ons is waarskynlik in dié verband grootliks gesteun en sake is vir ons vergemaklik deur die merkbare kwaadwilligheid wat die Zoeloes en hulle hoofmanne jeens ons bure in Natal[478] getoon het, wat 'n inval deur laasgenoemdes gevrees het en 'n afkeer van die taal van die koloniale ryk gehad het, wat ek dikwels die afgelope paar maande waargeneem het. Die bewering dat Lourenço Marques aan Cetshwayo skatpligtig is, lyk vir my heeltemal ongegrond, aangesien

---

476. José Augusto de Sá e Simas. Kyk voetnoot 474.
477. Kyk voetnoot 472.
478. D.w.s. die Engelse van Natal.

die Zoeloes ons in 'n stadium met gewapende krygers gerugsteun het.[479] Ek het mnr. Streker min of meer in antwoord op wat hy aan my gesê het, meegedeel dat ek geneig was om te dink dat hierdie bewering bloot 'n skinderpraatjie is, terwyl ek sy bedaarde manier van praat nageaap het. Nietemin, ek het persoonlik slegs baie aangename herinneringe aan mnr. Streker en sy gulhartige gasvryheid en sou baie gelukkig wees indien ek eendag vir hom van diens kon wees.

Dit was slegs drie dae gelede dat mnr. Streker van 'n ander tog na die kus en die gebied van Maputo teruggekeer het waar hy, so het hy my vertel, gaan jag en handel dryf het. Drie jong setlaars van New Scotland het hom vergesel en hulle het steeds by hom vertoef. Een van hulle was die swaer van mnr. Bell,[480] ons minsame gasheer van Hamilton, en die ander 'n neef van mnr. McCorkindale.[481] Laasgenoemde was siek aan koors[482] [Fig. 95] wat hom aan die bed gekluister het en hy was baie swak. Dit was tragies om hom te sien en ons was bang dat onsself ook koors sou opdoen.

Mnr. Streker het beloof om vir ons draers uit die omgewing te bekom en die dag na ons aankoms het ons ons Swazi's laat gaan wat nie verder met ons wou saamgaan nie en wat na hulle berge terugge-

---

479. Die Zoeloes se steun aan die Portugese kon nie geverifieer word nie.
480. Robert (Bob) MacNab, die swaer van Robert Bell, was 'n berugte veedief en is in Noord-Natal in hegtenis geneem omdat hy 60 perde gesteel het. Na gevangenisstraf van 18 maande is hy op 21.05.1871 vrygelaat op voorwaarde dat hy dadelik na Engeland sou terugkeer. Voordat die skip uit die hawe vertrek het, het MacNab oorboord gespring, landwaarts geswem en na Swaziland geloop, waar hy vir hom bo-op die Lebomboberge by Sitsatsaweni (naby Siteki) 'n pondok gebou en sy strooptogte voortgesit het. Sy bynaam onder die Swazi's was Ngogolo (Rietbok). J.S.M. Matsebula, *A history of Swaziland*, p. 65; E. de Noronha, *O districto de Lourenço Marques e a Africa do Sul*, p. 69.
481. Die neef van McCorkindale was ene Bolt, wat 'n reis na Nozinguêle, 'n hoofman naby die Benede-Maputorivier, onderneem het en koors opgedoen het. Hy kon skaars die kruin van die Lebomboberge bereik. E.E. Burke (red.), *The journals of Carl Mauch*, p. 55.
482. Koors of malaria is reeds vir eeue in die tropiese en subtropiese dele van Afrika bekend en word met laagliggende moerasagtige dele geassosieer. Twee muskietsoorte, die *Anopheles gambiae* en *Anopheles funestes*, is die draers van die malariaparasiet in Suidelike Afrika. Dit is 'n parasitiese siekte wat die menslike rooibloedselle vernietig, die milt, lewer en niere aantas en hom in spier- en gewrigspyne en ernstige koorsaanvalle manifesteer. Die inheemse swart volke het deur die eeue 'n mate van immuniteit teen die siekte ontwikkel, maar die blanke pioniers se kennismaking met malaria was van die begin af noodlottig. Omdat dit algemeen in die omgewing van Delagoabaai voorkom, word ook daarna as "Delagoabaaise koors" verwys. J.S. Bergh (red.), *Geskiedenisatlas van Suid-Afrika*, pp. 83-84.

keer het, baie in hulle skik met 'n paar geskenke wat ek en my reisgenoot aan hulle gegee het, benewens die ooreengekome lone.

Ten spyte van mnr. Streker se belofte en sy invloed, kon nie 'n enkele man gedurende die volgende paar dae gewerf word nie. Die inboorlinge van die berge het 'n vrees vir die koors langs die kus. Ons moes wag vir mans van die Maputo-vallei wat goedere vir mnr. Streker sou bring en hy het ons aangeraai om hierdie mans op hulle terugtog in diens te neem.[483]

Intussen het mnr. Streker se gas al sieker geword en in hierdie omstandighede het hy besluit dat dit moontlik beter sou wees as hy nie langer by mnr. Streker, wat soos Robinson Crusoe[484] in sy hut gewoon het, sou bly nie. Hy het dus besluit om na New Scotland terug te keer. Die siek man se wa was wes van die berge op die vlaktes. Hy is deur 'n paar swartes daarheen gedra.[485] Mnr. Streker het hom na sy wa vergesel.

Die oggend van die 16de het die drie Engelse vertrek en mnr. Streker beloof dat hulle binne drie of vier dae sou terugkeer. Ons het naderhand 'n nota van hom ontvang waarin hy ons meegedeel het dat aangesien die toestand van die siek man versleg het, hy besluit het om hom tot op New Scotland te vergesel.[486]

Ons het in die afgesonderde hut van mnr. Streker aangebly. Aangesien hy nie daar was nie, het die moontlikhede afgeneem om draers te werf. Ons het van mnr. Streker verlof gekry om alles in die huis te gebruik. Gelukkig het ons hom nie veel gekos nie. 'n Stukkie groenmielie en 'n klompie grondbone[487] in 'n koffiepot was die enigste

---

483. Hulle was onderdane van hoofman Nozinguêle. E.E. Burke (red.), *The journals of Carl Mauch*, p. 55.
484. Robinson Crusoe, die held in die Engelse skrywer Daniel Defoe (1660-1731) se roman *Robinson Crusoe* wat in 1719 gepubliseer is. R. Ilson (red.), *Reader's Digest great illustrated dictionary*, I, p. 449, & II, p. 1453.
485. Die swartes het Bolt ongeveer 30 km ver na 'n wa gedra, waarmee hy na sy huis op Derby vervoer sou word. E.E. Burke (red.), *The journals of Carl Mauch*, p. 55.
486. Straker het hierdie nota aan hulle op 19.07.1870 op Marubaskraal geskryf, maar hulle het dit eers op 28.07.1870 ontvang. E.E. Burke (red.), *The journals of Carl Mauch*, p. 57.
487. Mauch verwys daarna as *Arachis*. Grondbone is nie 'n inheemse plant van Mosambiek nie, maar is reeds vroeg deur Portugese daarheen gebring omdat dit so voedsaam is en maklik in die sanderige grond rondom die handelsposte aan die kus gegroei het. Spoedig het dit, naas maniok, een van die gewildste voedselsoorte van die inboorlinge van Mosambiek geword. E.E. Burke (red.), *The journals of Carl Mauch*, p. 55; C.F. Spence, *Moçambique*, p. 76.

voorrade in die huis. Naby die deur was 'n klein Amerikaanse meule en dit was my daaglikse taak om in die oggend meel te maal vir ons twee etes per dag. Ons het pap daarvan gemaak. Ek het 'n paar lesse daarin ontvang van Mauch, wat 'n bedrewe kok is, wat op sy lang reise 'n vereiste was. Tot vandag toe is ek steeds trots op myself dat ek weet hoe om mieliepap perfek te berei. Op dié wyse het ons sestien dae lank geleef.

Ons het water geskep uit die fontein wat ongeveer driehonderd jaart[488] van die huis aan die onderent van 'n steil helling geleë was.

Ons kon nie 'n swarte vind wat bereid was om hierdie huislike take vir ons te verrig nie. Elke dag het ons na die statte[489] in die omstreke gegaan om te probeer om draers te werf, maar dit was altyd tevergeefs.

Die mans van die Maputo[490] het nie opgedaag nie.

In die hut het ons ons tyd verwyl deur ons toerusting skoon te maak. Die tafel bestaan uit vier gaffels wat in die grond gesteek is en wat twee latte dra wat in hulle lengte daaroor gelê is en oorkruis daarop is talle ander latte met behulp van toue vasgemaak. Dit het die voordeel gehad dat geen wîe nodig was om dit in posisie te hou nie. Die twee beddens was op dieselfde wyse saamgevoeg, behalwe dat die latte nie aan mekaar gebind was nie en wanneer jy daarop gaan lê het, kon jy voel hoe die hele affêre onder jou beweeg en swaai. Nietemin was dit verkieslik eerder as om op die grond te lê vanweë die menigte rotte wat snags rondgehardloop het.[491]

Elke dag is ons gepla deur besoeke van swartes van albei geslagte wat alles begeer het wat hulle gesien het en ons uit ons werk gehou het. Soms het hulle vir ons *alijala*.[492] gebring om te koop. 'n Swetter-

---

488. Bykans 275 m.
489. Volgens Mauch het die mense in klein groepies saamgewoon in hutte wat rondom 'n beeskraal gerangskik was. E.E. Burke (red.), *The journals of Carl Mauch*, p. 59.
490. Bedoelende die Rongas van die Maputo-vallei wat Straker se goedere van Ilha da Inhaca (Inhaca-eiland) moes bring. E.E. Burke (red.), *The journals of Carl Mauch*, p. 57.
491. Das Neves het op 'n keer 'n soortgelyke ervaring met rotte gehad. Sodra hy geslaap het, het rotte van alle kante uit die hut oor hom gehardloop en sy pogings om hulle in die donker te verwilder, was vrugteloos. Slegs nadat hy 'n kers opgesteek het, het hulle die wyk geneem sodat hy die kers die heel nag laat brand het om rus te kry. D.F. das Neves, *A hunting expedition to the Transvaal*, p. 265.
492. Sorghumbier. Elders skryf Da Costa Leal *abjala*, *aljala* en *alyala*. Kyk voetnoot 386.

joel vroue het dikwels opgedaag wat elkeen 'n pot alijala op haar kop gedra het wat hulle alles aan ons wou verkoop. As ons daarvan gekoop het, wou die swartes wat by was toe die transaksie plaasgevind het, dit saam met ons drink. Soms het ons hulle daarvan gegee, maar ander kere het hulle dit op so 'n arrogante wyse gevra dat ons hulle weggestuur het.

Hierdie mense het ons die belangrike nuus gebring dat 'n oorlog tussen die Zoeloes en die Swazi's gedreig het. Party van die meer blootgestelde statte van die Swazi's was reeds verlaat deur die inwoners wat na die binneland gevlug het.

Later op ons reis na Lourenço Marques het ons gesien hoe die inwoners van sekere statte vreesbevange was toe hulle gehoor het dat 'n Swazi-impi 'n strooptog in die Matola-area[493] naby Lourenço Marques uitgevoer het. Ons het egter nooit van hierdie bendes teengekom nie wat soveel vrees by die mense op hulle tog ingeboesem het. Hierdie strydende groepe erken nie die regte van persone van 'n neutrale land nie, hulle roof alles en as enige weerstand gebied word, maak hulle almal dood wat in hulle pad kom. Hierin is hulle konsekwent, want hulle oorloë word byna altyd gevoer met die doel om te plunder.

Mauch versamel en bestudeer plante. Die terrein in hierdie berge blyk vrugbaar te wees. Daar is baie gewasse en pragtige blomme van alle kleure. Die klimaat op die kruin van die Lebombo's is baie gesond en gematig. Hulle sê dit reën feitlik dwarsdeur die jaar. Bo-op die berge is uitgestrekte areas wat vir landbou geskik is.

Van die plek waar ons was, kon ek op 'n helder dag die hele gebied tot by die kuslyn van St. Luciabaai[494] tot by die Baai van Lourenço Marques onderskei. Stel jou die panorama voor! Lourenço Marques is direk nie meer as tagtig myl[495] verder geleë nie in 'n min of

---

493. Die Matola-area is die gebied langs die Matolarivier, tussen die Temberivier en die Lebomboberge, wat deur skatpligtiges van die Swazi-koning bewoon is. E. de Noronha, *O districto de Lourenço Marques e a Africa do Sul*, pp. 58-59.
494. Die naam St. Luciabaai dateer terug na die tyd van die Portugese ontdekkers toe seevaarders die baai in 1507 aan die kus van die huidige KwaZulu-Natal ontdek en Santa Lucia genoem het. D.J. Potgieter (red.), *Standard encyclopaedia of Southern Africa*, IX, p. 465.
495. Ongeveer 130 km.

meer noord-noordoostelike rigting van die plek waar ons nou was. Van daardie punt kan 'n mens ook, nie ver weg nie, die samevloeiing van die Maputo- en die Pongolarivier sien en, verder weg in die ooste, dié met die Ungovuma.

Mnr. Streker het my meegedeel dat wild in daardie streke volop was en dat die swartes die gewoonte gehad het om dikwels vir hom die vleis van buffels, wildsbokke, ensovoorts, te bring. En op my wandelinge het ek inderdaad dikwels die spore en mis van baie diere gesien, maar vreemd genoeg het nóg ek nóg Mauch tydens die 21 dae wat ons daar deurgebring het 'n enkele dier gesien. 'n Paar tortelduiwe, wat ons met groot moeite doodgemaak het omdat hulle so sku was, was 'n welkome aanvulling tot ons taamlik smaaklose mieliepap. So het Juliemaand tot 'n einde gekom en ons was steeds in dieselfde situasie. Ons kon nie bekostig om verder tyd te mors nie en ons geduld was heeltemal op.

Ons het besluit om dieselfde roekelose plan te probeer wat ons eenkeer vantevore onder soortgelyke omstandighede beproef het. Daar was egter 'n verskil. Ons sou albei gaan en ons besittings wat ons nie kon saamneem nie in die hut laat, met 'n nota aan mnr. Streker waarin ons hom vra om ons eiendom asseblief na Lourenço Marques te stuur. Ons sou egter tot 1 Augustus wag en intussen het ons gedurende die laaste dae van Julie ons pogings verdubbel om swartes te oorreed om ons te vergesel.

Dit wou voorkom asof hulle almal tot op die laaste moment gespekuleer het oor die penarie waarin ons ons bevind het. Op 31 Julie het die hoofman van 'n naburige stat gekom en aangebied om vir ons draers te kry. Ons het hom 'n geskenk gegee en hy het sy woord gehou.

Die oggend van 1 Augustus het vyf swartes verskyn en nadat ons ons ontbyt genuttig het, het ons 'n paar reëls aan mnr. Streker geskryf en weer eens ons reis voortgesit wat vir 21 dae onderbreek is, waartydens ons op die Lebombo's vertoef het.[496]

---

496. Hulle het van 11.07.1870 tot 01.08.1870 daar vertoef. Mauch was hoogs gefrustreerd en wou die reis sonder draers voortsit, maar hy het Da Costa Leal as hulpeloos en onervare beskou en was van mening dat sy reisgenoot nie in staat of bereid was om die tog sonder draers aan te pak nie, omdat hy sy eie beddegoed sou moes dra. E.E. Burke (red.), *The journals of Carl Mauch*, pp. 54, 57 & 60.

Ons het na die stat van die opperhoof van Maputo gegaan wat 'n klein entjie van die monding van die rivier met dieselfde naam geleë is. Die swartes het ons meegedeel dat dit die enigste plek was waar ons 'n kano[497] sou vind om ons oor die rivier na die noordelike oewer te neem. Daarbenewens het hulle net die pad na Maputo geken. Deur drie stokke op die grond te lê, het ons aan hulle verduidelik dat die som van twee sye van 'n driehoek altyd groter as die [lengte van die] derde sy is, maar ek is bevrees dat hulle nie oortuig was nie. Meetkunde was beslis nie altyd so bruikbaar as wat ek gedink het nie.[498] Die swartes was egter in 'n sekere mate reg deur na die suidelike of regterkantste oewer van die Maputorivier te wou gaan, aangesien die gebied daar digter bewoon[499] en beter as aan die ander kant bekend was, soos ek later sou uitvind.

Ons het om nege-uur die oggend vertrek. Ons het deur 'n nou poort in die Lebombo's[500] beweeg waar vyf olifante 'n paar dae vantevore opgemerk is. Deesdae word dié diere selde in hierdie streke opgemerk omdat die blankes hulle met hulle gewere verder die binneland in tot noord van die Limpoporivier gedryf het.[501] Hulle sê nogtans dat baie van hulle nog in 'n digte bos op 'n klein skier-

---

497. 'n Kano is 'n lang, smal, kiellose boot waarvan 'n uitgeholde boomstam die prototipe is. Die Ronga maak hulle kano's o.m. van die stamme van die *nkuhlu-* (Tsonga) of mahonie- of essenhoutboom (*Trinchilia emetica*), die *nkelenga-* (Tsonga) of koorsboom (*Acacia xanthophloea*) en die *muhlwa-* (Tsonga) of waterbessieboom (Syzygium cordatum), maar sekere taboes geld ten opsigte van die afkap van die eersgenoemde twee soorte. P.J. Coertze & R.D. Coertze, *Verklarende vakwoordeboek vir Antropologie en Argeologie*, p. 140; H.A. Junod, *The life of a South African tribe*, II, pp. 19 & 137; E. Palmer & N. Pitman, *Trees of South Africa*, pp. 166, 242 & 283.
498. Die Ronga se rekenkundige aanleg was swak en die enigste syfers wat hulle geken het was 1, 2, 3, 4, 5, 10 en 100. Naval Intelligence Division, *A manual of Portuguese East Africa*, p. 105.
499. Die Ronga het hoofsaaklik in gebiede gewoon waar water voorgekom het en daarom het hulle die sanderige gebiede vermy en hulle eerder teen die heuwelhange of anders in die omgewing van die moerasse naby die kus gevestig. H.A. Junod, *The life of a South African tribe*, II, p. 5.
500. Da Costa Leal skryf net *os Bomba*.
501. Das Neves het beweer dat die inboorlinge in die omgewing van Lourenço Marques teen 1860 uitstekende skuts en die beste olifantjagters in die hele Oos-Afrika was. Hulle het dus waarskynlik ook daartoe bygedra dat olifante teen 1870 skaars was in die omgewing waar Da Costa Leal hom bevind het. D.F. das Neves, *A hunting expedition to the Transvaal*, p. 7.

eiland, genaamd Kaap Colato,[502] suidwes van Inhaca-eiland[503] voorkom.

Teen halftwaalf het ons 'n rukkie aan die voet van die Lebombo's gerus.[504] Aan hierdie kant, dit wil sê die oostekant, lyk die berge nie so steil as wat hulle aan die ander kant voorgekom het nie, waar ons uitgeklim het. Aan hierdie kant is reekse berge, laer en laer, lang nou passe en smal valleie wat in ietwat golwende vlaktes na die voetheuwels eindig.

Terwyl ons gerus het, het een van ons mense vir ons 'n stuk van die *quogga*[505] (sebra) gebring wat die vorige dag deur 'n paar swart jagters doodgemaak en deur hulle aan ons mense gegee is. Dit was 'n deel van die nek. Terwyl ek besig was om met behulp van my flintgeweer[506] vuur te maak met die idee om daarvan vir die swartes te gee, het van die ongeduldiges onder hulle die vleis met hulle assegaaie opgesny, elkeen 'n stuk geneem en dit rou geëet. Vir die swartes bestaan geen smaakliker vleis in die wêreld nie as dié van die sebra. Ek het nooit daaraan geproe nie. Mauch het my meegedeel dat dit vir die Europese smaak walglik is. Dit het 'n walglike soet smaak. Die eerste keer toe hy dit geproe het, het hy so mislik gevoel dat hy wou braak.

Teen halfdrie die namiddag het ons by 'n stat gehalt, die eerste wat ons daardie dag teëgekom het. Daar het ek vir die eerste keer 'n *tse-tse*-vlieg[507] gesien. Hierdie klein insek is waar dit voorkom, een van die ergste beproewings vir beskawing. Dit bemoeilik kommunikasie omdat sy byt dodelik vir perde en osse is. Die toksien van die *tse-tse*-vlieg laat bloed verrot, belemmer voeding en verlam die spiere. Hulle

---

502. Da Costa Leal skryf *Cabo Colato*. Die kaap word op kaarte as Cabo Colato of Cabo de Santa Maria aangedui. Biblioteca Nacional, Lissabon: C.C. 1219 R Carta da Províça de Moçambique, 1889.
503. Kyk voetnoot 362.
504. Die rusplek was onder 'n 'n buffelsdoring of blinkblaar-wag-'n-bietjie (*Ziziphus mucronata*). E.E. Burke (red.), *The journals of Carl Mauch*, p. 60; V. Carruthers, *The wildlife of Southern Africa*, p. 263.
505. *Quagga* (Eng.): kwagga. Dit behoort "sebra" te wees. Kyk voetnote 128 & 145.
506. 'n Flintgeweer is 'n vuursteengeweer of pangeweer waarby 'n flint of vuurklippie gebruik is om die kruit aan die brand te slaan. F.V. Lategan & L. Potgieter, *Die Boer se roer tot vandag*, pp. 21 & 34. Kyk ook voetnoot 401.
507. Tsetsevlieg. Kyk voetnoot 26.

beweer dat salmiak[508] 'n teengif daarteen is, maar Mauch het my verseker dat hy tydens 'n reis wat hy in 1868 tot noord van die Limpopo onderneem het,[509] ammoniak in die geval van 'n os wat hy gehad het ondoeltreffend gevind het en wat as gevolg van die gif van die *tse-tse*-vlieg gevrek het. Dit is 'n merkwaardige feit dat donkies en muile blykbaar immuun is, waarskynlik omdat 'n teengif aanwesig is in die blare van die bome ensovoorts wat hulle eet, of miskien omdat hulle lang hare of liggaamsreuke die vlieë weghou.[510] Die *tse-tse* is voorts skadeloos vir alle wilde diere. Daarenteen word die vlieg altyd aangetref waar daar baie wild en digte bosse is. As die wild wegtrek of die bosse afgekap word, sal die *tse-tse* verdwyn. Die *tse-tse* hou min of geen gevaar vir die mens in nie. Ek is af en toe gebyt, maar ek het net die brandpyn van die prik gevoel en 'n rooi vlek het onder die vel gevorm. Die arme swartes met hulle naakte lywe het die meeste gely.

Die *tse-tse*-vlieg was sedert die begin van die Boere se vestiging in Transvaal die hoofstruikelblok wat hulle verhinder het om Lourenço Marques te besoek. Die tweede struikelblok is die ongesonde klimaat van die kusgordel waarvoor hulle baie bevrees is, en dit is die rede waarom tot dusver geen handelsverdrag tussen die Boere en ons hawe gesluit is nie.[511]

Ons het 'n paar *tse-tse*-vlieë gevang, wat ek en Mauch in klein glasflessies geplaas het wat ons vir dié doel saamgebring het. Die gif van die *tse-tse*-vlieg is nog nooit ontleed nie en is onbekend in Europa. Ek

---

508. Ammoniumchloride, 'n wit kristalyne, vlugtige verbinding (NH4Cl) met 'n skerp, souterige smaak. Dit word geneeskundig gebruik as slymlosmakende middel by borskwale soos brongitis, by senuweepyne, rumatiek, ens. P.C. Schoonees (red.), *Woordeboek van die Afrikaanse taal*, I, p. 183.
509. 'n Verwysing na Mauch en Paul Jebe, 'n jong Duitse ingenieur, se reis tot noord van die Limpopo in Mei 1868, waartydens hulle in Matebeleland tydelik aangehou is omdat hulle van spioenasie vir die ZAR verdink is. Mauch het in Mei 1869 na Potchefstroom teruggekeer. E.E. Burke (red.), *The journals of Carl Mauch*, p. 3.
510. Selfs pres. M.W. Pretorius het dit geglo. Dit was waarskynlik maar 'n volksgeloof, want dit het soms gebeur dat al die donkies in so 'n span gevrek het. TAB.: SS 115, R 1242, Rapport van pres. M.W. Pretorius aan Uitv. Raad, ZAR, 06.11.1869; F.J. Potgieter, "Die vestiging van die blanke in Transvaal (1837-1886)", *Argief-jaarboek*, 21 (2), 1958, p. 99.
511. Vanweë die tstetsevlieg en die ongesonde kusgordel van Mosambiek wat 'n Boeresending na Lourenço Marques in Desember 1843 verplig om onverrigtersake huiswaarts te keer en is Oktober 1845 het 'n Boeresending wel Delagoabaai bereik, maar al hulle trekvee het gevrek. U. de V. Pienaar (red.), *Neem uit die verlede*, pp. 248-249.

vrees egter dat die substansie sal verdamp voordat dit daar sal aanland, aangesien die vlieë wat ons lewendig gevang het, kort daarna by gebrek aan lug gevrek het. Onder 'n mikroskoop vertoon die *tse-tse* skitterende kleure op sy vlerke en lyf. Sy grootte is byna dubbel dié van 'n gewone vlieg.

Mauch was daardie hele dag in 'n baie slegte bui. Sy geweer was buite werking. Onderweg van Hamilton na Derby het dit as gevolg van die hewige geskud van die wa af geval en een van die hane, dié van die regterloop, het verlore geraak. In die Lebomboberge het hy die visierknoppie, wat van yster gemaak was, verloor. Die vorige dag het een van die swartes wat saam met ons gekom het, hom gevra om sy geweer te leen om wild te gaan skiet en om hom in 'n goeie luim te hou, het hy hom die geweer gegee. Die man het teruggekeer omdat die linkersneller gebreek het.[512] Mauch het my toe gevra om my geweer te leen om 'n paar bokke te gaan skiet wat ons onderweg gesien het. Die eerste skoot was mis en toe hy weer gelaai het, het hy die koeël sonder buskruit ingesit. Ons was nou ongewapen. Ek het egter die volgende dag sake uitgestryk. Ek het 'n bietjie kruit deur die laaigat ingegooi en so van die koeël ontslae geraak. Mauch, wat iets van alle ambagte geweet het, het sy geweer herstel deur die regtersneller vir die linkerloop te gebruik deur middel van geskikte gereedskap wat ek by my gehad het.

Teen sonsonder het ons by 'n stat halt geroep waar ons oornag het.

Ek het die verskil in voorkoms van die mense wat oos van die Lebombo's woon, begin opmerk. Hulle is leliker, vuiler en lyk ongesond. Hulle strooihutte is silindries-kegelvormig.[513] [Fig. 96]

---

512. Volgens Mauch het die laaste insident op 31.07.1870 plaasgevind. E.E. Burke (red.), *The journals of Carl Mauch*, pp. 56 & 60.

513. Die raamwerk van die mure van die hut bestaan uit houtpaaltjies wat 'n entjie van mekaar in 'n sirkel in die grond geplant is sodat dit nagenoeg 1,2 m bo die grond uitsteek. Buigbare latte word nagenoeg 30 cm uit mekaar horisontaal daaraan bevestig, terwyl die tussenruimtes met dun rietjies ingevul word. Daarna word die kegelvormige dakkonstruksie, wat vooraf vervaardig is, op die silindriese mure geplaas, waarna die dak met dekgras gedek en die mure met klei gepleister word. Die hutte is betreklik maklik om op te rig, koel in die somer en waterdig in die reënseisoen en smelt pragtig met die omgewing saam. H.A. Junod, *The life of a South African tribe*, II, pp. 104-111.

Ons aandete het bestaan uit mapila-pap,[514] waarvan ons gehou het omdat dit nie van die mieliemeel was wat ons daaglikse spyse vir die afgelope sestien dae was nie; ten spyte van die verandering, het ek nogtans vir die eerste keer gedurende die lang reis geen eetlus gehad nie. Ek weet nie wat die oorsaak was nie. Sowel ek as my reisgenoot was bevrees dat die klimaat van die streek, asook die ontberings en uitputting wat ons deurstaan het, geleidelik besig was om ons gesondheid aan te tas.

Op 12 September verlede jaar, dit wil sê 1869, was ek en my kollegas van die Diplomatieke Kommissie in die stat van Marraqueno[515] aan die linkeroewer van die Manica- of Incomatirivier,[516] ongeveer dertig myl[517] van die monding. Ons het oorland na Transvaal gereis, 'n tog wat 'n paar dae later laat vaar moes word, aangesien berigte van oorloë tussen die inboorlinge[518] ons bereik het. Gevolglik het die Kommissie na Lourenço Marques teruggekeer om sy bestemming via Port Natal te bereik.

Daardie dag, 12 September, het 'n aantal swartes gekom en ons meegedeel dat die lyk van 'n blanke man daar naby gevind is. Omdat ons gevrees het dat dit iemand van Lourenço Marques mag wees, het ons na die plek gegaan waar die liggaam gelê het, maar nie een van ons het die man herken nie. Die ongelukkige man was kennelik 'n

---

514. Mapilapap word van graansorghum, onder die Ronga bekend as *mabele* of *maphila*, gemaak. Die sorghum word fyn gestamp of gemaal en in meelvorm geëet, maar die hoofgebruik daarvan is om suurdeeg vir sorghumbier te verskaf. Dit is een van die oudste graansoorte wat in sy verskillende variëteite aan die Rongas bekend was. C.F. Spence, *Moçambique*, p. 77; H.A. Junod, *The life of a South African tribe*, II, pp. 10-11.
515. Waarskynlik Marraquene of Marracuene. AHU, Lissabon: Pasta 45, 2º Vol., Relatório apresentado pela Commissão Diplomatica, p. 6.
516. Die Incomatirivier, o.m. ook bekend as die Manhiça- of Manissarivier, het sy oorsprong in die omgewing van Klipstapel, vloei deur Swaziland en daarna deur Mpumalanga, waar dit as die Komati- of Nkhomatirivier bekend staan. Die Incomati, wat "rivier van die koeie" – bedoelende seekoeie – beteken, mond aan die noordekant van Delagoabaai uit. W.J. de Kock, *Portugese ontdekkers om die Kaap*, p. 223; J.J. Grotpeter, *Historical dictionary of Swaziland*, pp. 65-66; J.S. Bergh (red.), *Geskiedenisatlas van Suid-Afrika*, p. 83; P.E. Raper, *Dictionary of Southern African place names*, p. 181.
517. Ongeveer 48 km.
518. Die onderlinge stryd tussen inboorlinggroepe van Mosambiek het in die omgewing van Bilene, die vroeëre hoofstat van Soshangane, uitgebreek. AHU, Lissabon: Pasta 45, 2º Vol., Relatório apresentado pela Commissão Diplomatica, p. 9; M. Newitt, *A history of Mozambique*, p. 293.

vreemdeling. Hy was 'n man met 'n adellike voorkoms, wat respek afgedwing het. In die dood het hy nog nie veel verander nie. Sy halfoop oë en lippe het met 'n onuitspreeklike berusting geglimlag. Die verhewe gesigsuitdrukking van hierdie dooie man was inderdaad bewonderenswaardig. Dit het voorgekom asof 'n innerlike lig uit hom gestraal het, 'n glans wat voortgekom het uit die siel wat die liggaam verlaat het, asof hy een of ander hemelse visioen in sy sterwensuur gehad het.

Ons het die lyk deeglik ondersoek, maar daar was geen teken dat hy gewelddadig gesterf het nie. Die uitgeteerde toestand van die liggaam, die wyse waarop die klere van die oorledene met ontlasting besmeer was, so het die swartes ons ingelig, 'n stukkie verrotte maniok[519] en 'n paar rou mielies wat ons in 'n leersak langs die liggaam gekry het, het alles daarop gedui dat sy dood veroorsaak is deur 'n siekte as gevolg van die inname van bedorwe kos, moontlik vererger deur die uitputting wat die man verduur het in 'n klimaat wat baie gevaarlik en vir 'n blanke ongesond is.

Ons het die liggaam begrawe en die paar voorwerpe wat daarby gevind is na die owerheid in Lourenço Marques gestuur. Onder die items wat aan die liggaam gevind is, was 'n oefeningboek waarin dagboekaantekeninge was en waaruit dit geblyk het dat die man se naam William Martin[520] was en dat hy daardie jaar gedurende Januarie in Natal was.

---

519. Maniok, kassawe of broodwortel (*Manihot utilissima*), deur die Ronga *ntjumbulu* genoem, is naas grondbone die belangrikste stapelvoedsel van die inboorlinge in Mosambiek. Die gedroogte wortels, wat hoofsaaklik uit stysel bestaan en soos pap gekook word, sowel as die blare van die plant word geëet en vorm saam 'n betreklik gebalanseerde dieet. Maniok kom oorspronklik uit tropiese Suid-Amerika, aard goed in los grond, veral in die sanderige kusstreek, en is droogtebestand. C.F. Spence, *Moçambique*, p. 76; H.A. Junod, *The life of a South African tribe*, II, p. 15; P.J. Coertze & R.D. Coertze, *Verklarende vakwoordeboek vir Antropologie en Argeologie*, p. 142; J.L. Marais, *Lae wolke oor Mosambiek*, p. 35.
520. William Martin (1822-1869) van Dumfries, Skotland, het in 1848 van die Kaap na Natal gekom. In dieselfde jaar het hy aan die slag by Boomplaats deelgeneem en is hy deur die Boere gevange geneem. In die jaar 1850 was hy die bestuurder van Joseph Henderson se besigheid in Pietermaritzburg. Van 1859 tot 1862 was hy in vennootskap met M.P.C. Ferreira en J.O. Francis 'n afslaer in Pietermaritzburg en het daarna as rekenmeester en agent in dié dorp opgetree. Hy het die ZAR in 1852, 1864 en 1869 besoek en ook na Australië, Singapoer en Mosambiek gereis. Hy het hom veral met die verslawing van swart kinders in die ZAR en die O.V.S. bemoei en lang verslae daaroor aan die Natalse regering gestuur. Martin is op 12.09.1869 oorlede. Skriftelike mededelings: Mnr. Louis Eksteen, Posbus 15600, Arborpark, Newcastle, 2940, 02.12.2003, 21.01.2004; Mev. Shelagh Spencer, Woodgrove, Privaatsak X5, Cascades, 3202, 02.12.2003.

Die inboorlinge het ons meegedeel dat hy[521], terwyl hy een nag saam met 'n paar blanke reisgenote in die wildernis was, hom alleen in 'n stat bevind het toe 'n bende vyandiggesinde swartes dit skielik aangeval en afgebrand het en van die mense doodgemaak het. Hulle wou hom ook doodmaak, maar het hom uiteindelik net gevange geneem en beslag gelê op alles wat hy besit het. Na 'n paar dae het hulle hom weer vrygelaat en 'n klompie van sy besittings aan hom teruggegee.[522] Op hierdie manier, geskei van sy reisgenote, het hy te voet na Lourenço Marques in die pad geval, toe hy so naby ons en ons dorp sy dood tegemoetgegaan het. Indien die ongelukkige man ons slegs twee dae vroeër ontmoet het, sou hy waarskynlik nie beswyk het nie, omdat ons hom gesond sou gedokter het. Die Natalse koerant het sy dagboek later gepubliseer,[523] wat op versoek van die Britse owerheid deur die Goewerneur van Lourenço Marques aan sy vriende gestuur is.[524] Die dagboek bevestig haarfyn elke besonderheid wat ons van die swartes verneem het.

W. Martin was 'n man met eenvoudige gewoontes wat deur party mense as eksentriek beskou is. Dit wil voorkom asof sy hoofdoel was om met alle mag by te dra om Afrika, sy aangenome land, te beskaaf. Soos talle van sy landgenote van die edele Anglo-Saksiese ras, was hy 'n entoesias en het opreg in die veredeling van die rasse van Afrika geglo. Sy filantropiese beginsels het algemene byval gevind en het die statuur van 'n praktiese en tog eenvoudige en oortuigende teorie gehad. As 'n opregte verkondiger van hierdie idees, het hy as martelaar vir die beskawing gesterf op die wyse waarop diegene wat poog om

---

521. D.w.s. William Martin.
522. Volgens *The Natal Witness* van 29.10.1869 onder meer 'n seldsame kompas wat C. Maber van "The Parsonage", Boston, 'n klein dorpie net noord van Pietermaritzburg, aan hom geleen het. Die kompas is nie by sy lyk gevind nie. Skriftelike mededeling: Mnr. Louis Eksteen, Posbus 15600, Arborpark, Newcastle, 2940, 02.12.2003.
523. *The Natal Witness* van 29.10.1869 het Fernando da Costa Leal se weergawe van die dood van Martin volledig in Engels gepubliseer, terwyl *The Natal Witness* van 03.12.1869 'n lang huldeblyk aan Martin onder die opskrif "Martyr to philanthropy" bevat. Hierdie huldeblyk is deur die *Natal Mercury* oorgeneem. Skriftelike mededeling: Mnr. Louis Eksteen, Posbus 15600, Arborpark, Newcastle, 2940, 02.12.2003.
524. Die Britse koloniale owerheid in Natal het José Augusto de Sá e Simas, goewerneur van Lourenço Marques, versoek om die koerant aan Martin se jagtersvriende in Mosambiek te stuur.

die vooruitgang van die beskawing te bevorder, gewoonlik die lewe laat, selfs misken deur hulle wat hy so vuriglik begeer het om tot dieselfde vlak as die bevoorregte rasse op te hef.

Hy was 'n bekende man en is in die Kolonie algemeen hooggeag, waarvandaan hy 'n ontdekkingstog deur Zoeloeland onderneem het en hy het baie naby New Scotland verbygegaan. Toe die Kommissie deur Natal gegaan het, is ons aanhoudend deur sy talryke vriende genader wat ons weergawe wou verneem van wat presies gebeur het, en hulle het ons baie bedank vir die min wat ons vir die oorledene gedoen het.

Ek sal nooit die diep indruk vergeet wat hierdie droewige en eerbiedwekkende toneel op my gemaak het nie. Die lewelose liggaam van daardie man, wat vir 'n edelmoedige ideaal gesterf het, liggende daar aan die oewer van 'n rivier van Afrika onder die skroeiende son, het 'n grootsheid en 'n statigheid besit wat my geboei het.

Die idee het, soos nooit tevore nie, by my opgekom dat ek in 'n land en 'n posisie gekom het wat nagenoeg soortgelyk was.

My geeskrag het nietemin nie verflou nie. Voor die aanvang van die reis het ek die risiko's daaraan verbonde goed oorweeg, dit in orde gevind en dit spontaan onderneem, en, danksy die Voorsienigheid, was ek in staat om dit te voltooi. Ek moet egter erken dat ek voortdurend 'n vae onrus ervaar het. Ek herhaal vuriglik, danksy die Voorsienigheid, het nie een van my onheilspellende voorgevoelens waar geword nie, maar het ek dit oorleef, veilig en ongedeerd, en het ek die oomblik sien aanbreek toe hierdie voorspooksels verdwyn het.

Ek vra om verskoning vir hierdie afdwaling en sal nou voortgaan.

Volgens inligting wat ons in die stat ontvang het waar ons op 1 Augustus was, het ons inboorlinge besluit dat ons liewer nie na die stat van die opperhoof van Maputo moes gaan nie, maar die Usutu in die nabyheid moes oorsteek en direk na Lourenço Marques moes beweeg. Op dié wyse sou ons die roete aansienlik verkort en bowendien sou ons, deur die regteroewer van die Usutu stroomaf te volg, nie die Pongola hoef oor te steek nie. Dit is waar dat die gebied wat deurreis moes word baie yl bevolk is, 'n gewisse teken van 'n gebrek aan water, maar die tydbesparing was vir ons uiters belangrik en daarom het ons dadelik oor die nuwe reisplan saamgestem, wat ons reeds teenoor ons inboorling-reisgenote geopper het.

Die nag van 1 op 2 Augustus het ek onrustig deurgebring en teen dagbreek, toe ek net wou insluimer, is ek deur die klank van 'n kragtige vloek in Duits gewek. Gedurende die stille uur het ek 'n stem gehoor wat op 'n eentonige gemompel en met die gebruiklike langdradigheid van die swartes voortgeduur het. Die hoofman van hierdie stat was die orator en hy het ons draers aangeraai om ons te verlaat omdat, so het hy gesê, hulle geen betaling van ons in Lourenço Marques sou ontvang nie, soos wat met een van die mense van sy stat gebeur het. Hy het hulle ook na 'n jagparty uitgenooi wat binnekort gehou sou word. Gelukkig het ons draers ons vertrou en geantwoord sonder om oënskynlik oortuig te wees. By tye was ons in die versoeking om uit ons beddens te spring en die kwaadsprekende boef se mond te snoer, maar het daarin geslaag om onsself tot dagbreek te beteuel toe die gevaarlike gesprek beëindig is.

In die oggend het een van ons mans gesê dat hy siek was. Hy het van tandpyn gekla en die inboorlinge het gesê dat ons daardie dag in die stat moes bly. Ons vrese is hierdeur gewek dat hulle van voorneme was om te dros, want dit het vir ons na 'n blote voorwendsel gelyk. Gelukkig was ons vermoedens ongegrond en die man was werklik siek, anders was ons situasie benarder as ooit, want ons handelsware was haas uitgeput. Dit was die hoofman se doelwit. Hy wou ons daar hou sodat hy so veel as moontlik van ons oorblywende goedere in die hande kon kry.

Om vir ons verontrusting te vergoed, het ons daardie dag 'n fees gehad: twee hoenders[525] en gekookte mapila.

Ek het daardie dag in die stat gebly om die verlore slaap van die vorige nag in te haal, terwyl Mauch met my geweer gaan jag het.

Hierdie dag, 2 Augustus, wat so sleg vir ons begin het, was uiteindelik 'n gelukkige een. *Dies albo notanda lapilo,*[526] soos die Romeine sê.

---

525. Pluimvee het reeds in die 16de eeu algemeen in die omgewing van Delagoabaai voorgekom en elke stat het 'n hoenderhok (*shihahlu*) in die vorm van 'n klein hut op pale gehad om die pluimvee teen slange en roofdiere te beskerm. Eiers is nie geëet nie, maar in die neste gelaat om uit te broei. H.A. Junod, *The life of a South African tribe*, II, pp. 51-52; Naval Intelligence Division, *A manual of Portuguese East Africa*, p. 107.

526. *Dies albo notanda lapilo* (Port.): 'n Dag aangeteken met 'n wit steen – 'n merkwaardige dag.

Mauch het 'n, wat die Boere noem, *wilde-beest* (besta brava)[527] [Fig. 97] geskiet;[528] die soölogiese naam daarvan is *catoplebas*.[529] Die Boere, wat altyd baie presies met hulle benamings is, is korrek deur hierdie viervoetige dier 'n *beest* te noem, want dit is die benaming wat hulle gewoonlik net vir osse en perde gebruik. En die *wilde-beest* toon inderdaad groot ooreenkomste met albei hierdie diere. Dit het die grootte van 'n klein os en sy snoet, kop, ore, bene en horings lyk soos dié van 'n os, hoewel laasgenoemde nie so glad soos dié van die os is nie. Die nek en die stert lyk na dié van die perd en is met dik en stywe hare bedek. Die huid is soos dié van 'n perd.[530] Die een wat Mauch geskiet het, behoort aan die soort wat die Boere 'n *Bhere-wilde beest* – blou *wilde-beest* – noem, hoewel die kleur van die vel soos dié van 'n donker os met 'n blou skynsel is. Die huid van die ander soort, wat baie algemeen in die Vrystaat en in Transvaal voorkom, is donker en dof. Laasgenoemde is nie so gewild soos eersgenoemde nie, waarvan die vleis, wat baie vet bevat, baie soos dié van 'n koei is. Hulle wei in troppe van twintig tot honderd en is volop in Transvaal. Hulle kan maklik te perd geskiet word, want hulle is baie stadiger as 'n perd. Sy galop is meer soos dié van 'n os as gevolg van die swaaiende bewegings van sy kop en lyf.

Die hoofman van die stat is ingelig oor die plek waar die karkas gelê het en hy het dit daar laat opsny. Hierdie gebruik of wet van die inboorlinge is welbekend en ek glo dat dit onder alle suidoostelike stamme voorkom. Ons eie swartes het saam met die res feesgevier, deur aanvanklik van die vleis rou te eet, maar dit later te kook en te rooster. Ons het vir onsself die hart, die tong en die murg van een been uitgehou. Dit was na ons lang vastyd smaaklik.

Naby die stat in 'n mielieland waarheen ons later gegaan het, het

---

527. *Besta brava* (Port.): wilde dier.
528. Wildebeeste en impalas was volop in die omgewing en Mauch het daarin geslaag om 'n wildebees plat te trek - tot groot vreugde van die inboorlinge. E.E. Burke (red.), *The journals of Carl Mauch*, p. 61.
529. Dit kon 'n blouwildebees (*Connochaetes taurinus*) of 'n swartwildebees (*Connochaetes gnou*) gewees het. V. Carruthers, *The wildlife of Southern Africa*, p. 180.
530. Die ooreenkomste van veral die swartwildebees met die os en die perd is ook deur ander besoekers waargeneem. Naval Intelligence Division, *A manual of Portuguese East Africa*, p. 82.

ons gefossileerde *ammonites*[531] en 'n versteende vrug, byna rond en so groot soos 'n groot pruim gevind. Terwyl hierdie vondste my nuuskierigheid geprikkel het, het dit ware vreugde gegee aan Mauch, wat deur die bediendes in Matebele *Match-match* genoem word, wat beteken "Man wat klippe versamel".[532]

Daardie nag het ons die gebrul van 'n leeu baie naby ons gehoor. Dit was lank nie meer 'n nuwe geluid vir my nie, want ek het dit vantevore dikwels snags gehoor wanneer ons in die beboste streke aan die ander kant van die Lebombo's geslaap het. In hierdie geval is die leeu deur die vars vleis en die reuk van bloed na die stat gelok. Ons het opgestaan en ons gewere oorgehaal sodat ons op die nagtelike besoek van die koning van die diere voorbereid kon wees, maar ek het nie die plesier gehad om hom te sien nie. Die hiënas het ook kom rondsnuffel en hulle skor en skel geluide het soos uitbarstings van 'n luide sarkastiese gelag geklink; maar dit was nie die moeite werd om 'n koeël op hulle te vermors nie omdat hulle nie iemand in 'n geselskap of selfs 'n gewapende enkeling aanval nie, sodat ons geen rede gehad het om hulle te vrees nie.

Om kwart voor agt die volgende oggend het ons die stat verlaat nadat ons *alijala* op ons leë mae as 'n plaasvervanger vir oggendtee of -koffie gedrink het. Ons het vinnig gestap tot om halftien, toe ons by die regteroewer van die Maputo- of Usuturivier aangekom het.

Ons was toe naby die engtes waar die Maputo deur die Lebombo's gaan. Op daardie plek is die rivier tweehonderd jaart[533] breed en op sy diepste is hy vyf en 'n half handbreedtes.[534] Die rivierbedding bestaan uit fyn wit dryfsand wat op plekke net onder die watervlak is.[535] Die plantegroei aan die oewers van hierdie majestueuse rivier is manjifiek; ek sal later weer die geleentheid hê om aan die Usuturivier aandag te gee.

---

531. *Ammonites* (Port.): Ammoniete of ammonshoring. Mauch het groot voorbeelde daarvan gevind wat tussen ongeveer 30 tot 45 cm in deursnee was. E.E. Burke (red.), *The journals of Carl Mauch*, p. 61.
532. Mauch was inderdaad 'n ywerige fossielversamelaar. C.T. da Mota, *Presenças Portuguesas na África do Sul*, p. 124.
533. Ongeveer 180 m.
534. 'n Handbreedte is ongeveer 9 cm; dus nagenoeg 50 cm.
535. Word bevestig deur Mauch. E.E. Burke (red.), *The journals of Carl Mauch*, p. 62.

Ons het onmiddellik voortgegaan om deur te waad. Hier is geen krokodille nie omdat die water te vlak is. 'n Halfuur na die middaguur het ons naby 'n klein spruitjie vertoef om 'n stukkie van die gekookte *wild-beest*-tong te eet. Ons het ons reis direk daarna voortgesit. Teen drie-uur in die namiddag het ons by 'n stat aangekom waar hulle ons meegedeel het dat dit die laaste op ons pad na Lourenço Marques was. Gelukkig was hulle verkeerd. Ons het daardie dag nie verder gereis nie.

Die volgende dag, 4 Augustus, het ons 'n bietjie gekookte maniok vir ontbyt geniet en met 'n hoeveelheid rou grondbone[536] en gekookte mieliepap in ons sakke ons staptog voortgesit. Ons het, met twee rusposes van 'n halfuur elk, ononderbroke tot vyfuur in die namiddag gestap en 'n ander stat bereik. Weliswaar het die swartes klaarblyklik verdwaal, want ons het soms weswaarts geloop. Ons het in die stat geslaap. Ek het ongesteld gevoel omdat die rou grondbone en halfgekookte mieliepap wat ons in die loop van die dag geëet het, nie verteer het nie. Gedurende die nag het ek opgestaan om op 'n hiëna te skiet wat gekom en byna by my kop getjank het. Ek het hom in sy linkerpoot gekwes en hy het hinkend in die bosse verdwyn.

Teen dagbreek op die 5de het ons ons staptog voortgesit en ononderbroke geloop sonder om 'n enkele stat teen te kom.[537]

Ons het die nag in 'n ruie bos deurgebring waar die leeus en die hiënas ons met hulle musiek wakker gehou het,[538] maar hulle het op 'n behoorlike afstand van ons groot vuur gebly. Die volgende oggend[539] was ons nie ongeneë om ons "slaapkamer" vir een nag te verlaat nie. Die mis was dig, maar ons kon ons tog nietemin voortsit. Nadat die mis opgeklaar het, het ek 'n swart en wit gespikkelde tarentaal [Fig. 98] in

---

536. Grondbone (*Arachis hypogaea*), wat deur die Ronga *marumane* of *tinumane* genoem word, kom feitlik daagliks in die dieët van die Ronga voor, óf in geroosterde vorm óf verwerk in 'n sous (*muru*). H.A. Junod, *The life of a South African tribe*, II, pp. 11-12.
537. Volgens Mauch het hulle wel oor die middaguur by 'n klein Ronga-stat aangedoen waar hulle die pad gevra het na Puguti (Bukutje), 'n Ronga-hoofman wie se stat naby Catembe was. E.E. Burke (red.), *The journals of Carl Mauch*, p. 64. Kyk ook voetnoot 548.
538. Mauch, wat aan slaaploosheid gely het, het hierdie "konsert" verwelkom. E.E. Burke (red.), *The journals of Carl Mauch*, p. 65.
539. D.w.s. 06.08.1870.

'n boom gesien en dit geskiet.[540] Dit was een van my grootste jagprestasies op ons hele lang reis. Die tarentaal was so groot soos 'n klein kalkoen en sy vleis is baie geuriger as dié van die gewone mak hoender.

Ons het tot twee-uur die namiddag voortgestap, toe ons by 'n sanderige gebied gekom het waar 'n soort palm en sekere wilde vrugte die nabyheid van die see aangedui het. Die vrugte word *masala*[541] genoem, is heeltemal rond en is so groot soos 'n lemoen en is slegs eetbaar wanneer dit van die boom af val. Terwyl dit aan die boom hang, kom dit ryp voor omdat dit geel is, maar dan is dit baie bitter. Daar is feitlik niks te ete daarin nie, want dit is vol pitte. Die palmboom dra 'n vrug wat soos 'n kokosneut lyk, maar baie kleiner is, die grootte van 'n gewone perske, en dit smaak soos 'n baie harde en smaaklose amandel. My middagete het uit twee *masalas* en een van hierdie neute bestaan. Mauch het geen aptyt vir hierdie sober maal gehad nie, natuurlik om vir my as voorbeeld te dien, aangesien die vroue besig was om mielies[542] en maniok te kook. 'n Bietjie daarvan is in 'n bak aan ons voorgesit en ons draers het ook gekry. Aanvanklik wou die vroue ons niks daarvan gee nie omdat ons slegs 'n klompie blou glaskrale gehad het, terwyl hulle klein pienk kraletjies[543] wou gehad het. Daarna het ons weer voortgegaan en tot skemerdonker gestap tot ons by vyf strooihutte in 'n oopte in die digte bos[544] gekom

---

540. Die tarentaal (*Numida meleagris*) was die belangrikste eetbare voël in Mosambiek. Ook Mauch het 'n tarentaal geskiet. Naval Intelligence Division, *A manual of Portuguese East Africa*, p. 84; E.E. Burke (red.), *The journals of Carl Mauch*, p. 65; G.R. McLachlan & R. Liversidge (reds.), *Roberts birds of South Africa*, p. 135.
541. Kyk voetnoot 423.
542. Mielies is die mees algemeen verboude graansoort onder die Tonga, maar die mieliekoppe en -pitte van die mielies wat deur die Ronga in die sandduine geplant word, is veel kleiner as die mielies in die vrugbaarder gebiede in die noorde. Hulle eet gebraaide groenmielies, maar die res word toegelaat om ryp en droog te word. H.A. Junod, *The life of a South African tribe*, II, pp. 9-10.
543. Krale, *nkarara* in Ronga, het in die 16de eeu as ruilmiddel van die Portugese vir goud en ivoor hulle verskyning in Delagoabaai gemaak. Die inboorlinge was gefassineer deur die helderheid en deursigtigheid van die glaskrale en het dit vir maak van halsnoere, arm- en enkelbande en lyfbande en die versiering van kalbassies en velsakkies – veral die tabaksak – gebruik. H.A. Junod, *The life of a South African tribe*, II, pp. 102-103.
544. Die Ronga het daarvan gehou om hulle hutte in ooptes tussen bosse en bome op te rig, omdat dit hulle teen die sterk suidewind beskerm het, maar ook omdat hulle dan uit die oog van verbygangers was. H.A. Junod, *The life of a South African tribe*, I, p. 311.

het en daar geslaap het. Hier het ons die tarentaal geniet en 'n deel daarvan vir die volgende oggend gebêre.

Die volgende dag, 7 Augustus, was stap in die diep los sand in die pad baie moeiliker. Uiteindelik het ons teen vieruur die namiddag na 'n ononderbroke staptog by die stat van hoofman Puguti[545] aan die Tembe- of Catemberivier[546] aangekom, wat direk slegs twee uur[547] van Lourenço Marques geleë is.

Die hoofman het 'n bietjie Portugees gepraat, maar hy was heeltemal beskonke van palmwyn[548] en brandewyn[549] wat in Lourenço Marques gekoop is. Hy het aan ons 'n man beskikbaar gestel om saam met ons na die garnisoen te gaan. Dit was nodig om per boot met die Tembe af te vaar, of om tot so ver as die regteroewer van die Rio do Espírito Santo[550] teenoor die garnisoen te gaan om aan die ander kant te kom. Dit was daarom vir ons nodig om 'n boot te bekom. Ek het 'n nota aan die Goewerneur van Lourenço Marques[551] gestuur

---

545. Puguti [Bukutje] was 'n betreklik belangrike Ronga-hoofman wat dié posisie sedert 1857 beklee het. Mauch beskryf hom as statig, geneig tot swaarlywigheid en dus aantreklik volgens die strandaarde van sy stamgenote. Hy het 20 vrouens en tallose kinders gehad. E.E. Burke (red.), *The journals of Carl Mauch*, pp. 67-68; H.A. Junod, *The life of a South African tribe*, I, p. 25.
546. Die Tembe- of Catemberivier, deur die Engelse die Temby River genoem, word gevorm deur die samevloeiing van sy takriviere, die Mazeminhama en Matilonge, wat in die Lebomboberge ontspring. Die Tembe vloei op sy beurt saam met die Umbeluzi en die Matola om die Rio do Espírito Santo te vorm. L.M. Jordão, *Memoria sobre Lourenço Marques (Delagoa Bay)*, pp. 2-4; E. de Noronha, *O districto de Lourenço Marques e a Africa do Sul*, pp. 35-36.
547. Da Costa Leal bedoel waarskynlik twee uur te voet, d.w.s. ongeveer 10 km.
548. Palmwyn *(busura* in Ronga) word van die sap van die *milala-* *(mlala-)* of lala- of ilalapalmboom (*Hyphaene natalensis*) gemaak. Van die blare van hierdie palmboom vleg die mans mandjies. H.A. Junod, *The life of a South African tribe*, II, pp. 42-43; Naval Intelligence Division, *A manual of Portuguese East Africa*, p. 107; U. de V. Pienaar (red.), *Neem uit die verlede*, p. 89; K., P. & M. Coates Palgrave, *Die Suid-Afrikaasne boomgids*, p. 17.
549. Mauch verwys na 'n bottel jenewer (gin). E.E. Burke (red.), *The journals of Carl Mauch*, p. 67.
550. Die Rio do Espírito Santo (Rivier van die Heilige Gees) word gevorm deur die samevloeiing van die Tembe, die Umbeluzi en die Matola. Hierdie rivier, deur die Engelse die English River genoem, mond tregtervormig in Delagoabaai uit. L.M. Jordão, *Memoria sobre Lourenço Marques (Delagoa Bay)*, pp. 2-4; E. de Noronha, *O districto de Lourenço Marques e a Africa do Sul*, pp. 35-36; G.M. Theal, *The Portuguese in South Africa*, p. 285.
551. José Augusto de Sá e Simas was in 1870 goewerneur van Lourenço Marques. L.M. Jordão, *Memoria sobre Lourenço Marques (Delagoa Bay)*, p. 42; E.E. Burke (red.), *The journals of Carl Mauch*, p. 71.

waarin ek om 'n boot gevra het en daarna het ons op 'n antwoord gewag.

Puguti het ons daardie aand op rys[552] en kerriehoender getrakteer, en so ook die volgende oggend. Ons het egter niks gehad om hom in ruil te gee nie. Ons het later vir hom van Lourenço Marques af 'n geskenk gestuur. Eers om elfuur die volgende oggend, 8 Augustus, het die antwoord van die Goewerneur gekom. Ons het die stat verlaat en teen eenuur die namiddag by die garnisoen aangekom. Ons het die Baai in 'n inboorlingkano oorgesteek[553] en gedurende die vaart het die vrees van ons draers van die berge, wat nooit voorheen die see gesien het nie, ons baie geamuseer. Een van hulle het 'n groot mond vol water geneem, omdat hy verwag het dat dit vars sou wees.

Teen twee-uur die namiddag was ons in Lourenço Marques.

Ons het toe verneem waarom ons geen antwoord op my brief ontvang het nie. Die man het die Goewerneurswoning nie voor elfuur daardie oggend bereik nie. Die Goewerneur het die buitengewone goedhartigheid gehad om 'n persoon met 'n boot in die Tembe[554] op te stuur om ons naby die stat van Puguti met spys en drank[555] aan boord te verwelkom en om die arme honger reisigers te verfris. Ek en my reisgenoot was besonder jammer dat ons hierdie byeenkoms misgeloop het en om daarvoor te vergoed, wou ons vir hom 'n bootjie

---

552. Rys of *mpunga* is reeds teen 1870 in Mosambiek verbou, maar die grootskaalse aanplanting daarvan het eers tussen 1870 en 1880 plaasgevind. H.A. Junod, *The life of a South African tribe*, II, p. 11.
553. Die hele geselskap met hulle bagasie is vir 3 sjielings in 'n lekkende en brose vaartuig deur twee tienderjarige seuns oor die Baai geroei. E.E. Burke (red.), *The journals of Carl Mauch*, p. 68.
554. Die gebied suid van Delagoabaai rondom die Temberivier staan bekend as Tembe en die bewoners van die streek heet ook die Tembe. Hulle behoort tot die Ronga en is van Nguni-oorsprong en dit is opvallend dat die Dlaminis, die koningshuis van Swaziland, steeds *baka Tembe* (hulle van Tembe) genoem word; 'n aanduiding van die noue verwantskap tussen die Swazi en die Ronga. J.J. Grotpeter, *Historical dictionary of Swaziland*, p. 172; P.J. Coertze & R.D. Coertze, *Verklarende vakwoordeboek vir Antropologie en Argeologie*, p. 262; J.S.M. Matsebula, *A history of Swaziland*, pp. 8-9.
555. Ronga-mans se gunsteling tydverdryf is die drink van bier wat in groot maat in elke kraal gebrou word; veral van graansorghum, maar ook van mielies en manna. Volgens Mauch is hulle bier nie so sterk as dié van die Zoeloe nie en kort dit ook die aangename smaak en die voedsaamheid daarvan. H.A. Junod, *The life of a South African tribe*, I, p. 341, & II, p. 39; E.E. Burke (red.), *The journals of Carl Mauch*, p. 62.

kry, wat ons nie gedoen het nie, omdat hulle ons meegedeel het dat ons ons aankoms moes bespoedig en hy eers nege-uur daardie aand gearriveer het.

In Lourenço Marques was ek baie verbaas dat my kollegas van die Kommissie nie daar was nie, omdat hulle as gevolg van my buitengewone vertraging, meer as genoeg tyd gehad het om voor my daar te wees.

U sou opgemerk het dat ek in hierdie beskeie werk besonder min aandag aan die laaste gedeelte van ons reis gegee het. Die waarheid is dat daar in hierdie deel van die land bitter min merkwaardig en interessant is, en selfs al was dit nie so nie, kan ek hierdie gebrek aan beskrywing regverdig deur op die sedelessie van die storie van die uitgehongerde hoenderhaan te wys wat die kosbare edelgesteente laat lê het om 'n koringkorrel in te sluk.

Afgesien daarvan, het ek tot die einde van my storie gewag om alles saam te vat wat ek genoem het in verband met die moontlikheid van 'n hoofweg van Lourenço Marques binnelands na Transvaal op die roete waarlangs ek gereis het.

My reis kan in drie dele verdeel word: dit is van die binneland tot by Klipstapel[556] [Fig. 99] en New Scotland, vandaar af tot by die Lebomboberggreeks, en derdens, van daardie berge tot by Lourenço Marques. Met die bou van die hoofweg, sal ons slegs 'n derde van die koste hoef te dra. Nietemin sal ek graag 'n paar woorde oor die ander twee gedeeltes wou skryf.

Van Pretoria na New Scotland is niks wat die aanlê van 'n goeie pad kan belemmer nie, solank die rigtingslyn voortdurend die waterskeiding volg, wat noordwaarts in die Limpoporivier en suidwaarts in die Vaal dreineer en die opvanggebiede van hierdie twee riviere skei. Die bestaande pad wat ek van die binneland na New Scotland gevolg het, volg ongeveer dieselfde rigtingslyn en loop oor Klipstapel, 'n

---

556. Klipstapel, 1 832 meter bo seevlak, is die hoogste punt in die huidige distrik Ermelo en was vroeër 'n prominente uitkykpos. Op die kruin van Klipstapel was daar 'n misterieuse klipskans. Digby is 'n byna 5 km lange vallei waarin soveel hopies klip voorgekom het dat dit byna soos 'n oorgroeide begraafplaas gelyk het. Die dorp Breyten is in 1906 aan die voet van Klipstapel aangelê. R.T.J. Lombard, *Ermelo 1880-1980*, p. 1; T.V. Bulpin, *The Golden Republic*, p. 217; F.L. Cachet, *De worstelstrijd der Transvalers*, p. 333; P.E. Raper, *Dictionary of Southern African place names*, p. 62.

plek wat nagenoeg 6 330 voet bo seespieël geleë is,[557] en die Regering van Transvaal is van mening dat die pad langs hierdie roete moet gaan, wat ook al die rigtingslyn van ons gedeelte van die trajek mag wees, dit is van daardie gedeelte van die pad van Lourenço Marques tot by die Lebomboberge. Die rede daarvoor is omdat die egalige natuurlike glooiings 'n maklike pad van Klipstapel na al die handelsentrums van die Republiek moontlik maak. Klipstapel is 'n ietsie meer as vyftien geografiese myl noord van Hamilton geleë,[558] wat beskou kan word as liggende teen die oostelike hellings van die Drakensberg tot so ver as die laaglande tussen hulle en die Lebombo's. Klipstapel lê ook, soos ek reeds gemeld het, in die middel van 'n uitgestrekte steenkoolveld en as gevolg daarvan sou dit ook maklik wees om 'n spoorweg van New Scotland na die binneland aan te lê.

Daar is egter groot hindernisse wat tussen die twee laasgenoemde plekke na die Lebombo's oorkom moet word. Die verskil in hoogte tussen New Scotland en die voet van die Kathlambaberge is 5 600 voet[559] en die gebied is so bergagtig en ru, die valleie so diep en die hellings so steil dat die pad hier talle groot draaie en kronkelings sou moes hê, maar aan die anderkant is daar nie baie strome wat oorbrug moet word nie, sodat die konstruksie van so 'n pad nie baie geld sou kos en baie tyd in beslag sou neem nie. Sodra 'n mens in die laagliggende dele is, word jy met 'n 2 000 voet[560] hoë versperring gekonfronteer, dit is die Lebombobergreeks, wat deur geen voertuig, wat dit ook al mag wees, oorgesteek kan word nie.

Nie een van die plekke waar die Pongola-, Ungovuma-, Usutu- en Umbeluzirivier[561] deur die berge gaan, is vir die konstruksie van 'n

---

557. D.w.s. ongeveer 1 930 m. Vergelyk voetnoot 559.
558. Ongeveer 24 km, maar die rigting van Hamilton na Klipstapel is eerder wes.
559. Ongeveer 1 707 m, maar Da Costa Leal verwys waarskynlik na die verskil in hoogte bo seespieël van New Scotland en die voet van die Lebomboberge en nie die Kathlambaberge nie.
560. Ongeveer 610 m.
561. Die rivier se inboorlingnaam, Umbeluzi of Mbuluzi, is in 1544 deur die Portugese na Rio de Lourenço Marques verander ter ere van Lourenço Marques wat die gebied verken het. Geograwe van ander Europese nasies het steeds daarna as Rio da Lagoa verwys, terwyl die Engelse ook die naam Dundas River daarvoor gebruik het. Die rivier se opvanggebied is sentraal-noord Swaziland en die belangrikste takriviere daarvan is die

pad geskik nie. Dan is daar die Usutu of Maputo. Hoewel dit wil voorkom asof hierdie pragtige rivier tot by 'n plek 'n paar myl van die samevloeiing met die Pongola bevaarbaar is, kompenseer hierdie feit slegs in 'n geringe mate vir die enorme koste wat, na my mening, onvermydelik sou wees om die pad deur die nou en baie moeilike kloof deur die hoë berge te laat gaan. Daarbenewens is dit 'n feit dat van hier af tot by sy uitmonding in die Baai, die Usutu deur 'n laagliggende en moerassige gebied vloei, waarin groot moerasse voorkom wat deur alle Europeane vermy moet word.[562] Hierdie laaste faktor is nog kritieser as 'n mens daaraan dink dat daar tot nou toe slegs twee hindernisse was, maar dié twee is inderdaad baie ernstig, wat die Boere verhinder het om die Baai van Lourenço Marques dikwels te besoek, en hierdie struikelblokke is die ongesonde klimaat van die kusgordel en die *tse-tse*-vlieg.[563]

Die laaste deel van die pad, dit is oor land van die Usutu na Lourenço Marques, is hoegenaamd nie geskik vir verkeersweë nie. 'n Pad vir ossewaens, soos deur die Boere gebruik, het die volgende nadele: die diere is nagenoeg die hele afstand van meer as vyftig myl[564] aan die *tse-tse*-vlieg blootgestel, of hulle mag vrek van ander endemiese siektes[565] wat, soos algemeen bekend, groot verliese tot gevolg gehad het in Natal, waarheen geen handelaar wat in die binneland woon dit sal waag om sy goedere met sy wa te bring nie na enige deel van die

---

Swart- en Wit-Umbeluzi. Die rivier gaan deur die Umbeluzipoort na Mosambiek, vloei saam met die Tembe en die Matola en mond gesamentlik as die Rio do Espírito Santo in Delagoabaai uit. J.J. Grotpeter, *Historical dictionary of Swaziland*, p. 178; G.M. Theal, *The Portuguese in South Africa*, pp. 131 & 285.

562. Inboorlinge wat reeds eeue in moerasagtige gebiede gewoon het, het met verloop van tyd 'n sekere immuniteit opgebou teen siektes wat met moerasse vereenselwig word, terwyl Europeërs besonder kwesbaar daarvoor was.

563. Theal bevestig Da Costa Leal se siening dat die ongesondheid van die kusstreek, waar koors algemeen voorkom, asook die aanwesigheid van die tsetsevlieg in die oorgangsgebied die verbinding tussen die ZAR en Delagoabaai belemmer het. G.M. Theal, *The Portuguese in South Africa*, p. 271.

564. Ongeveer 80 km.

565. Endemiese veesiektes sluit in galsiekte (*anaplasmose*), rooiwater (*bilharziose*), nagana (deur die tsetsevlieg oorgedra), hartwater (deur bontbosluise oorgedra), miltsiekte (*antraks*), lamsiekte (gallamsiekte of *botulisme*), ooskuskoors (deur bosluise oorgedra), bloutong (deur *Culicoides* oorgedra) en perdesiekte (deur *Culicoides* oorgedra). D.J. Potgieter (red.), *Standard encyclopaedia of Southern Africa*, X, pp. 298-304.

kusgordel wat met bosse oordek is. Bowendien is daar talle strome wat oorgesteek moet word en waaroor brûe gebou sal moet word. Hierdie strome toon duidelike tekens dat hulle aan vloede onderhewig is waar die watervlak tot meer as vyftien voet[566] bo die normale vlak styg en daarbenewens in die reënseisoen oorstromings en moerasse tot gevolg het. Die grootste gedeelte van die gebied naby die kus, hoofsaaklik in die omgewing van die Baai, is niks anders nie as diep en growwe los sand wat met eindelose en digte woude en bosse oortrek is. 'n Spoorweg in daardie rigting sou 'n aansienlike kapitale uitleg beteken wat nie geregverdig kan word nie deur die omvang van die handel wat daardeur na die hawe van Lourenço Marques gelok sou word.

Hierdie struikelblokke kan daarom nie oorkom word langs die roete wat ek gevolg en nou volledig beskryf het nie.

Hoewel ek nie 'n kenner is nie, gee ek my mening met vrymoedigheid omdat die struikelblokke wat ek beskryf het van so 'n aard is dat enigiemand met gesonde verstand hulle kan raaksien, en ek kan dit slegs stel dat ek 'n grondige en deeglike ondersoek gedoen het.

Oor die rypad van Lourenço Marques na die binneland, bestaan daar 'n vae en algemene idee dat die riviere wat in die Baai uitmond, so ver as wat hulle bevaarbaar is, as verbindingsmiddels benut moet word. Dit sou uiters gewens gewees het, maar as 'n mens op die kaart kyk, sal jy sien dat hierdie riviere tot op 'n sekere plek oor die algemeen parallel met die kus loop en daarom is daar geen voordeel in om die loop van hierdie riviere te volg nie, omdat dit 'n mens nie nader aan die binneland bring nie; daarbenewens, as jy hierdie riviere benut, sal 'n mens, wanneer jy by die Lebombobergreeks aankom, soos ek reeds in die geval van die Maputorivier aangedui het, die ontsaglike probleem in die gesig staar om deur die kloof in die berge te gaan.

Hoe dit ook al sy, op 13 Augustus het die Kommissie wat deur die Regering van Transvaal na die Goewerneur van Lourenço Marques

---

566. Ongeveer 4,6 m.

gestuur is om oor die aanleg van die pad te beraadslaag, langs 'n ander roete, via Lydenburg, aangekom.[567]

Ek het as tolk vir die Goewerneur opgetree en weet daarom wat tydens die onderhandelinge gebeur het en van die sake waaroor die Regering reeds ingelig is.

Een van die twee lede van hierdie Kommissie, mnr. Moodie,[568] [Fig. 100] wat die regeringslandmeter in die Republiek is, is 'n baie bekwame man.

Na 'n deurtastende ondersoek van die gebied tussen Lydenburg en Lourenço Marques, het mnr. Moodie 'n lyn voorgestel in 'n rigting waardeur, soos dit vir my lyk, die moeilikhede verbonde aan die gedeelte van die hoofweg waarvoor ons verantwoordelik sou wees, tot 'n minimum beperk sou word.

Op my versoek het mnre Moodie en Mauch gesamentlik vir my 'n kaart geteken waarop 'n gedeelte van die reisplanne wat langs verskillende weë deur ons en mnr. Moodie gevolg is en die belangrikste berge aangedui is en waarop die rigtingslyn gekarteer is wat deur mnr. Moodie voorgestel is. Hierdie sketskaart is aan die Goewerneur van Lourenço Marques oorhandig, en ek het 'n kopie daarvan gemaak wat nog steeds in die sekretariaat van die Sentrale Regering van die Provinsie behoort te wees.[569] [Fig. 101]

---

567. Kommissie van die ZAR wat oor die aanlê van 'n pad moes onderhandel het bestaan uit G.P. Moodie en P.D. de Villiers, veldkornet van Lydenburg. Met hulle aankoms in Lourenço Marques op 13.08.1870 is hulle deur Da Costa Leal en Mauch ontmoet en na die residensie van die Goewerneur van Lourenço Marques geneem, waar hulle vriendelik en gasvry deur goewerneur De Sá e Simas ontvang is. TAB: SS 126, R 1103/70, G.P. Moodie – B.C.E. Proes, 29.08.1870; J.S. Bergh & F. Morton (reds.), *"To make them serve ..."*, p. 96, n. 182.

568. George Pigot Moodie (1829-1891), 'n regeringslandmeter van die ZAR wat ondersoek ingestel het na metodes om kommunikasie tussen Transvaal en Delagoabaai te verbeter en in 1872 'n skema vir die bou van 'n spoorlyn na Delagoabaai aan die Regering van di ZAR voorgelê het. So 'n spoorlyn sou nie net die kortste na 'n hawe wees nie, maar het ook buite die Britse invloedsfeer geval en daar was dus ekonomiese en politieke motiewe daaragter. W.J. de Kock (red.), *Suid-Afrikaanse biografiese woordeboek*, I, p. 582; R.C. de Jong, G-M. van der Waal & D.H. Heydenrych, *NZASM 100*, p. 26; R.C. de Jong, "The Iron Road to the Sea", *Pretoriana,* 108, August 1966, pp. 3 & 11.

569. Hierdie kaart wat op versoek van Da Costa Leal deur Mauch en Moodie geteken is, word in die Arquivo Histórico Ultramarino, Lissabon, onder Cartografia: Moçambique, 1870, RI-7, bewaar.

Die rigtingslyn wat deur mnr. Moodie aangedui is, volg 'n pad waarop daar min hindernisse is. Die voorgestelde lyn is 'n soort bergrug wat geleidelik oploop na die Lebombo's, wat op die plek nie baie steil is nie waar die rigtingslyn oor hulle loop. Die rede daarvoor is dat die rigtingslyn die waterskeidslyn tussen die opvanggebiede van die Maputo- en die Incomatirivier volg. Benewens hierdie baie belangrike voordeel, hou dit die verdere voordeel in dat dit byna 'n direkte lyn na die berge is. Die feit dat dit deur 'n gedeelte van die land gaan wat droog en betreklik gesond is, is 'n verdere aanbeveling. En ten slotte, na my mening is dit die enigste een wat prakties is.

Die vraag oor die rigting waarlangs die pad na die Lebombo's moet loop vir 'n oomblik daargelaat, dink ek dit is logies dat die pad moet gaan oor Lydenburg, wat die belangrikste dorp in die Republiek[570] en die naaste aan Lourenço Marques is. Dit is die hoofdorp van 'n distrik wat ryk is aan graan, ensovoorts. Afgesien daarvan, toon die kaart dat Lourenço Marques, Lydenburg en die goudmyne van die Tati in 'n nagenoeg reguit lyn lê.

Hierdie verslag sal onnodig lank word as ek verder oor hierdie saak uitwei. Ek sal slegs daaraan toevoeg dat die Regering van Natal baie jare gelede die aanleg van 'n spoorweg na die noordelike grens van daardie Kolonie oorweeg het om die handel met die Boere van die binneland te vergemaklik en toegang tot sy hawe te gee. Sedert ons verhouding met Transvaal so verinnig het, het dié beplande bou van die bogenoemde spoorweg in die Britse Kolonie herlewe en daar bestaan geen twyfel nie dat dit vroeër of later aangepak sal word omdat dit in die Kolonie Natal, wat feitlik geheel en al van die handel met die binneland afhanklik is, as 'n nekslag beskou sou word indien hierdie handel na Lourenço Marques afgekeer sou word.[571] In

---

570. Lydenburg was waarskynlik vir die Portugese die belangrikste dorp in die ZAR omdat dit die naaste aan Lourenço Marques en in 'n gesonde en waterryke streek met 'n aangename klimaat geleë was. Bowendien was dit die belangrikste dorp in die oostelike deel van die ZAR. J.J. Machado, *De Lourenço Marques a Pretoria*, p. 23.

571. Die Regering van Natal was inderdaad daaroor bekommerd dat hulle 'n aansienlike hoeveelheid van die Kolonie se in- en uitvoerbelasting op goedere van en na die ZAR sou verloor indien die Transvalers Lourenço Marques as hawe sou gebruik. Die afstand tussen Lourenço Marques en die omgewing van Lydenburg kon in 70 uur afgelê word, vergeleke met die sowat twee weke na Port Natal. E. Axelson, *Portugal and the scramble*

die lig van hierdie wedywering tussen hulle hawe en ons eie hawe, Lourenço Marques, mag geen tyd met die aanlê van 'n pad na Transvaal verspeel word nie.

Ten slotte sal ek 'n woord of twee oor die ligging van ons fort[572] sê. Sonder die begeerte om in te gaan op die vraag of die nedersetting beter geleë sou gewees het op 'n ander plek in die groot Baai, is sy huidige posisie, uit 'n militêre en higiëniese oogpunt, nagenoeg die slegste wat moontlik daarvoor gekies kon gewees het. Die dorp is geleë op 'n landtong wat heeltemal bestryk word deur artillerievuur van die baie hoërliggende terrein af wat parallel met die linie van vestingswerke rondom die dorp loop. Tussen hierdie en die hoërliggende terrein is 'n moeras waaraan die siektes grootliks toegeskryf word waardeur Lourenço Marques gekwel word.[573] Indien die dorp op hierdie hoërliggende terrein gebou was, waar dit aanvanklik gebou moes gewees het, sou die winde dit gevee en skoongemaak het, met 'n pragtige uitsig oor die see en die eiland, en 'n groot gelyk gebied waarop 'n groot stad gebou kon word. Boonop kon dit baie makliker as tans verdedig word.

Carl Mauch het Lourenço Marques op 23 Augustus verlaat.[574] Ek het met opregte droefheid afskeid geneem van hierdie deurlugtige man wat vir nagenoeg drie maande my reisgenoot was en met wie ek

---

for Africa, 1875-1891, p. 13; F.J. Potgieter, "Die vestiging van die blanke in Transvaal (1837-1886)", *Argief-jaarboek*, 21 (2), 1958, p. 100.

572. Fortaleza de Nossa Senhora da Conceição. Kyk voetnoot 300.
573. Ook Mauch was van mening dat veel gedoen kon word om die gesondheidstoestand van die inwoners van Lourenço Marques te verbeter. Die swak toestand waarin die plek verkeer het, het hy aan die laksheid van die Portugese owerheid in Portugal en die 16 wit amptenare in Lourenço Marques toegeskryf. Die moeraswater het by die fortifikasie deurgesyfer en die swartes het geen sanitêre geriewe gehad nie. Die hele klein nedersetting moes volgens Mauch afgebreek en op 'n gesonder hoërliggende gebied herbou word, waar daar geen gebrek aan ruimte was nie en die grond vrugbaar is. E.E. Burke (red.), *The journals of Carl Mauch*, p. 71.
574. Da Costa Leal fouteer. Mauch het Lourenço Marques om 09:00 op 29.08.1870 verlaat. Mauch was die gas van die Goewerneur van Lourenço Marques, José Augusto de Sá e Simas, tydens sy verblyf aldaar en het o.m. 'n besoek aan Ilha da Inhaca gebring en hom verder met kartografiese werk besig gehou. E.E. Burke (red.), *The journals of Carl Mauch*, p. 72; A. Petermann, "Carl Mauch's Reisen im Innern von Süd-Afrika, 1865-1872", *Mittheilungen aus Justus Perthes' Geographischer Anstalt über wichtige neue Erforschungen auf dem Gesammtgebiede der Geographie*, 37, p. 28; F.O. Bernhard (red.), *Karl Mauch, African explorer*, p. 188.

al die ontberings van ons reis gedeel het en wie se opregte vriend en bewonderaar ek is.[575] Hy gaan nuwe en selfs groter gevare in die gesig staar. Mag die Voorsienigheid hom bewaar tot voordeel van die mensheid en Sy groter heerlikheid. Hy sal eers koersvat na Zoutpansberg,[576] wat redelik naby en suid van die Limpoporivier en noordwes van Lourenço Marques geleë is.

Ek het verwag om my kollegas van die Diplomatieke Kommissie enige oomblik te sien aankom en ek het reeds begin om my oor hulle onverklaarbare vertraging te bekommer, toe ek tot my groot verbasing 'n brief van die voorsitter[577] via Lydenburg ontvang het. Dit het die datum 26 Julie gedra. Hy het my meegedeel dat omstandighede opgeduik het wat sy vertrek uit die Republiek vertraag het[578] en dat ek na die hoofstad van die Provinsie[579] moes gaan om aan Sy Eksellensie die Goewerneur-Generaal[580] te rapporteer. Ek kan

---

575. Die gevoel was skynbaar nie wedersyds nie, want Mauch was baie verlig toe hulle op 08.08.1870 in Delagoabaai aangekom het, omdat hy nie baie goed met Da Costa Leal oor die weg gekom het nie en hom as 'n belemmering op die reis beskou het. Die afskeid was wel vriendskaplik. Die Goewerneur, Mauch en Da Costa Leal het elk 'n glasie Malvasië-wyn gedrink en mekaar wedersyds voorspoed toegewens, waarna hulle Mauch tot by die ingang van die Fort vergesel het. E.E. Burke (red.), *The journals of Carl Mauch*, pp. 69 & 72; U. de V. Pienaar (red.), *Neem uit die verlede*, p. 215.

576. Mauch was langs De Oude Wagenweg van Delagoabaai via Komatipoort na Zoutpansberg onderweg, maar hy is deur 'n aanval van malaria verplig om tot die einde van September 1870 op Lydenburg te vertoef, waarna hy na Potchefstroom teruggekeer het. E.E. Burke (red.), *The journals of Carl Mauch*, p. 82; U. de V. Pienaar (red.), *Neem uit die verlede*, pp. 215-216.

577. Bedoelende die voorsitter van die Diplomatieke Kommissie, Carlos Pedro Barahona e Costa.

578. Presies wat die vertraging veroorsaak het, is nie duidelik nie, maar die voorsitter van die Diplomatieke Kommissie, Carlos Pedro Barahona e Costa, se gesondheidstoestand was skynbaar baie swak en het aansienlik in Transvaal verbeter, sodat hy sy terugkeer na Mosambiek so lank moontlik probeer uitstel het. Die ander lede van die Diplomatieke Kommissie het eers in Maart 1871 uit die ZAR vertrek, want 'n afskeidsgeleentheid is op 13.03.1871 vir hulle op Potchefstroom gereël. E.E. Burke (red), *The journals of Carl Mauch*, p. 72; J.B. de Vaal, "Die rol van Joao Albasini in die geskiedenis van die Transvaal", *Argief-jaarboek*, 16 (1), 1953, p.135.

579. D.w.s. Ilha de Moçambique (Mosambiek-eiland).

580. Na die oorlyde van goew.-genl. Fernando da Costa Leal (1825-1869) het Ignacio Augusto Alves van 25.06.1869 as goewerneur-generaal van die provinsie Mosambiek waargeneem totdat José Rodrigues Coelho do Amaral die amp op 25.08.1870 aanvaar het. E. de Noronha, *O districto de Lourenço Marques e a Africa do Sol*, p. 213.

nie sê wat hierdie omstandighede was wat ontstaan het nie, aangesien ek nie amptelik ingelig is nie.[581]

Ek het nie my persoonlike indrukke by my gehad nie, omdat ek dit in Transvaal gelaat het sodat my kollegas dit kon saambring en daarom moes ek daarsonder aan boord gaan op die eerste beskikbare skip, wat op 8 September vertrek het.[582] Ek het op die 20ste van daardie maand by Mosambiek aangekom.

Mosambiek, 2 Desember 1870.

Fernando da Costa Leal
Tweede Luitenant en Sekretaris van die Diplomatieke Kommissie na Transvaal.

---

581. Hierdie laaste sin kom nie in die gepubliseerde weergawe van Fernando da Costa Leal se verslag in boekvorm, *Uma viagem na Africa Austral* (Lisoa, 1943), op p. 54 voor nie.
582, Teen 1870 het die volgende tweemas-skoenerbriks gereeld tussen Lourenço Marques en Ilha de Moçambique (Mosambiek-eiland) gevaar: *Amizade, Leticia, Estrella de Damao, Felicidade en Vestal.* L.M. Jordao, *Memoria sobre Lourenço Marques (Delagoa Bay),* p. 24.

BRONNELYS

ARGIVALE BRONNE

ARQUIVO HISTÓRICO MILITAR (AHM), LISSABON

Folhas de Serviço
CX. 38 António Tavares de Almeida
CX. 931 Carlos Pedro Barahona e Costa (1833-1876)
CX. 1754 Fernando da Costa Leal (1825-1869)
Fernando da Costa Leal (1846-1910)

Visual gráfico
AHM/FE/60/PQ/30/5091 Carlos Pedro de Barahona e Costa

ARQUIVO HISTÓRICO ULTRAMARINO (AHU), LISSABON

Cartografia e Iconografia
Doc. No. 421: *Moçambique, 1873: Mappa original da Provincia de Moçambique. Coordenado sobre numerosos mappas e documentos em que se comprehendem as viagems de Carl Mauch, Dotor Livingstone, Baines, Wood, Erskine, Moodie, Montanha e Teixeira e outros viajantes* – Alberto Carlos de Paiva Rapozo, Secretário do Governo de Lourenço Marques e Director das obras da estrada para a Republica Transvaal 1873 e offerecido-pelo author ao Archivo das Colonias no Ministerio da Marinha.

RI-5 *Sketch map showing the boundary line between the South African possessions of the Portuguese Government and the Government of the South African Republic according to Treaty made 29th July 1869* – M. Forssman, 1869.

RI-6 *Map of the country between Limpopo and Zambezi compiled of Marquez de Sa da Bandeira's map and my own travels 1866-1869* – Carl Mauch, 1870.

RI-7 *Bahia de Lourenço Marques / Limites entre os terras Portugueses e o Transvaal, 1870* – G. Moodie & C. Mauch.

Naço 8, S. 12 *Sketch map op the diamondiferous country of South Africa,* c. 1869 (Scale 1": 16 miles).

Direcção-Geral do Ultramar: Moçambique
Pasta No. 41, Capilha No. 3 Correspondencia dos Governadores, 1869
Pasta No. 43, Capilha No. 1 Correspondencia dos Governadores, 1870
Pasta No. 43, Capilha No. 2 Correspondencia dos Governadores, 1870
Pasta No. 45, Vol. I Processo respeitante a demarcação de limites, establecimento de bases de paz, amisade e comercio com a Republica do Transvaal, 1843-1872)
Pasta 45, Vol. II Relatório apresentado pela Commissião Diplomatica enviada a Republica Africana Meridional pelo Governo Geral da Provincia de Moçambique, no anno de 1869.
Processo No. 45, Pasta No. 7A. Folha de Serviço: Fernando da Costa Leal

Direcção Geral do Ultramar: India
Numero no quadro 78, Pasta No. 2 Folha de Serviço: Fernando da Costa Leal

BIBLIOTECA NACIONAL (BN), LISSABON

Área de Cartografia
C.C. 458 A.: *Map of the Transvaal or S.A. Republic and surrounding territories* – Frederick Jeppe (London, 1889).
C.C. 1044 R.: *Província de Moçambique: Carta dos districtos de Lourenço Marques e de Inhambane* (Lisboa, 1893).

C.C. 1219 R.: *Carta da Província de Moçambique* (Escala 1:3 000 000) – Grav. Erhard Frères. (Lisboa, 1889).

Visual gráfico
E. 86 R.*Villa de Mossámedes, em 1865* – Fernando da Costa Leal (1825-1869). S.l., s.n., 1865 (Lith Dupuy).
E. 506 A. *Igreja de Santo Adriãno em Mossámedes* – Fernando da Costa Leal (1825-1869). S.l., n.d., 1865 (Lith. Dupuy).

STAATSDRUKKER (SD), PRETORIA

Lugvaartkundige Wêreldkaarte (IOBL 1:1 000 000)
  3275: *Bulawayo* (Pretoria, 1980)
  3299: *Maputo* (Pretoria, 1978)
  3300: *Johannesburg* (Pretoria, 1980)

TRANSVAALSE ARGIEFBEWAARPLEK (TAB), PRETORIA

Aanwinste (A)
A 68 Prof. dr. D.W. Krüger-aanwins (Afskrif van verslag van Fernando da Costa Leal in Portugees en Engels)
A 94 Prof. dr. D.W. Krüger-aanwins (*Geskiedenis van de Delagoa-Baai Spoorweg*)
A 248 J. Albasini-versameling (Afrikaanse vertaling van Albasini se brieweboeke)
A 375 Chevalier O.W.A. Forssman-versameling (Inventaris 26)
A 602 Forbes-familie-versameling (Inventaris 6)
A 1140 Dr. C. Beelaerts van Blokland-versameling (Aantekeninge oor handels-ekspedisies na Delagoabaai, 1852)

Argief van die Argief (AA)
TA 4/6 Stukke verkry uit Portugese Argiewe (Lourenço Marques)

Argief van die Staatsekretaris (SS)
SS 100 Inkomende stukke, R.683-R.806, Junie-Julie 1868
SS 104 Inkomende stukke, R.1348-R.1486, November-Desember 1868
SS 115 Inkomende stukke, R.1210-R.1362, Oktober-Desember 1869
SS 116 Inkomende stukke, R.1363-R.1500, Januarie-Desember 1869
SS 117 Inkomende stukke, R.1501-R. 1610, Maart-Desember 1869
SS 122 Inkomende stukke, R.422-R568, April 1870
SS 123 Inkomende stukke, R.569-R.698, Maart- Mei 1870
SS 126 Inkomende stukke, R.1028-R.1164, Augustus-September 1870
SS 127 Inkomende stukke, R.1165-R.1283, Junie-Oktober 1870
SS 128 Inkomende stukke, R.1284-R. 1527, Oktober-November 1870
SS 129 Inkomende stukke, R. 1528-R. 1713, Januarie-Desember 1870
SS 131 Inkomende stukke, R.1-R.205, Desember 1870-Februarie 1871
SS 133 Inkomende stukke, R.411-R.628, April-Junie 1871
SS 134 Inkomende stukke, R.629-R.821, Junie-Julie 1871
SS 138 Inkomende stukke, R.1500-R.1645, Januarie-Desember 1871
SS 146 Inkomende stukke, R.920-R.1111, Julie-Augustus 1872
SS 215 Inkomende stukke, R.2331-R.2520, 1876

Boedels
0/873 (1877) Robert Bell
0/2425 (1883) Joshua Straker
65290 (1926) Christina Petronella Johanna Meyer (née Pretorius)

GEPUBLISEERD

Breytenbach, J.H. (red.). *Notule van die Volksraad van die Suid-Afrikaanse Republiek (volledig met alle bylae daarby), III (1854-1858). Suid-Afrikaanse Argiefstukke: Transvaal No. 3.*
Parow: Cape Times Ltd. vir die Staatsdrukker, 1951.
Breytenbach, J.H. & D.C. Joubert (reds.). *Notule van die Volksraad van die Suid-Afrikaanse Republiek (volledig met alle bylae daarby), V, 1864-1866. Suid-Afrikaanse Argief-stukke: Transvaal No. 5.* Parow: Cape Times Ltd. vir die Staatsdrukker, 1953.
Portugese Grondwet van 1826 (In Hollands uitgegee deur J.P. Borrius, Potchefstroom en onderteken op 23.09.1870.

Pretorius, H.S. & D.W. Krüger (reds.). *Voortrekker-argiefstukke 1829-1848*. Pretoria: Die Staatsdrukker, 1937.

Zuid-Afrikaansche Republiek. *Traktaten tusschen de Zuid-Afrikaansche Republiek en het Koninkrijk Portugal*. Pretoria: Straats-drukkerij van de ZAR, 1898.

PERIODIEKE PUBLIKASIES

Boletim Official do Governo Geral da Provincia de Moçambique, No. 47, 25.11.1871

Directório Comercial de Moçambique, Número 4, 2003

The Natal Witness, 15.10.1869, 22.10.1869, 26.10.1869, 29.10.1869, 03.11.1869, 03.12.1869, 02.09.1870

TYDSKRIF- EN KOERANT-ARTIKELS

Anoniem. "Eerste kontak tussen die Portugese van Mosambiek en die Voortrekkers." *Lantern*, 37 (1), Januarie 1988.

Basson, J.L. "Die invloed van Portugese ontdekkers en immigrante op Suid-Afrika." *Lantern*, 37 (1), Januarie 1988.

Basson, [J.]L. "Portuguese immigration into South Africa." *Familia*, 25 (1), 1988.

Bosazza, V.L. "The geology and the development of the bays and coastline of the Sul do Save of Moçambique." *Boletim da Sociedade de Estudos de Moçambique*, 98, Maio a Junho 1956.

Carmona, I.B. "Relações entre os Portugueses de Moçambique e os 'Boers' ou Holandeses de África." *Moçambique Documentário Trimestral*, 87, Julho-Agosto-Setembro 1956.

Claasen, G.N. "Van Nazareth tot Middelburg: beeld van die geskiedenis van 'n dorp." *Contree*, 7, Januarie 1980.

De Jong, R.C. "The Iron Road to the Sea: the Pretoria-Maputo railway, 1895-1995." *Pretoriana*, 108, August 1996.

De Vaal, J.B. "Handel langs die vroegste roetes." *Contree*, 17, Januarie 1985.

De Vaal, J.B. "João Albasini, II." *Die Huisgenoot*, 18.06.1948.
De Vaal, J.B. "Ou handelsvoetpaaie en wapaaie in Oos- en Noord-Transvaal." *Contree*, 16, Julie 1984.
De Vaal, J.B. "Schoemansdal: die verlate Voortrekkerdorp in die Zoutpansberg." *Die Naweek*, 8 (35), 10.06.1948.
De Vaal, J.B. "Schoemansdal – standplaas van die Voortrekkers." *Die Transvaler*, 21.12.1946.
Eidelberg, P.G. "The breakdown of the 1922 Lourenço Marques port and railways negotiations." *South African Historical Journal*, 8, November 1976.
Galvão, A. "Portugueses e Boeres." *Boletim Geral das Colónias*, 13 (145), Julho 1937.
Galvão, J.A.L. "Moçambique e a União Sul-Africana." *Boletim da Agência Geral das Colónias*, 1 (4), Outubro 1925.
Hair, P.E.H. "Portuguese contacts with the Bantu languages of the Transkei, Natal and Southern Mozambique 1497-1650." *African Studies*, 39 (1), 1980.
Hattingh, J.L. "Die trekneiging by die Afrikaner tussen 1875 en 1895." *Die Suid-Afrikaanse Historiese Joernaal*, 7, November 1975.
Krüger, D.W. "Die vestiging van die blanke beskawing in Noordoos-Transvaal." *Die Burger*, 09.01.1937.
Louwrens, L.J. "Contributions made by the Portuguese to the development of Bantu linguistics between 1500 and 1917." *Militaria*, 18 (3), 1988.
Maggs, T. "The great galleon São João: remains from a mid sixteenth century wreck on the Natal South Coast." *Annals of the Natal Museum*, 26 (1), December 1984.
Maritz, C.J. "Die Portugese koloniale beleid met besondere verwysing na Angola en Mosambiek." *Koers*, 28, Mei-Junie 1961.
Nell, P.R. "Die konsulêre en diplomatieke verteenwoordiging van die Suid-Afrikaanse Republiek in die buiteland." *Historiese Studies*, 6 (3), September 1945.
Page, B. "João Albasini (1813-88): a man of many parts." *Lantern*, 43 (4), October 1994.
Pelzer, A.N. "Alexander McCorkindale en sy skemas, 1864-1866." *Historia*, 15 (1), Maart 1970.

Pelzer, A.N. "Die invloed van McCorkindale se haweskemas op Britse belangstelling in Delagoabaai." *Historia*, 15 (2), Junie 1970.

Pelzer, A.N. "Die Suid-Afrikaanse Republiek se ywer vir 'n eie hawe en A. McCorkindale se rol in verband daarmee." *Historia*, 15 (3), September, 1970.

Rocha, I. "Histórias à roda de uma palavra." *Jornal de Notícias* (Porto), 03.05.1992.

Rocha, I. "A República do Transval, os 'Boers' e os primeiros emigrantes portugueses." *História*, 94, Agosto 1986.

Roos, J. de V. "Vreemde feite uit die ou Transvaal." *Die Huisgenoot*, 01.01.1937.

Smith, A.K. "The peoples of Southern Mozambique: an historical survey." *Journal of African History*, 14 (4), 1973.

Tempelhoff, J. "Grondbesit in die distrik Soutpansberg, 1837-1899." *Historia*, 37 (1), Mei 1992.

Velez-Grilo, V.H. "Old Portuguese records in the history of scientific Ethnology and cultural change in South Africa." *South African Journal of Science*, 55 (3), March 1959.

BOEKE

Abshire, D.M. & M.A. Samuels. *Portuguese Africa: a handbook.* London: Pall Mall Press, 1969.

Aldridge, B. *The pictorial history of South Africa.* Cape Town: Centaur, 1983.

Alexander, D. *Holiday in Mozambique: a guide to the territory.* Cape Town, Johannesburg, London & New York: Purnell, 1971.

Allen, V. *Kruger's Pretoria: buildings and personalities of the city in the nineteenth century.* Cape Town: A.A. Balkema, 1971.

Appelgryn, M.S. *Thomas Francois Burgers, staatspresident 1872-1877.* Pretoria & Kaapstad: H.A.U.M., 1979.

Axelson, E. (ed.). *Dias and his successors.* Cape Town; Saayman & Weber, 1988.

Axelson, E. *Portugal and the scramble for Africa, 1875-1891.* Johannesburg: Witwatersrand University Press, 1967.

Axelson, E. *Portuguese in South-East Africa, 1488-1600.* Epping: C. Struik (Pty) Ltd., 1973.
Axelson, E. *Portuguese in South-East Africa, 1600-1700.* Johannesburg: Witwatersrand University Press, 1960.
Axelson, E. *Portuguese pioneers in Southern Africa.* Johannesburg: S.A.B.C., n.d.
Axelson, E. *South-East Africa, 1488-1530.* London, New York & Toronto: Longmans, Green & Co., 1940.
Axelson, E. *Vasco da Gama: the diary of his travels through African waters, 1497-1499.* Somerset West: Stephan Phillips (Pty) Ltd, 1998.
Baxter, T.W. & R.W.S. Turner. *Rhodesian epic.* Cape Town: Howard Timmins, 1966.
Bergh, J.S. (red.). *Geskiedenisatlas van Suid-Afrika: die vier noordelike provinsies.* Pretoria: J.L. van Schaik, 1998.
Bergh, J.S. (red.). *Herdenkingsjaar 1988: Portugese, Hugenote en Voortrekkers.* Pretoria: De Jager-HAUM, 1988.
Bergh, J.S. & A.P. Bergh. *Stamme en ryke.* Kaapstad: Don Nelson, 1984.
Bergh, J.S. & F. Morton (Eds.). *"To make them serve ...": the 1871 Transvaal Commission on African Labour.* Pretoria: Protea Book House, 2003.
Bernhard, F.O. (Ed.). *Karl Mauch, African explorer.* Cape Town: C. Struik (Pty) Ltd., 1971.
Beyers, C.J. (red.). *Suid-Afrikaanse biografiese woordeboek,* IV. Durban & Pretoria: Butterworth & Kie (SA), (Edms) Bpk. vir Raad vir Geesteswetenskaplike Navorsing, 1981.
Beyers, C.J. & J.L. Basson (reds.). *Suid-Afrikaanse biografiese woordeboek,* V. Pretoria: Raad vir Geesteswetenskaplike Navorsing, 1987.
Bolsmann, E. *Pretoria: artists' impressions, 1857-2001.* Pretoria: Protea Book House, 2001.
Booyens, B. *Nagmaalsnaweek deur die jare: 'n kerkhistoriese studie.* Kaapstad: N.G. Kerk-Uitgewers, 1982.
Bristow, D. & C. Ward. *Berge van Suider-Afrika.* Kaapstad: C. Struik, 1985.
Brits, J.P. *Piet Retief 1883-1983.* Piet Retief: Die Stadsraad, 1983.
Bulpin, T.V. *The Golden Republic: the story of the South African Republic from its foundation until 1883.* Cape Town: Howard B. Timmins, 1953.

Burke, E.E. (Ed.). *The journals of Carl Mauch: his travels in the Transvaal and Rhodesia, 1869-1872.* Salisbury: National Archives of Rhodesia, 1969.

Burman, J. *Who really discovered South Africa?* Cape Town: C. Struik, 1969.

Cachet, F.L. *De worstelstrijd der Transvalers aan het volk van Nederland verhaald.* Pretoria: Wageningsche Boek- en Muziekdrukkerij, 1883.

Caetano, M. *Tradições, princípios e métodos da colonização portuguesa.* Lisboa: Agência Geral de Ultramar, 1951.

Cameron, T. & S.B. Spies (reds.). *Nuwe geskiedenis van Suid-Afrika in woord en beeld.* Kaapstad & Pretoria: Human & Rousseau, 1986.

Carruthers, V. (Ed.). *The wildlife of Southern Africa: a field guide to the animals and plants of the region.* Cape Town: Struik Publishers (Pty) Ltd, 2000.

Cartwright, A.P. *The Old Transvaal, 1834-1899.* Cape Town, Johannesburg & London: Purnell, 1978.

Cartwright, A.P. *Valley of Gold.* Cape Town: Howard Timmins, 1973.

Chadwick, H. *Life of the venerable Gonçalo da Silveira of the Society of Jesus: pioneer missionary and proto-martyr of South Africa.* London: Manresa Press, 1910.

Changuion, L. *Uncle Sam, Oom Paul en John Bull: Amerika en die Anglo-Boereoorlog, 1899-1902.* Pretoria: Protea Boekhuis, 2001.

Chilcote, R.H. *Portuguese Africa.* Englewood Cliffs: Prentice-Hall, 1967.

Coates Palgrave, K., P. Coates Palgrave & M. Coates Palgrave. *Die Suid-Afrikaanse boomgids.* Kaapstad: C. Struik Uitgewers vir C.N.A., 1985.

Coertze, P.J. & R.D. Coertze. *Verklarende vakwoordeboek vir Antropologie en Argeologie.* Pretoria: R.D. Coertze, 1996.

Coetzee, A. *Die Afrikaanse volkskultuur: inleiding tot die studie van Volkskunde.* Amsterdam & Kaapstad: A.A. Balkema, 1960.

Coetzee, C.G. "Die Kompanjie se besetting van Delagoabaai". *Argiefjaarboek vir Suid-Afrikaanse geskiedenis,* 11 (2), 1948. Kaapstad: Cape Times Ltd. vir Staatsdrukker, 1948.

Costa, F. *Portugal e a Guerra Anglo-Boer: política externa e opinião pública (1899-1902).* Lisboa: Edições Cosmos, 1998.

Cronjé, G. & J.D. Venter. *Die patriargale familie: 'n kultuursosiologiese studie.* Kaapstad & Pretoria: H.A.U.M., 1958.

Da Costa Leal, F. *Relatorio ácêrca da Administração Geral dos Campos Nacionaes deAssolnã, Velim Ambelim, Talvordá, Nuém e Ragibaga relativo a 1897.* Nova Goa: Imprensa Nacional, 1898.

Da Costa Leal, F. *Uma viagem na África Austral do interior da República do Transvall para o porto de Lourenço Marques (em 1870).* Lisboa: Sociedade de Geografia de Lisboa, 1943.

Da Fonseca, J.N. *An historical and archaeological sketch of the city of Goa.* New Delhi & Madras: Asian Educational Services, 1994.

Da Mota, C.T. *Presenças portuguesas na África do Sul e no Transval durante os séculos XVIII e XIX.* Lisboa: Instituto de Investigação Científica Tropical, 1989.

Da Silva, C.A.V. *The city of Lourenço Marques guide.* Lourenço Marques: Tipografia Académica, 1964.

Das Neves, D.F. *A hunting expedition to the Transvaal.* Pretoria: The State Library, 1987.

Das Neves, D.F. & I. Rocha. *Das terras do império Vátua às praças da República Boer.* Lisboa: Publicações Dom Quixote, 1987.

De Carvalho, A.A. *O Transvaal.* Lisboa/Guimarães: Líbano & Ca, c. 1899.

De Castilho, A. *O districto de Lourenço Marques: no presente e no futuro.* Lisboa: Livraria Editora de Matos Moreira, 1881.

De Jong, R.C., G-M. van der Waal & D.H. Heydenrych. *NZASM 100: the buildings, steam engines and structures of the Netherlands South African Railway Company.* Pretoria: Chris van Rensburg Publications on behalf of the Human Sciences Research Council, 1988.

De Kock, V. *The fun they had! The pastimes of our forefathers.* Cape Town: Howard B. Timmins, 1955.

De Kock, W.J. *Portugese ontdekkers om die Kaap: die Europese aanraking met Suidelike Afrika, 1415-1600.* Kaapstad: A.A. Balkema, 1957.

De Kock, W.J. (red.). *Suid-Afrikaanse biografiese woordeboek,* I. Kaapstad: Tafelberg vir die Raad vir Geesteswetenskaplike Navorsing, 1976.

De Kock, W.J. & D.W. Krüger (reds.). *Suid-Afrikaanse biografiese woordeboek,* II. Pretoria: Raad vir Geesteswetenskaplike Navorsing, 1986.

De Lima, A.P. *Edifícios históricos de Lourenço Marques.* Lourenço Marques: Livraria Académica, 1966.

De Lima, A.P. *A história de Louis Trichardt.* Lourenço Marques: Miverva Central, 1964.

De Lima, A.P. *Lourenço Marques.* Lisboa: Olisipo, 1963.

De Noronha, E. *O districto de Lourenço Marques e a Africa do Sul.* Lisboa: Imprensa Nacional, 1895.

De Noronha, E. *Lourenço Marques na África Austral.* Lisboa: Editorial Cosmos, 1939.

De Oliveira Marques, A.H., *kyk* Marques, A.H. de O.

Departement van Natuurbewaring van die Kaap. *Soogdiere van Kaapland.* Epping (Kaap): Departement van Natuurbewaring van die Kaap, 1973.

De Sousa, M. *As origens dos apelidos das famílias portuguesas.* Mem-Martins: SporPress, 2002.

De Sousa, M. *Reis e rainhas de Portugal.* Mem-Martins: SporPress, 2002.

De Tavora, L. de L. *Dicionário das famílias portuguesas.* Lisboa: Quetzal Editores, 1989.

De Vaal, J.B. *João Albasini (1813-1888).* Johannesburg: University of Witwatersrand Press, 1982.

Diário de Notícias. *A Guerra Anglo-Boer: Impressões do Transvaal,* I. Lisboa: Typographia Universal, 1903.

Dos Reis, M.S. *Arbitragens de Lourenço Marques.* Lisboa: Escola Tipográfica das Oficinas de S. José, 1936.

Duffy, J. *Portuguese Africa.* Massachusetts: Harvard University Press, 1959.

Du Toit, M. *Die President Pretorius-museum, Potchefstroom.* Potchefstroom: Potchefstroom Museum, n.d.

Eliovson, S. *Discovering wild flowers in Southern Africa.* Cape Town: Howard Timmins, 1962.

Enciclopédia Luso-Brasileira de Cultura, XI. Lisboa: Editorial Verbo, 1971.

Engelbrecht, C.L. *Geld in Suid-Afrika.* Kaapstad: Tafelberg-Uitgewers Beperk, 1987.

Engelbrecht, S.P. *Album vir die geskiedenis van die Nederduitsch Hervormde Kerk van Afrika.* Pretoria: H.A.U.M., 1965.

Engelbrecht, S.P. (ed.). *Centenary album: Pretoria's first century in illustration.* Pretoria: J.L. van Schaik, 1952.

Engelbrecht, S.P. (red.). *Pretoria (1855-1955): geskiedenis van die stad Pretoria.* Pretoria: Stadsraad van Pretoria, 1955.

Esterhuysen, M. *Ons gelderfenis*. Pretoria: Nasionale Kultuurhistoriese en Opelug-museum, 1980.
Fehr, W. *Caldwell se diere: kleurafdrukke van diere na die oorspronklike skilderye in die Fehr-versameling van Africana*. Kaapstad: Art Reproductions, n.d.
Feio, M.M. *Indigenas de Moçambique*. Lisboa: Tipografia Comercio, 1900.
Fernandes, I.A. *Reis e rainhas de Portugal*. Lisboa: Texto Editoria, Lda., 1999.
Ferreira, O.J.O. (red.). *Geschiedenis, werken en streven van S.P.E. Trichard, luitenant kolonel der vroegere Staats-Artillerie ZAR door hemzelve beschreven*. Pretoria: Raad vir Geesteswetenskaplike Navorsing, 1974.
Ferreira, O.J.O. *Montanha in Zoutpansberg: 'n Portugese handelsending van Inhambane se besoek aan Schoemansdal, 1855-1856*. Pretoria: Protea Boekhuis, 2002.
Ferreira, O.J.O. *Stranding van die São João: lotgevalle van Manuel de Sepúlveda en sy medeskipbreukelinge aan die Suidooskus van Afrika, 1552-1553*. Jeffreysbaai & Pretoria: Adamastor, 2002.
Fink, A. & H. Reich. *Portugal*. New York: Hill & Wang, 1967.
Geyser, O. "Die Bantoebeleid van Theophilus Shepstone, 1865-1975." *Argief-jaarboek vir Suid-Afrikaanse geskiedenis*, 31 (1),1968. Johannesburg: T.W. Hayne Bpk. vir die Staatsdrukker, 1969.
Gey van Pittius, E.F.W. *Staatsopvattings van die Voortrekkers en die Boere*. Pretoria: J.L. van Schaik, Beperk, 1958.
Goss, R. *Maberley's mammals of Southern Africa*. Parklands: Jonathan Ball & Ad. Donker Publishers, 1990.
Grande enciclopédia Portuguesa e Brasileira, IV, IX, XIV & XXIV. Lisboa/Rio de Janeiro: Editorial Enciclopédia, Limitada, n.d.
Grobbelaar, P.W. (red.). *Die Afrikaner en sy kultuur*, VI: *Boerewysheid*. Kaapstad: Tafelberg-Uitgewers Beperk, 1977.
Grosheide, F.W. (red.). *Bybelse ensiklopedie* (Vertaal deur J.H. van Wyk e.a.). Kaapstad: Verenigde Protestantse Uitgewers (Edms.) Bpk., 1959.
Grotpeter, J.J. *Historical dictionary of Swaziland*. Metuchen: The Scarecrow Press, 1975.

Haigt, M.V.J. *European powers and South-East Africa: a study of internationale relations on the South-East Coast of Africa, 1796-1856.* London: Routledge & Kegan Paul, 1967.

Hammerton, J.A. (Ed.). *Concise universal biography,* II. London: Educational Book Company Limited, n.d.

Hammond, R.J. *Portugal and Africa, 1815-1910: a study in uneconomic imperialism.* Stanford: Stanford University Press, 1966.

Hattersley, A.F. *An illustrated social history of South Africa.* Cape Town: A.A. Balkema, 1969.

Heese, J.A. *Die herkoms van die Afrikaner, 1657-1867.* Kaapstad: A.A. Balkema, 1971.

Henriksen, T.H. *Mozambique: a history.* London: Rex Collings, & Cape Town: David Philip, 1978.

Herrick, A.B. et al. *Area handbook for Mozambique.* Washington D.C.: U.S. Government Printing Office, 1969.

Hugo, M. *Piet Retief.* Johannesburg: Voortrekkerpers Beperk, 1961.

Ilson, R. (Ed.). *Reader's Digest great illustrated dictionary,* I & II. London, New York, Sydney, Cape Town & Montreal: The Reader's Digest Association Ltd., 1984.

Jeans, T.T. & C. Struben. *The sea and South Africa: being a short historical survey of the influence of the sea on South Africa.* Cape Town: T. Maskew Miller, n.d.

Jenkins, G. *A century of history: the story of Potchefstroom.* Cape Town: A.A. Balkema, 1971.

Jeppe, F. *Transvaal book almanac and directory for 1877.* Pietermaritzburg: 1977. (Facsimile reprint Pretoria: State Library, 1976.)

Jeppe, F. *Die Transvaal'sche oder Süd-Afrikanische Republik.* Gotha: Justus Perthes, 1868.

Jessett, M.G. *The key to South Africa: Delagoa Bay.* London: T. Fischer Unwin, 1899.

Jooste, J.P. *Die geskiedenis van die Gereformeerde Kerk in Suid-Afrika, 1859-1959.* Potchefstroom: Potchefstroom Herald (Edms.) Bpk., 1959.

Jordão, L.M. [Visconde De Paiva Manso]. *Memoria sobre Lourenço Marques (Delagoa Bay).* Lisboa: Imprensa Nacional, 1870.

Junod, H.A. *The life of a South African tribe,* I & II. London: MacMillan & Co. Ltd., 1927.

Kaplan, M. *The Portuguese: the land and its people.* London: Penguin Books, 1991.

Katzenellenbogen, S.E. *South Africa and Southern Mozambique: labour, railways and trade in the making of a relationship.* Manchester: University Press, 1982.

Kaye, H. *The Tycoon & the President: the life and times of Alois Hugo Nellmapius, 1847-1893.* Johannesburg: MacMillan South Africa (Publishers) (Pty) Ltd., 1978.

Kestell, T. *Wat het hulle gedra?* Bloemfontein: Die Sentrale Pers, 1951.

Krüger, D.W. "Die weg na die see of die Ooskus in die Boere-beleid voor 1877 met besondere verwysing na die verhouding tot die Portugese". *Argief-jaarboek vir Suid-Afrikaanse geskiedenis,* 1 (1), 1938. Kaapstad: Cape Times, 1938.

Krüger, D.W. & C.J. Beyers (reds.). *Suid-Afrikaanse biografiese woordeboek,* III. Kaapstad: Tafelberg-Uitgewers Bpk. vir die Raad vir Geesteswetenskaplike Navorsing, 1977.

Kruyskamp, C. (red.). *Van Dale groot woordenboek der Nederlandse taal,* II, O-Z. Utrecht & Antwerpen: Van Dale Lexicografie, 1982.

Lategan, F.V. & L. Potgieter. *Die Boer se roer tot vandag: die ontwikkeling van die vuurwapen in Suider-Afrika.* Kaapstad: Tafelberg-Uitgewers Beperk, 1982.

Leal, F. *Relatorio ácêrca da Administração Geral dos Campos Nacionaes de Assolnã, Velim, Ambelim, Talvordá, Nuém e Ragibaga relativo a 1897.* Nova Goa: Imprensa Nacional, 1898.

Leal, F. da C. *Uma viagem na África Austral do interior da República do Transvall para o porto de Lourenço Marques (em 1870).* Lisboa: Sociedade de Geografia de Lisboa, 1943.

Lemos, M. (Ed.). *Encyclopedia Portugueza illustrada diccionario universal,* VI. Porto: Lemos & Ca., n.d.

Le Roux, T.H. (red.). *Die dagboek van Louis Trigardt.* Pretoria: J.L. van Schaik, 1966.

Leroux, V. (Ed.). *South African book of the road.* Cape Town: Automobile Association of South Africa, 1988.

Levitas, B. & J. Morris. *South African tribal life today.* Cape Town: College Press, 1987.

Liebenberg, D.P. *The Drakensberg of Natal.* Cape Town: T.V. Bulpin, 1974.
Livermore, H.V. *A new history of Portugal.* Cambridge, London, New York & Melbourne: Cambridge University Press, 1976.
Lobato, A. *História da fundação de Lourenço Marques.* Lisboa: Edições da Revista 'Lusitana', 1948.
Lobato, A. *Lourenço Marques, 1830 (Alvorada em Moçambique).* Lisboa: Centro de Estudos Históricos Ultramarinos, 1966.
Lombard, R.T.J. *Ermelo 1880-1980.* Ermelo: Stadsraad, 1980.
Machado, J.J. *De Lourenço Marques a Pretoria.* Lisboa: Imprensa Nacional, 1886.
Malan, J. *Rytuie van weleer.* Pretoria: J.L. van Schaik, 1981.
Marais, J.L. *Lae wolke oor Mosambiek: 'n reisboek.* Wonderboompoort: Skeurklip, 2003.
Marks, S. & A. Atmore (Eds.). *Economy and society in pre-industrial South Africa.* London: Longman, 1980.
Marques, A.H. de O. *History of Portugal: synthesis of Portuguese culture.* Lisbon: Imprensa Nacional, 1991.
Marques, A.H. de O. *History of Portugal,* II: *from empire to corporate state.* New York & London: Columbia University Press, 1972.
Martins, F. *João Albasini e a Colónia de S. Luís.* Lisboa: Agência Geral do Ultramar, 1957.
Matsebula, J.S.M. *A history of Swaziland.* Cape Town: Longland, 1988.
McLachlan, G.R. & R. Livrsidge (eds.). *Roberts birds of South Africa.* Cape Town: The John Voelcker Bird Book Fund, 1978.
Meyer, I. *Prince Alfred's Pass: spectacular and diverse.* Oudtshoorn: Bowles, 1999.
Montez, C. *Descobrimento e fundação de Lourenço Marques, 1500-1800.* Lourenço Marques: Minerva Central-Editora, 1948.
Morais, J.M. *The early farming communities of Southern Mozambique.* Maputo: Eduardo Mondlane University, 1988.
Muller, C.F.J. (red.). *Vyfhonderd jaar Suid-Afrikaanse geskiedenis.* Pretoria & Kaapstad: Academica, 1969.
Muller, H.P.N. *Een bezoek aan de Delagoa-Baai en de Lijdenburgsche goudvelden.* Haarlem: H.D. Tjeenk Willink, 1887.
Munnik, G.G. *Kronieke van Noordelike Transvaal.* Pretoria: Suid Afrikaanse Boekwinkel, n.d.

Naval Intelligence Division. *A manual of Portuguese East Africa.* Oxford: University Press, 1920.

Nel, P.G. (red.). *Die kultuurontplooiing van die Afrikaner.* Pretoria & Kaapstad: H.A.U.M., 1979.

Nepgen, C.C. *Die sosiale gewete van die Afrikaans-sprekendes.* Stellenbosch: Christen-Studente Vereniging van S.-A., 1938.

Newitt, M. *A history of Mozambique.* Johannesburg: Witwatersrand University Press, 1995.

Nieuwoudt, C.F. *Die ontstaan en ontwikkeling van die uitvoerende gesag in die Zuid-Afrikaansche Republiek.* Kaapstad: H.A.U.M., 1964.

Nixon, J. *The complete story of the Transvaal.* London: Sampson Low, Marston, Searle & Rivington, 1885 (Facsimile reprint: Cape Town: C. Struik (Pty) Ltd., 1972).

Norte, A. de P. *Lourenço Marques: arena de gigantes.* Lisboa: Editorial Império, 1954.

Oberholster, J.J. *Die historiese monumente van Suid-Afrika.* Kaapstad: Die Kultuurstigting Rembrandt van Rijn op versoek van die Raad vir Nasionale Gedenkwaardighede, 1972.

Odendal, F.F. & R.H. Gouws (reds.). *Verklarende handwoordeboek van die Afrikaanse taal.* Midrand: Perskor, 2000.

O'Hagan, T. (Ed.). *Southern African wildlife: a guide to our mammals, birds, reptiles, insects, fishes, amphibians, invertebrates.* Cape Town: Reader's Digest Association South Africa (Pty) Limited, 1989.

Olivier, P.L. (red.). *Ons gemeentelike feesalbum: 'n oorsig van die ontstaan en groei van gemeentes van die Gefed. Ned. Geref. Kerke met geleentheid van die Van Riebeeck-fees 1952.* Kaapstad & Pretoria: N.G. Kerk-uitgewers van S.A., 1952.

Palmer, A. *Who's who in modern history, 1860-1980.* London: Weidenfeld & Nicolson, 1980.

Palmer, E. & N. Pitman. *Trees of South Africa.* Amsterdam & Cape Town: A.A. Balkema, 1961.

Pattee, R. *África do Sul vizinha de Portugal.* Lisboa: Junta de Investigações do Ultramar, 1971.

Pélissier, R. *História de Moçambique: Formação e oposição (1854-1918),* I. Lisboa: Editorial Estampa, 1987.

Pelzer, A.N. *Geskiedenis van die Suid-Afrikaanse Republiek, I: wordingsjare.* Kaapstad & Amsterdam: A.A. Balkema, 1950.

Penvenne, J.M. *African workers and colonial racism: Mozambican strategies and struggles in Lourenço Marques, 1877-1962.* Johannesburg: Witwatersrand University Press, 1995.

Pereira, J.C. (Ed.). *Dicionário ilustrado da história de Portugal,* II. Estella: Publicações Alfa, 1986.

Petermann, A. "Carl Mauch's Reisen im Inneren von Süd-Afrika, 1865-1872." *Mittheilungen aus Justus Perthes' Geographischer Anstalt über wichtige neue Erforschungen auf dem Gesammtgebiete der Geographie,* 37. Gotha: Justus Perthes, 1874.

Pienaar, U. de V. (red.). *Neem uit die verlede.* Pretoria: Nasionale Parkeraad, 1990.

Pieterse, D.J. "Die geskiedenis van die mynindustrie in Transvaal, 1836-1886." *Argief-jaarboek vir Suid-Afrikaanse geskiedenis,* 6, 1943. Kaapstad: Cape Times Ltd. vir die Staatsdrukker, 1943.

Ploeger, J. & A.H. Smith. *Plate-atlas van die geskiedenis van die Unie van Suid-Afrika.* Pretoria: J.L. van Schaik, 1949.

Potgieter, C. & N.H. Theunisssen. *Kommandant-generaal Hendrik Potgieter.* Johannesburg: Afrikaanse Pers Bpk., 1938.

Potgieter, D.J. (Ed.). *Standard encyclopaedia of Southern Africa,* IV, V, VI, VIII, IX, X & XI. Elsies River: Nasou Ltd., 1971, 1972, 1973, 1974 & 1975.

Potgieter, D.J., P.C. du Plessis & S.H. Skaife (Eds.). *Animal life in Southern Africa.* Cape Town: Nasou Limited, 1971.

Potgieter, F.J. "Die vestiging van die blanke in Transvaal (1837-1886) met spesiale verwysing na die verhouding tussen die mens en die omgewing". *Argief-jaarboek vir Suid-Afrikaanse geskiedenis,* 21 (2), 1958. Elsiesrivier: Nasionale Handelsdrukkery Bpk. vir Staatsdrukker, 1959.

Pretorius, C. *Pretoria se Pioniershuis: sy tyd en sy mense.* Pretoria: Nasionale Kultuurhistoriese Museum, n.d.

Pretorius, J.C. *Die geskiedenis van volkskuns in Suid-Afrika: 'n studie van Westerse volkskuns in Suid-Afrika.* Vlaeberg: Vlaeberg Uitgewers, 1992.

Pretorius, J.C. (red.). *Op Trek: die daaglikse lewe tydens die Groot Trek.* Melville: Scripta Africana, 1988.

Ptak, R. *Portugals Wirken in Übersee: Atlantik, Afrika, Asien.* Bammental & Heidelberg: Klemmerberg-Verlag, 1985.

Punt, W.H.J. *Louis Trichardt se laaste skof.* Pretoria: J.L. van Schaik, 1953.

Raidt, E.H. *Afrikaans en sy Europese verlede: van Tacitus tot Van Wyk Louw.* Kaapstad & Johannesburg: Nasou Beperk, 1971.

Raper, P.E. *Dictionary of Southern African place names.* Johannesburg: Lowry Publishers, 1987.

Rappoport, A.S. (Ed.). *The new Gresham encyclopedia,* V. London: Gresham Publishing Company, n.d.

Rego, A. da S. (Ed.). *Atlas missionário Português.* Lisboa: Junta de Investigações do Ultramar, 1962.

Rego, A. da S. *O ultramar Português no século XIX (1834-1910).* Lisboa: Agência-Geral do Ultramar, 1966.

Rita-Ferreira, A. *Fixação portuguesa e história pré-colonial de Moçambique.* Lisboa: Instituto de Investigação Científicas do Ultramar, 1982.

Rocha, I. *A imprensa de Moçambique: história e catálogo (1854-1975).* Lisboa: Edição "Livros do Brasil", 2000.

Rocha, I. *Portugueses em África: peregrinos, pícaros e funantes.* Lisboa: Círculo de Leitores, 1993.

Roolfs, M. *Kinders van die Douro-vallei.* Kaapstad, Bloemfontein, Johannesburg: Nasionale Boekhandel Beperk, 1960.

Rosenthal, E. & E. Blum. *Runner and mailcoach: postal history and stamps of Southern Africa.* Cape Town, Johannesburg & London: Purnell, 1969.

Santos, M.E.M. *Viagens de exploração terrestre dos Portugueses em África.* Lisboa: Centro de Estudos de Cartografia Antiga, 1978.

Scholtz, G.D. *Die Afrikaner en die see.* Johannesburg: Voortrekkerpers, 1969.

Scholtz, G.D. *Die ontwikkeling van die politieke denke van die Afrikaner,* III, *1854-1881.* Johannesburg: Perskor, 1974.

Schoonees, P.C. (red.). *Woordeboek van die Afrikaanse taal,* I, A-C, & III, G. Pretoria: Die Staatsdrukker, 1970 & 1972.

Selby, J. *A short history of South Africa.* London: New English Library, 1975.

Serra, C. (Ed.). *História de Moçambique*, I: *primeiras sociedades sedentárias e impacto dos mercadores (200/300-1886)*. Lourenço Marques: Departamento de História, 1982.

Serrão, J.V. *História de Portugal, IX: O terceiro liberalismo (1851-1890)*. Lisboa: Editorial Verbo, 1986.

Slater, M. *Guide to Mozambique: the essential visitor's companion*. Cape Town: Struik Publishers (Pty) Ltd., 1994.

Smail, J.L. *From the land of the Zulu kings*. Durban: A.J. Pope, 1979.

Snijman, F.J. (red.). *Woordeboek van die Afrikaanse taal*, V, J-KJ. Pretoria: Die Staatsdrukker, 1968.

Spence, C.F. *Moçambique (East African Province of Portugal)*. Cape Town: Howard Timmins, 1963.

Spoelstra, B. *Die "Doppers" in Suid-Afrika, 1760-1899*. Kaapstad, Bloemfontein & Johannesburg: Nasionale Boekhandel Bpk., 1963.

Spoelstra, B. *Ons volkslewe: kultuur-historiese leesboek*. Pretoria: J.L. van Schaik Bpk., 1924.

Stander, H. "Die verhouding tussen die Boere en Zoeloe tot die dood van Mpande in 1872." *Argief-jaarboek vir Suid-Afrikaanse geskiedenis*, 27 (2), 1964. Kaapstad: Transvaal Drukkers Bpk. vir die Staatsdrukker, 1964.

State Library Pretoria. *A list of South African newspapers, 1800-1982*. Pretoria: State Library, 1983.

Strelocke, H. *Portugal: vom Algarve zum Minho*. Köln: DuMont Buchverlag, 1983.

Strutt, D.H. *Fashion in South Africa, 1652-1900: an illustrated history of styles and materials for men, women and children, with notes on footwear, hairdressing, accessories and jewelry*. Cape Town & Rotterdam: A.A. Balkema, 1975.

Swart, M.J. (red.). *Afrikaanse kultuuralmanak*. Aucklandpark: Federasie van Afrikaanse Kultuurvereniginge, 1980.

Swart, M.J. (red.). *Afrikanerbakens*. Aucklandpark: Federasie van Afrikaanse Kultuurvereniginge, 1989.

Telo, A.J. *Lourenço Marques na política externa portuguesa 1875-1900*. Lisboa: Edições Cosmos, 1991.

Testa, C. *A política intercolonial e internacional e o Tratado de Lourenço Marques*. Lisboa: Typographia Universal, 1881.

Theal, G.M. *Geschiedenis van Zuid-Afrika.* Kaapstad, Port Elizabeth & Johannesburg: J.C. Juta &Co., 1897.

Theal, G.M. *The Portuguese in South Africa.* Cape Town, etc.: J.C. Juta & Co., 1896.

Theal, G.M. *Records of South Eastern Africa,* II, V, VI & IX. London: The Government of the Cape Colony, 1898. Facsimile reprint: Cape Town: C. Struik (Pty.) Ltd., 1964.

Uys, C.J. *In the era of Shepstone, being a study of British expansion in South Africa (1842-1877).* Lovedale: Lovedale Press, 1933.

Valkhoff, M.F. (Ed.). *Miscelânea Luso-Africana: colectânea de estudos coligidos.* Lisboa: Junta de Investigação Cientifica do Ultramar, 1975.

Van Aswegen, H.J. & G. Verhoef. *Die geskiedenis van Mosambiek.* Durban & Pretoria: Butterworth, 1982.

Van der Merwe, D.W. "Die geskiedenis van die Berlynse Sendinggenootskap in Transvaal, 1860-1900." *Argief-jaarboek vir Suid-Afrikaanse geskiedenis,* 46 (1), 1983. Pretoria: Die Staatsdrukker, 1984.

Van der Merwe, P.J. "Die Matebeles en die Voortrekkers". *Argief-jaarboek vir Suid-Afrikaanse geskiedenis,* 49 (2), 1986. Pretoria: Die Staatsdrukker, 1986.

Van der Walt, A.J.H. (red.). *Potchefstroom 1838-1938.* Johannesburg: Afrikaanse Pers Bpk., 1939.

Van der Walt, A.J.H., J.A. Wiid & A.L. Geyer (reds.). *Geskiedenis van Suid-Afrika,* I & II. Kaapstad, Bloemfontein & Johannes-burg: Nasionale Boekhandel Bpk., 1955.

Van der Watt, F. *Kerklike karmenaadjies.* Pretoria: Daan Retief Uitgewers, 1991.

Van Heerden, J.J. "Die kommandant-generaal in die geskiedenis van die Suid-Afrikaanse Republiek." *Argief-jaarboek vir Suid-Afrikaanse geskiedenis,* 27 (2), 1964. Kaapstad: Staatsdrukker, 1964.

Van Jaarsveld, F.A. *Vaalrivier omstrede grenslyn.* Johannesburg: Perskor-Uitgewery, 1974.

Van Jaarsveld, F.A. "Die veldkornet en sy aandeel in die opbou van die Suid-Afrikaanse Republiek." *Argief-jaarboek vir Suid-Afrikaanse geskiedenis,* 13 (2), 1950. Johannesburg: Staatsdrukker, 1950.

Van Rooyen, G.H. *Kultuurskatte uit die Voortrekker-tydperk ('n Kultuur-*

historiese studie), I. Bloemfontein, Kaapstad & Port Elizabeth: Nasionale Pers Beperk, 1938.

Van Rooyen, T.S. "Die sendeling Alexander Merensky in die geskiedenis van die Suid-Afrikaanse Republiek, 1859-1882." *Argief-jaarboek vir Suid-Afrikaanse geskiedenis,* 16 (2), 1954. Elsiesrivier: Nasionale Handelsdrukkery vir die Staatsdrukker, 1954.

Van Rooyen, T.S. "Die verhoudinge tussen die Boere, Engelse en Naturelle in die geskiedenis van die Oos-Transvaal tot 1882." *Argief-jaarboek vir Suid-Afrikaanse geskiedenis,* 14 (1), 1951. Parow: Cape Times Ltd. vir die Staatsdrukker, 1951.

Van Schoor, M.C.E. & J.J. van Rooyen. *Republieke en republikeine.* Kaapstad, Bloemfontein & Johannesburg: Nasionale Boekhandel Bpk., 1960.

Van Warmelo, N.J. *A preliminary survey of the Bantu tribes of South Africa. Ethnological Publications* V. Pretoria: The Government Printer, 1935.

Van Winter, P.J. *Onder Krugers Hollanders: geschiedenis van de Nederlandsche Zuid-Afrikaansche Spoorweg-Maatschappij,* I. Amsterdam: J.H. de Bussy, 1937.

Van Zyl, D. *Die ontdekking van rykdom.* Kaapstad: Don Nelson, 1986.

Visagie, J.C. *Voortrekkerstamouers 1835-1845.* Pretoria: Universiteit van Suid-Afrika, 2000.

Walker, E.A. *A history of South Africa.* London, New York & Toronto: Longmans, Green & Co., 1940.

Warhurst, P.R. *Anglo-Portuguese relations in South-Central Africa, 1890-1900.* London: Longmans, 1962.

Weinthal, L. (Ed.). *The Delagoa Bay – Pretoria Railway: "The Press" gedenk-boek uitgegeven ter gelegenheid der feestelijke opening van den Delagoabaai-Pretoria Spoorweg, Juli 1895.* Pretoria: The Press, 1895.

Welch, S.R. *Portuguese and Dutch in South Africa, 1641-1806.* Cape Town & Johannesburg: Juta & Co., Ltd., 1951.

Wichmann, F.A.F. "Die wordingsgeskiedenis van die Zuid-Afrikaansche Republiek, 1838-1860". *Argief-jaarboek vir Suid-Afrikaanse geskiedenis,* 4 (2), 1941. Johannesburg: T.W. Hayne Beperk, 1968.

Zöllner, L. & J.A. Heese. *Die Berlynse sendelinge in Suid-Afrika en hul nageslag.* Pretoria: Raad vir Geesteswetenskaplike Navorsing, 1984.

Zuquete, A.E.M. & A.M. de Fara. *Armorial Lusitano: genealogia e heráldica.* Lisboa: Editorial Enciclopedia, 1961.

PROEFSKRIFTE, VERHANDELINGE, SKRIPSIES EN REFERATE

Basson, J.J. "Vestiging en dorpstigting: 'n kultuurhistoriese studie van Transvaalse pioniersdorpe." M.A.-verhandeling, Universiteit van Pretoria, 1994.

Coetzee, C.G. "Die stryd om Delagoabaai en die Suidooskus, 1600-1800." D.Phil.-proefskrif, Universiteit van Stellenbosch, 1954.

Edwards, P. "Die Zuid-Afrikaansche Republiek en Groot-Brittanje se stryd om Delagoabaai, 1889-1899." D.Phil.-proefskrif, Universiteit van die Oranje-Vrystaat, 1988.

Ferreira, O.J.O. "Stephanus Schoeman in Transvaal." D.Litt. et Phil.-proefskrif, Universiteit van Suid-Afrika, 1977.

Haasbroek, D.J.P. "Die geskiedenis van Potchefstroom, 1838-1881." M.A.-verhandeling, Potchefstroomse Universiteit vir C.H.O., 1956.

Hartman, J.B. "Die politieke en judisiële organisasie van die suidelike Changana (Bosbokrand) in die lig van hulle herkoms." M.A.-verhandeling, Universiteit van Pretoria, 1972.

Newman, Robert S. "Fitting in: Colonial official to anthropologist." Unpublished paper presented at the Portugal Indico Seminar, Brown University, U.S.A., 16-17.05.2003.

Smith, A.K. "The struggle for control of Southern Moçambique, 1720-1835." D.Phil.-dissertation, University of California, 1970.

Tempelhoff, J.W.N. "Die okkupasiestelsel in die distrik Soutpansberg 1886-1899." D.Litt. et Phil.-proefskrif, Universiteit van Suid-Afrika, 1989.

Van der Walt, H.R. "Alexander McCorkindale en sy verhouding tot die Suid-Afrikaanse Republiek." M.A.-verhandeling, Universiteit van Suid-Afrika (P.U.K.), 1944.

Van der Walt, H.R. "Die Suid-Afrikaanse Republiek in die Britse buitelandse en koloniale beleid (1881-1899)." D.Litt.-proefskrif, Potchefstroomse Universiteit vir C.H.O., 1961.

Van Tonder, B.S.C. "Die verhouding tussen die Boere in die Zuid-Afrikaansche Republiek en die Portugese van Mosambiek tussen die jare 1836-1869." M.A.-verhandeling, Universiteit van Pretoria, 1952.

PERSOONLIKE MEDEDELINGS

MONDELING

Potgieter, Louisa (Mev.), Hamilton, Posbus 88, Lothair, 2370, 28.11.2003.

SKRIFTELIK

Abrantes, Maria Luisa (Dr.), A Directora, Arquivo Histórico Ultramarino, Calçada da Boa Hora, 30, 1300-095, Lisboa, Portugal, 22.08.2002, 21.10.2002.
Afonso, Aniceto Henrique (Tenente-Coronel), O Director, Arquivo Histórico Militar, Largo dos Caminhos de Ferro, 2, 1100-105 Lisboa, Portugal, 30.10.2002.
Bergh, J.S. (Prof.), Departement Historiese en Erfenisstudies, Universiteit van Pretoria, Hatfield, Pretoria, 0002, 20.05.2003, 26.11.2003.
Calitz, Letitia (Mev.), Hoof: Nasionale Argiefbewaarplek, Privaatsak X236, Pretoria, 0001, 26.03.2002.
De Jager, O.C. (Okkie) (Prof.), Departement Fisika, Potchefstroomse Universiteit vir C.H.O., Privaatsak X6001, Potchefstroom, 2520, 14.11.2003, 20.11.2003, 22.11.2003, 25.02.2004.
Dekker, Riekie (Me), Sekretaresse: Stigting Simon van der Stel (Tak Potchefstroom), Posbus 20549, Noordbrug, 2522, 15.12.2002.
Du Toit, Mione (Mev.), Meulstraat 17, Potchefstroom, 2520, 21.11.2002.
Eksteen, Louis (Mnr.), Posbus 15600, Arborpark, Newcastle, 2940, 02.10.2002, 24.11.2003, 02.12.2003, 03.12.2003, 05.12.2003, 21.01.2004.

Endemann, L.C.P. (Mnr.), Direkteur, Genealogiese Instituut van Suid-Afrika, Posbus 3033, Matieland, 7602, 17.06.2003 & 14.07. 2003.

Erasmus, Francois (Mnr.), Bestuurder: Mpumalanga, S.A.H.R.A., Posbus 11004, Barberton, 1300, 20.05.2003.

Laubscher, Lappe (Mnr.), Posbus 36870, Menlopark, 0102, 20.03. 2002, 14.11.2003, 15.11.2003.

Newman, Robert S. (Mr.), 79 Clifton Avenue, Marblehead, Mass. 01945, United States of America, 08.04.2003, 16.04.2003, 18.04. 2003, 20.05.2003, 22.05.2003, 27.10.2003.

Pretorius, J.C. (Dr.), Upper Waterkloof 2, Reguluslaan 173, Waterkloofrif, 0181, 03.08.2003.

Spencer, Shelagh (Mev.), Woodgrove, Privaatsak X5, Cascades, 3202, 02.12.2003, 05.02.2004.

Spoelstra, Hester (Mev.), Ferdinand Postma-biblioteek, Potchefstroomse Universiteit vir C.H.O., Privaatsak X05, Noordbrug, 2522, 03.04.2002, 04.04.2002, 05.05.2002, 07.04.2002.

Van Vuuren, C.J. (Dr.), Posbus 43, Faerie Glen, 0043, 21.08.2003.

Zöllner, Linda (Mev.), Posbus 36052, Menlopark, 0102, 16.06.2003 & 22.06.2003.

DIVERSE

Internet
http://www.huntington.org/BotanicalDiv/Succulent: ISI 2001-45. Pachypodium lealii

FOTO-ERKENNINGS

FIG. 1. Uit: L.M. Jordão, *Memoria sobre Lourenço Marques* (Lisboa, 1870).
FIG. 2. Uit: T.W. Baxter & R.W.S. Turner, *Rhodesian epic*, fig. 32.
FIG. 3. Uit: D. Alexander, *Holiday in Mozambique*, teenoor p. 156.
FIG. 4. Uit: M.V.J. Haight, *European powers and South-East Africa*, p. 188.
FIG. 5. Foto: O.J.O. Ferreira (2003).
FIG. 6. Uit: C.A.V. da Silva, *The city of Lourenço Marques guide*, p. 32.

Fig. 7. Uit: A.P. de Lima, *A história de Louis Trichardt*, p. 22.
Fig. 8. Uit: E.E. Burke (ed.), *The journals of Carl Mauch*, p. 70.
Fig. 9. Uit: M.E.M. Santos, *Viagems de exploração terrestre dos Portugueses em África*, p. 368.
Fig. 10. Foto: O.J.O. Ferreira (2003).
Fig. 11. Uit: H.P.N. Muller, *Een bezoek aan de Delagoa-Baai*, teenoor p. 6.
Fig. 12. Uit: T. Cameron & S.B. Spies (reds.), *Nuwe geskiedenis van Suid-Afrika in woord en beeld*, p. 152.
Fig. 13. Uit: A.P. de Lima, *A história de Louis Trichardt*, p. 13.
Fig. 14. Foto: O.J.O. Ferreira (2003).
Fig. 15. Uit: G.S. Preller (red.), *Dagboek van Louis Trigardt (1836-1838)*, teenoor p. 380.
Fig. 16. Uit: U. de V. Pienaar (red.), *Neem uit die verlede*, p. 116.
Fig. 17. Foto: Prof. O.C. de Jager-versameling, Potchefstroom.
Fig. 18. Foto: Transvaalse Argiefbewaarplek, Pretoria: nr. 12399.
Fig. 19. Uit: Arquivo Histórico Ultramarino, Lissabon: RI-5 Moçambique Cart. Ms., 1869.
Fig. 20. Foto: Prof. O.C. de Jager-versameling, Potchefstroom.
Fig. 21. Foto: Transvaalse Argiefbewaarplek, Pretoria: nr. 3817.
Fig. 22. Foto: Arquivo Histórico Militar, Lissabon: AHM/FE/60/PQ 30-Al no. 5091.
Fig. 23. F.O. Bernhard (ed.), *Karl Mauch, African explorer*, teenoor p. 49.
Fig. 24. Uit: C.F. Spence, *Moçambique*, teenoor p. 61.
Fig. 25. Uit: T.W. Baxter & R.W.S. Turner, *Rhodesian epic*, fig. 121.
Fig. 26. Uit: E.E. Burke (ed.), *The journals of Carl Mauch*, stofomslag.
Fig. 27. Foto: Transvaalse Argiefbewaarplek, Pretoria: nr. 13426.
Fig. 28. Uit: Arquivo Histórico Ultramarino, Lissabon: Direcção Geral do Ultramar (1843-1872), Pasta 45, Vol 1.
Fig. 29. Uit: Arquivo Histórico Ultramarino, Lissabon: Pasta 45, Vol. 2, Relatório, p. 154.
Fig. 30. Foto: O.J.O. Ferreira (2003).
Fig. 31. Uit: L. Weinthal, *The Delagoa Bay – Pretoria Railway*, p. 35.
Fig. 32. Uit: A.E.M. Zuquete & A.M. de Faria, *Armorial Lusitano*, p. 297.
Fig. 33. Uit: *Grande enciclopédia Portuguesa e Brasileira*, XIV, p. 777.
Fig. 34. Uit: M. Slater, *Guide to Mozambique*, p. 156.

FIG. 35. Uit: U. de V. Pienaar (red.), *Neem uit die verlede*, p. 215.

FIG. 36. Uit: J.N. da Fonseca, *An historical and archaeological sketch of the city of Goa*, teenoor p. 1.

FIG. 37. Uit: M. du Toit, *Die President Pretorius-museum*, frontispies.

FIG. 38. Uit: T.W. Baxter & R.W.S. Turner, *Rhodesian epic*, fig. 36.

FIG. 39. Uit: H. Chadwick, *Life of the venerable Gonçalo da Silveira*, frontispies.

FIG. 40. Uit: M.E.M. Santos, *Viagens de exploração terrestre dos Portugueses em África*, p. 288.

FIG. 41. Uit: T.W. Baxter & R.W.S. Turner, *Rhodesian epic*, fig. 47.

FIG. 42. Uit: M. de Sousa, *Reis e rainhas de Portugal*, p. 149.

FIG. 43. Uit: T.W. Baxter & R.W.S. Turner, *Rhodesian epic*, fig. 126.

FIG. 44. Uit: D.J. Potgieter (red.), *Standard encyclopaedia of Southern Africa*, IV, p. 585.

FIG. 45. Uit: S.P. Engelbrecht (red.), *Pretoria (1855-1955)*, p. 270.

FIG. 46. Uit: T.W. Baxter & R.W.S. Turner, *Rhodesian epic*, fig. 133.

FIG. 47. Uit: J.J. Basson, "Vestiging en dorpstigting", teenoor p. 150.

FIG. 48. Uit: Diario de Notícias, *A Guerra Anglo-Boer*, II, p. 159.

FIG. 49. Uit: Arquivo Histórico Ultramarino, Lissabon: S.12 Moçambique Icon. Ms., 1869.

FIG. 50. Uit: Arquivo Histórico Ultramarino, Lissabon: S.12 Moçambique Icon. Ms., 1869.

FIG. 51. Uit: G. Jenkins, *A century of history*, p. 59.

FIG. 52. F.O. Bernhard (ed.), *Karl Mauch, African explorer*, teenoor p. 64.

FIG. 53. Uit: M.C. van Zyl, *Die protesbeweging van die Transvaalse Afrikaners (1877-1880)*, teenoor p. 65.

FIG. 54. Uit: Arquivo Histórico Ultramarino, Lissabon: S.12 Moçambique Icon. Ms., 1869.

FIG. 55. Uit: J.C. Pretorius (red.), *Op trek*, p. 55.

FIG. 56. Uit: G.H. van Rooyen, *Kultuurskatte uit die Voortrekker-tydperk*, I, p. 38.

FIG. 57. Uit: J. Malan, *Rytuie van weleer*, p. 122.

FIG. 58. Uit: J. Malan, *Rytuie van weleer*, p. 123.

FIG. 59. Uit: T.W. Baxter & R.W.S. Turner, *Rhodesian epic*, fig. 277.

FIG. 60. Uit: J.C. Pretorius (red.), *Op trek*, p. 141.

Fig. 61. Uit: D.H. Strutt, *Fashion in South Africa, 1652-1900*, p. 298.
Fig. 62. Uit: W. Fehr, *Caldwell se diere*, fig. 12.
Fig. 63. Uit: D.J. Potgieter, P.C. du Plessis & S.H. Skaife (reds.), *Animal life in Southern Africa*, tussen pp. 358 & 359.
Fig. 64. Uit: Arquivo Histórico Ultramarino, Lissabon: S.12 Moçambique Icon. Ms., 1869.
Fig. 65. F.O. Bernhard (ed.), *Karl Mauch, African explorer*, teenoor p. 65.
Fig. 66. Uit: F.L. Cachet, *Worstelstrijd der Transvalers*, teenoor p. 423.
Fig. 67. F.O. Bernhard (ed.), *Karl Mauch, African explorer*, teenoor p. 97.
Fig. 68. Uit: E. Bolsmann, *Pretoria: artists' impressions 1857-2001*, p. 20.
Fig. 69. Uit: D. van Zyl, *Die ontdekking van rykdom*, p. 22.
Fig. 70. Uit: T.W. Baxter & R.W.S. Turner, *Rhodesian epic*, fig. 156.
Fig. 71. Uit: T. Cameron & S.B. Spies (reds.), *Nuwe geskiedenis van Suid-Afrika in woord en beeld*, p. 131.
Fig. 72. Foto: Transvaalse Argiefbewaarplek, Pretoria: nr. 12781.
Fig. 73. Uit: Arquivo Histórico Ultramarino, Lissabon: S.12 Moçambique Icon. Ms., 1869.
Fig. 74. Uit: S.P. Engelbrecht (red.), *Pretoria (1855-1955)*, p. 319.
Fig. 75. Uit: E. Bolsmann, *Pretoria: artists' impressions 1857-2001*, p. 45.
Fig. 76. Uit: S.P. Engelbrecht (red.), *Pretoria (1855-1955)*, p. 151.
Fig. 77. Uit: F.V. Lategan & L. Potgieter, *Die Boer se roer tot vandag*, p. 167.
Fig. 78. Uit: J.J. Oberholster, *Die historiese monumente van Suid-Afrika*, p. 331.
Fig. 79. Uit: J.S. Bergh (red.), *Geskiedenisatlas van Suid-Afrika*, p. 259.
Fig. 80. Uit: J.J. Oberholster, *Die historiese monumente van Suid-Afrika*, p. 333.
Fig. 81. Uit: A.P. de Lima, *A história de Louis Trichardt*, p. 60.
Fig. 82. Foto: Prof. L.J.S. Changuion (2003).
Fig. 83. Uit: J.S. Bergh (red.), *Geskiedenisatlas van Suid-Afrika*, p. 181.
Fig. 84. Foto: Transvaalse Argiefbewaarplek, Pretoria: nr. 13227.
Fig. 85. Foto: Transvaalse Argiefbewaarplek, Pretoria: nr. 13399.
Fig. 86. Foto: Prof. L.J.S. Changuion (2003).
Fig. 87. Foto: Prof. L.J.S. Changuion (2003).

Fig. 88. Foto: Transvaalse Argiefbewaarplek, Pretoria: nr. 12416.

Fig. 89. Swazi-hutte wat op die tradisionele wyse aan die voet van die Lebombobergreeks opgerig is. Foto: Prof. L.J.S. Changuion (2003).

Fig. 90. Uit: T. Cameron & S.B. Spies (reds.), *Nuwe geskiedenis van Suid-Afrika in woord en beeld*, p. 117.

Fig. 91. Foto: Prof. L.J.S. Changuion (2003).

Fig. 92. Uit: E. Axelson, *Portugal and the scramble for Africa*, teenoor p. 22.

Fig. 93. Uit: H. Kaye, *The Tycoon & the President*, teenoor p. 33.

Fig. 94. Uit: J. Ploeger & A.H. Smith, *Plate-atlas van die geskiedenis van die Unie van Suid-Afrika*, p. 90.

Fig. 95. Uit: V. Leroux (red.), *South African book of the road*, p. 101.

Fig. 96. Uit: G.R. McLachlan & R. Liversidge (reds.), *Roberts birds of South Africa*, teenoor p. 129.

Fig. 97. Uit: T. O'Hagan (red.), *Southern African wildlife*, p. 373.

Fig. 98. Uit: A.P. de Lima, *A história de Louis Trichardt*, p. 53.

Fig. 99. Foto: Prof. L.J.S. Changuion (2003).

Fig. 100. Foto: Transvaalse Argiefbewaarplek, Pretoria: nr. 6950.

Fig. 101. Uit: Arquivo Histórico Ultramarino, Lissabon: RI-7 Manuscrita Moçambique, 1870.

REGISTER

Abessinië 47
Afonso Henriques, koning 78, 105
Africaanders 141
Afrika 17-19, 22-24, 29-30, 37-38, 77, 85-87, 101, 106,118, 123-124, 126, 128, 143, 147, 158, 165, 168, 192, 200, 204, 213-214, 217-218, 239, 250-251
Afrikaans (taal) 122-123, 132, 165, 219
Afrikaner 99, 151, 180
Afrika-Portugese 36
Albasini (familie) 151
Albasini, J. 33, 41, 51-53, 62, 65-66, 69-70, 72, 75, 79, 83, 90, 136, 168
Alberts (familie) 168
Alentejo, Portugal 78
Alfred Ernest Albert, prins 186
Alighieri, Dante 216
Almeida, Portugal 106
Alpe 221
Alves, I.A. 266
Amandebeles, *kyk ook* Matebele 181
AmaNgwane, *kyk ook* Swazi 142
AmaSwati, *kyk ook* AmaSwazi & Swazi 142
AmaSwazi, *kyk ook* Amaswati & Swazi 142
Ambelim, Goa 108, 112
Amerika 68, 179
Amerikaanse 28, 236, 241
Amerikas 166
Amizade (skip) 267

Amsterdam, *kyk ook* Roburnia 203
Amsterdamse 49
Amule 142
Anderson, A.A. 178
Andries-Ohrigstad, *kyk ook* Ohrigstad 49-50, 162
Anglikaanse Kerk, Potchefstroom 148
Anglikaanse St. Mary's Church, Potchefstroom 148
Anglo-Boereoorlog (1899-1902) 104, 123, 127
Anglofobie 152
Anglo-Portugese Verdrag (1817) 30
Anglo-Saksiese 250
Angola 99, 106-107, 109, 126, 128-129
Animo (skip) 52
Apiesrivier 172
Arabië 158
Arabiere 17
Arabies (taal) 85
Arabiese 17, 20, 39, 125, 158, 228
Arbousset, J.T. 42
Archivo das Colónias no Ministério da Marinha 88
Argief-jaarboek vir Suid-Afrikaanse geskiedenis 122
Argief vir Wes-Transvaalse Geskiedenis, Potchefstroom 120
Ariërsetlaars 108
Arquivo Histórico Ultramarino, Lissabon 119, 263

Artillerie-regiment, Goa 109
Asiaat 168
Asiatiese Maatskappy van Trieste 25
Asiatiese Portugese 36
Asië 118
Assegaairivier, *kyk ook* Mkhondorivier 211-212, 218-219
Assolnã, Goa 108, 112
Atlantiese Oseaan 129
Austen, H. 173
Australië 179, 249
Avenida 24 de Julho, Lourenço Marques 101
Avondmaal, *kyk ook* Nagmaal 149

Baai, *kyk ook* Delagoabaai 258, 261-262, 265
Baai van die Goeie Sterfte, *kyk ook* Baía da Boa Morte 19, 142
Baai van die Goeie Vrede, *kyk ook* Baía da BoaPaz 19, 142
Baai van die Strandmeer, *kyk ook* Delagoabaai 19, 142
Baai van Lourenço Marques, *kyk ook* Delagoabaai 20, 26, 30, 142, 202-205, 207-208, 212, 227, 242, 261
Baía Alagoa, *kyk ook* Delagoabaai 19
Baía da Boa Morte, *kyk ook* Baai van die Goeie Sterfte & Delagoabaai 19, 142
Baía da Boa Paz, *kyk ook* Baai van die Goeie Vrede & Delagoabaai 19, 142
Baía da Lagoa, *kyk ook* Delagoabaai 19-20, 30, 142
Baía de Lourenço Marques, *kyk ook* Delagoabaai 15, 20, 64, 142
Baía Formosa, *kyk ook* Delagoabaai 19, 142
Baines, T. 87, 93
Baird, D. 179
Bakopa 193, 195
Baktriese 158
Bamangwato 84
Bangu, *kyk ook* Lebomboberge 191
Banyans 35
Bapedi, *kyk ook* Pedi 193, 195-196

Baptista, C.J. 44, 57
Barahona e Costa, C.P., *kyk ook* Da Costa, C.P.B. 78-82, 84-85, 88, 92-99, 117, 137, 190, 266
Barahonas (familie) 78
Barolong 189
Barotseland 126
Barreiros, E.M. 103
Barrow, J. 151
Basoeto's 195
Basotho's, *kyk ook* BaSotho & Basoeto's 195-196, 235
BaSotho, *kyk ook* Basotho & Basoeto's 235
Batlapin 189
Beelaerts van Blokland, G.J.Th. 103
Begemann, A.J. 173
België 185
Bell (familie) 203
Bell, R. 201, 209, 239
Bell's Kop 201
Benede-Maputorivier 239
Berberse 219
Bergh, J.S. 138, 202
Berlyn 194, 196
Berlynse 193
Berlynse Lutherse Sending 193
Berlynse Sendinggenootskap (B.S.G.) 193-197
Bernhard, E. 129
Bernhard, F.O. 129
Beyers, C. 121-122, 130
Bezaanskraal 201
Bickford (kapt.) 64
Bié 126
Bilene 41, 80, 248
Bissiet, J. 152
Blandy, J.B. 81
Blaubeuren 86
Bloedrivier 58, 181-182
Bloemfontein-konvensie (1852) 137
Bloemhof 176, 189
Bodenstein, J.C. 139
Boer(e) 15, 45, 47-50, 52-65, 69-70, 76, 78, 83-84, 90-91, 98-99, 102, 110, 112,

121, 123-124, 126-128, 131-132, 136,
  138, 140-141, 148-153, 155-159, 161-
  171, 179-183, 186, 189, 191-192, 194,
  196, 198-200, 202-204, 210-211, 215,
  226, 232, 234, 246, 249, 253, 261, 264
Boererepubliek 53
Boesmansteespruit 199
*Boletim da Sociedade de Geografia de
  Lisboa* 114, 118
Boletim do Governo, Goa 118
*Boletim Official da Provincia de
  Moçambique* 82
Boletim Oficial 117, 135
*Boletim Oficial do Governo da Provincia de
  Moçambique* 114
*Boletim Oficial do Govêrno Geral da
  Provincia de Moçambique* 117-118, 135
Bolobedu 182
Bolt (familie) 203
Bolt 239-240
Bolts, W. 25
Bombaai, *kyk ook* Mombaai 111
Bond, C.C. 148
Bonga 108-109, 191
Bongo 191
Bonniebrae, New Scotland 203
Boomplaats 249
Borrius, J.P. 136, 153
Bosch, F., *kyk ook* Boz, F. 97
Boschmans Thee Spruit 199
Boston, Pietermaritzburg 250
Bosveld 193
Botes, D.P.M. 123
Botha, H. 191
Botha, P.R. 96-97
Bothasrust 198
Bot?habelo 193-197, 225
Boz, F., *kyk ook* Bosch, F. 97
Brahmins 35
Brasiliaanse 43
Brasiliane 43
Brasilië 217
Brava 17
Brazilië (skip) 48
Breyten 198, 200, 259

Breytenbach, N. 198
Brisk (skip) 64
Brits(e) 15, 28, 31-32, 34, 45, 49, 52,
  54, 58-59, 62-64, 67, 69, 71, 100-101,
  104, 151, 181, 190, 194, 207-208, 250,
  263
Britse Admiraliteit 31
Britse Kolonie(s) 84, 140, 168, 264
Britse Museum 85
Britse Parlement 180
Britse Regering 52, 63, 71, 76, 100,
  129, 181, 207, 237
Britse Setlaar 188
Britse vlag 31-32, 64
Brittanje, *kyk ook* Groot-Brittanje 26,
  31-32, 54, 58, 63-64, 69, 71, 100-104,
  124, 141, 185, 207
Britte 30, 58, 63-64, 100, 206
Brodrick, A.
Brugspruit 104
Buchanan (familie) 203
Buchanan, Isabella J. 201
Bührmann, H.T. 54, 59
Bukutje, *kyk ook* Puguti 255
Bulawayo 189
Burchell, W.J. 164
Burger, J.J. 49, 51-52
Burgeroorlog, Z.A.R. (1860-1864) 184
Burgerraad 175
Burgers, T.F. 101-102, 104, 184
Burke, E.E. 129, 143
Burns, Robert 203
Button, E. 194
Bybel 150, 180

Cabeça de Lecice, *kyk ook* Leciaskop 97
Cabo Colato, *kyk ook* Cabo de Santa
  Maria & Kaap Colato 245
Cabo das Correntes 18, 22
Cabo Delgado 30
Cabo de Santa Maria, *kyk ook* Cabo
  Colato & Kaap Colato 245
Cabral, A. 38
Cachet, F.L. 147, 162, 171, 173, 176,
  194, 223

Caldas, J.A. 29
Caldeira, A. 20
Calviniste 91
Caminha, Portugal 106
Caminho de Ferro de Lourenço
  Marques 104
Campos de Corvo 88
Cantino, A. 18
Cape Commercial Bank 184
Capella, *kyk ook* Dlamini, M.T. 31
Capelo, H. de B. 128-129
Cape of Good Hope Punishment Act
  49, 181
Cardoso, A. 129
Carletonville 167
Casimir, J. 31
Cassandra (skip) 23
Catembe 28, 255
Catembe-eiland, *kyk ook* Ilha dos
  Elefantes 31
Catemberivier 257
Cazembe 126
Cetshwayo, *kyk ook* Techuaio 58, 63,
  235, 237-238
Chagas, M.J.P. 129
Changana 204
Chaves, Portugal 107
Chesson, F.W. 178
Chicundoheuwel, *kyk ook* Sierra
  Chicundo 74
China 147, 187
Chinde 222
Chinese 17
Chopi, *kyk ook* Tshopi 38, 43
Chrissiesmeer, *kyk ook* Miss Chrisie's
  Lake & Seekoeipan 191, 198, 200,
  222
Christelike 188, 217
Christen(e) 125, 193, 195, 197
Christendom 109
Churchill 148, 173
Cincinnatus, L.Q. 186
Cintsarivier 21
Clark (familie) 203
Cloete, A.J. 181

Cochim, *kyk ook* Kotsjin 19
Coelho, E.C.C.P.F. 136
Coelho do Amaral, J.R. 93, 98, 135,
  266
Coetzer, J. 120
Coetzer, P.J. 54
Colaço, T.R. 118
Colégio Militar, Portugal 106
Colónia de São Luíz 75, 90-91, 136
Combrink, F.J. 52, 59
Commercial Hotel, Potchefstroom 153
Committee Raad 175
Companhia do Comércio de Lourenço
  Marques e Inhambane 42, 44
Companhia de Cultura e Comércio do
  Ópio em Moçambique 87
Conselho de Governo 135
Conselho Ultramarino 235
Cordeiro, L. 118
Côrtes, *kyk ook* Portugese Parlement 76
Cortou, C.G. 96
Corvo, J. de A. 100, 102, 118, 128
Costa do Marfim, *kyk ook* Ivoorkus 125
Costa do Ouro, *kyk ook* Goudkus 125
Costa dos Escravos, *kyk ook* Slawekus
  125
Coulson, C.H. 153
Craigie Lee, New Scotland 201
Crosbie (familie) 203
Crusoe, Robinson 240
Cuncolim, Goa 112

Da Costa (familie) 105
Da Costa, C.P.B., *kyk ook* Barahona e
  Costa, C.P. 78-82, 84-85, 88, 92-99,
  117, 137, 190, 266
Da Costa, F. 18
Da Costa, G. 105
Da Costa, J.J. 27
Da Costa e Pinho, P.V. 56
Da Costa e Silva, R.T. 59
Da Costa Leal, Fernando (oupa) 106
Da Costa Leal, Fernando (1825-1869)
  (Goew.-genl. & oom) 75, 77, 92, 106-
  107, 109-110, 116, 190-191, 266

Da Costa Leal, Fernando Augusto
  (1846-1910) 15, 35, 77-78, 80-81, 84-
  88, 96, 104-106, 108-132, 135-137,
  139, 141, 143-144, 146, 148, 150-151,
  153, 157, 162-163, 165-166, 172, 174,
  176, 181-182, 186, 190-191, 193, 195,
  197-198, 200-202, 205, 207, 211, 213,
  218-219, 221, 226-227, 232, 235-236,
  241, 243-245, 250, 257, 260-261, 263,
  265-267
Da Costa Leal, Sebastião Augusto
  (c.1818-1883) (vader) 108, 112
Da Cruz e Almeida, A. 60
Da Cunha d'Eça, N.D.F. 25
Da Gama, Vasco 18, 137
Da Maia e Vasconcellos, V.C. 26
Damaraland 99
Da Nova, João 18
Dante, A. 216
Da Silva, A.F.F., kyk ook Silva Porto 126
Da Silva, R.T. da C. 59
Da Silveira, G. 125
Da Silveira, J.A. 46, 50-52
Das Neves, D.F. 33-34, 44, 151, 168,
  217, 241, 244
Da Souza (familie) 151
Dawano 24
De Abreu, D.F. 53-54
De Abreu e Castro, B.F. 107
De Albuquerque, Afonso 113
De Almeida, A. da C. 60
De Almeida, J.H. 26
De Almeida, J.T. 62, 66, 138
De Almeida, L. 126
De Anaya, P. 19
De Andrade, A.A. 103
De Andrade, J.C. 54-55
De Andrade, O.L. 41, 64, 66, 138
De Araújo, J. 26
De Beer, J. 53-54
De Beer, J.M. 96
De Caap (skip) 23
De Cardenas, M.L. 31-32
De Cardinas, M.A.R. 57
De Carvalho e Menezes, V.G. 55, 60

De Castellão, G.G. 55
De Castilho (goew.) 79
De Castilho, A. 206
De Castro, A.M. de M. 27
De Castro, B.F. de A. 107
De Castro, F. de M. 24
De Chavonnes, M.P. 23
De Clerq, J. 59
De Couto, J. 79
De Cuiper, F., kyk ook De Kuiper, F. 24
De Figueiredo, B. de S.N., kyk ook Sá de
  Bandeira, markies 217
Defoe, Daniel 240
De Jager, L. 176
De Jager, O.C. 119-121
De Kaap 178
De Kuiper, F., kyk ook De Cuiper, F. 24
De Lacerda, A.A. de A.C. 70
De Lacerda, J. 107
Delagoabaai 15-32, 38-43, 45-60, 62-64,
  66-69, 71, 73, 76-77, 80, 84, 86, 88,
  96, 100-101, 104, 110, 117, 125, 142-
  144, 191, 194, 202, 205-206, 227-228,
  239, 246, 248, 252, 256-258, 261, 263,
  266
Delagoa Bay, kyk ook Delagoabaai 30
Delagoa Bay & Dugutha 30, 142
Delagoabaaispoorlyn 104
Delagoa Bay and East African Railway
  Company 103-104
De la Presqu'ile, R. (skuilnaam) 113
De Lima, R.L. de A. 48
De Mattos, F.J. 55
De Mattos, J.C.M. 27
De Melo e Castro, A.M. 27
De Melo e Castro, F. 24
De Melo Pinto, T.H. 60
De Meneses, J.T. 19
De Menezes, V.G. de C. 55, 60
De Mira, J.V.G. 25
De Noord (skip) 22
De Oliveira (familie) 151
De Oliveira, B. 79
De Oliveira, D.J. 66
De Oliveira, J.H. 126

De Oliveira Marques, A.H., *kyk ook* Marques, A.H.de O. 124
De Oude Wagenweg 51, 266
De Paiva (familie) 79
De Paiva Manso, burggraaf, *kyk ook* Jordão, L.M. 124
De Paiva Rapozo, A. 66, 78-80, 85, 87-88, 92, 97, 137, 145, 168, 190-191
De Paiva Rapozo, A.C. 79, 87-88, 92, 97, 117, 137
De Paiva Rapozo, I.J. 65, 79, 87
De Paiva Rapozo, J. 97
Departement Geskiedenis, P.U. vir C.H.O. 120
De Pinho, P.V. da C. 56
De Queiros, J. 19
Derby 203, 208-212, 236, 240, 247
De Ridder, J. 119
De Sá Bandeira, markies 107
De Sá e Simas, J.A. 97, 110, 116, 142, 187, 237, 250, 257, 263, 265
De Salles Machado, F. 59-61
De Santa Teresa, F.F. 26
De Sepúlveda, M. de S. 20
De Simas, J.A. de S. 97, 110, 116, 142, 187, 237, 250, 257, 263, 265
De Sousa e Sepúlveda, M. 20
De Souza, M.L. 96-97
De Souza Teixeira, A. 66
De Vaal, J.B. 98
De Vasconcellos, V.C. da M. 26
Devereux, L.E. 188
De Villiers, P.D. 96-97, 263
Dia Cidade (vakansiedag) 101
Diamantvelde 149
Die Berg 141
Dingaan, *kyk ook* Dingane 181
Dingane 181-182, 227, 230, 232
Dingley, Mary Ann 200
Dinkwanyane, J. 195
Diplomatieke Kommissie, *kyk* Portugese Diplomatieke Kommissie
Divina Commedia 216
Dlamini (koningshuis) 258
Dlamini 142

Dlamini, M.T., *kyk ook* Mayeta 31
Do Amaral, J.R.C. 93, 98, 135, 266
Do Campo, A. 18
Dohne, J.L. 220
Dominikaanse sendelinge 125
Dordrecht 141
Dorslandtrek (1875-1877) 99
Dos Santos, J. 97
Dos Santos, V.T. 33, 44
Douglas 146
Douro-streek, Portugal 157
Drakensberg 53, 58, 141, 143, 170, 181, 192, 204-206, 223-224, 226-227, 236
Drakensbergreeks 170, 212, 260
Dreyer 191
Drie-en-dertig Artikels (1844) 175
Dugutha, *kyk ook* Delagoabaai 17
Duits (taal) 132, 151, 252
Duitse 85-86, 143, 151, 159, 193, 197, 216, 218, 221, 246
Duitse Driekleur 197
Duitser(s) 29, 116, 130, 148, 194, 197
Duitsland 86, 129, 194-195
Dullstroom 141
Dumfries, Skotland 249
Dundas River, *kyk ook* Rio de Lourenço Marques 16, 31, 260
Duprat, A. 66, 72-73, 75-78, 83, 89, 93, 98, 102, 119, 138-139, 226
Dupuy 107
Durban 68, 81, 85, 93, 128, 137-138, 184
Düring, H.A. 196-197
Du Toit, Mione 119
D.W. Krüger-versameling 120

Eb-en-Vloed 54
Edgley (familie) 203
Edinburgh 186
Eersteling 178
Eerste Vryheidsoorlog (1880-1881) 102, 194
eGabeni 181
Egiptenare 17

Ekwatoriaal-Afrika 143
Elandsfontein 168
Elandsrivier 191
Eldorado/El-Dorado 162
Eleanor (skip) 32
Elvas, Portugal 106
Endemann, K.H.J. 196-197
Enfield 219, 231
Engeland 29, 57, 164, 177, 179, 185-186, 190, 201, 204, 207-208, 236, 239
Engelbrecht, S.P. 172
Engels (taal) 85, 120-123, 126, 129-130, 151-152, 219, 250
Engelse 22-23, 25-26, 29-31, 37, 47, 49, 54, 64, 84, 102, 124, 148, 152, 179-180, 182, 185, 202, 207, 211-212, 215, 222, 226, 234, 236, 238, 240, 257, 260
Engelse Episkopaalse Kerk 148
Engelse Oos-Indiese Kompanjie 30
Engelsman 232
England, Edward 23
English River, *kyk ook* Rio do Espírito Santo 16, 31, 257
Episkopaalse Kerk 148
Erasmus, D.J 174
Erasmus, S.P. 181
Ermelo 200-201, 259
Erskine, D. 209
Erskine, St.V.W. 35, 87, 209, 236
Escola do Exército, Portugal 106
Escola Militar, Nova Goa, Goa 109
Estrella de Damão (skip) 47, 267
Ethiopië 47
Europa 38, 66, 68, 84, 86, 101, 103, 144, 147, 163, 165-166, 168, 199, 207, 246
Europeane 16, 24, 30, 35, 41, 67, 85, 128, 152, 158, 168, 227, 261
Europeër(s) 19, 34, 36, 212
Europese 17, 21, 30, 36, 40, 42-44, 67, 109, 125, 148-149, 151, 184, 196-197, 245, 260
Evans 148, 173
Evans & Churchill, Potchefstroom 148
Evans & Churchill, Pretoria 173

Fakudze, M. 227
Felicidade (skip) 267
Feneciërs 17
Ferdinand Postma-biblioteek, Potchefstroom 120, 130
Fernandes, L. 18
Ferrara 18
Ferreira (familie) 151
Ferreira, M.P.C. 249
Figueiredo, A. dos S. 121, 130
Fleischack-versameling 120
Fleischack, A.R. 120
Flôr de Gôa (skip) 80
Fonteinedal 172
Forbes (familie) 203
Forbes, D. 67-68, 210
Forssman, M.J.F. 75, 200
Forssman, O.W.A. 77, 81-85, 90-92, 95, 139, 146, 148, 187, 200
Fortaleza de Nossa Senhora da Conceição 27, 33-34, 194, 227, 265
Fort Lijdzaamheijd, *kyk ook* Fort Rio de Lagoa 23
Fort Merensky, *kyk ook* Fort Wilhelm 197
Fort Rio de Lagoa, *kyk ook* Fort Lijdzaamheijd 23
Fort Wilhelm, *kyk ook* Fort Merensky 197
Fountain Lodge, Pretoria 187
Fourie, J.J. 73
Francis, J.O. 249
Franco, A.R. 107
Franklin, J.R. 153
Frankryk 23, 29, 124, 129, 185, 206
Frans (taal) 85, 113, 132, 151
Franse 28-29, 43, 86, 100, 151
Franse Republiek 100
Fransman 168
F.W. Reid & Pavey 148

Galicië 106
Gambastam 107
Gamitto, A.C.P. 46, 126
Gatsrant 144

Gaucho's 199
Gauteng 172
Gaza 41, 191
Gazaland 41
Genua 18
Geographischen Mittheilungen 129
Gereformeerde Gemeente Pretoria 173
Gereformeerde Gemeente Potchefstroom 148
Gereformeerde Kerke 148
Gerlachshoop 193, 195
Gilbert (familie) 203
Glasgow 202
Glasgow and South African Company 201-202, 209
Gmünd 85
Goa (kolonie) 25, 108-109, 111-114, 168, 187
Goa (stad) 108
Goanese 168
God 74, 94
Goetz, A.M. 82, 95, 120
Goetz, M.A. 148
Goewermentgebou, *kyk ook* Volksraadsgebou 188
Goewermentskantoor 183
Goewermentskool 173
Gomondwane 24
Gonçalves, C. 118
Gotha 129, 132
Gouda (skip) 23
Goudkus, *kyk ook* Costa do Ouro 125
Gouvernements Courant 145
Gouvernements Courant der Z.A.R. 173
Greenwich 144
Greiner, Christiane D. 221
Grey, George 64
Griekse 199
Griekwa 189
Grimm, J.A. 152
Grondwet van die ZAR (1858) 135, 139, 168, 174, 188
Groot-Brittanje, *kyk ook* Brittanje 31, 64, 81, 102, 180, 207, 222

Groot Trek 47, 150, 177, 180
Grützner, C.H.T. 193-194, 197
Guimarães 78, 105

Hamilton 191, 199, 201, 203, 208-210, 239, 247, 260
Harare, *kyk ook* Salisbury 130
Hartebeestpoort 144, 171
Hartebeestpoort (tans Silverton), Pretoria 191
Hartley, H. 85, 223
Hartsrivier 178, 181, 189
Hasana 40, 227
Hattingh, J.L. 99
Hay, C.C. 190
Heese, J.A. 151
Heidelberg 96, 176
Heidelbergse Katagismus 188
Henderson, J. 249
Here 211
Hertog van Edinburgh 186
Hertog van Ferrara 18
Hertog van Sakse-Coburg, Gotha 186
Hindoe(s) 108-109, 112
Hoëveld 144, 146, 171, 192-193, 203
Hofmeyr, S. 195
Fof van Landdros en Heemrade 177
Holland 185
Hollanders 123, 141, 148
Hollands (taal) 89, 146, 151, 186, 210
Hollandse 151, 175, 179, 185
Hollandse Afrikaners 141
Hollandse Gereformeerde Kerke 148
Hollandse Kerke 149, 172
Hollandse Recht 175
Hongarye 221
Hook (familie) 203
Hopetown 83
Hugo, Victor 113
Huilla, Angola 106

Ibo 129
Ierland 180
Ilha Cefina, *kyk ook* Ilha Xefina 227
Ilha da Inhaca, *kyk ook* Inhaca-eiland

16, 19-20, 22, 25-26, 31, 64, 71-72, 202, 207, 237, 241, 265
Ilha de Moçambique, *kyk ook* Mosambiek-eiland 17-19, 22, 24, 27-28, 31, 33, 37, 56, 60, 80, 98, 108, 110, 129, 135, 266-267
Ilha dos Elefantes, *kyk ook* Catembe-eiland 16, 31, 64, 207
Ilha Shefina, *kyk ook* Ilha Xefina 227
Ilha Unhaca, *kyk* Ilha da Inhaca
Ilha Xefina 33, 227
Ilha Xefina Grande 16
Ilha Xefina Pequena 16
Incomatirivier, *kyk ook* Komatirivier 16, 248, 264
Indië 18, 29, 78-79, 87, 108-109, 111, 113, 117, 158, 168
Indiërs 17, 168
Indiese 17, 35, 108, 112-113, 167, 203
Indiese Oseaan 15, 29, 52, 62, 129, 144, 222
Indonesiërs 17
Industria 198
Inferno 216
Ingwavuma, *kyk ook* Ungovumarivier 223
Inhaca (opperhoof) 21
Inhaca-eiland, *kyk ook* Ilha da Inhaca 16, 207-208, 237-238, 241, 245
Inhambane 29, 37-38, 41, 43, 47, 51-53, 56, 59, 61, 92, 126-127
isiZulu, *kyk ook* Zoeloe (taal) 212
Italiaanse 18, 216
Italianer 168
Italië 221
Ivens, R. 128-129
Ivoorkus, *kyk ook* Costa do Marfim 125
Ixion 199

Jebe, P. 86, 246
Jefferies, eerw. 148, 152
Jenkinson, mev. 153
Jeppe, C. 178
Jeppe, F. 132, 151, 173, 177-178, 194
Jeppe, F.H. 85, 91

Jeppe, H. 173
Jesset, M.G. 146
Jesuïte 125
Jesuïtiese vaders 109
João III, koning 20, 142
Jonker 171
Jordão, L.M., *kyk ook* De Paiva Manso, burggraaf 124
José I, koning 26
José, L. 28
Joseph & Thereza (skip) 25
Joubert, A. 197
Jukskeirivier 171, 178
Junod, H.A. 38

Kaap 19, 82, 141, 151, 163, 165, 175, 180, 190, 249
Kaap Colato, *kyk ook* Cabo Colato 245
Kaap die Goeie Hoop 18
Kaapkolonie 15, 31, 49-50, 63, 69, 73, 139, 141, 151, 163-164, 177, 179-180, 182, 185-186, 188, 208
Kaapse 23, 165, 175, 181, 20-0
Kaapse Khoikhoin 200
Kaapstad 66, 72-74, 76, 93, 119, 138-139, 193, 220
Kaap van Seestrome, *kyk ook* Cabo das Correntes 22
Kalahari 42
Kalkheuvel 139
Kapele, *kyk ook* Dlamini, M.T. 31
Kathlamba, *kyk ook* Drakensberg 141, 170, 212, 260
Katolieke Kerk , *kyk ook* Rooms-Katolieke Kerk 188
Kchalatlolu (Khalatlolu) 195
Keate, R.W. 81
Keirivier 21
Kellner, Annette 120
Keppel (viseadmiraal) 64
Kerkplein, Pretoria 172, 188
Kerkstraat, Potchefstroom 148
Kew 85
Khahlamba, *kyk ook* Drakensberg 141, 170, 212

Khoikhoin, *kyk ook* Khwekhwen 200
Khumalo, Sisile 205, 208
Khwekhwen, *kyk ook* Khoikhoin 200
Kilimane 78-79, 86, 129, 137
Kilwa 17
Kimberley 190
King George River, *kyk ook* Rio
  Incomati 16
Kirsten, P.A.J. 173
Kleijn, F.W.H. 177
Kleinfontein, Lydenburg 236
Kleyn 148
Klipdrift 178
Klipstapel 204, 248, 259-260
Komatipoort 103-104, 266
Komatirivier, *kyk ook* Incomatirivier 74, 103, 198, 204, 248
Kommissie, *kyk* Portugese Diplomatieke Kommissie
Koni 42
Koning van Pruise 197
Konkani (taal) 114
Koster 146
Kotsjin, *kyk ook* Cochim 19
Kowynspas 97
Krokodilrivier 171, 183
Krokodilrivier, *kyk ook* Limpoporivier 89
Krüger, D.W. 120-122, 130, 146
Kruger, G.J. 52
Kruger Nasionale Park 24
Kruger, S.J.P. 73, 89, 103-104, 174
Krygsraad, Z.A.R.
Kunenerivier, *kyk ook* Rio dos Elefantes 107
Kuntze, O. 86
Kuruman 89
Kus 211
Kwahlamba 212
Kwathlamba, *kyk ook* Drakensberg 212
KwaZulu-Natal 144, 170, 181, 206, 242

Lablamba, *kyk ook* Drakensberg 212
Lademann, C.L.F. 196-197
Landins, *kyk ook* Tsonga 38

Landman, K.P. 180
Langa 182
Langapuma, *kyk ook* Mawewe 65
Langeberg 89
Larney, Tom 120
Laubscher, L. 119-121
Leal (familie) 105
Leal, Fernando da Costa (oupa) 106
Leal, Fernando da Costa (1825-1869)
  (Goew.-genl. & oom) 75, 77, 92, 106-107, 109-110, 116, 190-191, 266
Leal, Fernando Augusto da Costa
  (1846-1910) 15, 35, 77-78, 80-81, 84-88, 96, 104-106, 108-132, 135-137, 139, 141, 143-144, 146, 148, 150-151, 153, 157, 162-163, 165-166, 172, 174, 176, 181-182, 186, 190-191, 193, 195, 197-198, 200-202, 205, 207, 211, 213, 218-219, 221, 226-227, 232, 235-236, 241, 243-245, 250, 257, 260-261, 263, 265-267
Leal, L.A. de V. 119, 121
Leal, Sebastião Augusto da Costa
  (*c*.1818-1883) (vader) 108, 112
Lebombo's, *kyk ook* Lebomboberge
  205-206, 212, 223-224, 226, 231, 242-245, 247, 254, 260, 264
Lebomboberge 16, 24, 39, 56, 74, 100, 110, 142, 191, 204-206, 212, 214, 222, 224, 226-228, 232, 234, 237, 239, 242, 247, 257, 260
Lebombobergreeks 16, 40, 53-54, 74, 205, 223, 259-260, 262
Leciaskop, *kyk ook* Cabeça de Lecice 97
Leidenburg, *kyk ook* Lydenburg 194
Lesotho 170
Leticia (skip) 267
Levert, A.L. 93
Lichtenburg 200
Lichtenstein, M.H.C. 151
Liebenberg-trekgeselskap 181
Limpoporivier, *kyk ook* Rio do Ouro
  74, 89, 92, 103, 143-144, 163, 171, 181, 189-190, 211, 226, 244, 246, 259, 266

Limpopovallei 38, 51
Linden Museum, Stuttgart 129
Lissabon 18, 25, 31, 56, 61, 72, 77, 83, 88, 92, 100,102-103, 10-6-107, 113-114, 119, 122, 135, 187, 263
Livingstone, David 87, 107, 126
Lobamba, Swaziland, *kyk ook* Nkanini 208
Lobato, A. 18
Lobengula 99
Loch Banaghar 201
Lochiel, New Scotland 203
Londen(se) 32, 85, 144, 179
Londense Konvensie (1884) 102
Londina 198
London and Limpopo Gold Mining Company 93, 144
London and Limpopo Mining Company (Ltd.) 92
London and South African Goldfields Exploration Company 92-93
Lourenço Marques 15-16, 22, 26, 28-40, 44, 46-59, 61-62, 64-66, 70-71, 75, 77-81, 84, 87-88, 91-94, 96-98, 100-104, 110-111, 114-117, 119, 121, 124-125, 128, 130-131, 135-136, 138, 140-143, 145-146, 187, 191, 194, 201-204, 206, 211, 214-215, 217, 224, 227-229, 232-233, 235-238, 242-244, 246, 248-252, 255-257, 259-267
Lourenço Marques and South African Republic Transport Service 88
Luanda, Angola 107
Lubuya, Slag by (1854) 227
Lucullusiaanse 160
Lucullus, L. 160
Ludorf, F. 152
Ludvonga II 205, 208
Ludwigsburg 220
Luís I, koning 36, 76, 138
Lutherse 193
Lutherse Kerk 196
Lutherse Sending 194
Luvuvhurivier 89
Lwamondo 182

Lydenburg 53-54, 56, 59-61, 86, 90-91, 93, 95-97, 145-146, 174-176, 178, 194-196, 201, 204, 206, 235, 263-264, 266
Lydenburgers 57, 70, 96-97, 145
Lydenburgse Republiek 55
Lys, J.R. 73, 119, 173

Mabekani 201
Maber, C. 250
Mabhogo 193
Mabota (stamgroep) 39
Mação 117
Macau 187
MacFarlane (familie) 203
Machado, F. de S. 59-61
Machado, J.J. 103
Machel, S.M. 37
MacMahon, M.E.P.M. 100-101, 124
MacNab (familie) 203
MacNab, R., *kyk ook* Ngogolo 239
Madagaskar 43
Magaliesberg 144, 166, 173
Magaliesbergers 48
Magashulaskraal 136
Mahura 182
Maior, D.A. de B.S. 27
Makaha-goudvelde 86
Makasane, *kyk ook* Mangobe, M.T. 31-32, 207
Makashula 70, 75
Makashulaskraal 70, 75
Makhasane, *kyk ook* Makasane 31, 207
Malabarkus, Indië 111
Malan, J. 156-157
Malawi 126
Maléo 195
Malinde 17
Malokong 193
Malvasië-wyn 116, 266
Mandovirivier, Goa 112
Mangobe, M.T., *kyk ook* Makasane & Makhasane 31, 207
Manhiçarivier, *kyk ook* Incomatirivier 248

Manicarivier, *kyk ook* Incomatirivier 248
Manissarivier, *kyk ook* Incomatirivier 248
Mankopane 182
Manukosi, *kyk ook* Soshangane 40
Manukuza, *kyk ook* Soshangane 40
Manzini, Swaziland 211
Maputo (area) 32, 100, 237-239, 241, 244, 251
Maputo (opperhoof) 237
Maputo (stad) 37, 101
Maputo (sub-stamgroep) 39, 43
Maputo River, *kyk ook* Rio Maputo 16
Maputorivier, *kyk ook* Rio Maputo 69, 202, 204-206, 218, 224, 227, 243-244, 254, 261-262, 264
Maputovallei 240-241
Marais, P.J. 171, 178
Margão, Goa 108-109, 111
Maria Anna (skip) 93
Maria Theresa, Aartshertogin van Oostenryk 25
Marico 83, 85, 136, 176, 189
Maritz, G.M. 180
Markplein, Potchefstroom 148
Marques, A.H. de O., *kyk ook* De Oliveira
Marques, A.H. 124
Marques, Lourenço 19-20, 28-29, 260
Marracuene, *kyk ook* Marraquene & Marraqueno 248
Marraquene, *kyk ook* Marraqueno & Marracuene 80-81, 248
Marraqueno, *kyk ook* Marraquene & Marracuene 248
Marseille 86
Marthinus Wesselstroom 176
Martin, William 80, 249-250
Martinho, J.G. 57
Marubaskraal 240
Masiphula Sibiya, *kyk ook* Sibiya, M. 227
Masjonaland 209
Masonic Hotel, Heidelberg 96

Matebele, *kyk ook* Amandebeles 144, 181, 226, 254
Matebeleland 51, 83, 86, 93, 144, 189, 246
Matebeles 99
Mathagráma 108
Matilongerivier 257
Matingatingarivier 103
Matola (plek) 242
Matola, *kyk ook* Matolla 16, 40
Matolarivier 16, 20, 242, 257, 261
Matoll River, kyk ook Matolarivier 16
Matolla, *kyk ook* Matola 16
Matthéüs 176
Matutwen (sub-stamgroep) 39
Matyen 213
Mauch, C.G. 35, 85-87, 110, 115-117, 129-130, 132, 141, 143-144, 146-149, 159-161, 167, 169, 171, 190-191, 193, 198, 208, 211-213, 215, 218-223, 225, 230-231, 236, 240-243, 245-247, 252-258, 263, 265-266
Mauch, J. 220
Mavuso II, *kyk ook* Mswati II 227
Mawewe/Maweva 41, 65-66
Mayeta, *kyk ook* Dlamini, M.T. 31
Mazeminhamarivier 257
Mazeppa (skip) 46
Mazeta, *kyk ook* Dlamini, M.T. 31-32
Mazwaya (stamgroep) 39
Mbeluzi, *kyk ook* Umbeluzi 67-68, 70-72, 131, 260
McCorkindale, A. 191, 198, 200-210, 236-237, 239
McCorkindale, mev. 210
McLachlan, T. 194
McLagan, A. 139
McLeod, J.L. 34, 64
McMurdo, E. 103-104
Meintjes, S.J. 174
Meksiko 165
Mendonça 237
Merensky, A.A.B. 193-194, 196-197
Meyer, C. 173
Meyer, I.J. 200

Mfolozirivier 201
Mgungundlovo 181
Michel, J. 23
Midde-Transvaal 184
Middelburg, *kyk ook* Nazareth 176, 191, 193
Middeleeue 148
Middel, J. 59
Miguel I, koning 106
Mindello 106
Minho-streek, Portugal 106, 157
Ministério da Marinha e Ultramar 235
Miss Chrissie's Lake, *kyk ook* Chrissiesmeer 200
Missongue, *kyk ook* Musongi & Nozinguêle 237-238
Mkhondorivier, *kyk ook* Assegaairivier 211
Mkondorivier, *kyk ook* Assegaairivier 211
Moçâmedes, Angola 106-107, 129
Mocke, J.G. 48-49
Modimolle 167
Modjadji 182
Modus vivendi (1891) 129
Mogadisho 17
Moll, C.P. 173
Mombaai, *kyk ook* Bombaai 111
Mombasa 17-18
Moni Forests 203
Monomotapa 23, 125
Montanha, J. de S.R. 88, 123, 126-128
Monteiro, J.M.C. 126
Moodie, G.P. 87, 102, 110, 263-264
Mooirivier 138-139, 145-147
Morewood, E. 58
Mosambiek 15-16, 24, 26, 28, 37-39, 47-48, 56-57, 61-62, 67, 69, 75, 77-79, 81-82, 84, 89, 92-93, 96, 98, 101-104, 108-111, 116-118, 126-129, 135-136, 138, 141, 143-144, 191, 196, 202, 204-205, 222, 226, 228, 240, 246, 248-250, 256, 258, 261, 266-267
Mosambiek-eiland, *kyk ook* Ilha de Moçambique 135, 266-267

Mosambiekse 222
Mosega 181
Mosegakop 235
Moselekatse, *kyk ook* Mzilikazi 144
Moslem(s) 17, 39, 108-109, 113
Mozila, *kyk ook* Mzila 226
Mozilicatze, *kyk ook* Mzilikazi 144
Mozilicatzi, *kyk ook* Mzilikazi 144
Mpande 57-58, 63, 227, 235
Mpfumo (plek) 40
Mpfumo (stamgroep) 39
Mpfumu 227
Mpumalanga, *kyk ook* Oos-Transvaal 24, 206, 248
Msikabarivier 20
Mswati II, *kyk ook* Mavuso II & Mswazi II 142, 205, 227
Mswazi II, *kyk ook* Mswati II 142, 227, 234-235
Mtamvunarivier 20
Muller, D. 191
Muller, F.J.F. 149
Muller, H.P.N. 36-37
Muller, P.J. 97
Munnich, A.I. 95, 187, 190
Munro (familie) 203
Murray, Andrew 148
Musi 172
Musongi, *kyk ook* Missongue & Nozinguêle 237
Musselmans 35
Muzila, *kyk ook* Mzila & Umzila 41, 226
Mzila, *kyk ook* Mozila, Muzila & Umzila 41, 66, 226
Mzilikazi, *kyk ook* Mozilicatze 51, 144, 181, 189
Mzinyati 236

Naarstigheid (skip) 24
Nagmaal 148-150
Napier (familie) 203
Napier, G.T. 181
Narcissus (skip) 64
Natal 15, 31, 35, 45, 47, 49-50, 58, 63-64, 67, 69, 71, 73, 80-82, 110, 137-

141, 143, 151, 163-164, 173, 179-180, 182, 184, 190, 208-211, 218, 226-227, 234, 238, 249-251, 261, 264
Natallers 49
Natal Mercury 250
Natalse 39, 45, 63, 81, 141, 184, 194, 249-250
Natalse Drakensberg 141
Natal Witness 250
National Archives of Rhodesia, Salisbury 129-130
Nazareth, *kyk ook* Middelburg 176, 191, 193
Ndebele 144, 182
Ndvungunye 142
Ndwandwa, prins 205
Ned. Geref. Gemeente Magaliesberg 166
Ned. Geref. Kerk 195
Ned. Geref. Kerk, Lydenburg 176
Ned. Geref. Kerk, Pretoria 172
Ned. Herv. Kerk 145, 148, 168, 175
Ned. Herv. Kerk, Pretoria 173-174
Nederland 22-23, 29, 52, 57, 101, 185
Nederlander(s) 22-24, 27-28, 30, 43, 152, 175
Nederlands (taal) 73, 132, 157, 165, 219
Nederlandsche Zuid-Afrikaansche Spoorwegmaatschappij 104
Nederlandse 24, 48, 90, 151, 165, 176, 179
Neethling, W.H. 53
Nellmapius, A.H. 88
Newcastle 68
Newman, R.S. 108, 114
New Scotland, *kyk ook* Nieuw-Scotland 68, 131, 141, 191, 198-206, 208-209, 212, 236-240, 251, 259-260
Ngamiland 99
Ngogolo, *kyk ook* MacNab, R. 239
Ngoni, *kyk ook* Vatuas 38, 40-41
Nguni 142, 144, 172, 212, 258
Ngwane III 142
Ngwavuma, *kyk ook* Ingwavuma 223

Ngwempisrivier 198
Nieuw-Scotland, *kyk ook* New Scotland 191, 198
Nimrod 211
Nkanini, Swaziland, *kyk ook* Lobamba 208
Nkhomatirivier, *kyk ook* Komatirivier 248
Noord-Afrika 158-59
Noord-Europa 148, 179
Noord-Natal 239
Noordoos-Transvaal 195, 235
Noord-Sotho 235
Noord-Transvaal 234
Noordwes Universiteit 119, 130
Noren, V.E. 152
Nosingale, *kyk ook* Nozinguêle 237
Nossa Senhora da Atalaia do Pinheiro (skip) 21
Nossa Senhora da Valle (skip) 22
Nossa Senhora de Piedade (kapel) 109
Nottowanirivier 89
Nova Goa, Goa 79, 109, 112, 114
Nozililo, *kyk ook* Nozinguêle 237
Nozingeli, *kyk ook* Nozinguêle 237
Nozinguêle, *kyk* ook Nosingale 237-240
Ntshangase, *kyk ook* Sibiya, M. 227
Nuém, Goa
Nyassameer 129
Nylrivier, Z.A.R. 167
Nylstroom 167

Oakdene 139
Oberholster (dorp) 167
Oberholzer (eienaar van Wonderfontein) 167
Ohrig, G.C. 48-49
Ohrigstad, *kyk ook* Andries-Ohrigstad 50-51, 55, 194
Olifantsrivier 74-75, 191
Oor-Vaalse gebied 45, 47, 50, 57-58, 131, 137, 181
Oos-Afrika(anse) 22, 37, 62, 74, 79, 129, 244
Oos-Asië 213

Oos-Londen 21
Oos-Transvaal, *kyk ook* Mpumalanga 24
Ooskus van Afrika 17, 19, 22-24, 29-30, 37, 43, 47, 54, 69, 77, 168
Ooste 18, 38, 113, 125
Oostenryk 25
Oostenrykers 23, 25, 27, 30, 40
Oostenrykse 25, 107
Oosterse 203
Oporto, Portugal 106, 113
Orange Grove (skip) 32
Oranje-Vrystaat, *kyk ook* O.V.S. & Vrystaat 82, 137, 146, 149, 164, 181-182, 189
Oranjerivier 146, 181
Ordem da Torre e Espada, *kyk ook* Orde van die Toring en die Swaard 76, 102, 106-107
Ordem de Cristo, *kyk ook* Orde van Christus 77
Ordem Militar de Nossa Senhora da Conceição 79
Orde van Christus, *kyk ook* Ordem de Cristo 77
Orde van die Toring en die Swaard, *kyk ook* Ordem da Torre e Espada 76
Oude Wagenweg 51, 266
Ou Raadsaal, Pretoria 188
Ourém, Portugal 106
Ou Testament 180
O.V.S., *kyk ook* Oranje-Vrystaat 182-183, 249
Owen, F. 33, 44
Owen, W.F. 31-32, 64, 76, 207-208

Pafuririvier 74, 89
Paiva Rapozo & Santos 79
Pangim, Goa, *kyk ook* Panjim, Goa 112
Panjim, Goa, *kyk ook* Pangim, Goa 112-113
Paradiso 216
Parsons, G. 194
Parys, Frankryk 42, 206
Patamet?ane (Patametsane) 195
Paul Krugerstraat, Pretoria 187

Pedi, *kyk ook* Bapedi 42, 193, 235
Pedi-ryk 195, 235
Pedro V, koning 62, 106
Pelgrimsrust 178
Pelzer, A.N. 56
Pereira, B.P. 187
Pereira, N.V. 21
Perestrêlo, M. da M. 21
Perse 17
Petermann, A. 129
Phongolorivier, *kyk ook* Pongolarivier 202, 206, 223
Pienaarsrivier 172, 191
Pienaar, U. de V. 143
Pietermaritzburg 81, 85, 140, 149, 166, 181, 249-250
Pieterse, D.J. 85
Piet Retief 198, 203, 206, 211
Pimentel, N.C. de M. 60
Pinheiro, E.E. 52
Pinto, A. de R.S., *kyk ook* Serpa Pinto 128-129
Pinto, T.H. de M. 60
Pioniershuis, Silverton 191
Pires, B.B. 26
Pistorius, C. 85
Pokioenskop 74
Pongolarivier, *kyk ook* Phongolorivier 67, 202, 206, 223-224, 226, 234, 243, 251, 260-261
Port Elizabeth 21, 83
Port Natal 45-46, 58, 67, 81, 137, 140, 181-182, 191, 248, 264
Port Shepstone 22
Portugal 17-20, 22, 26, 28-29, 36, 46, 59-62, 64, 67, 69-74, 76-79, 81-83, 87-88, 92-93, 95, 97, 99-100, 102, 105-107, 109, 111, 117, 124, 126-130, 139, 168, 185, 187-188, 205-206, 208, 217, 226, 265
Portugees (taal) 50, 73, 89, 119-123, 126, 132, 165, 168, 219, 257
Portugees-Afrika 118, 138
Portugees-Indië 113
Portugees-Oos-Afrika 86

Portugese 17-38, 40-42, 44-67, 69-78, 81-94, 96-98, 100-104, 107-109, 111, 113, 115-119, 121, 124-131, 135-142, 144, 151, 157, 165, 168, 187-189, 207, 217, 221, 226-227, 232, 235, 237, 239-240, 256, 264-265
Portugese Diplomatieke Kommissie 15, 77-78, 80, 82-84, 87, 90-99, 110, 116-117, 119, 127-128, 135-140, 142-143, 145, 174, 187, 189-191, 207-208, 248, 251, 259, 262, 266-267
Portugese Grondwet (1826) 90
Portugese Parlement, *kyk ook* Côrtes 76
Portugese Regering 31, 76, 89-90, 92-93, 96, 100-101, 124, 127, 129, 135, 205
Portugese Ryk 44, 217
Portugese vlag 32, 41, 82, 96
Posno, J.M. 190
Post Office Stone 119
Potchefstromers 48, 95
Potchefstroom 68, 77, 82, 84-86, 92-95, 115, 117, 119-121, 125, 129, 131-132, 136-139, 143-149, 151-153, 159-161, 166-167, 172-173, 175-176, 183, 187, 189-191, 246, 266
Potchefstroom College 152
Potchefstroom Herald 121
Potchefstroomse 136, 147, 152
Potchefstroomse Museum 119
Potchefstroomse Universiteit vir C.H.O. 119-120, 122, 130
Potgieter, A.H. 45, 48-52, 58, 104, 138, 175, 180-181
Potgieter, C. 54, 59
Praça dos Trabalhadores, Maputo 101
Praça MacMahon, Lourenço Marques 101
President M.W. Pretorius-huis, Potchefstroom 119
Pretoria 68, 73, 76, 84, 88-89, 101-102, 104, 119, 121-122, 128, 130, 139, 145-146, 150, 153, 159-161, 167, 172-173, 175, 187-192, 199, 204, 226, 234, 259
Pretoria Hotel 173

Pretoria Philadelphia 145
Pretoria Rifle Corps 119
Pretorius, A.W.J. 58, 166, 172, 181-182
Pretorius, C.P.J.(Chrissie) 200
Pretorius, M.W. 58-59, 62-63, 66-73, 75-76, 82, 84, 91-92, 94, 96, 99-100, 104, 110-111, 119, 139, 141, 145, 148, 172-173, 176, 182-183, 186-187, 198, 200, 205, 226, 246
Prinsloo, M. 191
Prinsloo, S. 191
Proes, B.C.E. 73, 84
Prof. D.W. Krüger-versameling 120
Protea Boekhuis, Pretoria 121
Protestantse 188
Pruise 185
Puguti, *kyk ook* Bukutje 255, 257-258
Punt, W.H.J. 47, 119
Purcocks, Sarah D. 236
Purgatorio 216

Quahlamba, *kyk ook* Drakensberg 212
Quathlamba, *kyk ook* Drakenberg 212
Quathlamben, *kyk ook* Drakensberg 170
Quilimane, *kyk* Kilimane 137
Quipungo, Angola 106

Raad der Representanten 50
Ramapudu, J. 195
Rapozo (familie) 79
Rapozo, A. de P., *kyk ook* De Paiva
Rapozo, A. 66, 78-80, 85, 87-88, 92, 97, 137, 145, 168, 190-191
Rapozo, A.C. de P., *kyk ook* De Paiva
Rapozo, A.C. 79, 87-88, 92, 97, 117, 137
Rapozo, I.J. de P., *kyk ook* De Paiva
Rapozo, I.J. 65, 79, 87
Rapozo, J. de P., *kyk ook* De Paiva
Rapozo, J. 97
Regering van die Z.A.R. 73-74, 76, 78, 83, 92, 145-146, 184, 202-204, 207, 226, 260, 262-263
Reid, F.W. 148

Renosterpoortspruit 191
Republiek Lydenburg 60, 174
Republiek Natal 58
Republiek Natalia 181
Republiek van Mosambiek 37
Retief, Piet 180-181, 230
Ribeiro, D.A. 32, 41, 227
Richter, C.B. 193
Richter, J. 197
Rietspruit 194
Rio Amarelo, *kyk ook* Vaalrivier 146
Rio Catembe, *kyk ook* Rio Tembe & Temberivier 16
Rio da Lagoa, *kyk ook* Dundas River, Rio de Lourenço Marques & Rio Umbeluzi 18, 20, 31, 260
Rio de Lourenço Marques, *kyk ook* Dundas River & Rio Umbeluzi 16, 20, 260
Rio de Natal 137
Rio do Espírito Santo, *kyk ook* English River 16, 20-21, 23-24, 28-29, 31-32, 34, 37, 47, 227, 257, 261
Rio do Ouro, *kyk ook* Limpoporivier 144
Rio dos Crocodillos 144
Rio dos Elefantes, *kyk ook* Kunenerivier 107
Rio Incomati, *kyk ook* Rio Manhiça & Rio Manisa 41, 80, 204
Rio Lindo, *kyk ook* Mooirivier 146
Rio Manhiça, *kyk ook* Rio Incomati 16
Rio Manisa, *kyk ook* Rio Incomati 41
Rio Maputo, *kyk ook* Maputorivier 16, 20, 25, 31-32, 67-68, 70, 202, 207
Rio Matola, *kyk ook* Matoll River 16
Rio Save 39
Rio Tembe, *kyk ook* Rio Catembe 16, 31-32, 40
Rio Umbeluzi, *kyk ook* Rio de Lourenço Marques 16
Rivier van die Heilige Gees, *kyk ook* Rio do Espírito Santo 20
Robinson Crusoe 240
Robinson, W. 188

Roburnia, *kyk ook* Amsterdam 198, 203
Rocha, I. 151
Roé (skip) 81
Rome 186
Romein(e) 186, 252
Romeinse 160, 175, 186
Romeins-Hollandse Reg 175
Ronga(s), *kyk ook* VaRonga 38-43, 67, 88, 123, 131, 215, 224, 228-229, 241, 244, 248-249, 255-258
Rooms-Katoliek(e) 91, 168, 220
Rooms-Katolieke Kerk 91, 98, 188
Roscher, A.F.C. 153
Roselt, J.H. 152
Royal Hotel, Durban 81
Royal Oak Hotel, Potchefstroom 153
Rustenburg 59, 84-85, 166-167, 175, 188
Rustenburgers 84

Sabbat 151
Sabie 204
Sabierivier 97, 204
Sá da Bandeira, markies, *kyk ook* De Figueiredo, B. 217
Sakse-Coburg-Gotha 186
Salazar, A. de O. 109
Saldanha, J.C. 106
Salisbury, *kyk ook* Harare 130
Salrivier ,Goa 108
Salsette, Goa 108
Sanderson, S. 208
Sandrivier-konvensie (1852) 57, 185
Santa Anna (skip) 25
Santa Lucia, *kyk ook* St. Luciabaai 242
Santissimo Sacramento (skip) 21
Santo Alberto (skip) 20
Santos & Baptista 44
São Bento (skip) 20
São João (skip) 20
São João Baptista (skip) 21
São Thomé (skip) 20
Satari, Goa 112
Scheurkogel, A. 152
Schmidt, A. 146, 159

Schoeman-party 183
Schoeman, S. 65, 182-183, 234
Schoemansdal 79, 127, 175, 187
Schubart, A.F. 148
Schubert, E.T. 197
Scorgie, G.A. 148
Sebastião, koning 21
Secheli, *kyk ook* Set?hele 89
Secucune, *kyk* Sekhukhune I
Seekoeipan, *kyk ook* Chrissiesmeer 200
Sekhukhune I 193, 195, 197, 235
Sekwati 193
Sena 29
Seno 90
Sentraal-Afrika 125
Sepedi (taal) 196
Serpa Pinto, *kyk ook* Pinto, A. de R.S. 128-129
Serra do Musuati, *kyk* Lebomboberge
Set?hele, *kyk ook* Secheli 89
Sháh, Yusuf Adil 113
Shaka, *kyk ook* Tsjaka 40, 144, 181, 228
Shashirivier 144
Shepstone, T. 202, 234
Shiras/Shiraz, koningin van 17
Sibiya, M., *kyk ook* Masiphula Sibiya & Ntshangase 227
Sierra Chicundo, *kyk ook* Chicundoheuwel 74
Silkaats, *kyk ook* Mzilikazi 144, 181
Silva Porto, *kyk ook* Da Silva, A.F.F. 126
Silverton 191
Simas, J.A. de S., *kyk* De Sá e Simas, J.A. 97, 110, 116
Simões, C. 187
Sinclair's Camp 209
Singapoer 249
Singapore (skip) 32
siSwati, *kyk ook* Swazi (taal) 212
Siteki 239
Sitsatsaweni 239
Skinner, W. 188
Skinnerstraat, Pretoria 187
Skoenmakerskop 21
Skotland 201, 210, 249

Skotse 151, 191, 198-199, 201-203, 208-210, 237
Skot(te) 67 200-203, 209-210
Skukuza 24
Slawekus, *kyk ook* Costa dos Escravos 125
Sluimers, P.N. 152
Smellekamp, J.A. 48-49, 52, 56
Smith, A.K. 38
Smith, Aletta M. 200
Snow (skip) 26
Soares, J. de S. 28
Sobhuza I 53, 142, 221, 227, 232
Sociedade de Geografia de Lisboa 114, 118, 122, 128-129
Sofala 17-18, 29, 38, 92-93, 226
Soshangane, *kyk ook* Manukuza 32-33, 40-41, 44, 60, 65, 227, 248
Sotho (taal) 144, 235
Sotho('s) 197, 212
South Shields, Engeland 236
Souto Maior, D.A. de B. 27
Spaans (taal) 219
Spaanse 78
Spaans-Indiaanse 199
Spanjaard(e) 166, 168
Spartaanse 161
Spies, A.T. 54
Spoelstra, B. 150
Spoelstra, Hester 120-121
Spy (skip) 26
Staats Courant der Z.A.R. 69, 173, 175
Staatsdrukker 173
Staatsleër 183
Staatsvertaler, Pretoria 122
Stanley, H.M. 126
Stassen, Nicol 121
Statebybel 180
State-Generaal, Nederland 22
Stavenisse (skip) 22
Steffler, J.C. 24
Sterkfontein, Lydenburg 176
Stetten 221
Steyn, J. 199
Stiemens, H. 173

St. Luciabaai, *kyk ook* Santa Lucia 58-59, 63, 242
St. Mary's Church, Potchefstroom 148
Straker, J. *kyk ook* Streker 236, 240-241
Streker, *kyk ook* Straker, J. 236-240, 243
Struben, J.H.M. 173
Stuart, J. 151
Stuttgart 86, 129, 221
Suid-Afrika 48, 67, 69, 73, 76, 130, 151-152, 158, 160, 163, 168-170, 179, 186, 188, 196, 202, 205, 228
Suid-Afrikaanse 130-131, 153, 191, 203
Suid-Amerika 165, 199, 249
Suid-Amerikaanse 199
Suid-Angola 129
Suid-Asië 213
Suidelike Afrika 17, 21, 29, 37, 125, 128, 143, 170, 219, 239
Suidelike Europa 179
Suider-Afrika 29, 86, 100, 182, 235
Suid-Mosambiek 38
Suidoos-Afrika 21, 104
Suid-Sotho 235
Sutherland, J. 194
Swahili 18
Swart Umbeluzi 261
Swazi (taal), *kyk ook* siSwati 212
Swazi('s), *kyk ook* Amaswati & Amaswazi 24, 54, 76, 123, 131, 142, 193, 201-202, 205-206, 208, 211-212, 215, 221, 226-235, 239, 242, 258
Swaziland 24, 53, 170, 193, 198, 202, 205-206, 211, 223, 227, 234, 239, 248, 258, 260
Swazilandse 39, 103
Swede 139, 148
Sweedse 77, 85
Switserland 221

Tafelbaai 22-23
Tati-goudvelde 84-86, 144, 206, 264
Tatirivier 144, 190
Tavares de Almeida, J. 62, 66
Taylor, G. 23
Techuaio, *kyk* Cetshwayo

Teixeira, A. de S. 66, 88
Teixeira, A.J. 49, 52
Tembe (area) 100, 258
Tembe (opperhoof) 21
Tembe (stamgroep) 39-40, 43, 258
Temberivier, *kyk ook* Rio Catembe & Rio Tembe 16, 20, 242, 257-258, 261
Temby River, *kyk ook* Rio Tembe 16, 257
Tete 29, 90, 126
Teutoons 36
Texel 56
Thaba Nchu 180
Theal, G.M. 261
The Blue Post, Potchefstroom 153
Thiers, L.A. 100
Thlaping 182
Thomson, J. 42
Thunberg, C.P. 151
Tiende Infanterie-regiment, Portugal 78, 106
Tirool 221
Tonga(s) 35, 38, 256
Torres Vedras, Portugal 106
Traktaat van Vrede, Vriendschap, Handel en Grenzen (1869) 72-73, 76-78, 89, 127, 139, 188, 205, 226
Transvaal 42, 57, 60-61, 63, 66, 73, 75, 82, 85-86, 91, 94, 100, 114, 124, 131, 135-136, 138-141, 143-144, 146, 152, 155, 160-165, 167-168, 171, 177-179, 182-194, 197, 202, 204-206, 208, 211, 219, 234, 246, 248, 253, 259-260, 263-267
Transvaal Advocate and Commecial Advertiser 136, 147, 153
Transvaal Argus, The 85-86, 144
Transvaalse 24, 50, 52, 55, 59, 63, 69, 83, 89, 101, 131, 141, 156, 162, 165-166, 188-189, 202, 204-205, 223, 234
Transvaalse Argiefbewaarplek, Pretoria 121, 130
Transvaalse Drakensberg 141
Transvaalse Hoëveld 146, 171, 210
Transvaalse Regering 63, 138, 205

Transvaalse Republiek 135-136
Transvaalse Vierkleur 96, 197
Transvalers 49, 56-57, 65, 67, 71, 73, 82, 84, 97-98, 131, 140-141, 151, 173, 264
Tregardt-trek 46-47
Tregardt, C.J., *kyk ook* Trichardt, C.J. 47-50, 53-54
Tregardt, Louis 45-47, 104, 180
Tregardt, Martha 46
Trekkers, *kyk ook* Voortrekkers 48, 181
Treurrivier 53
Trichardt, C.J., *kyk ook* Tregardt, C.J. 47
Trieste 25, 85
Tshopi, *kyk ook* Chopi 43
Tshwana 172
Tsjaka, *kyk ook* Shaka 40, 144, 181, 219, 228
Tsonga, kyk *ook* Landins 38-39, 228
Tsonga (taal) 224, 244
Tugelarivier 181, 236
Tweede Britse besetting van die Kaap (1806) 179
Tweede Infanterie-bataljon, Portugal 78
Tzaneen 141

Ueckermann, H.J. 73
Uitvoerende Raad van die Z.A.R. 70, 72-73, 82, 84, 89-90, 94, 151, 173-175
Ulm 86
Uma viagem na África Austral ... 118, 122, 267
Umbelosi, *kyk* Umbeluzirivier
Umbeluci, *kyk* Umbeluzirivier
Umbelusirivier, *kyk* Umbeluzirivier
Umbeluzipoort 261
Umbeluzirivier 16, 20, 257, 260
Umhlatuzanarivier 137
UMpuluzirivier 201
Umsuturivier 70
Umtatarivier 21
Umvuburivier 74
Umzila, *kyk ook* Muzila & Mzila 41, 226
Ungovuma, *kyk ook* Ingwavuma 223-224

Ungovumarivier 223, 226, 243, 260
Ungwavuma, *kyk ook* Ingwavuma 223
Universiteitskollege Potchefstroom 122
Uno (skip) 23
Usuturivier 67, 198, 201-202, 204, 206, 211, 218-219, 226-227, 251, 254, 260-261
Utrecht 176
Utrecht, Nederland 176
Uys, J.J. 180
Uys, P.L. 181
Uzwidi 228

Vaalrivier 45, 82, 137, 146, 161, 166, 178, 181, 185, 189-190, 202, 204, 259
Vaalwaterrivier 198
Valdêz, L.T. 136
Valença, Portugal 106
Van Aardt (familie) 201
Van Dam, G.C.A. 152
Van de Capelle, J. 24
Van der Hoff, D. 145, 148
Van der Linden, H. 151-152
Van der Merwe, P.J. 51
Van der Stel, Simon 22-23
Van der Walt, A.J.H. 122
Van Rensburg-party 183
Van Rensburg, J.J.J. 45, 180
Van Rensburg, S.J.J. 51, 53
Van Rensburg, W.C.J. 183
Van Staden, P.J. 73, 84, 166
Van Taak, W. 23
Van Warmelo, N.J. 215
Van Zeller, F. 76, 93
VaRonga, *kyk ook* Ronga 228
Vasco da Gama (skip) 56
Vatuas, *kyk ook* Ngoni 40-41
Vegkop 181
Velim, Goa 108, 112
Venda 175, 182
Verdrag van 1661 26
Verdrag van Lourenço Marques (1879) 102

Verdrag van Vrede, Vriendschap, Handel en Grenzen (1869) 205
Verenigde Koningkryk 180
Verenigde State van Amerika, *kyk ook* V.S.A. 179, 185
Vergotim 148
Vergotim & Kleyn 148
Vermaak 191
Vermeulen, G.C. 191
Vermeulen, J.L. 48-49
Vestal (skip) 267
Viagem na África Austral ... 118, 122, 267
Victoria, koningin 180, 186, 222
Victoria-waterval 222
Victory (skip) 23
Vierde Artillerie-regiment, Portugal 106
Vierkleur van Transvaal 96, 197
Viljoen, J.W. 83, 85, 136
Viljoen, M.J. 73, 84, 174
Villa Pauca d'Aguiar, Portugal 107
Villa Viçosa 79
Visagie, J.C. 180
Visrivier 21
Volksleër 183
Volksraadsgebou, *kyk ook* Goewermentsgebou 188
Volksraad van die Z.A.R. 49, 61, 66, 68-71, 73, 82, 91-92, 94, 101, 143, 145-146, 151, 173-176, 187-190, 194, 205
Von Reiche, C.E.F. 122-123
Von Reiche, F.V.K. 122
Von Wielligh, G.R. 103
Voorsienigheid 94, 160, 251, 266
Voortrekkerleiers 180
Voortrekkerrepubliek 181
Voortrekkers, *kyk ook* Trekkers 45-48, 53, 131, 180-182, 232
Vorster, P. 191
Vriendskapsverdrag (1858) 61
Vrystaat, *kyk ook* Oranje-Vrystaat 161, 166, 181, 183-184, 253
Vrystaatse 45
Vrystaters 49, 140

Vrywilligerkorps 234
V.S.A., *kyk ook* Verenigde State van Amerika 185

Wakkerstroom 176
Wallis 205
Walson, T. 93
Waterberg 166-167, 175
Waterboer, N. 189
Waverley, New Scotland 203
Weavind, G. 148
Webb, H.B. 190
Weldon (familie) 203
Welwitsch, F.M.J. 107
Wes-Afrika 129, 213
Wes-Asië 158
Wes-Indiese Eilande 86
Wes-Kaapland 200
Wes-Sotho 235
Weste 126
Westoe, New Scotland 236
Wes-Transvaal 189
Wesleyaanse Gemeente, Potchefstroom 148
Wesleyaanse Kerk 152
Wesleyan Methodist Missionary Society 148, 152
Westerse 33
Wilgespruit 191
Wilhelm I, keiser 197
Winburgers 48
Wit-Umbeluzi, *kyk ook* Wit-Umfolozirivier 261
Wit-Umfolozirivier, *kyk ook* Wit Umbeluzi 181
Witfontein 191
Witwatersrand 144, 178
Witwatersrandgebergte 173
Wodehouse, P.E. 69, 71, 208
Wolkberg 141
Wonderfontein 167-168
Württemberg 86, 220

Xa Ratau (Ga-Ratau) 195
Xilunguine, *kyk ook* Delagoabaai 30

Zambesi 191, 222
Zambésia 78-79, 83-84, 90-91, 93, 98-99, 107-109, 136, 138-139, 189, 191
Zambesirivier 17, 28, 33, 84, 163, 222, 226
Zambesivallei 90
Zambië 126, 222
Z.A.R., *kyk ook* Zuid-Afrikaansche Republiek, 15, 36, 46, 50, 59-66, 68-84, 86-93, 95-104, 108, 110-112, 114, 117, 119-120, 124-125, 127-128, 130-132, 138-139, 143, 145-146, 151, 162, 167, 173-178, 182-185, 188-189, 197-198, 200, 205, 246, 249, 261, 263-264, 266
Zeelandia (skip) 23
Zeerust 176
Zimbabwe 47, 126, 144, 189, 222
Zimbabwe-ruïnes 86
Zoeloe (taal), *kyk ook* isiZulu 39, 141, 206, 212, 219, 223
Zoeloe(s), *kyk ook* Zulu 39-40, 57, 59, 63, 159, 170, 181-182, 211-212, 215, 219, 226-228, 230, 234-239, 242, 258
Zoeloeland 20, 59, 63, 67, 181, 236, 251
Zoutpansberg 45-46, 51-52, 79-80, 83, 90, 92, 126-128, 145, 152, 167, 173, 175, 178, 191, 211, 234, 266
Zoutpansbergers 70, 168
Zuid-Afrikaansche Republiek, *kyk ook* Z.A.R. 15, 55, 60, 102, 127, 135, 137, 139, 178, 226
Zuikerboschrand 176
Zulu-Kafir dictionary, A 220
Zulu, *kyk ook* Zoeloe(s) 181
Zumbo 90, 222
Zwangendaba 40
Zwarte Kop 89

DEUR DIESELFDE SKRYWER

BOEKE

1. *'n Volk se hulde. Die geskiedenis van die Sentrale Volks-monumentekomitee.* Johannesburg: Perskor-uitgewery, 1975.
2. *Stormvoël van die Noorde. Stephanus Schoeman in Transvaal.* Pretoria: Makro-Boeke, 1978.
3. *Die Noordweste: die stoflike kultuuruitinge van die streek se bewoners.* Johannesburg: Genootskap vir Afrikaanse Volkskunde, 1986. (In medewerking met Gre van der Waal-Braaksma en L.J.S. Changuion)
4. *Viva os Boers! Boeregeïnterneerdes in Portugal tydens die Anglo-Boereoorlog, 1899-1902.* Pretoria: O.J.O. Ferreira, 1994.
5. *Adamastor, gees van die Stormkaap.* Pretoria: O.J.O. Ferreira, 1995.
6. *Stamvader Ignatius Ferreira en sy naverwante.* Pretoria: O.J.O. Ferreira, 1997.
7. *Viva os Boers! Boeregeïnterneerdes in Portugal tydens die Anglo-Boereoorlog, 1899-1902.* Pretoria: Protea Boekhuis, 2000. (Tweede bygewerkte uitgawe)
8. *Stranding van die São João: lotgevalle van Manuel de Sepúlveda en sy medeskipbreukelinge aan die Suidooskus van Afrika, 1552-1553.* Jeffreysbaai & Pretoria: Adamastor, 2002.
9. *Die roemryke lewe van Francisco de Almeida (ca.1450-1510) en sy roemlose sterwe aan die Kaap die Goeie Hoop.* Kaapstad: Casteel Militêre Museum, 2002.
10. *Onder-Kouga: bakermat van Gerbers en Ferreiras.* Jeffreysbaai & Pretoria: Adamastor, 2003.

11. *FAK-75: geskiedenis van die derde kwarteeu in die bestaan van die Federasie van Afrikaanse Kultuurvereniginge, 1979-2004.* Pretoria: Federasie van Afrikaanse Kultuurvereniginge, 2004.
12. *Dias, Da Gama en die Khoikhoin: 'n ontmoeting van kulture aan die Suidpunt van Afrika.* Jeffreysbaai & Pretoria: Adamastor, 2005.
13. *Kruger in Lourenço Marques: Pres. S.J.P. Kruger se verblyf in Mosambiek, Sept.-Okt. 1900 / Pres. S.J.P. Kruger's sojourn in Mozambique, Sept.-Oct. 1900.* Jeffreysbaai/Jeffreys Bay & Pretoria: Adamastor, 2005.
14. *Die bloed in ons are: voorgeslagte van Martina Philippina Ferreira (1937-1999) & Ockert Jacobus Olivier Ferreira (*1940).* Jeffreysbaai & Gordonsbaai: Adamastor, 2007.
15. *Ilha de Moçambique byna Hollands: Nederlandse blokkade van Mosambiek-eiland in 1604, 1607 en 1608.* Adamastor, Jeffreysbaai & Gordonsbaai, 2007.

BRONNEPUBLIKASIES

1. *Geschiedenis, werken en streven van S.P.E. Trichard, luitenant kolonel der vroegere Staats-Artillerie Z.A.R. door hemselve beschreven.* R.G.N., Pretoria, 1975.
2. *Krijgsgevangenschap van L.C. Ruijssenaers 1899-1902.* R.G.N., Pretoria, 1977.
3. *Memoirs of General Ben Bouwer.* R.G.N., Pretoria, 1980.
4. *Montanha in Zoutpansberg: 'n Portugese handelsending van Inhambane se besoek aan Schoemansdal, 1855-1856.* Pretoria: Protea Boekhuis, 2002.